THE THIRD MAN

LIFE AT THE HEART OF NEW LABOUR

拯救工党

与布莱尔一起的峥嵘岁月

[英] 彼得・曼德尔森（Peter Mandelson）／著

张浩亮／译

中国人民大学出版社

・北京・

图书在版编目（CIP）数据

拯救工党：与布莱尔一起的峥嵘岁月/（英）曼德尔森著；张浩亮译．—北京：中国人民大学出版社，2013.9

ISBN 978-7-300-17969-8

Ⅰ.①拯… Ⅱ.①曼… ②张… Ⅲ.①曼德尔森-回忆录 Ⅳ.①K835.617=6

中国版本图书馆 CIP 数据核字（2013）第 200580 号

拯救工党：与布莱尔一起的峥嵘岁月

［英］彼得·曼德尔森（Peter Mandelson）/著

张浩亮/译

Zhengjiu Gongdang：Yu Bulaier Yiqi de Zhengrong Suiyue

出版发行	中国人民大学出版社		
社　　址	北京中关村大街 31 号	**邮政编码**	100080
电　　话	010－62511242（总编室）		010－62511398（质管部）
	010－82501766（邮购部）		010－62514148（门市部）
	010－62515195（发行公司）		010－62515275（盗版举报）
网　　址	http://www.crup.com.cn		
	http://www.ttrnet.com(人大教研网)		
经　　销	新华书店		
印　　刷	涿州市星河印刷有限公司		
规　　格	170 mm×240 mm　16 开本	**版　　次**	2013 年 9 月第 1 版
印　　张	20.25 插页 1	**印　　次**	2013 年 9 月第 1 次印刷
字　　数	311 000	**定　　价**	58.00 元

致我的父母——托尼和玛丽，感谢他们给予我良好的培养，并使我实现了自我价值。

致 谢

几年前，刚开始着手写这本书时，我以为将自己的想法诉诸笔端是一件简单的事。然而，不久之后我便发现这种想法是错误的，事实上，它远远没有那么简单。如果没有以下这四个人的支持和帮助，我根本无法完成这项工作。

首先要感谢的人就是罗伯特·哈里斯（Robert Harris），在我过去20年的政治生涯中，他不断地敦促我要坚持写日记，并且在此基础上整理成书。其实，多年来我一直酷爱记笔记并且还有偶尔写日记的习惯，但是我决定向所有人隐瞒这件事，默默地坚持写作。这本书就是我笔耕不辍的成果。我非常感谢罗伯特多年来的坚持，还有吉尔（Gill）以及他们整个家庭对我的关怀与帮助。

其次要感谢《观察家报》（*Observer*）的前首席政治记者内德·特姆科（Ned Temko），是他使我相信自己可以完成写书这项工作，并且他始终以独到的见解和巨大的支持为我开始这项工作提供了最初的动力。

另外两个同样必须要感谢的人是本杰明·韦格-普罗瑟（Benjamin Wegg-Prosser）和帕特里克·洛克伦（Patrick Loughran），他们分别是我在1997年和2010年结束大臣生涯时的特别顾问。他们都是杰出的人才，无论是与本杰明还是帕特里克在一起时，我始终不能确定掌控全局的到底是我还是他们，但最终我们还是走到了一起。这本书所描述的很多事情的处理方式我都听取了他们的意见，但毫无疑问，我对这本书的内容承担全部责任。我还要特别感谢尤利娅·韦格-普罗瑟（Yulia Wegg-Prosser）和维多利亚·奥伯恩（Victoria O'Byrne）提供便利，让我占用了本杰明和帕特里克很多时间，并且受益良多。

我非常感谢我的朋友彼得·鲍尔（Peter Power），他同时也是我的发言人。感谢彼得在校正阶段读了这本书，并像近年来对待其他事情的态度一样，对这本书提出了诚恳的意见。

我的经纪人埃迪·贝尔（Eddie Bell），自始至终都鼓励我写这本书，并以他的聪明才智给予了我很大的帮助。在哈珀柯林斯出版社时，马丁·雷德芬（Martin Redfern）和罗伯特·莱西（Robert Lacey）诚实正直和无私奉献的工作态度，使我铭感于心。他们的支持使我最终能够以较快的速度完成这本书，他们在此过程中作出了很大的自我牺牲。我还要感谢海伦·埃利斯（Helen Ellis）以及执行主管维基·巴恩斯利（Vicky Barnsley），因为虽然直到2010年5月底我才正式与之签订合约，但在这之前他就一直对这本书抱有真诚的期望。

迄今为止，在我的整个政治生涯中，我曾经得到很多非常杰出的工作人员的支持，尤其是默里·格拉斯（Maree Glass）和她的丈夫尼克·戈尔德（Nick Gold）。默里是一个非常有能力的助手，她几乎改善了我生活中的各个方面。我还要感谢德里克·德雷珀（Derek Draper），从1992年我第一次参选下院议员以来，他经常激发我的灵感并激励我向上。

我还想在此感谢克莱夫·拉塞尔（Clive Russell）在1997年以前帮我摆脱了在下院任职时所遇到的困境，同时还要感谢萨拉·亨特（Sarah Hunter）在那次困境中也伸出援手；感谢乔·丹西（Joe Dancey）从2001年到2004年一直为我提供调查资料，应对媒体，并给予我全面的支持；感谢西蒙·莱瑟姆（Simon Latham）在2010年大选期间为我辛勤工作；感谢我在北爱尔兰事务办公室的特殊顾问帕特里克·戴蒙德（Patrick Diamond），他与罗杰·利德尔（Roger Liddle）从未停止过对我政治努力的鼓励及帮助；感谢我回归政府后在商务部的特殊顾问杰弗里·诺里斯（Geoffrey Norris），他是我非常得力的顾问。

我很感谢那些在唐宁街一起工作过的政治工作人员和公务人员，不论是在托尼·布莱尔执政时还是在戈登·布朗执政时，他们始终对我非常礼貌并给予了我很大的支持。我希望他们能认为我对他们也有过同样的帮助。

我要向所有官员，无论是在私人办公室还是在机关部门里工作的官员致谢并致敬，我很依赖他们的专业帮助，并且非常怀念和他们在一起工作时的美好时光。能够与英国的公务人员一起工作我感到十分的荣幸，很遗憾无法在此将我应该感谢的人都一一列举。然而，在此我还是要特别感谢1997年以来我的历任私人秘书——鲁珀特·赫克斯特（Rupert Huxter）、安东尼·菲利普森（Antony Phillipson）、尼克·佩里（Nick Perry）和理查德·埃布尔（Richard Abel）。

在布鲁塞尔，除了本书中提到的人员以外，我还要特别感谢其他的内阁成员：珀·豪高（Per Haugaard）、彼得·希尔（Peter Hill）、赫德·霍本（Hiddo Houben）、雷纳特·尼古拉（Renate Nikolay）、埃里克·彼得斯（Eric Peters）和凯瑟琳·文特（Catherine Wendt）。还要感谢我的司机约翰尼·玛尔克比克（Johnny Melkebeek）以及我私人办公室的工作人员凯瑟琳·米克斯图雷（Katherine Mixture）和菲奥娜·基特森（Fiona Kitson）。特别感谢我在布鲁塞尔和伦敦的演讲撰稿人斯蒂芬·亚当斯（Stephen Adams）。感谢我在委员会时的行政助理贝弗莉·坦皮斯特（Beverley Tempest），她一直帮助我并和我原来在布鲁塞尔任职时的同事保持联系。

虽然我无法写出自1985年以来每一个我曾与之亲密工作过的工党成员，但是我对他们所取得成就的钦佩之情永留心中。在2010年的竞选期间，玛丽安娜·特里安（Marianna Trian）、罗杰·贝克（Roger Baker）、托斯滕·亨里克森-贝尔（Torsten Henricson-Bell）、萨姆·怀特（Sam White）、休·麦克米伦（Sue McMillan）、玛丽·多尔蒂（Mary Doherty）以及约翰·斯托利德（John Stolliday）和他的媒体监督团队同书中所提到的那些人一样都是工党的中流砥柱。马克·卢卡斯（Mark Lucas）则一如既往地在制作选举视频方面作出了特殊贡献。

书中还提到了一些与我患难与共的朋友。我要感谢这些年来他们对我的特别关怀。其中包括：瓦希德·阿利（Waheed Alli）、布丽奇特·布罗迪（Bridget Brody）、彼得·布朗（Peter Brown）、马修·弗罗伊德（Matthew Freud）、菲利普·戈莱特（Philip Goelet）、韦林·霍普金斯（Waring Hopkins）、克里斯蒂娜·昂格（Christina Ong）、詹姆斯·帕隆博（James Palumbo）、伊夫林（Evelyn）、琳恩·德·罗思柴尔德（Lynn de Rothschild）、罗兰·拉德（Roland Rudd）、丹尼斯·史蒂文森（Dennis Stevenson)、琳达·瓦奇娜（Linda Wachner)、斯蒂芬（Stephen ）和维基·韦格-普罗瑟（Vicki Wegg-Prosser)。

在北爱尔兰任职期间以及在此之后的生活中，于众多负责保卫我的保安人员中，我尤其要感谢邓肯·约翰逊（Duncan Johnson）和米克·希金(Mick Hickin)，我还要感谢他们的同事同时也是我的朋友——已故的亚历克·范德普尔（Alec VanderPool ）和阿米·桑赫拉（Ami Sanghera)，他们永远是最优秀的。

最后，我要感谢雷纳尔多（Reinaldo）和他的家人一直坚定不移地忠诚于我，感谢我的哥哥迈尔斯（Miles）以及他的妻子瓦莱丽（Valerie)还有他们的孩子们。我的哥哥迈尔斯总是包容我的缺点，一直都在支持和爱护我。他是我此生难得的朋友。

中文版前言

这是一本由英国政治家撰写的、主要关于英国以及英国政治的书，那么远在中国的读者是否会对此感兴趣呢？这是一个很好的问题，也需要我们为之寻找答案。

与先后担任与继任英国首相的托尼·布莱尔以及戈登·布朗一起，我成功地帮助英国的老牌政治组织实现了它的现代化，使之成为今日的“新工党”。在这个组织连续三届赢得大选、执掌政府的过程中，我扮演了核心的角色。在过去这些年的起起伏伏中，我不仅是一个见证者，更是一个亲历其中的参与者。

本书英文原版之所以取名为《第三个人》[①]，主要是因为尽管托尼·布莱尔以及其后的戈登·布朗相继成为工党领袖以及英国首相，但是我的影响力依旧持续地存在于幕后，有些时候甚至是在台前。英国政治，正如其他任何国家的政治一样，公共生活往往与个人的权力、影响交织在一起。本书正是关于我如何生活在这样一个纷繁芜杂的世界中的故事。首先，始于英国；然后，作为资深政治家转战欧盟；最后，又回归英国。

在过去的这些年中，尤其是我作为欧盟贸易委员会专员经常到访中国的几年间，我有幸结识了许多杰出的中国政治家和官员，其中的一些人更是成了我的朋友。在我们经常思考的问题中，有一点就是，尽管我们的政

① 本书英文原版名为 *The Third Man*，中译本改名为《拯救工党：与布莱尔一起的峥嵘岁月》。——译者注

治体制大异其趣，但是中国和欧洲的政治生活还是有许多相似之处的。

同欧洲的政治一样，中国政治中也充满了个性差异、心理因素以及各种理念与争论。政治家们对其所处社会中发生的巨大变迁的理解方式以及对此的应变是普世皆同的，而且无论是中国还是欧洲，它们都是过去20多年的政治历史中重要的组成部分。本书的大部分内容是讲述在面对英国社会所发生的根本性变迁时，一个英国政党是如何探寻自我变革的意愿；如何摒弃陈规陋习，挣扎求存；如何做到既保存了自身的基本身份认同以及核心价值，同时又得以在巨大的社会变迁中免遭淘汰、成功地生存下来。

在结识托尼·布莱尔以及戈登·布朗之后不久，我就意识到，他俩是极有天赋的政治家。工作上，他们夙夜在公；政治上，他们洞若观火。同时，他们还非常擅长与尚对工党政治家心存疑虑的人们进行沟通与交流。他们明白，工党必须赢得并且保持民众的信任。

在他们身边，我负责的工作主要是媒体、统战以及应对负面评论，也就是确保我们在报刊、电视以及电台新闻中能够得到尽可能多的正面报道。这样的工作帮助我确立了自己作为英国"媒体顾问"(spin doctor)[①]第一人的声望。所谓"媒体顾问"，一般而言，就是指能够"修补"新闻报道或是撰写第二天的新闻头条的人。正如本书中所描述的那样，从事这一工作往往要求具备很强的纪律性，而这一点无法确保我能够在己方阵营中一直受到欢迎。在许多方面，与说服执拗的政治记者们相比，改变党内己方成员们的态度明显要更加困难，也更加费时费力。

因此，尽管本书主要描述的是我在英国以及布鲁塞尔的政治生活，但它所隐含的内容绝不仅限于此。本书聚焦于两位闻名于世的全球顶级政治精英，然而英国以外的许多读者对于他们在英国国内的政治生活以及影响力依旧知之甚少。与我的政治经历一样，上述两位政治家的政治生活也是很具吸引力的政治研究样本：在从政的道路上，要如何才能成功，又有哪

---

① 根据伊丽莎白·巴米勒（Elisabeth Bumiller）在1984年于《华盛顿邮报》所作的定义，"spin doctor"指的是"专门负责与记者倾谈和打交道的政治顾问，力图把自己分析和诠释事物及新闻的角度加诸传媒报道"。在西方现代竞选政治中，"spin doctor"特指竞选运动中所雇的媒体顾问或政治顾问，他们负责对候选人进行从演讲谈吐到穿着打扮的全方位包装，旨在保证候选人在任何情况下都能够获得最佳宣传。——译者注

些或大或小的失败与挫折经验值得借鉴。

在我看来，托尼·布莱尔和戈登·布朗都有着一种对改变与希望的渴求。在为工党运动而筚路蓝缕的岁月中，他们使我确信工党复兴指日可待。这并不是对权力本身的渴望，而是对建立一个现代化的工党的渴求，也只有这样一个工党，才能够建立起一个相较于20世纪80年代以及90年代初期的英国更具人性、更加宽容、更加公正的国家。我们三个人情同手足，我们的人格力量以及我们所组建的职业政治家团队中的成员们所共同拥有的对于改变的渴望，将会帮助我们在大选中重新赢回执政地位，并且能够比工党历史上的任何一个执政时期都更加持久。

一路行来，我们成功地转变了工党对于经济、市场、防卫、商业、工会、税收收入与财政开支、公共事业改革以及个人权利与责任的态度。通过这些转变，我们创造了"新工党"，使它得以与现代英国社会的主流融为一体。就政府而言，这一现代化事业创造了一个更加公平、更加宽容、更加开明的英国。这正是我们的政治遗产，也是我为之骄傲的我们共同的政治履历。我们赖以生存的公共基础设施以及公共基本服务都得以重建："冬季危机"（winter crises）时汹涌的罢工工潮、国家医疗服务体系（NHS）下漫长的排队候诊、摇摇欲坠的校舍中的办公时光，这一切都已恍如隔世。重症，例如癌症的快速治疗，拯救了许多生命，而NHS也实现了自其诞生以来最大程度上的"以患者为中心"。

我们对于中小学和大学史无前例的投入是与影响深远的旨在增加各个阶层的受教育机会，尤其是在具有决定性意义的受教育阶段早期的教育机会的改革相联系的。所有这些成就之所以能够取得，也许主要是因为我们如此努力地致力于将工党重新改造为英国民众所希望的那种执政党。在某些时候，本书也会不可避免地将注意力放在一些肥皂剧般的各种政治关系上，但是，本书的真正内容主要是关于我们塑造的这个国家与社会。

虽然我也有不少缺点，但我是一个忠诚、耿直的人，并视其高于一切。在我的政治生涯中，有过许多次只要我选择卑躬屈膝或是在合适的时机变换阵营，或许会有对我更有利的结果：假如我在戈登逼宫日紧、首相大位在望的时候，抛弃苦苦挣扎、即将下野的托尼，对我来说将大有裨益；假如我在此后戈登连任无望、木已成舟的情况下抛弃他，我也能赢得党内许多同志的赞许。或许，在这些情况下我都过于坚持原则、不懂变通，没有选择对自己更有利的道路，但是在我看来，坚持自己的信念对于一个信守承诺的人来说绝不是一个错误。

在使我招致媒体批评的事件中，有一件是关于我的交友圈。我承认，我会被极具个性的人所吸引，他们所取得的成就以及他们鲜明的个性让我觉得他们很值得交往。相比于他们的意识形态，我对于他们的所思所为更有兴趣。我评判他人的标准是他们的性格、他们的个人品质，而不是社会对他们认可与否。一个不可否认的事实是，成功人士，无论他们身处政界、商界、传媒界、时尚界还是艺术界，都会散发出一种能量，都拥有发人深省的真知灼见以及呼朋引伴、嘉宾满座的吸引力。我也乐此不疲，交游广阔，尤其是在政治圈外朋友众多。我无须为此道歉，我就是一个生性好动的人。

与那些能够在政治中随波逐流的人不同，我并不是那种是非皆可的中立派。在我的记忆中，还没有哪一次我会放弃争取或是斗争，有时候我甚至会直接反击围攻我的嘈杂之声。当然，我也完全有能力调整自己的想法，但绝不会遇事毫无主见。自从我步入政坛，我始终坚守着某些特定的政治信条，归属于特定的政治派别。我属于政治中左派，但是我也一直对能够践行我所秉持的价值观念的所有新颖方式持开放态度。我相信，理念的原则性与方法的灵活性的有机结合是在政治与政府事务中取得成功的关键。在我看来，这正可用来描述在过去的 20 余年中，我在开展与中国有关的工作时，所接触到的那些最具远见卓识的中国政治家。

很自然的，在本书中，中国所占的篇幅要远远多于欧洲以外的任何一个国家。我是在布鲁塞尔担任欧盟贸易委员会专员时开始本书的创作的，当时，我几乎每天都在接触有关中国的事务。从一个纯粹的国内政治家转而出任欧盟委员会的高级官员，这种转变迫使我必须迅速地将视野转向外部，尝试理解当今世界所发生的变化，而在这些变化中，最重要的莫过于中国。

远离了伦敦的高压政治生态，我得以有更多的时间来关注中国的崛起对于欧洲以及全世界的意义。我致力于使自己成为中国政治与政策事务的专家，同时，我也将自己在欧盟委员会中的角色部分地视为一个将中国介绍给欧洲受众的解说者。我深信，在很多方面，欧洲对于中国的反应，正是其自身对于全球化反应的翻版。中国所发生的巨大变迁重塑了欧洲的经济与市场，而这些改变让我们变得紧张。将中国的崛起视为是不可避免的，而且是积极正面的，这是建设 21 世纪的国际政治关系的关键所在。此类观点在本书英文版中也有所涉及，但是我为中文版新添了整整一个章节，以便更加细致地展开描述。我希望对于阅读这本书的中文读者而言，我的故事能够引起他们的兴趣，启发他们的思考。

目　录

第1章

出身于工党

当我还是个小孩子的时候，比格伍德对于我来说要比现在大得多。从家门前走3分钟就能到达路的尽头，路的另一端则是一片更为广袤的绿地，一直延伸到汉普斯特德希思，绿地环绕着汉普斯特德公园郊区。我就是在这里度过了我人生前20年的美好时光。

我们所说的郊区，是一个叫做达姆·亨利埃塔·巴尼特（Dame Henrietta Barnett）的基督教社会改革者建立的。他一直坚信带有村庄气息的混合社区将软化并最终消除人们对于城市生活的敌意。郊区比不上汉普斯特德的富裕发达，它位于离伦敦中心1～2英里的一个陡峭的斜坡上。在郊区规划的规则下，房屋院落之间只是用灌木丛隔开，没有围栏和围墙，在其管辖范围内没有商店，也没有酒吧。这里道路宽广，灌木丛生，春天四处都开满了白色、粉红色和紫色的花，是人们散步、仰望天空、放松心情的好地方。对于每个家庭来说，郊区无疑都是个理想之地。作为一个小孩子，我非常喜爱这个地方，但当我成长为一个青少年的时候，我认为它有点狭小，所以对它的热情有过短暂的消减，不过后来我又重新喜欢上了这个地方。它虽然是位于伦敦，但是又不尽然。

然而，它却是伦敦工党重要的一部分。虽然汉普斯特德是休·盖茨克尔（Hugh Gaitskell）和迈克尔·富特（Michael Foot）这样的名人的住所，但我们也有我们的杰出人物，如尊贵的哈罗德·威尔逊（Harold Wilson）和玛丽·威尔逊（Mary Wilson）。他们就住在附近，并且是我们的好朋友。他们的两个儿子——罗宾（Robin ）和贾尔斯（Giles），比我和我哥哥迈尔斯稍大。当我到了可以参加当地幼年童子军的年龄时，玛丽好心地把贾尔斯的有点旧的幼年童子军运动衫送给了我。我早期的关于政治的鲜活记忆是在我 11 岁生日前几天开始的，那是在 1964 年大选后，我看着威尔逊一家穿过一大群摄像师和记者，甚至还包括著名的美国广播公司沃尔特·克朗凯特（Walter Cronkite）的工作人员，动身前往唐宁街。

一年后，威尔逊一家邀请我们去唐宁街 10 号的观看行军旗敬礼分列式。也许我说当我睁大双眼穿过那扇著名的黑色大门时，我在想象着 45 年后在另外一位工党首相的陪同下，我会作为一个资深的大臣来观看同样的仪式，会显得很荒唐，但是不可否认当时的场景的确让我很眩晕。哈罗德的政治秘书马西娅·威廉斯（Marcia Williams）甚至拉着我的手把我带进了内阁会议室，并让我在首相的座位上坐了一会儿。我当时就有一种非常特殊的感觉，并且意识到这种感觉与我的家庭和工党的渊源有一定关系。我的母亲是我的外祖父赫伯特·莫里森（Herbert Morrison）唯一的孩子，我的外祖父是伦敦工党秘书长的创建者，于 1929 年担任拉姆齐·麦克唐纳政府的大臣，并且是 20 世纪 30 年代伦敦郡议会的第一个工党领导人。他在丘吉尔的战时内阁担任内政大臣，并且是 1945 年竞选时工党以压倒性优势获胜的幕后组织力量，在获胜后担任副首相。后来他又在阿特利政府担任外交大臣。

1939 年，外祖父赫伯特·莫里森在海德公园的五月游行上。

虽然我的母亲对于驱动政治的相关问题十分关心和热衷，但是政治一直主导着外祖父的生活，使外祖父忽视了母亲的成长，这一经历使母亲一生都不喜欢暴露的公众生活。而我父亲与工党的联系并非源于家族关系。与母亲不同，他对政客非常着迷，同时对于他们忙碌的生活和围绕他们的话题也很感兴趣，甚至对围绕在政客身边的人都非常好奇。他和马西娅·威廉斯是好朋友，并且和安静、淡泊的玛丽·威尔逊的关系也非常亲密。每当我与玛丽相见时，她都会回忆起他们的友情。

父亲的政治出发点非常传统，是典型的老工党政治。也许这部分是因为父亲的观念是在战后形成的，那时工党和保守党的分歧比现在更突出，还有一部分是因为他的基因。他出生在平纳（Pinner），一个伦敦郊外的并非以政治闻名的地方，但他的家族是起源于19世纪波兰的犹太人社区，然后又遭受俄国的统治。据说他的曾祖父内森（Nathan）曾经被卷入反沙皇的活动，并在特工逮捕他之前逃走了。有人可能会认为我的父亲继承了内森的反叛血统和犹太人的活跃精神，我却不以为然。他从来没有隐藏过他的犹太人血统，事实上，他也根本无法隐藏。他作为世界上最古老的犹太报纸——《犹太纪事报》（*Jewish Chronicle*）的广告经理，大部分的工作生活都惊人地顺利，而且他酷爱交友，并且深受人们的欢迎。他并不是个信教徒，我从没见他去过犹太教堂，即使是最近的犹太教堂，甚至是在犹太教的新年时他都没去过。当然，他更没有带我去过。宗教从来都不会出现在我们晚餐后的讨论中，相反，政治却是我们永恒的话题。

父母与祖父

然而，我还是隐约地意识到了我身上具有很多犹太人的特点。大多数星期五，我都会和我的朋友卡罗琳·韦茨勒（Caroline Wetzler）一家遵循犹太家庭的传统一起吃晚餐。我的另一个很亲密的朋友克伦·阿布斯（Keren Abse）的父亲丹尼·阿布斯（Dannie Abse）是一位诗人兼剧作家，而她的叔父利奥·阿布斯（Leo Abse）是一个为人直言不讳的犹太工党议员。我偶尔也会跟随父亲去《犹太纪事报》的办公室。他手下的广告推销员对他一直很恭敬，同样对我也很和善，但我对《犹太纪事报》的大部分记忆是在我 12 岁生日后不久，负责该报纸广告版面编排的一个工作人员带我和哥哥迈尔斯去哈姆斯密剧场（Hammersmith Odeon）观看甲壳虫乐队的演唱会。我以前从未进入过犹太教堂，直到 30 多年后我去参加我的行政助理默里·格拉斯的婚礼。虽然婚礼仪式非常盛大温馨，但我还是觉得有点陌生，感觉怪怪的。

我的母亲和哥哥迈尔斯很关注工党的内部争论以及工党和保守党之间的斗争，我和父亲更是有过之而无不及。我们一家人就像足球迷关注着足球决赛一样的狂热，但是工党对于我们来说绝不仅仅是“团队”那么简单，“团队”一词根本无法表达出我们与工党的密切关系。对于居住在比格伍德路 12 号的我们这四个无神论者来说，工党近乎是一种宗教信仰。

从童年时代起，工党就是我的信仰。我记得甚至在哈罗德·威尔逊动身前往唐宁街之前，我就曾经从学校跑回家去等待电视上的选票结果。在听到休·盖茨克尔去世，哈罗德被选为工党领导人时，我就急匆匆地跑到厨房把这个消息告诉母亲。在竞选期间，我会走出家门到郊区去拉选票。令人尴尬的是，有一次，我甚至敲响了在战后与我外祖父一起在政府任职的国防大臣曼尼·欣韦尔（Manny Shinwell）家的门，提醒他投票。

我从父母身上感受到最多的就是他们之间的爱以及他们对我和哥哥的爱。我的父母在结合之前都曾结过一次婚。我的母亲在战争年代曾在基督教贵格会难民服务处工作，战后母亲和父亲在伦敦广告公司相遇，那时母亲在公司做秘书，父亲是她们公司的广告客户。他们那时好像是一见钟情，但是因为父亲已经结婚，这件事就变得异常复杂。当时我的母亲同她的第一任丈夫，和外祖父同在内阁任职的农业大臣的儿子已经离婚了。外祖父对母亲的第一次婚姻非常失望，母亲那时 19 岁，他认为我母亲还太年轻，有点任性妄为。在父亲与他的第一任妻子离婚之前，父亲和母亲一直是在秘密地联系。

即使到后来，母亲年纪轻轻结婚，不久后离婚，然后离婚后又与一个离过婚的人结婚这件事一直都让外祖父耿耿于怀。我不知道对于这件事外祖父在道德层面上是否反对，但是显而易见的是，对随之而来的可能会暗中毁坏他政治事业的闲话和批评他并不喜欢。作为一个小男孩，我常常对外祖父所取得的政治地位和政治成就引以为傲，并且非常敬佩，有时甚至会惊叹于他的成功。在我的一生中，这些感觉从来没有全部消失过，但是随着我逐渐长大，我开始意识到他为他政治抱负的全身心投入给他周围的许多人和事都带来了很大的影响，尤其是对我母亲。在他还能够自己开车时，他会开车从他在埃尔特姆（Eltham）的家穿过伦敦来拜访我们，但是他的第二任妻子却从中阻挠，因为她想让外祖父与他的家庭还有过去的朋友中断联系。外祖父于 1965 年 3 月去世，当时正是我过完 11 岁生日几个月之后。我们是从电视上中断了周六晚上电影播放的快讯中得知这一噩耗的，母亲竭力掩饰，但我知道她肯定和我一样感到非常悲痛。

母亲为人沉默寡言，比父亲安静得多，但是她却是家中的权威。她是我们一家人无可置疑的力量源泉。她非常优雅，甚至流露出一种贵族气质。我和我童年的伙伴们都称她为“公爵夫人”，直到今天我都记得她当时的样子，但是她也有严厉的一面。她从来没有大声呵斥过我们，却成功地给我和哥哥灌输了“人要懂礼貌、守礼节”的思想，还帮我们树立了明辨是非的价值观。当我们的行为偏离界限时，她无言的谴责比任何训斥和惩罚都要有效。

在很多方面，父亲和母亲恰恰相反。虽然父亲真正的名字是乔治(George)，但是自从战争时期他在皇家龙骑兵团担任士兵后，他就以托尼(Tony）这个名字被大家所熟识。他的穿着无可挑剔，并且还显示出城市绅士的风度。白天的时候，他给人的印象是全身充满了稍微有点尖刻的幽默感，喜爱与人交往，而到了晚上，他就会关上门，靠在床头上，叼着烟斗，埋在书和报纸堆里。晚年的父亲担任了郊区的居民协会主席。他几乎每天都会出去，有时还把他战时的双筒望远镜挂在脖子上，巡视四周，以确保达姆·亨利埃塔所取得的成果能在现代化的时代中得以维持。

当我还是一个孩子时，对于父亲的这种行为，有时会感觉很尴尬。然

与父亲在电话机旁

而成年以后，我开始意识到我自己的政治热情和公众性格有很多都源自他的影响。我的哥哥迈尔斯比我大 4 岁，他比我沉稳并且善于思考，因此他比我更早地认识到了这一点。20 世纪 90 年代，哥哥作为一个资深的临床心理学家，他以他独到的见解为把我们家庭中每个人的事迹拼接完整、整理编写成一部关于我的传记作出了很大贡献。他的这些独到的见解是惊人的，而且我相信它们绝对是准确无误的。根据迈尔斯的观察，他更像母亲，而我更像父亲，但是长大后，我喜爱母亲，与母亲更为亲密，而迈尔斯则与父亲的关系更好。

也许是因为我和父亲之间有很多方面太相似，我们之间出现了一些摩擦，尤其是在谈论政治问题的时候。20 世纪 80 年代，我在工党的亲身经验让我确信如果工党想要继续存活下去，就必须选择强硬的左派。这使我们之间的冲突更加激烈了。在此之前，我们对于工党的看法就已经存在分歧了。我仍然记得 1972 年的一个晴朗的星期天早晨，我和父亲去拜访一个叫汉斯·杰尼斯查克（Hans Janitschek）的邻居。汉斯是一个奥地利作

19 世纪 60 年代，与母亲和哥哥在奥尔德玛斯顿村参加反核游行。左边穿粗呢子衣服的是我，我们家的车在右边。

家，而且他当时是社会主义国际（Socialist International）的秘书长。作为一个现代的欧洲社会民主党党员，他提出他很担心工党正面临着左倾的“危险”。哈罗德·威尔逊在 1970 年竞选中落败，而托尼·本（Tony Benn）和他的盟友发起了一场活动，成功地使工党的全国执行委员会采纳了左派的方案。哈罗德判定工党在短期内不能重新进入政府，因此也无须迫切地与他们作斗争。杰尼斯查克确信——事实证明他的想法是正确的——这种放任的政策反过来会阻碍工党的发展，而且他坚信政策和意识形态之间爆发斗争是迟早的事。不论是在父亲捍卫哈罗德的放任政策时还是在他说他认为社会主义的意识形态也应该被给予自由和容忍时，我都很专注地倾听。对于他来说，那是他作为工党人所能做的一切。

我深深地爱着我的父母。即使到现在，我的父亲已经去世 20 年了，母亲也去世 5 年了，我却没有一天不在想念他们。尤其是对于母亲的一切，更是记忆犹新。当然，对父亲也一样。我所经历之事以及所到之处经常使我重温我们在一起时的美好时光。我在戈登·布朗政府任职的最后几天，清晨的时候会在伦敦摄政公园散步。当我看到一个拄着拐杖的老人步履蹒跚地走在公园的一条小径时，我的脑海中瞬间闪现出了父亲放在大厅的手杖的模样，以及他在郊区做保护人员时经常披在肩上的那件旧军大衣的样子。想起父亲的形象，我不禁笑了。他总是充满活力，干劲十足，并对他所信奉的事物十分狂热。他就是这样一个人。正如哥哥一直在提醒我的一样，我成了和父亲一样的人，也成了像他那样的从政者。

在一定程度上，童年时的我们过着犹如神仙一般快乐的日子。我对于欧洲的热情就是从那时开始生根发芽的。当我还是一个小孩子时，我的父母就会带我和哥哥去欧洲度假。每年的 8 月我们都会去游览一个新的地方，例如伊比沙岛、布列塔尼、意大利和厄尔巴岛。我们会住宿在露营地或者廉价的膳宿公寓或宾馆。从我 10 岁起，每年夏天去西班牙的科斯塔布拉瓦海岸旅游就成了我们家庭的惯例。我们会住在离罗塞斯海湾几英里的一个叫做阿尔马德拉巴的地方。这里远离沙滩，环抱着十几个度假的小屋。在吃晚饭的时候，父母会给我和迈尔斯半杯葡萄酒，偶尔也会给我们一点君度酒帮助睡眠。如果我没记错的话，我比迈尔斯喝得要多，这部分是缘于当时人们对于酒的欧洲习俗的介绍，现在我只能喝中度的葡萄酒和威士忌。

我们去西班牙度假产生的另一个影响却是稍微有点痛苦的经历。因为我的皮肤像母亲一样很敏感，同时我从父亲那里继承了对于防护皮肤这种事情的漫不经心，我总是忘记涂防晒乳液以至于皮肤很快就会被晒伤。直到现在我稍有不注意它还是会被阳光晒伤。我在布拉瓦海岸专心学习的运动项目也并不成功。连续两年我一直在学习如何滑水，但是都以失败告终。沙滩上的人们见证了我一次又一次的失败。最后，我无奈地选择了放弃。

郊区初建时可能还是一个社会人员混合的城镇乌托邦，但是到我出生时，郊区无疑已经是中产阶级的天堂。更多迁入的家庭渴望把他们的孩子送进拥有 400 年悠久历史的海格特学校，或者是位于汉普斯特德的大学学院就读。我的父母可能是能够承担起学校的费用，他们不存在为我们到处择校的困扰，我们被送入了公立学校上学。我和迈尔斯小学毕业后，就升入了海登县文法学校读书。在令人生畏的传统班主任梅纳德·波茨（Maynard Potts）的教导下，我的学业非常优秀。他为人理智严谨，对我们的要求也十分严格。我乐于向大多数老师求教，偶尔也与他们辩论，尤其是在与政治相关的问题上。

在学校时，我交了几个非常亲密的朋友，最重要的是克伦·阿布斯和一个叫斯蒂芬·豪厄尔（Stephen Howell）的海登县男孩。我会与他们分享我对于政治的热情，直到现在我们都保持着密切的联系。过去他们两个经常戏称我为一个工党“呆子”。他们这么称呼我，不仅是因为我直到现在都能对工党的政策辩论了如指掌，还因为在长时间的乘车过程中，我们会玩俗称的稍有点乏味的“选区游戏”，到最后，每一个他们能想到的选区的工党议员，我几乎都能说出来。后来，我们成了形影不离的“铁三角”。斯蒂芬的祖母和姑姑是海登县的劳工维权人士，在我们16岁时，她们建议我们重建当地暂停的青年社会主义者分会。我担任主席，斯蒂芬担任秘书，而且是对政治并不特别热衷的克伦把我们这个小团体黏合在了一起。到1970年3月初次召开会议时，我们已经成功地号召了二十几个人加入了这项事业。毫无疑问，母亲一想到我可能会加入她不喜欢的团体，并且成为一个从政者，就会打寒战，但即使是这样，她也从来没有表现出来。她对我的战友都很热情，并且会为我们课余的会议提供鸡蛋加西红柿三明治和热的巧克力饮料。她甚至会为我们打印青年社会主义者分会每月稍微有点夸张和冗长的电子邮件。在1970年竞选期间，当我们三个因为诘难保守党候选人而被赶出海登大会堂时，母亲表现得非常镇定。竞选过后，保守党取得最终胜利，爱德华·希思（Edward Heath）入主唐宁街。母亲甚至加入我们反对新政府劳资关系法案的游行示威，而班主任波茨先生对此事并不持乐观态度，并威吓要以过分活跃的名义开除我。这件事最终却因一个意志坚定的担任学校董事的工党人的介入而被阻止了。

就读于海登县文法学校时的照片

令波茨先生吃惊的是，我的政治活动开始蔓延到我的学校生活中。与其他的文法学校一样，海登县文法学校发现自己也陷入了工党政府要取消小学升初中的考试以及要实行全面中学教育的活动，波茨先生对此誓死反对，而当我、斯蒂芬和克伦带领我们青年社会主义者分会的同志们加入要求取消选拔考试的活动时，他更是感到十分震惊。他在学校大会上谴责我们是“工业武装分子企图分裂学校结构”，我想他可能是为了在他提前退休之前逃避推动革命前进的人们。

在六年级刚开始时，我和斯蒂芬发现我们与新来的班主任的关系有点不和谐。这一次，我们发起了一系列的活动，如把学长会议室向所有六年级的学生开放、废除校服制度、废除学长制而支持选举委员会等，目的是想借此来转变人们的思想。对我来说，与我的父母一样，我最大的政治乐趣一直是来源于同既定的规则作斗争。在这种想法的影响下，就意味着我要放弃成为优等生的光明前景，同时也要放弃相应的优等生特权。不过，最终我却成了选举委员会的第一任主席。我承认这种性格导致了我后来的政治品格中一个不太吸引人的方面，托尼·布莱尔将其称为“专横”。虽然有时我确实会对低年级的学生表现出令人难以忍受的专横，不过，我更广泛的政治焦点仍然还是停留在工党内部的政治世界里。我甚至听到一个自大的青年社会主义者分会的编辑曾经宣称要捍卫第四条款——也就是我在随后25年中，一直支持托尼抛弃的社会主义经济信条。因为我说过，除非我们勇敢的社会主义者学生能在现实生活中组织活动并有所行动，否则这些冠冕堂皇的话是毫无意义的。不过，我们都积极支持那些反对种族隔离运动以及向大赦国际（Amnesty International）捐款的活动，而且有两个暑假，我都在全国公民自由理事会（National Council for Civil Liberties）的办公室做志愿者。

在六年级中期，我、克伦和斯蒂芬选择了明显有点虚幻的世界——共产主义青年团。克伦最先加入，因为共产主义青年团唤起了她的反叛精神，而且她说这个组织对于她来说还有另外的一个吸引力，那就是共产主义青年团里的男孩都非常可爱。我和斯蒂芬同意了加入他们的组织，没想到竟碰巧在西汉普斯特德一个杂乱无章的房间里参加了他们的年度会议。随着我们逐渐开始参加共产主义青年团分会会议，因此到1971年初，我们就彻底解散了青年社会主义者分会。共产主义青年团主要的正式活动就是无论成功与否，每周五晚上都坚持抨击位于基尔伯恩地铁站附近的《晨星报》（*Morning Star*）。我和斯蒂芬成为共产主义青年团全国代表大会的干事，克伦在组织里担任代表。克伦由于公开反对苏联入侵捷克斯洛伐克而被谴责为叛徒。

随着中学毕业考试的临近，我的生活重心开始转向海登县文法学校毕业以后的生活。在波茨先生勉强的默许下，我的经济学导师鼓励我申请去牛津大学圣凯瑟琳学院攻读政治、哲学和经济专业，非常出乎意料的是我申请成功了。但是随着开学的日子越来越近，我变得越来越紧张。我的家庭成员中很少有上过大学的，尤其是像牛津大学和剑桥大学这样的名校，虽然我的哥哥迈尔斯在诺丁汉大学以及利物浦大学成绩优异、表现突出一度打破了这个模式，但我还是觉得心理负担很重。我总觉得自己还太年少无知，身上带有浓浓的郊区气息、不成熟，没有做好心理准备，因此我不想就那样直接去上牛津大学。我决定要去坦桑尼亚历练一下，并且我以将会从坦桑尼亚的工作和生活中受益的理由，成功地说服了圣凯瑟琳学院的工作人员。在坦桑尼亚，朱利叶斯·尼雷尔（Julius Nyerere）倡导建立以农村为基础的、社会主义的非洲特色体制，并称之为“乌贾马”（Ujamaa）。

寻找一个实践单位并不容易，我给政府机关、慈善机构、教会以及志愿团体写了几十封信都毫无结果。最后，好运终于降临了。一天晚上，我听到一个电台节目采访原先坦桑尼亚南部的斯特普尼主教特雷弗·赫德尔斯顿（Trevor Huddleston），他是尼雷尔的粉丝。作为一个年轻的牧师，他因坚持反对种族隔离的立场而被驱逐出南非。我写信给他说明自己的意图，他便邀请我去他家拜访。我们交谈了近一个小时，在我们的谈话过程中，我想他是被我的热情而不是我可能给当地带来的任何特殊的知识或技能打动了。他安排我与英国圣公会的传教士一起在坦桑尼亚的北部工作——更慷慨的是，我后来发现，他替我解决了食宿问题。

1972年9月，我登上了飞往内罗毕的飞机，然后怀着一种冒险和刺激的心情乘坐涡轮螺旋桨飞机颠簸着飞往坦桑尼亚西北部的穆索马。当我到达布亨巴乡村救助站时，身处连绵起伏的丘陵和一览无余的山谷之中，我顿时就被这种新的、非郊区的简约之美深深震撼了。救助站用煤油灯照明，我们还有一个小煤气炉和一个室外厕所。

然而不久，一种孤独寂寞之感就将我吞噬了。我不知道这一年我到底要怎样熬过去，即使我自认为自己是一个伟大的自然语言学家，但是要掌握斯瓦希里语也是一个难题。随着时间的推移，我只是掌握了一些基本的词汇，但幸运的是，在这个传教所大多数坦桑尼亚人都说英语，他们帮助我度过了最初的困难时期，有时他们还会拿我开玩笑。虽然管理这个救助站的传教士都很和善，但是我们没有什么共同点。我成长过程中没有任何经历为我打下过接受那些定义他们生活的宗教信仰和宗教目的的基石。然

1972 年，与坦桑尼亚穆索马乡村郊区司铎格肖姆·恩亚伦扎（Gershom Nyaranga）在一起。

而，一周周过去了，我居然开始觉得它成了我生活的一部分。在工作之余，我给位于比格伍德路的家，还有斯蒂芬、克伦和其他朋友，当然还有大主教赫德尔斯顿写了很多信。他们各自都给我回了信，还送来了很多书籍。

我们每天一早开始工作，一直身处南半球临近夏季的酷热中，中午的时候才能结束。我决定领先兔子一步，在它们快速繁殖之前，种了无数的橡胶树，因为他们会吃光树苗。我还建造了鸡舍，刷新了房子。我有时会在传教所的办公室帮忙整理一大堆未写完的发票。我还会花几个小时与一起工作的坦桑尼亚人交谈。我会前往内罗毕去买农业配件，还去过穆索马与一对叫做梅里（Merry）和比阿特丽斯·哈特（Beatrice Hart）的传教士夫妇住在一起，他们非常迷人但稍微有点古怪。

四个月之后，我离开救助站前往位于恩加拉的一个由传教士经营的穆哥旺扎医院工作，这所医院位于维多利亚湖的边上。在这里，典型的一天工作就在一块混凝土板上展开，而这块板被一位热情洋溢的英国传教士医生阿瑟·阿德尼（Arthur Adeney）当做手术台。我需要把乙醚从汽缸中抽出并输入肢体撕裂、骨折或突发阑尾炎的病人体中。如果事情变得很复杂，阿瑟就会让我给他读他大学解剖学教科书中的有关段落以寻找解决办法，而与此同时我还要尽量集中精力照看汽缸。我把一天中剩余的时间奉献给了医院孤儿院的孩子们。我至今仍然能感觉到每天中午都会等待我到来的两个小妹妹紧抱着我时的感觉，并且还清楚地记得每当我要离开时她们的低声啜泣。

在坦桑尼亚期间，我经常思考，并阅读了大量的书籍，同时还写了很多东西，但是大多数时间我的心思还是放在政治上。我们得到的新闻消息都来自英国广播公司（BBC）全球服务处，这也开始了我与英国广播公司之间的不解之缘。我读了由尼雷尔和他的坦干伊喀非洲民族联盟党的思想者写的书以及小册子，还有其他非洲作家的著作。我还读了一些政治小说，比如埃米尔·佐拉（Emile Zola）的《萌芽》（*Germinal*）和威廉·莫里斯（William Morris）的《乌有乡消息》（*News form Nowhere*），我还读了许多有关基督教的书，如《活着的人》（*Man Alive*），并且被神学家迈克尔·格林（Michael Green）对耶稣复活信仰的倾情陈述深深打动。它帮助我理解了与我一起工作和生活的传教士的热情、敬业和淳朴、善良，并且使我由衷地敬佩他们，甚至有时我会觉得自己也是他们中的一部分。在我寄回家里的信中，我尝试着诉说在非洲获得的这些新的知识和经历对于我来非洲之前的简单生活和所做的简单选择的意义。有时，我会感觉自己陷入了尼雷尔的坦桑尼亚社会主义的承诺中，而有些时候，我的这些思想又几乎会被传教士所宣扬的共同目标彻底打消，但我从没有真正地投入过组织教会的怀抱。

我在坦桑尼亚最后的工作是在姆万扎的一所小学校任教。我要教一个班 40 个孩子所有的科目。当我还只是个学生，仅仅负责接收老师传授的知识时，我一直觉得教学是一件非常简单的事，但是当我作为老师时，我才发现，无论我如何努力授课，我总觉得会有一个孩子我无法教明白，或者总觉得有一部分知识我没能完整传达。这件事无疑使我对天生有教学天赋的人充满钦佩。

此外，我还发现了我自身的一些变化。无疑在非洲的经历将永远是我生命的一部分，但是我知道我真正的家乡是在英国——我是在英国的国土上出生，受英国的文化和政治影响长大的。我以一种更全面、更睿智、更成熟的姿态结束了我在非洲 11 个月的生活，然而我发现的问题远比得到的答案要多得多。也许在我回国之前给斯蒂芬写的一封信中所写的话最能诠释这一点："有时，我觉得坦桑尼亚社会主义的力量是巨大的，并且是发展的唯一希望，但是社会主义在英国是不切实际、根本无法实现的，我们生活在一个意识形态脱离现实的国家……我认为我们国家存在着许多错误——不公正、不必要的贫穷以及人民无尽的苦难，我们必须付诸实践来解决这些问题，但是我们该如何做呢？是通过在议会的工党的领导呢？……还是通过更多的言论和示威呢？”虽然将要回家时我的内心非常焦虑，但是我能够确定我离家之前与我回家之后的感受肯定是不同的。

当秋天我到达圣凯瑟琳学院时，虽然我还是很困惑，但是我对政治的热情比以前更加强烈了。我对政治的热情上升到了关心生机勃勃的非洲和广泛的国际问题的层面上。在我给斯蒂芬和其他人写的信中，无论是我看到的还是写下来的，这些从来没有真正地使我觉得我的政治归属除了工党还能有其他的任何地方。这种感觉由于受到一群二年级的学习政治、哲学和经济专业的朋友的影响而变得更加强烈，我与他们的关系也很快变得非常亲密。和他们一样，我对于选择已可预期的通过牛津大学联盟或者工党俱乐部，成为一个牛津的工党从政者这条道路感到不安。一直以来，我既没有加入这些组织也没有参加过它们的会议。这些团体里似乎充满了自私自利的个人野心家和沾沾自喜将成为内阁大臣的人——但是事实上，他们没有一个实现了其雄心勃勃的抱负。工党俱乐部当时正在经历左派和右派以及社会主义者和传统者之间关系紧张的时期。那一次，右派获得了我的青睐。虽然就我后来参加的斗争而言这看起来稍微有些奇怪，但我确实是倾向于传统者那边的。我还帮忙设立了非正统的牛津劳工学生联合会。虽然我是该联合会的执行委员之一，但是我在这个联合会中并未花费很多的时间。我经常会与政治、哲学和经济专业的朋友们在一起，如迈克尔·阿特韦尔（Michael Attwell），他后来从事电视传媒行业；迪克·纽比（Dick Newby），他后来离开了工党，参加了社会民主党，成为一个自由民主党人；还有在后来成为国际工团主义者的戴维·科克罗夫特（David Cockroft），他使我开始更多地参与海外事务。我加入了联合国青年和学生协会，还加入了一个名叫“左派欧洲青年”的组织。每个星期，我都会前往伦敦，支持纳米比亚的西南非洲人民组织起义者的活动，甚至募集了12 000英镑为他们买了一辆路虎轿车。

然而在学业上，我竟然失去了我一直拥有的优势。我一直认为我能够成功地应付过去，但是在第一年的年底，我政治的初试居然没有通过，这一点使我的导师威尔弗里德·纳普（Wilfrid Knapp）都非常惊讶。直到今天，我都不知道我当初是怎么成功通过哲学和经济学考试的，当然，我的导师约翰·西莫普勒斯（John Simopoulos）和尼古拉斯·斯特恩（Nicholas Stern）——后来因参与气候变化的相关活动闻名，并不认为我已经把自己的全部精力都投入学习中了。我突然发现我的前景并不乐观，我不仅冒着不能在牛津大学成为优秀学生的风险，而且还未能清除第一道关卡。我在秋天提早回到学校参加政治考试的补考，而且整个 9 月是我在牛津大学过的最充实的一段时间，我把自己的全部精力都投入我上一年度就应该阅读的书籍中，我完全沉浸在了对战后法国政治分析的巨著和传记中。

虽然后来我通过了政治的初试，但是由于害怕因为成绩被牛津大学扔出学校，我意识到我必须要适当地控制自己的政治活动，可是我却从来没有真正彻底地从中吸取教训。在大二时，我成为本科生公用室的主席，虽然这标志着我与我们学院院长——历史学家艾伦·布洛克（Alan Bullock）持久友谊的开始，但这也占用了我大量的时间。通过青年费边主义，我参加了英国青年义工组织（BYC），这是一个青年志愿者和青年学生会的保护组织。这些经历都在一定程度上对我从牛津大学毕业以后如何对待政治以及在政治上的作为产生了很大的影响。但是如果我有机会能再重走一遍我的大学生活的话，我肯定会把精力集中在学术上。每次当我跟将要去牛津大学或者其他大学就读的人交谈时，我都会试图给他们传达这个教训。我会告诉他们，要忘记政治、忘记社交活动、忘记像本科生公用室那样的东西，学术上的机会——读和写的机会、思考和学习的机会——在头脑中的这个人工实验室是唯一不会再次出现的东西。

我确实会从事社交活动，但并不是沿袭牛津的传统方式——盛装的晚宴和盛大的舞会。相反，我只是有时会跟政治、哲学和经济专业的朋友一起出去吃饭和散步。同时我也跟一个可爱、热情，对于我来说充满异域情调的名叫维尼夏·波特（Venetia Porter）的女孩变得非常亲近。她是圣凯瑟琳学院第一批招入的年轻女性之一。她学习的是阿拉伯语。一整年，我都同维尼夏以及另一个研究阿拉伯语的朋友共同生活在一所房子里。虽然这所房子和牛津大学学生的出租房价钱和状况相差不多，但是却有着它独特的温馨，而且维尼夏的陪伴使生活变得很愉快。在她休息的时候，或者在我空闲的时候，我们会一起做饭、一起吃饭或者去参加聚会，并且在聚会上尽情地跳舞。我们甚至在位于宽街的贝利奥尔学院对面的一家舞蹈学校报名参加了一个摇滚课程。

在大二快结束时，一个机会降临到了维尼夏的故乡，还有更广泛的中东地区。在我的研究中，我花了很多时间专注于该地区。在联合国青年和学生协会工作期间，我遇见了 20 世纪 60 年代英国驻联合国大使卡拉登（Caradon）勋爵，他在暑假期间组织了一次受到赞助的中东地区的考察之旅。我差点就没能参加这个活动。随着这个学期即将结束，我竟然患上了昏睡病。根据医生的推测，我可能是在非洲的维多利亚湖游泳时染上这个病的，这个湖是一个臭名昭著的血吸虫病的培养皿；或者也可能是在恩加拉我涉水穿过沼泽进入卢旺达时，一路乱打苍蝇引起的。不论引起我昏睡的原因究竟是什么，我发现自己躺在比格伍德路的家里，几乎一个月无法起床。在维尼夏母亲的建议下，我的父亲带我去维尔贝克街接受了一个顺势疗法。它看起来似乎有点疗效，但是，主要是我不想错过中东之旅的决心给了我去希思罗机场的力量。

当我出发的时候，我还仍然受着父亲与以色列的关系的影响。即使是最普通的英国籍犹太人也能感到与犹太国家的关系，尤其是经历过大屠杀和以色列的战后创建时期的人们，当然我的父亲也不例外。在我 13 岁的时候，我就已经清楚地知道父亲是一个众所周知的犹太人。当时发生了先发制人的六日战争，在纳赛尔的部队开始在西奈半岛边界集结时，以色列发动了对埃及、约旦和叙利亚的战争。1973 年 10 月，当我刚刚开始在牛津大学的工党生活时，叙利亚和埃及正好在犹太人的节日——赎罪日时发动了对以色列的突然袭击。以色列再次占据了上风，但是这次是一个代价更高、实力相当的战斗。我的观点大致是支持以色列的，但是在圣凯瑟琳学院学习政治、哲学和经济专业的我的朋友们也曾跟我谈论阿拉伯一方作战的理由，尤其是他们是为了巴勒斯坦人民的事业。

我们的第一站就是埃及，然后紧接着是黎巴嫩、叙利亚、约旦，最后是以色列。由于阿拉伯国家联盟帮忙组织了这次考察，我得以见到一系列政府官员和乔丹（Jordan）的哥哥侯赛因国王，还有当时的王储哈桑王子。但是这次旅行最让人记忆深刻的地方还是贝鲁特。自从贝鲁特在 1970 年内战时从约旦分离出去后，亚西尔·阿拉法特的法塔赫政治中心和其他巴勒斯坦军事组织就搬到了黎巴嫩。我曾与《卫报》（*Guardian*）

位于贝鲁特的一位记者戴维·赫斯特（David Hirst）共进午餐，他是一个说话轻声细语但是又非常热情地支持巴勒斯坦的人。我甚至还去参观了一个巴勒斯坦的难民营。

那天晚上，我给家里写信说："这里的条件跟报道的一样可怕。成千上万的人生活在拥挤的无法忍受的状态下，当然，他们直到有机会返回巴勒斯坦之前都是无法离开难民营的。看起来大部分是中年和年轻的人们更坚定地要回到巴勒斯坦。他们非常和善、有耐心而且还有钢铁般的意志。这里的人们处于令人绝望的境地。"我同时也意识到以色列的情形也并不乐观。当然，与我的父亲一样，我也并不认为"回到巴勒斯坦"代表着以色列的结束，但是巴勒斯坦人有着自己的国家认同和民族大义，这点在我看来是无可争辩的。当我回到英国后，我为《犹太纪事报》写了一篇文章。现在看起来它传达的信息似乎是无可厚非的，但是当时却并非如此，尤其是对于犹太社区的人们来说。也许除非建立两个政府，一个是以色列政府，另一个是巴勒斯坦政府，否则两方的人民永远不会盼来和平。

回到牛津大学后，我再次发现我实践政治的时间和我研究政治的时间几乎一样多。工党作为一个少数政府再次执政，而与此同时，我并没有完全确定我毕业以后想干什么，我知道我的未来是想从事涉及工党的工作，最理想的当然是能在工党内部工作，并且能够制定一些工党的政策。在我更加深入地参加了英国青年义工组织的活动后，在 1976 年早期，我成了该局的副主席，并于两年后，成了全国的主席。

1976 年，在位于牛津市王子街的卧室里学习。

除了我们做的振兴政策的工作外，英国青年义工组织使我接触到了一大批将来会影响我政治生活的人。在当时对我来说，没有人比吉姆·卡拉汉（Jim Callaghan）政府的教育大臣雪莉·威廉斯（Shirley Williams）更加耀眼的了。她是我外祖父的一个政治门生，我第一次见她是在一个关于“后工业社会的年轻人”的会议上。雪莉非常聪明，而且很有魅力，她还在与即将成为从政者的年轻人进行交谈和倾听方面有着惊人的天赋，她几乎可以出口成章。她还是一个现代化的、外向型的、支持欧洲的工党政治家，她知道在哪里以及如何才能取得选举的胜利——通过号召位于中心地区的主流选民。当年我没有加入牛津大学的工党俱乐部是因为不满党内野心家在左派和右派之间乏味的僵持。雪莉不是传统的右翼分子，她集中体现了党内自由和党内思想的核心，她认为有必要把我们传统的价值观与不断变化的世界中的相关政策联合起来。

作为英国青年义工组织的领导人，我也能与全国学生联合会的领导人见面，并且有时会与他们一起工作。我第一个接触的全国学生联合会的主席是一个身材魁梧的小伙子，他也是在我所出生的汉普斯特德郊区长大的。我以前就听说过查尔斯·克拉克（Charles Clarke），他是一个海格特学校毕业的男孩，但是我并没有跟他说过话。后来我与他一起工作的时间越长，我就越喜欢他。我甚至跟他在全国学生联合会的一个同事戴维·阿伦诺维奇（David Aaronovitch）的工作关系都变得非常亲密，阿伦诺维奇当时是一个共产主义者，后来成了一名记者。他非常迷人、为人有趣，而且非常明显的是他很聪明，能够完成他下决心要做的任何事。在随后的几年中我还是与查尔斯的关系更加亲密，互动也更多一些：首先是在 20 世纪 80 年代一起在尼尔·金诺克（Neil Kinnock）身边工作，后来又在新工党政府共事。

我毕业后的第一份工作的环境具有明显的老工党特征。我深深地知道如果我想把自己的未来定在工党内部，最现实的途径就是通过工会运动。如果没有艾伦·布洛克的帮助，我是无法获得这个工作岗位的。在离开牛津大学以后，我在此工作了六个月，而当时，艾伦负责工业民主的调查。这个小组的一个成员戴维·利（David Lea）是英国劳工联合会经济部门的负责人，艾伦成功地向他引荐了我。

位于大罗素街的议会下院不仅仅是一个工会的总部所在地，而且经济部也不仅仅是一个胡乱提出政策的地方。听着我的新老板们要求与工党的内阁大臣或者其他官员谈话，或者作为一个在工会总书记和大臣之间会议时的指定记录者时，我才了解了在工党内部权力是如何运行的。这给我留下了不可磨灭的印象，并就应该怎样经营这个国家给我带来了深刻的启发。这个过程就是一个政府、企业和工会操控决策并试图运营他们之间的经济——投资、价格和收入——的一个“社团主义者”的产品。属于某一方的时代已经过去，如果这个时代真的曾经到来过。

政府正在苦苦挣扎，不仅仅是在工资和通货膨胀方面。这是一场已经很明显的战斗，丹尼斯·希利（Denis Healey）被迫向国际货币基金组织求助，而且两年后以工党“不满的冬天”（Winter of Discontent）的动荡以及玛格丽特·撒切尔夫人入主唐宁街而告终。议会下院按常规要求所有政府部门权衡政策并使经济有序。而且，它总是能做到。英国劳工联合会——工党联络委员会是有效的政府执行委员会，实际上，大罗素街和唐宁街差不多是共享主权的，然而更多的时候，议会似乎是在发号施令。

当我看到我未来能成为一名工会的权力经纪人时，确实让我很兴奋，但是英国劳工联合会幽闭的生活并不适合我。我的心思还是放在了英国青年义工组织的工作上。我曾经研究并撰写过一篇名为《青年失业：病因和疗法》（Youth Unemployment：Causes and Cures）的报道。我在工会运动职业生涯的结束是在我和两个同事被首相的政治顾问汤姆·麦克纳利（Tom McNally ）——现在的自由民主党人和联盟政府的成员——邀请到唐宁街 10 号与吉姆·卡拉汉一起讨论报告时开始的。这是自从我小时候观看行军旗敬礼分列式后第一次进入内阁会议室，首相和其他大臣对我们都非常有礼貌，而且乐于接受我们的提议。这也是我第一次接触艾伯特·布思（Albert Booth），也就是后来的就业大臣，他后来聘请我担任他的研究助手。但是我受邀去唐宁街使得英国劳工联合会总部陷入了混乱。任何人去唐宁街的首相府谈论政策时，有一点是显然的，那就是他们是工会要人，而不是一些经济部门的新手。制定解决青年失业问题政策的责任属于英国劳工联合会组织部门。没过多久，我就清楚地意识到，我不得不在工会的工作和英国青年义工组织的工作之间做出抉择。

1978 年夏天，随着古巴的世界青年学生联欢节的临近，我递交了我的申请。把英国青年义工组织的会议装扮花束送给明显是苏联集团的宣传运动是非常有争议的，因而我们为是否出席这个会议争论了好几个月。最后我们决定虽然英国青年义工组织的保守派投票反对，但是我们独立的、西方式的、非共产主义的声音应该被人们听到。有媒体批评我们制定的计划，但是外交大臣戴维·欧文（David Owen）对我们的计划点头批准，还有查尔斯·克拉克，他刚刚从全国学生联合会毕业，作为筹备委员会的一员居住在哈瓦那。我与全国学生联合会的领导人特雷弗·菲利普斯（Trevor Phillips）一起率领着国家代表团，我们很快就成了好朋友。

去了古巴以后，我们的视野得到了很大的拓展。虽然我们没有完全取得胜利，但是特雷弗和我成功地劝说或者说是说服了英国代表团核心的相当大一部分人支持苏联——某种程度上是支持斯大林主义。在古巴是我第一次与新闻媒体打交道，当时“媒体顾问”这个术语并不存在，即使它真的存在，我也很难想到，有一天我竟然会使它具体化。每天我都不得不去哈瓦那的自由酒店向英国记者做我们关于支持自由、拥护人权的议程简报，也就是在此，我学会了一直陪伴我的成为“媒体顾问”的三条基本规则：不要过分夸大；要实事求是；不要在没有任何依据的情况下就下结论。

我们的考察是以在哈瓦那主体育场的一个盛大的开幕式开始的。当我们踏进场内时，有人要我帮忙举着我们大大的协会条幅，而本来举着它的人则去擤鼻涕了。那时，一个政府官员突然出现并把我带到一个指定的地方，当菲德尔·卡斯特罗发表他的简短演讲时，我则负责在那个地方把横幅痛苦地高高举了三个半小时。最终这次访问以国内的许多批评家的支持而告终，而且大多数人都对英国代表团的完美表现感到很吃惊。

当我回到伦敦时，虽然我没有什么具体的工作，但是我并没有荒废时间。我仍是英国青年义工组织的全国主席。而这一次，艾伦·布洛克再次出现并拯救了我，他把我安排在柏林阿斯彭研究所一个研究项目组中，这个项目组研究的是欧洲各地青年的失业问题。我还搬了家，把我毕业后在哈克尼租住的房子换成了位于伦敦南部的肯宁顿的一间小型公寓，随着1979年5月大选的临近，我也正好在那里目睹了工党政府悲惨的解体情形。

我喜爱我的工作室公寓，这里也成了我政治生涯的转折点。罗杰·利德尔（Roger Liddle）就在同一个街区租用着一个较大的公寓，我与他是通过当地的工党分会认识的。我们之间不仅迅速建立了亲密关系——他对于工党的认识和忠诚与我一样，我们彼此意气相投——而且开始了我们政治生涯一生的合作关系。罗杰作为现实生活中的内阁成员、交通大臣威廉·罗杰斯（William Rodgers）的政治顾问而魅力四射。随着大选的日益临近，罗杰还有其他劳工部的大臣还能任职多长时间成了问题，因为在此之前已经有了可怕的预兆。我亲眼看到继“不满的冬天”的沉重打击后，国际货币基金组织的救助和工会的混乱已经使工党濒临深渊。

大选的那周，我仍在阿斯彭研究所，在那周过后的早上我才回到希思罗机场。工党的落败，虽然并不出人意料，但还是很让人沮丧。在去机场的隧道中，我在《旗帜晚报》（*Evening Stardard*）上看到一则新闻，它使我的内心受到了更大的打击。雪莉·威廉斯竟然失去了她的席位。对于她的落败我感到非常震惊，我手中的免税包一下子掉到了地上，而且包中的一瓶酒也摔碎了。

在这次落败后，罗杰和我都不得不带着同情的心态迎接撒切尔夫人带领下的右翼保守党政府的到来。我和罗杰总是经常一起谈论工党的前景，而且往往会谈到深夜，试图寻找工党重回国家权力中心的途径。在我们居住的兰贝斯，工党似乎正在朝着与我们预期的相反方向发展。“红色”特德·奈特（Ted Knight）已经于前一年成为地方议会的领导人。他是地道的强硬左派先锋人物之一，这种情形也就是20世纪70年代初汉斯·杰尼斯查克曾经警告过的和哈罗德·威尔逊曾经犹豫过的。

在我和罗杰居住的委员会保卫处，王子们被托洛茨基分子所控制。如果兰贝斯将成为工党未来的一个模型，我们肯定会长时间地或者可能永久性地处于权力层之外。我仍记得一个周日我们在当地一个房屋里讨论问题时，一个党内积极分子警告说我们必须不惜一切代价避免“与选民妥协”。

我和罗杰经常会与陷入困境的工党主流成员们一起去酒吧。1979年底，当斯托克韦尔的一个议会席位出现空缺时，由于这里还是温和派占微弱多数席位的少数卫所之一，我以微弱优势被选为工党代表。在随后的两年半时间中，与我在斯托克韦尔的温和派伙伴保罗·奥默罗德（Paul Ormerod）一起，我们成为委员会中日益增多的特德·奈特式的苏联风格的工党团体的一部分。在一定程度上，我个人把这看成是我在工党中朝着一个更成熟的形象转变的第一小步。我的外祖父出生于兰贝斯，并且在兰贝斯从地方议员开始了他的政治生涯。在斯托克韦尔，仍然有以他的名字赫伯特·莫里森命名的小学，而且还有一个稍微简陋的兰贝斯圣莫里森酒吧。无论我作为一个普通人对外祖父的看法有多复杂，我一直是在他的观点和成就的影响下长大，并且非常敬佩他取得的成就。20 世纪 20 年代末和 30 年代工党内的典型斗争致使他非常反对欧内斯特·贝文（Ernest Bevin）。当贝文是中下工会的一员时，外祖父强烈地认为——对于贝文来说太强烈了——要想成为一个执政的党，工党就必须不仅仅只代表工会，不能只关心工人阶级。工党必须是全国性的而不是区域性的党，并且要呼吁日益壮大的中产阶级加入工党。

显然，这场战役直到现在仍然并未获胜，当然在兰贝斯也一样。在大多数情况下，我作为委员的时间对于我来说就是一个学习的过程，可是我并不是工党团体鼓声震天的革命游行活动的有效制止者。我很难得地打破了委员会投票的排名，可能仅仅是由于我认识到我们的分歧将会使保守党获益。然而，在我们内部的核心小组，我是非常直率的。我认为我们对夸张的极左方针的放纵对于增加给我们投赞成票的选民人数根本是毫无益处的，而且会慢慢地使他们中的大多数人认为我们并不关心，甚至并不理解他们的生活。每次开会时，特德几乎总是怒视着我和其他几位对极左方针持保留意见的人，然后说“有些同志错判了形势……”强硬的左派不仅仅是在政治上强硬，它对于不服从的人的政策甚至更加强硬。

在 1981 年的布里克斯顿骚乱之后，我实在无法继续保持沉默了。特德要求警察撤离街道，并控告他们使用“集中营”的监控手段。当被当地一个记者问及评论时，我回答说：“若被问及在拥有工党和区内特德·奈特还是警察之间选择时，99％的人都会将选票投给警察。”几个月之后，我加入了我的两个斯托克韦尔工党议员伙伴组织的更广泛的攻击战。

我对于对极左思想过分放纵更加失望的部分原因是由于，我因此第一次卷入了全国性的工党政治中。在 1980 年的秋天，我被影子内阁的交通大臣艾伯特·布思聘为研究员。几周后，我随着查尔斯·克拉克进入了影子内阁，查尔斯·克拉克去为尼尔·金诺克工作，尼尔·金诺克当时是影子内阁的教育大臣。能在这个级别的工党政治中工作，即使是作为一个研究员，也是一件令人兴奋的事情。但是在我进入我的角色之前，来自罗杰的一个慷慨的礼物使这件事情上升到了另一个完全不同的层次。当保守党获得大选的胜利时，他把他自己多年来在交通部工作时积累的好几个政策文件夹带走了。虽然从严格意义上来说，这并不合法，但是我则是希望无论他的这种行为犯了何种罪行，那些会对他不利的限制法令都早已经失效。当我挨个读完每个文件夹后，我意识到它们对于我的影响是非常惊人的。我仍然记得当我成功地看到政策是如何制定而成时，我内心的巨大快感，以及见识到不同的选择是如何进行评估、改进和废弃时的兴奋之情。这是我第一次接触到政府的原始运行方式。这不仅令我非常着迷，甚至使我渴望成为其中的一部分，而且使我对党内那些会使工党未来执政的可能变得更加遥远的人更加厌恶。

我非常享受我在下院的影子内阁走廊工作的 18 个月。艾伯特·布思是一个以委员身份进入政治圈的工程草拟专员，而且后来成为英格兰西北部巴罗和弗内斯的下院议员（MP）。他还是迈克尔·富特（Michael Foot）的门生，在我开始工作数周之后，迈克尔·富特接任吉姆·卡拉汉成为工党的领导人。我在我的岗位上工作得非常努力，既要为艾伯特工作，还要为他稍微粗暴的“二把手”——赫尔的下院议员约翰·普雷斯科特（John Prescott）工作。艾伯特和约翰如同迈克尔·富特一样，也是温和派的一员，是工党左派《论坛报》的集团分子。然而他们却并不情愿如此，而且这次可能再也无法承担托尼·本和极左思想不断上升的影响力。在我开始工作的几天前的党的会议上，本阐述了一些他对于工党政府未来应该做什么的想法，并认为在数天之内，一旦它摆脱了撒切尔和保守党的政策：国有化工业、退出欧洲、放弃核威慑力量和关闭英国上院，工党就能再次站起来。我比托尼·本更希望将保守党赶下台，但是我并不认为这是实现这个目标的最好方式。

我被我们办公室走廊里面的资深研究员戴维·希尔（David Hill）所吸引，还有他的老板——影子内阁的环境大臣罗伊·哈特斯利（Roy Hattersley）、影子内阁的外交大臣彼得·肖尔（Peter Shore）和他的研究员戴维·考林（David Cowling）。我们一起组织了工党团结运动（Labour Solidarity Campaign），其中的用意是为了平衡托尼·本之类的人，以增强温和派的信心，把他们留在党内。与戴维·考林和一位机智的、反传统的、偶尔镇静得令人不快的工党下院议员弗兰克·菲尔德（Frank Field）一起，我也加入了他们对工党努力施压的行列，我们试图对工党的规则手册做一些改变。早在这成为新工党现代化的轰动事业之前，我们就已经在党内要求引入一人一票的民主投票方式。

一些居于党内高层位置的人已经放任自流到使工党趋于丢失选票的境地，而且对于托尼·本之类的人进一步操纵工党偏离主流感到非常担忧。在我为艾伯特工作了六个月之后，四个主要的工党人员打破形式建立了新的社会民主党。前外交大臣戴维·欧文就是这个“四人帮”成员之一，还有前内政大臣罗伊·詹金斯（Roy Jenkins），他刚刚完成了他身为欧盟委员会主席的任期，以及罗杰·利德尔的前老板比尔·罗杰斯（Bill Rodgers），第四个则是我最敬仰的内阁大臣雪莉·威廉斯。

几年后，当我作为一名工党议员候选人参加竞选活动时，我主要对手的支持者们居然散布谣言说我也曾经非常急切地要加入社会民主党。当然这并非事实，不过我确实对于社会民主党所提出的一个现代的政治中左派党应该制定什么样的目标表示非常赞同：它应该争取公平和抓住机会，号召中心人群，要代表国家利益而非局部利益。这也将成为新工党的原则。同时，我非常理解罗杰加入比尔·罗杰斯的社会民主党的原因，他这么做并非仅仅出于他们之间的友情，还由于他们两个都第一次感受到了把他们带入一个全新的工党的价值观念。但是工党的“信仰”在我的生命中出现得太早了，它已经是我生命中的一部分，我实在无法跟他们一起选择离开。社会民主党的分离确实对我产生了很大的影响，然而，我面临的决定不是是否要抛弃工党，而是怎样才能最好地为建立现代的、温和的工党而战，如何迎接新生的但是非常顽强的左派的挑战。

实际上，我曾经一度觉得我应该离开工党。那是在社会民主党建立了六个月之后，当托尼·本与承载着温和派希望的丹尼斯·希利争夺副领袖时，我记得在9月底的一个周日晚上我抵达布莱顿参加党的会议，而在那天结果将会公布。我的许多工党朋友和工党的下院议员都紧张得屏住了呼吸。我有一种预感，他们肯定没有拆开他们的行李，而且如果本获胜了，他们就会前往伦敦，并且也很可能就此离开工党。我相信本的胜利将会导致一种政治结构的转变。党内温和的、敏感的人们，包括许多工会人员，像我外祖父一样把我们看做是一个执政党，很可能会离开这个集体而转向社会民主党，并且在社会民主党的外衣下重建工党。坦率地说，我也在犹豫着要不要加入他们。本的获胜将会确立左派的优势，并且使我们走上极端，偏离主流。但结果是丹尼斯·希利获胜了，仅仅以不到1%的优势获胜，这就意味着我所钟情的工党并没有死去，而是有着强有力的生命力的。

当时我需要立刻做的政治决定就是不做任何决定。我在兰贝斯委员会的议席选举马上就要临近，但是我对于在特德·奈特的封地做指定阶层的敌人已经没有了任何兴趣。我的父母对于我在政治阶梯上迈出的第一步感到非常骄傲，尤其是我的父亲，尽管当我把最新理事会有些夸张的新闻带回家时，他总是会说我对“红色”特德太强硬了。他们对我与艾伯特·布思一起工作也引以为傲，但是，即使是我的父亲也意识到了工党在当时的状态下并没有多少要保持乐观的理由。我的母亲像往常一样，指出这样的党在可预见的未来可能无法给她的儿子提供一个稳定的收入来源。她建议，这可能是我应该找一份“真正”的工作的时候了。

我确实这么做了。最终在1982年初，我离开了与艾伯特·布思在一起工作的岗位——不是为了另一个党，而是为了查尔斯·克拉克非常蔑视的所谓的“媒体通道”。这是一个非常严肃的英国商业电视的时事部门，属于伦敦周末电视台，当时正在增聘人手。特雷弗· 菲利普斯已经在那工作了，而我也成功地被聘用了。首先是在《伦敦节目》（The London Programme）做研究员，后来又调到一个更高级的工作岗位，主要负责布赖恩·沃尔登（Brian Walden）的王牌政治纲领——《周末世界》（Weekend World）。在这两个工作之间，我被分配到一个负责1983年大选伦敦战场的团队。

《周末世界》栏目组聚集在伦敦周末电视台。从左至右依次是：查利·利德比特、布赖恩·沃尔登、休·派尔、罗宾·帕克斯顿、玛丽·比尔、萨拉·鲍威尔和我。

虽然我想看到工党再次入主唐宁街，但是显而易见的是我们注定要落败。此时国家已经最终走出了一场残酷的经济衰退，而撒切尔夫人又被马岛战争胜利的光环所笼罩。我们的宣言从本质上来说仍旧只是托尼·本在1980年党的会议上的战斗口号的扩大版，而且还有对解决巨额税务负担的额外承诺。“这是史上最长的自杀宣言。”杰拉尔德·考夫曼（Gerald Kaufman）如是说。他是一位机智的曼彻斯特下院议员，而且也加入了致力于帮助工党重回主流的联盟。事实上，这个宣言并没有那么长，但是它确实是自杀性的。我们不仅仅是被打败了，而且还创造了自第一次世界大战以来工党的最坏纪录，我们流失了300万张选票，并且白送了保守党144个席位。

在电视台的工作最终竟然无可争辩地成了我政治生涯的主要转折点。我在摄像机另一端学到的政治知识为我揭示了政治运行的整个过程。在负责大选事务期间，我得以有机会近距离观察工党的竞选机器，如果我们能那么称它的话。这是非常令人着迷的，虽然有时也非常令人沮丧，而且后来事实证明，这在我自己努力制定策略防止工党在下一次竞选中出现类似崩溃局面时是不可缺少的。同时我还交到了很好的朋友，包括伦敦周末电视台的项目总监约翰·伯特（John Birt），还有《周末世界》的资深编辑罗宾·帕克斯顿（Robin Paxton），他后来在我再次进入工党工作时，发挥了关键的作用。

我负责的最后两个节目巧妙地把我牵引到了另一个发展方向。第一个节目是1983年大选过后。那是关于威尔士下院议员尼尔·金诺克的，当时我在为艾伯特工作，不得不去了解尼尔，而此时尼尔担任影子内阁的教育大臣。在大选之后，尼尔·金诺克取代了迈克尔·富特成了工党的领袖，从此他便开始致力于设法拯救和重建工党。第二个节目是有关更广泛的不断变化的政治领域，主要探索撒切尔夫人所领导的政府的幻灭迹象，还有社会民主党的诞生以及工党复苏的前景。现在看着这些当时节目的磁带，我自己都被自己潜在的乐观态度所震惊。也许，“天真”这个词更能表达我当时的心态。我真的非常坚信尼尔的领导至少能够标志着工党的复出，我自己也越来越渴望回归工党。

在《周末世界》由于暑假而暂时停播之后，我在皮姆利的一家餐厅决定回归工党。我在伦敦《周末世界》工作的这三年时间中，我仍然一直与查尔斯·克拉克保持着联系，并且我们一有时间就会一起共进晚餐，谈论近况。他一直跟随尼尔工作。1985年夏天我们相遇时，我向他诉说了我有多么怀念全职的政治生活。他建议我帮助开展即将举行的布雷肯（Brecon）和拉德纳（Radnor）在威尔士选区的议会补选活动。他补充说："它就在附近。"他是指距离前一年我在威尔士边境附近购买的一栋小别墅不远。如果不出意外的话，电视台的薪酬比从事政治要高得多。我当时的工资已经上升到与王子的收入差不多，总共能有 31 000 英镑，然而如果回到工党，无论我从事什么样的工作，我都无法得到这么高的工资待遇。我对报酬问题从来都没有过多地考虑，这也正是我急切渴望成为工党恢复和重建一份子的一个典型的表现。

我已经计划好要在威尔士的小别墅度过这个夏天，而且我立刻抓住了这个在竞选中帮忙的机会。我作为代表经常陪同我们的候选人理查德·威利（Richard Willey）。他是一位作家兼教育家，我和理查德很快成了朋友。我帮忙安排他的出场和演讲，建议他如何控制自己以应对当地媒体，还有当我们去走访大片选区时，时刻提醒他精神抖擞。从这些活动中得到的所有这些好的经验都在我以后的政治生活中派上了用场，然而最后，事实证明这是一场坚实的、专业的竞选活动，而我们也以失败告终。保守党丢失了他们的席位，但是我们却被自由党候选人以微弱的优势战胜了。然而在大选的前几天出现了转折点，这也许可以作为我着手回归活跃的工党政治的一个警告。在矿工罢工运动刚刚结束后，工会的领袖阿瑟·斯卡吉尔（Arthur Scargill）公开要求未来的工党政府释放所有被拘留的人，并且偿付工会所花费的一切费用。

然而，我并没有被吓倒。查尔斯告诉我在竞选访问期间，全国党总部的宣传总监离职了，而且取而代之需要的将是一个整体的竞选活动和宣传的总监。这看起来就是我最理想的工作。当我告诉查尔斯我想争取这个工作时，他坚定地告诉我，我务必要这么做。他还补充说，好像还有另外一个竞争力非常强的候选人。后来我发现除了他的谨慎提醒外，他还就我的事与尼尔据理力争。在选举会议的前一天晚上，尼尔在由工党全部 30 名成员组成的全国执行委员会面前，明确地指出我是他的首要人选。

罗伊·哈特斯利当时是尼尔的副手及影子大臣，也一直都非常支持我。我在伦敦周末电视台期间，一直与罗伊保持着联系。在 1983 年大选之后，我把大部分的空余时间放在了帮助戴维·希尔组织和支持罗伊取得党的领导权。我认为罗伊是一个比尼尔经验更丰富、更全面的人，并且他还能更好地抵御托尼·本这类人。我有一个更有力的介绍人——约翰·普雷斯科特，他提供了一个很有说服力的依据，尽管他在一个神秘的手写的后记中写道："彼得会把工作做得很出色，只要他保持远离政治。"

最终我得到了这份工作，仅仅是以少数的选票获胜。两个全国执行委员会的成员不仅会继续帮助我，而且会更广泛地推动工党的改变：克鲁的下院议员格威妮丝·邓伍迪（Gwyneth Dunwoody）负责宣传小组委员会，还有一位具有前瞻性的工会领导人汤姆·索耶（Tom Sawyer），在1997年大选中成为工党的总书记。

我在全国执行委员会所做的演讲中，还明显回荡着我在伦敦《周末世界》工作时所持有的那种乐观态度。我认为，自我们在大选中惨败后的两年时间里，民众的情绪已经开始改变。民众中出现了对保守党政府的怀疑情绪。如果工党能够展现出更受欢迎、更中肯、更统一的信息——并且能够使工党的沟通思路和策略更现代化——我们就有机会扭转局面，重新掌权。我真诚地相信这一切能够实现。事实上我从牛津大学毕业以来的所有求学所得——我在英国劳工联合会的经历，在"红色"特德和兰贝斯的经历以及我为艾伯特·布思工作期间和在《周末世界》的经历——都没有让我了解这个过程会有多么困难以及这将要花费多长时间。

第2章 辉煌的失败

位于大象和城堡街区附近的沃尔沃思路 150 号，从外部看，是一座气势恢宏的红砖战舰的建筑；从内部看，它也完美地体现出了这是工党的全国总部所在地。而内部这些狭窄的办公室，被烟熏过的黑黑的走廊和纸片纷飞的会议室则与这种气势并不相称，同样不相称的还有工党用来呈现业已通过的政策时用的机器。我的舒适的小办公室里有一把摇摇晃晃的椅子、一张倚着文件柜看起来并不靠谱的三条腿的桌子、一个第二次世界大战时期的古董对讲机，身后窗台上放着一盆即将枯萎的盆栽。

自从我们在大选中落败，时间已经整整过去了两年。迈克尔·富特做了后座议员，他承担了这次落败的责任，但是这个责任更应该归于工党的真正主人：托洛茨基分子组织中的激进派，还有“软弱派”，或者至少可以很委婉地说，自从我们在 1979 年丢失权力以后——事实上，是自从 1970 年在哈罗德·威尔逊领导下丧失政权以来，托尼·本重整的左派分子应该负主要责任。工党作为一个执政党应该顾及并考虑到投票人内心真正想法的观念早就已经被抛弃了。

然而，尼尔·金诺克是当时工党的领导人，而且显而易见的是，他意识到了工党应该做出改变的必要性。在 1985 年 10 月我开始工作的前几天，他表现出了在改革过程中所应该具备的才华和胆量。他在伯恩茅斯工党大会上强有力地反对利物浦工党委员会中的强硬左派，这是体现我们与现实脱节有多么严重的一个缩影。当我听到他的讲话时，我竟然情不自禁地回想起了特德·奈特和兰贝斯的社会主义共和国。“我要告诉你们承诺一些不可能实现的诺言会带来什么样的后果。”他说道，“如果你一开始就制定了一些不着边际的方针政策，那么它们就会成为僵化的教条，成为一种规则，你将有可能会多年盲目地坚持它们——其实，这些方针政策早已经过时、错位，与现实的需要无关了……我还要告诉你们的是——同时你们也应当认真思考——你们不能拿人们的工作以及人民应享受的服务来玩政治！”我等了多久才盼到一位工党领袖能够讲出这些话！一场工党要再次为英国民众的利益而服务、落实与英国民众利益息息相关的政策的战役打响了。在我 32 岁生日的几周前，我很高兴地成为这个活动中的一员。

我怀着两个非常耗时、耗力的目标来到了沃尔沃思路。我的第一个目标就是要努力出色地完成我的工作。尽管我努力地在采访人员面前表现出无比的自信，但是我的内心却非常害怕我并没有足够的资历来完成这些工作。我在著名电视台的工作经历根本无法给我提供与几乎普遍的敌对媒体打交道的能力。它当然也并没有给予我技术和经验来处理我并不复杂的另一半工作：处理工党竞选活动的每一个方面，包括宣传的小册子、海报和政策的推出以及为可能不少于两年时间的大选做准备。我的另一个目标就是努力发挥我的作用，以确保尼尔·金诺克对工党的愿景和看法能够最终胜出，而不是被托尼·本或者特德·奈特的想法所打败。这个任务在现在看来都是很艰巨的。

在 1983 年大选之前，托尼·本的选区由于边界调整被废除了，而且在选举更换席位时也落败了，因此不得不由党的主席埃里克·赫弗（Eric Heffer）接过托尼·本等人的接力棒继续在领袖竞赛中角逐。当工党还处于落败的巨大震惊中时，尼尔击败了赫弗，此时他唯一严峻的挑战就是来自党内右派的罗伊·哈特斯利。但是托尼·本回来了，并在 1984 年 3 月的补选中回到了下院，成了全国执行委员会左派核心的真正领导人。同时受重创的长达一年之久的矿工罢工运动也深深地伤害了尼尔和工党。在公众的心目中，工党再次与 1983 年的竞选失败联系在一起：意识形态的内讧和工会的斗争。尼尔后来说，他希望一开始就通过谴责矿工工会没能保持适当的国家选票来控制住态势，解决这些问题，然而他感觉他并不能支持罢工，也不能否认它。他从数月的痛苦中得到的唯一益处就是他和他周围的人利用这个时期赢得了反对极左派的反击时间，并且作出了重新定位工党的决心。尼尔在党的会议上作出的对激进人士的攻击就是第一步。

我实在是很难用言语表达出在这 25 年的工党发展历程中，一路上所遇到的障碍有多么繁杂。本那一类人并不是我们伟大的复兴工作所面临的唯一障碍。他们的旧社会主义的思想会产生一定的共鸣，使得他们的影响超出了他们的核心支持者的范围，扩展到了更大的人群中。甚至很多人都觉得他们才是真正的工党，这些人知道国有经济、对工会的绝对支持和单方面的核裁军在 20 世纪晚期的英国是根本无法实行的，而且他们必定也是我们重掌政权的障碍。在执掌唐宁街的撒切尔夫人和入主白宫的罗纳德·里根坚持激进的保守主义的形势下，他们几乎理所当然地认为我们是站在这个说法的另一端上。

而问题在于，一个现代的、务实的工党不能只依靠返祖本能来运行。我们不能只是基于保守党政府——一个刚刚重新当选的政府——所做的都是错的来相应地制定我们的政策。如果那么做，我们不仅冒着无法实行可能是正确的政策的风险，而且可能我们所提供的反对政策比我们以前提供的一切都让我们自己的投票者得到的利益更大。撒切尔夫人允许上百万的社会福利房住户购房置业就是一个典型的例子。

党内的结构，也在不知不觉中变得不同了。作为领袖，在一定程度上，尼尔掌控一切。全国执行委员会事实上是党的会议，现在仅对政策持有名义上的控制权。工会从来没有拥有过像此时这么大的权力，但是当我搬入工党总部的小办公室时，才感觉到它的影响力是真真切切的，尤其是全国执行委员会，它拥有在核武器问题上从文件夹中的文件到形成可以实行的政策的最终发言权。

我的顶头上司是工党的新任秘书长拉里·惠蒂（Larry Whitty）。随着时间的推移，我和他将会建立一种非常默契的工作关系，但是在刚开始的时候，我们却处于不同的节奏上。作为一个终生的工会人，他对很多工党的政策和规定在情感上都有一种眷恋之情，并且对托尼·本非常的尊重。他并没有和工党中的很多人一样对现代的通信技术怀有敌意，这些技术在某种程度上被认为是有些保守和不洁的，但是他担心的是我在政策介绍时带来的改变会对政策本身产生影响，并且担心我会践踏全国执行委员会关于政策介绍的正式规定。他也非常担心我会像约翰·普雷斯科特曾经警告的那样，去“涉足政治”。不过在这一方面，我不得不承认他的感觉非常正确。

正如我在整个政治生涯中无论何时开始着手一个新工作时一样，我通过学习我所不懂的，着眼于最紧迫的问题并尽早采取措施解决它们。我非常荣幸地结识——至少是遇见了——一些我期望能帮助我的人。当我在《周末世界》工作时，在罗宾·帕克斯顿的引荐下，我结识了从事广告业的菲利普·古尔德（Philip Gould）。菲利普很聪明，是一个充满激情的工党支持者。在我离开伦敦周末电视台之前，我们有过简短的会面。这次会面是在菲利普当时的女朋友、未来的出版商盖尔·雷布克（Gail Rebuck）举办的一个晚宴上。在这期间的一年中，我们所有人的生活都发生了变化。盖尔创立的小公司——世纪出版社运营得非常成功，并最终接管了更大、更著名的哈钦森出版社。在此期间，她和菲利普结婚了。菲利普也成立了自己的宣传咨询处。我则在沃尔沃思路工作。那一天，我们又被安排到了一起，在位于伊斯林顿的罗宾家共进晚餐，并且一起谈论工党的相关问题。

由于菲利普留着蓬乱的长发，戴着超大的眼镜，给我留下了深刻的印象。我不知道他当时是由于害羞还是心不在焉，在他一个多小时关于工党的形象、工党的介绍和政治策略出现了什么问题以及应如何解决这些问题的阐述中，几乎没有与我们有过眼神交流。在当时，我根本就不知道他会在何时融入我们的政治活动，但是在我们的会面之前他曾经给我写了一封很长的信。在这封信中，他指出他能帮我检修工党的宣传机器。我们在罗宾家共进晚餐时讨论了这个问题，并在随后的几天做了更为深入详细的讨论。几周之后，我做了我的第一个重大的决定。我拿出了一张 600 英镑的支票——我预算中很大的一笔数字，委托菲利普对工党宣传和竞选的相关材料进行盘点。后来的事实证明这是我这辈子做过的最好的投资。

工党已经与一个名为“MORI”的英国最大的独资市场调查研究公司签订了合同。我们的首席民意调查员就是在美国出生的董事长——鲍勃·伍斯特（Bob Worcester）。菲利普与常人不同，他已经超越了传统的民意调查，组织了焦点小组来解释当人们面对一个政策问题或者一个政党时自己内心的想法，而这些想法又是如何融入他们生活中重视和渴望的东西的，以及如何才能改变他们的想法。他给工党，甚至是整个英国的政治第一次带来了严格的美国式的政治咨询方式。12 月在他发表的长达 64 页的报告中，我知道了他思想的主旨。很显然，核心的挑战是对我们两个人的。工党再也不能把宣传看做是过去我们所做的那样的，或者对待自己内部时用的东西了。我们再也无法拒绝与“选民妥协”。

回首我与菲利普早期谈话时的一些记录，我不仅被自己当时对于伤害我们1983年大选的明显的政策弱点表现出的关注所震惊，而且还认识到了一个更深层的问题：我们无法解决人们对于影响他们日常生活的一些基本问题的担忧，如卫生问题、社会服务问题、住房补贴问题、经济和犯罪问题。或者正如我向菲利普所说的那样：“我们无法使人们无论在家还是出门在外都有安全感。”我们可以制定报告，或者是制定一些在意识形态方面引人注目的政策，但是即使是我们的传统支持者，也将不会轻易听信这些言论。1983年，相当多的“工人阶级”已经开始支持社会民主党，还有更多的人支持撒切尔夫人。在一个充满教条的、意识形态纯粹的社会主义政党和一个首相——即使这个是曾经允许社会福利房住户购房置业的保守党首相之间选择时，这几乎是没有选择的余地的。我给菲利普的信中写道：“这并不是从一些全国执行委员会的国内政策委员的文件中提取一些简单的小公式就能解决的问题，也不是寻求一种宣称‘与工党一起你就是优秀的’简单方式，人们并不是傻瓜!”

菲利普的报告在结论上太过生硬，在用词上太过坚定。我知道我必须让这个报告在全国执行委员会上得到通过，因此我几次修改，使它的语言变得稍微委婉和老练一些，但我还是保持了核心思想的不变。我们在与选民沟通方面的表现非常糟糕，这使我们看起来并不关心选民的想法和需求，也因此导致我们无法得到人们真心的支持。全国执行委员会、领导人的办公室和影子内阁的偶然结合无法再继续制定新闻稿和政策文件，以及安排新闻发布会和公开会议了。我们也不能只是等待鲍勃·伍斯特声称我们正在回归权力中心的路上的荒谬的月度报告了。我的办公室将成为全党宣传的焦点，将有一个全新的我们称为影子通信部（Shadow Communications Agency）的组织支持我。在我和菲利普的经营下，它将会吸纳外部的自愿提供服务的广告和营销专业人士，同时参与进来的还有工党的广告合作伙伴——克里斯·鲍威尔（Chris Powell）的BMP机构，他是托尼·布莱尔未来的办公室主任乔纳森（Jonathan）的哥哥。影子通信部的首要任务就是进行再一次的盘点，这次是要检查“工党企业形象的各个方面”。我们并没有依靠基层传单和贴纸（Sticker）活动来传达我们的信息，从现在开始我们所说的一切的价值将会只由一个革命性的目标来决定和衡量：争取选票。

当我在沃尔沃思路工作时，工党已经把这种政治营销方式放弃并且让给了保守党。拉里的前任秘书长曾经严厉地批评保守党的 1983 年竞选活动，并发誓我们永远不会将自己出卖给这种把政治家和政策“如同早餐一样”推销出去的想法。当我到达沃尔沃思路时，这是使多数党员产生共鸣的一个观点。这种想法不仅是对现代政治的一种天真的看法，而且这对于一直激励着我的工作动机来讲也是不正确的。我确实相信政党和企业两者之间存在相似之处。两者都有“产品”：在我们的世界中，它们被称为政策，植根于观念。两者都在市场上竞争：在我们的世界中，大选就是消费者对我们的判断的最终测试。企业和政党一样，如果你忘记了你的顾客，不知道他们在如何变化，而且不能与他们有良好的沟通，他们很快就会忘记你。

尽管如此，我们的“产品”还是有区别的，而且这个区别至关重要。我一直被这样一个信念所驱使，那就是一个更现代的、更亲近选民的工党不应该仅仅是为了更容易获得大选的胜利而存在，而应该上升到一个更公平、具有更广泛的代表性的高度，成为比保守党在社会方面更加投入、在经济方面更加成功的政府。这样将更有利于英国的发展。毫无疑问，我对于“早餐营销”非常擅长——甚至比保守党都擅长——但是我从来没有考虑过要这样做。各个政党与民众沟通的工具可能是相同的，然而各个政党的目标、“产品”和推动政治的目的却是截然不同的。

一开始就成功地使工党的信息得以传达，并且使其值得聆听，是一个非常令人振奋的开端。但是残酷的是在最初的几个月，我们的工作有时进行得很困难。从政治上来说，或许至少可以这么说，我的立场是很微妙的。虽然尼尔和罗伊一直支持我的工作，但是由于我是空降到这个工作岗位上，而且作为三个关键部门之一的领导者，我看起来有些过于年轻，我的处境有些尴尬。

我也有一些盟友。在我被雇用之前，尼尔已经安排罗宾·库克（Robin Cook）在“竞选运动协调员”的位置上向影子内阁做报告，他是一位曾经管理过尼尔领导竞选活动的年轻的苏格兰下院议员。库克曾经成立了一些所谓的“早餐集团”，它汇集了广告和营销界的许多人士，还有一些建议我们的工作方式应该现代化的支持工党的人物。我比库克更加认识到工党所处的可怕情形，因此在菲利普和影子通信部的帮助下，我想行进的更深入、更快速一点。然而没想到，这竟然造成了紧张关系，至少在库克这一边造成了不必要的紧张。我回忆起了一个早期的周末“头脑风暴”会议。当时库克也在场，他穿着乡村短小的绸背心、华丽的衬衫和灯芯绒的裤子。他对于我的提议并没有任何敌意，但是在他的评论中却明确无误地有一种使人战栗的感觉。他让人有一种“谁才是这里的负责人？我才是当选的政治家，我才是影子内阁竞选活动的协调者，我才是尼尔的伙伴。这个眼前的只是以前在电视台工作的孩子，突然进来开始审计、盘点、质疑并且提出挑战”的感觉。我个人认为他的这种心理是可以被理解的。库克已经铺好了基石。现在，似乎我要接管过来开始建设了。

我与尼尔团队中其他几位主要成员也有着不同类型的紧张关系，他们也已经参与到了工党的宣传和形象的重塑活动中。帕特里夏·休伊特（Patricia Hewitt）是尼尔的新闻秘书。她只比我大 5 岁，但是她从 20 岁出头就已经参与了许多与竞选活动相关的工作，并作为时代关注的新闻官员开始了她的政治生活，后来她又调任成为全国公民自由理事会的领导人。我对她有一点敬畏之情。她有着两年大选的战场经验，并且一直试图让媒体用一种比较温和的，或者至少是不那么刻薄的态度对待尼尔和工党，而且制定了一系列的竞选活动计划。如果说我想比库克行进得更深入、更快速，帕特里夏似乎早就想要如此。她一直怀着最好的意愿，不仅鼓励着我而且推动着我前进。

在 1986 年初，我开始了有序的工作。我的工作分为两部分，我一天的生活也分为两部分。早晨，我会在沃尔沃思路度过，而且总是在 7 点半就坐在我摇摇欲坠的桌子前。在这里，我工作的重点就是组织运动，尤其是发起一项在我到达之前已经通过的主要的社会政策，但是这项政策并不是事先计划、设计、组织好的。尼尔早就已经定下了基调。他坚持说这也带来了“自由”的主题，而非把基调定在与全国执行委员会相似的重点——“公平”上。他意识到撒切尔夫人提倡的“自由”口号曾经取得了巨大的成功，自由是保守派经典的自由主义观念和珍贵资产。我们也必须再次重申自由，但是我们到底应该提出什么样的政策呢？我们又应该如何推销它们呢？海报和宣传手册又应该设计成什么样呢？应该用什么方式、在哪里组织启动仪式呢?

在工作了如此长的时间之后，我深知全国执行委员会所期待的是什么，我邀请媒体到我们位于沃尔沃思路的简陋不堪的会议室，拿出一卷工党政策文件，向他们展示我们发行给全国各地领导干部的传单和贴纸——并且攻击无情的保守党。我们的假设是，如果我们能够使人们相信我们比保守党更关心人们的生活就好了，那样反过来选民们也就会更关心我们了。

这次竞选活动是对我所试图实行的新的宣传方式和结构的第一次测试，我决定这次竞选活动将会以与以前完全不同的形式展开，但问题在于，我以前从来没有做过类似的事情。我并不害怕这件事将会以比我们工党的正常进展更糟糕的局面结束，因为我翻阅最近的政策材料，这些材料带着令人厌烦的以及可预言的口号，并附赠一些平淡无奇的艺术品，我相信要变得更糟糕是不可能的。我担心的是无论我尝试做什么都会被全国执行委员会否决，并且担心这会使尼尔失望，甚至也会使帕特里夏非常失望。随着工作步调的日益加快，有时我会感到不堪重负，总是有数以百计的细节需要注意，并且我对于有多少事情会出错感到非常焦虑。

我一天生活的另一部分则是在泰晤士河的另一端度过的。我经常会在大象和城堡街区附近的一个氛围轻松但现在已经不存在的比萨店匆匆吃完午饭，然后我会开车到下院，投身到尼尔的办公室，我在那里的工作就是巡视议会的新闻走廊。现在这似乎会令我非常兴奋，但是当与帕特里夏一起时，我则是会全身心地负责完成把工党的相关情况传达给媒体的相关工作。这就是我作为“媒体顾问”生涯的开端。然而，“舆论”并没有开始关注那些仅仅是为了保护偶尔出现的对工党赞美之词而提出的几乎不可能实现的承诺。事实上几乎所有的报纸都认为，20 世纪 80 年代的工党在政策上已经到了令人极其绝望的境地，不仅与国家实际情况脱节，而且内部争吵不断。由于他们认为的这种情况对于工党来说大部分是真实的，因此我可以做的用来说服记者的手段就很有限。我确实尝试了，也尽力了，但是在大多数情况下，到最后我的工作都会难以控制。这的确令人非常沮丧，而且使我感到很疲惫。

我的避难所就是位于赫里福德郡福伊怀河附近的一栋小别墅。这栋小别墅是我在伦敦《周末世界》工作时购买的。它位于马蹄形河湾的一个美丽、偏僻的位置。在这栋小别墅的一楼有一个小的客厅和一个更小的餐厅，在楼上有三间小卧室，浴室则建在了后面，这几乎是我拥有过的最好的房子。我在楼下添置了一套稍微破旧的蓝色天鹅绒的家具，此后又把楼下两个房间之间的墙打通，形成了一个客厅和餐厅相通的地方，而且安装了一个砖炉缸。我还有一个古董模样的直拨电话，当我在前门外的台阶上坐着时，这个电话线正好能延伸到台阶上。我还获得了一部——很少见的——便携式电话，这玩意儿安装着一块特大号的电池，无论你走到哪儿你都得把它扛在你的肩膀上。

在位于赫里福德郡福伊的家中，用我最爱的一部便携式电话与媒体沟通。

每个周末我都会开车去福伊，经常是与朋友一起去，有时候也独自一人去。我会在那里读书、听音乐、看电视、割草、整理花园。同时我也会在那里工作，致力于使工党拥有正面积极的新闻形象，更多的则是淡化负面舆论的影响 。每个星期六，我都会在醒了以后花上半个上午的时间完成给所有周日报纸的政治记者打电话的任务。然后，我会进入罗斯附近的小镇，先去超市购物，然后会去一个匈牙利餐厅吃我最喜欢的分层肉和白菜。回到小别墅后，我会尽力看完英国广播公司正在播放的任何一部电影，然后熟睡一会儿就去收拾我的花园或者去散散步，在精神上为周日报纸的头版做好准备。通常情况下，我能知道是否会有令人不安的工党新闻将要发表，因为一般情况下在当天早上会有一个记者打电话来给我提供一些评论。每周，连续好几个小时，我必须要不停地做着淡化各类新闻或者阻止这场新闻的“森林大火”蔓延到其他的报纸或者广播的工作。这是一份非常无情的、孤独的和令人沮丧的工作，而且几乎最后我总是会卷入与电话另一端人的激烈争吵中。我经常不得不匆匆地作出判断，并且在一种充满敌意的环境中坚持不懈地工作。

在一个暴风雨袭击的周日下午，我正在从福伊开车回来的路上，那也是在我们“自由和公平”主题活动推出的六个星期之前，一时间我工作的所有压力——思考要做些什么、应对媒体的敌意以及要使工党再次赢得信赖的巨大工作任务，还有因尼尔、帕特里夏和我自己的期望所带来的压力——都冲到了头脑中，当雨点一滴滴打在挡风玻璃上时，我感觉到我的泪水也从脸颊上滑落下来。连续几周我晚上都难以入眠。每次在睡觉之前都好好的，却总是很早就醒了，并且内心感到非常焦虑。我每天都会很早就到达办公室，而到早上 9 点时，我就会感到筋疲力尽，并且开始头痛。那些日子我几乎一直服用对乙酰氨基酚。有时我甚至会强迫自己坚持一整天，努力把注意力放在会议、活动策划、与新闻界打交道上，这么做只是为了确保晚上的睡眠质量。我很晚才回家，并且在上床休息时仍觉得很疲惫，神经也总是绷得紧紧的。

我满怀激情地相信我所从事的事业，但是几周过去之后，我简直不知道我应该如何应对所有的那些障碍。在一个周日我开车前往伦敦时，突然感到有些力不从心。当晚我本来应该与一位伦敦工党的老朋友伊尔蒂德·哈林顿（Illtyd Harrington）一起出席一个在皇家节日大厅举行的演唱会，在他和其他还算理智的人被肯·利文斯通（Ken Livingstone）赶出大伦敦市议会之前，他曾是大伦敦市议会的副议长。当我到达那时，我压力很大而且上气不接下气，伊尔蒂德看了我一眼然后问我：“彼得，怎么了？”他的一句问候瞬间使我所有被压抑的忧虑喷薄而出。伊尔蒂德告诉我说，如果我想看到自己的努力取得成功，我应该做的第一件事就是好好照顾自己。他还让我承诺他第二天去看他的医生——丹尼斯·考恩（Denis Cowan）。

考恩医生让我放心，说我的身体并没有什么严重的问题。他说我的这种反应是持续增加的压力以及应对工作本身的要求和我给自己施加的压力造成的。他建议我要坚持自律三个星期，保证睡眠。例如，到达沃尔沃思路办公室必须不早于早上 9 点半，要下午 5 点离开办公室回家，并且不要把工作带回家，坚持每晚 10 点准时睡觉。他还给我开了几个星期的安眠药，但我是很不情愿吃药的。在我成长的过程中，药品在我的比格伍德路的家中是不受欢迎的，我的母亲亲自分发阿司匹林就能证明这一点，但是我还是认真地采纳了考恩医生的建议。几周之后，我就安然地渡过危机了。

我的康复和工党真正开始恢复元气的日子是在盛大的新政策推出的前 10 天，在另一种竞选活动中。这是我第一次亲眼见过的补选活动，地点是在富勒姆，而补选则缘于一位任期内的保守党下院议员的死亡。在这方面的战斗中，我有一些实践经验，而这些经验是在我为布雷肯和拉德纳工作时积累的。我知道这将是对我、菲利普以及影子通信部所推崇的竞选机器的第一次测试，而且人们对于全国执行委员会的怀疑和批评的目光也将会转向竞选活动和最后的竞选结果。我们最后能赢得胜利的机会好像并不大，而且更加糟糕的是，随着保守党政府越来越不得人心，许多学者似乎认为最有可能取得胜利的是社会民主党，而社会民主党的候选人不是别人，正是我的伦敦南部的老朋友罗杰·利德尔。

仅在几个星期之前，我都还没有做好心理准备来面对这个挑战，但是我知道我们必须尽一切努力使竞选的最终结果势力相当。在菲利普的一再鼓励下，我们为我们的候选人尼克·雷恩斯福德（Nick Raynsford）组织了一场竞选活动。这场活动非常抢眼、简单，而且结果证明这的确非常有效。为了公平起见，保守党的候选人和罗杰都居住在选区之外。也许在罗杰的眼里，这仅仅是几英里的问题，但是我们竞选活动的宣传册上被我们未来的下院议员的一张迷人的照片所主导，照片周围被一个醒目的口号框了起来——“尼尔·雷恩斯福德住在这里。”整个选区的工党支持者开始把这张图片粘在他们的前窗，这个举动的效果是非常强大和惊人的。

1986 年 4 月 10 日，在大选之夜，我们成功地从保守党手中夺过了席位，而罗杰最终只是得到了第三名，远远地落在了后面。罗杰的妻子卡罗琳是我青年时期的一位好朋友，这对我个人来说是一个非常令人尴尬的事情。当她在大选计票处看见我时，她给了我一个我母亲称之为“古板的表情”，表示了对我的不以为然。我几乎找不到理由责怪她。对于罗杰的落败，我感到很难过，而且也放弃了未来我和罗杰以及他妻子的友情能够得到修复的可能性。与此同时，我也非常高兴我们创新后的竞选团队经受住了第一次挑战，不但有说服力而且出乎意料地清除了这个障碍。

随后是以“自由和公平”为主题的推出活动。我们努力坚持工作了几个月以保证它是以确定无疑的、全新的形式呈现，而最终的结果证明的确如此。我们最终得到了不仅包括工党期望的政策保证，比如增加儿童福利，对于年轻人的教育补贴和创造新的住房机会，而且也使每个人能在他们的日常生活中更加自由。我们承诺在英国 NHS 下的病人将会获得更大的发言权，并且我们还制定了措施来打击犯罪。而且，这次的设计也更加时尚，更吸引眼球，不再是用我们旧式的工党贴纸，取而代之的是我们铸造了深黑色、灰色和银色的金属徽章。

在我们制作的许多将要成为我们进行改变的模式的东西中，当海报和媒体资料袋将要打印时，我曾经与尼尔有过一段戏剧性的对话。在启动仪式的三天之前，他打电话给我，大声问道：“这哪里体现了这是工党‘自由和公平’的运动？还有这个‘以人为本’是怎么回事？我们的标题在哪里？”我向他保证“自由和公平”仍然是这场运动的核心，我们所做的只是把真实的政策思路集合起来，并且将这些价值观付诸实施，就像是意象和艺术品的关系，我们工作的关键是不要总讲那些人们所不懂的政治语言，说得直接点就是我们要“以人为本”。我尽我所能委婉地提醒尼尔，一直以来这场活动的每一个创新阶段他都批准了。除此之外，我还说，虽然并不是当时的真实情况，这已经太晚了，我们肯定来不及做任何更改了，然而，尼尔的立场却非常坚定。最后，可以说，当印刷机几乎就要开动时，我安排印刷员将“工党的自由和公平运动”这几个字用比较小的字体，打印在了海报的一侧。

最引人注目的变化是发行地点的变更。它不是在沃尔沃思路的破旧房间里举行，而是在舰队街附近的国际新闻中心推出。当我们到达那里时，尼尔就被我们这场活动的创意设计征服了。他非常流利和有力地把政策简章与“自由和公平”的主题结合起来。一个小女孩的父母同意了让她作为我们宣传材料的主题形象，他们一家也来到了活动现场，而尼尔——惊人地、自发地——将这个小女孩高高地举起。摄影师们最喜欢这样的画面了。

然而埃里克·赫弗却不太热心，他在房间的后面皱着眉头看着我。“这是不光彩的。”后来他喃喃自语道。当我没有任何回应时，他继续说道：“这不仅仅是不光彩的，这根本就是令人恶心的！全国执行委员会从来就没有批准过这些。红旗在哪里？‘以人为本’是什么？”最后，他还发表了临别讲话，他怒气冲冲地说这根本已经不再是他所参加的工党了。这只是他一系列的令人印象深刻的评论中的一条。保守党主席诺曼·特比特（Norman Tebbit）发出谴责，说我们是“华而不实”的。同时媒体也站出来对我们表示了更多的关注，我们不仅获得了我们自己阵营的热烈反响，而且《经济学家》(*Economist*）把这个活动场地的选择看做工党决定“再也不要显得寒酸或者过时”的标志，即使是《金融时报》（*Financial Times*）也点头赞许这个评论。

赫弗在一件事情上是正确的：我从来没有认真地打算寻求全国执行委员会的批准。我知道我永远都不可能得到它的同意。最低限度下，他们甚至会对每一个标点符号都争论不休。这样最可能得出的就是一个巨大的按比例缩小的版本，肯定不会产生类似的影响。当然，对于“自由和公平”的中心主题，我的确得到了全国执行委员会的支持。我安慰拉里·惠蒂，正像我告诉尼尔的那样，我们的工作仅仅是找到一个新的和有效的方法使人们能够聆听我们的信息。

这为我未来应对拉里和全国执行委员会设定了一种的模式。我意识到他们是我的老板，我应该谨慎地遵循他们的所有指示。但是我希望——并且也变得越来越有信心——通过挑战他们决定的精神极限，我们能够对工党和工党政策呈现的方式产生重大的影响。早期，我发现了一个重要的战术。当我收到一个特别棘手的党的最新的宣传公告时——关于经济、工会和防卫方面的——我会将这些文本挤压到页面的右边。然后我就会与在沃尔沃思路工作的越来越热情和努力的同事们坐在一起检查每一个可能会导致我们丢失选票的词语，挑出最有吸引力的词语——关于增长和繁荣而非国家控制，或者支持英国加强防卫而非单方面裁军——并且在宽大的空白区域利用较大的字体，以吸引人的样式来突出它们。

随着时间的推移，我发现我几乎将类似的方法运用到了我们演示和宣传的各个方面。我还记得曾经有一则政策公告，公告本身非常具有前瞻性，但是全国执行委员会却指示我们要将我们的社会主义信条——第四条款融入其中，我们确实加入了这个信条，但它并不是出现在我们向媒体公布的文件中，而是仅仅被印在了封面的内页。虽然我对于工党大会结束时“红旗”赞歌的活泼演奏无能为力，但是我能够尽力保证它不会成为选民心中持久保持的印象。在这方面，我通常是需要妥协的，但是有时，我也能成功地设计最后的演讲，使得赞歌在电视直播结束后才开始。

因为我每天要应对各种各样的记者，所以这个工作的分寸很不好拿捏。他们知道最终起决定作用的还是一个政党所制定的政策，而且我们的政策根本就没有改变，但是，与媒体打交道却变得不那么令人疲倦了。他们仍然带有很强的敌意，但是我们之间的个人关系逐步建立起来。我是他们得知工党正在忙什么、想什么和宣传什么的一个中间人，一个资源站。从这个意义上来说，他们需要我。当然我也需要他们，如果我们的形象想要得到改变的话。然而，有些记者只是愤世嫉俗地固守着他们新闻桌上那个固定的、完全负面的工党形象。在早期，与媒体打交道时我强硬的、不好的名声就是和这样的记者打交道时造成的，但是许多更认真、有影响力的作家和广播员的思想还是很开放的。我想当我挣扎着想方设法地为工党寻找一个新的、更合理的公众形象时，他们也有一点同情我的处境。我不停地告诉自己，随着时间的推移，当工党真的有一个更好的新闻需要报道时，他们会帮助我们来报道的。

“自由和公平”主题的推出想要从根本上改变工党的外观和形象是远远不够的。我们下一步的计划则是更大胆的，并且产生了更加深远的影响。在菲利普的盘点下，我们告知全国执行委员会我们计划检讨“工党全面外在形象的每一个方面”。虽然我想象着可能大多数的成员只会像看广告语一样对我们的提议轻轻带过，但是毫无疑问，在我的脑海里，必须要开始重整工党。我们形象最典型的核心就是我们的猎猎红旗。埃里克·赫弗作为全国执行委员会的一个成员，在这个报告送交来请求批准时就已经看过了，但无论是他还是其他持怀疑态度的人都没有想到我们会真的前去将这面旗帜给收了起来。如果他在“自由和公平”主题的发布会上就意识到了这一点，他可能早就已经骚动起来了。一连几个月，我们都一起致力于寻找一个新的标志。当时还是尼尔首次建议我们从斯堪的纳维亚社会民主主义者那里借用一个符号：一朵红玫瑰。我们都非常喜欢这个主意，而且我还咨询了设计专家迈克尔·沃尔夫（Michael Wolff），是他招募了艺术家菲利普·萨顿（Philip Sutton）。玫瑰唤醒了整个英格兰花园，它暗示着一切在新鲜的泥土中成长，象征着阳光和乐观。我们面临的挑战在于要确保它能按时在 9 月底党的会议上得到通过，要知道这次会议上有尼尔，更重要的是还有全国执行委员会。

7 月，帕特里夏、菲利普、迈克尔·沃尔夫和我一起去菲利普·萨顿的工作室看他。沿着墙壁挂着的晾衣绳和挂衣服钉上夹着很多不同的玫瑰图像，我们在房间里四处闲转，逐步缩小我们要找的完美玫瑰的搜索范围。三个星期之后，每一个艺术品都得到了改进，而且我们需要在最后三个中作出最终决定。我挑出了我认为最好的一个，而且它也得到了尼尔的最终批准。

然而，在会议的前夕，却像往常一样，人们对于这个决定竟然开始犹豫起来。我已经使这个设计通过了全国执行委员会宣传委员会的批准。宣传委员会是由我早期的沃尔沃思路的盟友格威妮丝·邓伍迪负责的，她巧妙地故意淡化了这件事的意义。她说，这仅仅是一个“活动的标志”。我们还设计了一个会议皮夹来盛放每一个代表的文件。它的颜色是橙红色，上面印有红色的玫瑰和大字号、粗体的“工党”两个字。后来我被传唤到尼尔的下院办公室见他。他的妻子格莱尼丝（Glenys）当时也在场，她面色不安，看起来非常忧虑。尼尔手里拿着一个我们橙红色的皮夹。“你真的认为矿工代表团将会拿着这个在会议现场欢呼跳跃？他们不会拿着这些东西出洋相？”他说道，“你不能这么做，这将会产生一场暴动。”这一次，是真的太晚了，一切都无法改变了。我只能安慰并劝他说当晚一切都会顺利进行的。

事实证明确实如此。布莱克浦的整个讲台的背景幕布都被新的标志所装饰，红色的玫瑰被印在所有能够留下印记的东西上。由于埃里克·赫弗的愤怒态度很快变得明确起来，工党想要改变形象换下红旗，就像耐克想要抛弃它的时尚，或者麦当劳想要砍下它的金色拱门一样。红旗象征着工党在公众心目中的一切——社会主义、国有化和国家控制，然而那些也同样就是选民们现在最不喜欢的东西和对我们产生不信任的源泉。改用红色的玫瑰并不仅仅是一个设计的变更——这是工党将会如何呈现自己的一个转型。这个转变也的确产生了真实的影响，并且这种影响被我们现在无处不在的新的品牌标语强化，让工党意识到我们应该把人民，而不是工党放在首要位置上。

1990年，在布莱克浦的工党大会上，我和托尼·布莱尔在欣赏红玫瑰。

这次的变化在我们的队伍中确实产生了评论和争议，尽管不是以尼尔和格莱尼丝所害怕的方式呈现出来的。代表们急切地收集他们的会议文件夹，一次拿两个或者三个。如果这些文件夹被丢在了座位上，它们就会被偷走。在某些情况下，人们甚至还用钱来交易以达到收集这些文件夹的目的。媒体也非常兴奋——而且通过他们使得整个国家也非常兴奋——这件事本身不仅非常重要，而且它在提升党内成员的士气上也收到了立竿见影的效果。工党正在从事的是一些好事，非常抢眼的活动，并且成功地在这个游戏中打败了保守党。

我们工党的发展也曾经遇到过一个好年景。由于菲利普的研究表明许多选民把撒切尔夫人看做极端化和分歧的代表，在一次会议上，我们发现我们确实在民意调查中处于领先地位。然而，我知道工党的问题变得更加深入了。品牌、形象和营销所能做到的以及产生的影响只有这么多，真正重要的还是产品——尤其是如果这个产品是选民可以决定他们想要什么样的未来，以及他们相信什么样的政府才能给予他们这样的未来的一系列的政策。我们在1983年大选落败的主要原因不是由于我们的竞选活动是不专业和过时的——这只是在一定程度上使失败上升为彻底的溃败。我们落败的真实原因是由于我们的政策出现了问题。我们支持国有化工业、易发生罢工的工会和单方面裁军。我们反对自由市场、私有化和扩大股权，而且甚至允许社会福利房住户购房置业。当选择的时刻到来时，只有少数人选择了我们而非保守党，而我们也只是勉强地打败了社会民主党。

我们的形象和包装风格一直在变化，我们的产品却不是，它远远没有超出尼尔和它的影子内阁的盟友，而且似乎也没有要做改变的想法。要使工党的外观和形象变得更加现代化是非常困难的；要想工党的基本政策在全国执行委员会意识形态的争吵泥沼中有所改变（更不要说工会和当地党内的左派分子了），不只是一个改变工党的外在形象的问题，其难度不亚于排出沼泽中的水。

在会议之后我们的投票数量增加了，但是当公众的注意力转移到进入大选前的保守党的进展时，投票数量又下降了。不过，我仍然是怀着相对乐观的心情步入了1987年。虽然要想对我们的政策实行大范围的改革为时已晚，但是我还是很自信地认为至少现在我们拥有了使这场斗争与1983年相比不同的资产。通过我们新的宣传经营方式，我希望向外界强调工党发生了哪些重大的变化。我希望通过推销尼尔是一个与众不同的工党领袖来建立我们工党的新形象。

我毫不怀疑尼尔身旁的人们的能力——帕特里夏和查尔斯·克拉克，尼尔的办公室主任。当我们为大选之年做准备时，我们都有一个真正意义上的共同目标：围绕着尼尔作为领导人在使工党变得更加现代化方面表现出的远见和勇气努力策划一场专业的竞选活动。我从来没有管理过这种规模的活动，但我对于掌握现代竞选方式的信心上升到了一个新的水平，并且对我们影子通信部的团队和沃尔沃思路的工作也更有信心了。在从我们的"红玫瑰"大会回来的几天之后，我们就开始为大选的竞选活动做策划。最后，数十人都参与了进来，其中有些人——查尔斯、帕特里夏、戴维·希尔以及在BMP的克里斯·鲍威尔，当然还有菲利普——在十年后的新工党中仍然继续发挥着重要的作用，但是竞选活动主要的连接线是我们设计的活动中所需要的技术手段。

1986年秋天，当我们开始描绘我们的计划蓝图时，帕特里夏正在休产假。菲利普和我有时会聚在她家厨房的桌子旁边，而帕特里夏则是将她女儿抱在怀里与我们一起讨论。1987年竞选活动所具有的一些特征仅仅在工党隐藏的背景下看起来是创新的，但它们只是工党形象、广告和介绍的最基本的、常识性的变化。这些变化也确实产生了一定的影响，但真正的创新是从一开始我们就坚持的详细、协调和控制程度的创新。我们以我们的“战书”开始了创新之路，尽管我们是直到20世纪90年代这个程序成了政治正统以后才给它命名为这个名字：这是一个我们自己和其他政党的优劣势的一个概要以及如何才能使每一部分变得更好的精心计划。然后我们做出了可能是有史以来最持久的重要创新。我们开始设置一个“网格”——一个带有单一政策和相关表述的每天的活动地图，同时还有一个事先计划好的可视环境，这些都是为了能够给电视新闻和第二天的报纸提供引人注目的形象。菲利普的一句话把这次计划所有的特征都结合在了一起：这是他所见过的工党最持久、详细和细致入微的研究和分析。

然而，在（1987年）2月时，事情却开始出现问题。虽然从表面上看，所有的一切仍然还在发挥着作用。尽管我们在民意调查中不再处于领先地位，但是我们仅仅落后于保守党一个或两个点，而且轻轻松松地超过了社会民主党。然而，随着经济的日益复苏，保守党的政策简章承诺的经济增长、降低税收和低通货膨胀率将是一个很难完成的任务。当尼尔以一个新领导人的身份获得了相当大的吸引力时，保守党对于工党的“疯狂的左派”的攻击也产生了影响。更糟糕的是，选民们将要被一遍遍地提醒这件事。后来在格林尼治举行了一个补选会议，起因是富有经验的工党下院议员盖伊·巴尼特（Guy Barnett）逝世了。工党拥有这个席位已达几十年了。如果我们能够早日委托菲利普的研究所去挑选巴尼特的未来继承者，我们肯定就会获胜的。但是遵循全国执行委员会的选举规则，在它的赞助商工会的强有力的推动下，席位归到戴尔德丽·伍德（Deirdre Wood）的手中，而她是伦敦教育部门在当地的代表。

她是更倾向于左派的，在肯·利文斯通的大伦敦市议会工作。她的为人非常现实，而且她看出了其候选资格给我们将要进行的换届选举带来了很大的困难。在她被选中后偶遇尼尔时，她告诉尼尔：“不要担心，我不会阻止你的。”然而，她并没有遵守诺言。她没有提出有关格林尼治国有化的建议，也没有建议使伦敦成为无核区，然而随着《每日邮报》（*Daily Mail*）处于领导位置，开始了一场疯狂的“揭露”，出现了一些对她的私人生活的虚假指控，甚至嘲笑她的长相。这是一个持续的攻击，不止一次地使她落泪。

1983年，盖伊·巴尼特比保守党拥有1 200票的优势，而社会民主党则排在第三位。这次，保守党早就下了结论说他们不可能获胜了，社会民主党正为他们挑选的大选候选人而奔波：一个非常有魅力的、轻声细语的市场研究员罗茜·巴恩斯（Rosie Barnes），而她的丈夫作为当地的委员帮助她组织竞选活动。社会民主党的自由盟友们感觉到戴尔德丽的当选使我们更容易受到攻击，并且会使选区内充斥着游说者。当竞选活动接近尾声的时候，我们的民意测评显示保守党也正在运用战术投票。在 2 月 26 日投票日的前几天，我们仍然保持领先，但是差距却非常小。在大选的前夕，记者们提前给我打电话告诉了我第二天早上的相关报道。保守党已经基本上承认失败了，而社会民主党正在掀起最后的浪潮。当民意测评结果出来后，我给查尔斯打电话说："我们这次输了，而且会输得很惨。"最后我们确实落败了，我们辛辛苦苦建立起来的一切好像瞬间都轰然倒塌了。

不久后，就又出现了一系列的挫折和不幸事件，我们自己的目标更是无从实现。最严重的是，最终还涉及了我们最难应对的政策问题——防卫。1986 年，尼尔已经去了华盛顿，在那里他通过把话题转移到他会在大选之前回来以掩饰他没能见到里根总统的尴尬。由于我们裁军的政策会使工党政府承担打破英国与美国和北约的格局的责任，我们最不需要的就是在白宫同他们座谈沟通或者促膝长谈。我还有其他人都竭力劝说尼尔不要去美国，但是他却非常坚持，害怕如果不去的话会显得他很软弱。我在我的日记中记录了当时我徒劳的希望，里根肯定或者是生病了，或者是由于某些原因无法找到一个合适的会面时间，但是事实上总统的身体非常健康。当尼尔到达白宫的椭圆形办公室时，他们的会见非常糟糕，交流中有一系列早就可以预见的不好的话题。随后里根的发言人出现了，一直在用政治语言咒骂一个记者。他说总统不需要抽出半个小时的时间来告诉英国工党的领导人他们的政策将会破坏西方联盟。即使是我们少数的媒体支持者——《镜报》（*Mirror*）报社的阿拉斯泰尔·坎贝尔（Alastair Campbell）发表的一篇友好的新闻也无法抵消这种破坏力。月底的一项民意调查表明我们不仅落后于保守党，而且落后了将近十个百分点，最终我们排在了第三位。

我尽我最大的努力想要把这件事的基调转向一个积极的、正面的氛围。我给下院新闻联合社的克里斯·蒙克里夫（Chris Moncrieff）打电话，谈论了在大选之前精心设置的"4 月反击"。我们从来没有制定过这样的计划，更谈不上有任何反击的计划，但是这个词语也有着自己的生命。在月中，当民意测评中保守党扩大了领先差距时，我们至少也排到了第二位。我知道我们的票数可能仍然会回落，虽然我告诉记者民意测评表明我们正在“回归正轨，并且正在为权力而奋战”，但是我真正相信的只有“回归正轨”这几个字。我在我的日记中写道：“我真正感觉到的是我们正在回归仅仅是保持工党的存在的正轨上。”

当5月的第二个星期一宣布大选开始时，投票日定在了1987年6月11日，我比几个星期之前更加自信了。在沃尔沃思路，我开始了每天工作18个小时的日子，这样做是为了使我能控制竞选活动的每个方面：尼尔和其他人的演讲和外在形象，关于宣传、海报和工党电视信息的相关决定，以及我们应该把什么信息传递给媒体和如何向媒体做简报。菲利普每天对于意见数据的精选和分析是必不可少的工作。当竞选活动步向正轨时，我一直跟帕特里夏保持着联系，在关键时刻也与尼尔联系。事实证明，我们前几天的活动虽然非常稳定但是并不壮观。虽然这与1983年相比，工党已经表现出了很大的进步，但是这对于缓和第一次民意调查的打击并没有多大的效果。在两次民意测评过后，我们就又回到了第三位，但是不久，我们精心准备好的竞选引擎就开始加速了。尼尔也是如此。

尼尔人生中的突破时刻是5月中旬在兰迪德诺的威尔士工党大会上出现的。他为了润色一篇关于“自由和机会”的演讲稿几乎一夜没睡。演讲稿中的词语强有力，论据也非常巧妙，但是这个演讲直到他推出了一个充满激情的、对于英国不公平的个人痛批后才真正地流行起来。“为什么我是上千代金诺克家族中第一个能够进入大学接受教育的?”他一开始就说道，“为什么格莱尼丝是她们家族上千代中第一个能够上大学的女人？难道是因为我们的祖先是社会中的底层人士？难道他们缺乏天资？他们也是一些能唱、能演、能朗诵和能写诗的人，他们也能利用自己的双手创造奇妙的美好事物，他们也怀有自己的梦想，而且拥有远见。难道是他们太软弱了？当然不是这样的，”他又说道，“这是因为他们没有自己可以站立的平台!”当时在英国根本就没有使在英国法律下自由的人们真正实现自由的条件。

即使是在沃尔沃思路的电视上观看他的演讲，我也能感觉到他话语的力量。我知道尼尔以这种形式——真诚、触动媒体、雄辩的，而且谈及保守党最易受攻击的社会问题——将会是竞选活动获胜的关键所在。工党的当务之急是改善尼尔与选民的关系。我们已经决定这次竞选活动的第一次广播将会集中在他的身上。我们把这个广播的制作工作交给了一位卓越的电影制作者——《火的战车》（*Chariots of Fire*）的导演休·赫德森(Hugh Hudson)。我们这次广播的目标就是要直面尼尔软弱、模糊和优柔寡断的媒体形象，并且投射出他个人的和政治上的优点。当我在它播放前两天的一个晚上第一次看到休提出来的方案时，我就知道他完美地完成了这个任务。这个广播被媒体冠以"金诺克：电影"。这个短片是以一个喷气式战斗机蜕变成为一只在威尔士南部断崖之上的海鸥开始的。利用我们提供的阿拉斯泰尔·坎贝尔与尼尔的家人和党内领导人物访谈中的镜头，休塑造了一个其基本信念促使他去帮助别人并且其有力量把自己的信念转化成行动的领导人形象。随后这个微电影的内容就转入了他在1985年会议上对激进团体的攻击，而高潮就围绕着尼尔在兰迪德诺的演讲。这个微电影的效果非常惊人。唯一的问题就是最后我们应该在片尾加入些什么结语。通常情况下，我们的宣传会显示竞选活动的口号或者工党的标志。当放映结束后，我转向贝蒂·布思罗伊德（Betty Boothroyd)，她是一个富有同情心的全国执行委员会的委员，并且还是未来的下院议长，她漫步进来观看了这个短片。她非常满意地说，她非常喜欢这个微电影。我问她："你认为在微电影结束时用'工党'之外的词语怎么样?"她同意地说："只显示'金诺克'怎么样?"后来，我就因此被她的全国执行委员会的其他同事批评为使这场竞选活动"个性化"。当被指责时，我内心感到很羞愧。在我们所有"负面"政策中，尼尔是我们少数的潜在正面因素。

我们的竞选策略已经不仅仅只是建立他作为一个新的领导人的形象，事实上我们还要掩饰大多数的政策章程，在这些政策中我们要求选民帮助他入主唐宁街。在相当大的程度上，我们成功了。在远见和规划、管理和机制方面，我们的竞选活动使大肆吹嘘的保守党机器看起来非常古板、迟钝和庸俗。在大选的前一天，《纽约时报》（*New York Times*）报道了一些事情变化的态势。他们被保守党的宣传团队领导人、撒切尔夫人的盟友哈维·托马斯（Harvey Thomas）所制作的短片和我们的宣传片之间的对比结果所震惊，并得出了结论："在1979年和1983年，托马斯先生的盟友到处卖弄，制造强大的电视图像来帮助建立保守党的首要地位，而当时保守党拥有最先进的通信系统。但是这一年，赫德森先生聪明老练的微电影展示了工党能够在这场游戏中打败保守党的能力。”这篇文章还表扬了我们成功地为尼尔举行了“把人们的注意力从防卫转移到类似医疗保健、养老金和教育的问题上——尽管撒切尔夫人在民意测评中处于领导地位，但在这些问题上，她也是一直处于防守的态势”的集会。

然而，实际上我们的主要对手并不是撒切尔夫人或者说保守党。我们正在与社会民主党—自由联盟争夺第二位的排名。1983 年，我们仅仅以两个百分点的优势打败了他们，而且只比他们多了约 100 万张选票。在“4 月反击”之后，民意测评甚至断断续续地显示我们与他们是并驾齐驱的，有时还会被落在后面。我们面临着会被排在第三位的威胁。在民意测评日，我知道至少我们已经摆脱了这种威胁。尤其是自“金诺克：电影”之后，我们已经处于领先地位。在大选之夜，我坐在沃尔沃思路的办公室，我头脑中的唯一问题就是我们会以多少票的差距取胜。

奇怪的是，就在大选当天，有一个短暂的瞬间竟然暗示了我们有可能获得此次大选的胜利。英国广播公司的政治记者文森特·汉纳（Vincent Hanna）在晚上提前给我打了一通电话。他用一种近乎是在讨论阴谋似的耳语的方式告诉我说：“我从投票后民意调查（exit poll）的结果中获得了一些非常有趣的信息，你们也许会得到一个意外的惊喜。”他让我发誓我会保守这个秘密，并且说他不能再深入地透露了。他继续说道：“可能你需要准备好你们的 B 计划了。”我当时感到非常好奇，或者说更多的是感到震惊。我感谢了他之后接着告诉他：“看在上帝的份上，请千万不要把这件事告诉尼尔，否则这会让他非常紧张的。”

正如文森特所暗示的一样，《新闻之夜》（Newsnight）的第一次预测是为了提高危在旦夕的议会的关注度。坦率地说，我仍然不敢相信这个结果——我记得我转向菲利普并说：“要是……”但是投票后民意调查的最终结果突然改变了，而且最后是保守党获胜了，正如我们早就预测到的一样。撒切尔夫人在下院获得了多数的 102 个席位，虽然，这比以前下降了 42 个席位。我们获得了 20 个席位，在国内我们则是一直稳定地领先于社会民主党—自由联盟，我们比他们多 8 个百分点，也就是将近 300 万张选票。我们存活下来了，我们在在野党的战争中获胜了。如果格林尼治的这种趋势能够一直得到保持，我们可能早就成功了。

在那个周末我回到了福伊，我当时的心情非常纠结。这场竞选活动使人感到难以置信的疲倦。我以前从来没有处理过这样的事情，对于我来说，每天我要应对的都是一个全新的领域。如果不是菲利普和其他主要的盟友一直在我身边支持我，我真的不敢确定我们能够成功应对所有这些复杂的工作。当得知我们已经重新收回了工党的很多领地，还有我们举行的这场竞选活动在许多方面来说都可谓是工党的一个分水岭时，我感到非常欣慰。这有力地向工党还有媒体中无数的怀疑者表明了我们能够利用现代的宣传工具使我们的信息有效地传达给选民，我们也可以凭此与保守党展开竞争。而且，至少我们正在回归正轨的路上。

同样，这次的竞选活动对我本人来说也是一次重大的转型。作为确保沃尔沃思路所有工作保持正常运行的核心人物，我总是要比以前受到媒体更多的关注。如果在此运营过程中事情乱了套，我就需要承担相关的责任。在竞选的最后几天中，《观察家报》的年轻的政治编辑第一次编写了我的主要档案，并发表在了全国新闻上。当时我只是在工作上知道罗伯特·哈里斯（Robert Harris）而已，但是后来他却成了我最为亲密的朋友之一。他的文章强调了工党自 1983 年以来的竞选活动和宣传与以前所采纳的方式的种种区别。当解说在这个活动中我所发挥的作用，以及我需要克服的障碍还有偶尔我需要使我们的改变得以成功时所运用的手段等问题时，他不知不觉地给我贴了一个标签——虽然有时在政治上是有用的，但是在个人感情上我还是感觉到有些不舒服——并且在我后来的政治生活中也一直伴随着我：沃尔沃思路的马基雅弗利。罗伯特这样的评价，并不是对我的一种侮辱，文章中其余的叙述都是对于这场大选活动还有我在其中所做的努力的非常大方和中肯的评价。总体来说，他对我的赞扬多于批评，而且这些赞扬总是来自一些意想不到的方面。托尼·本说这是自从 1959 年以来我们筹办过的最好的竞选活动，并且他在这当中也开创了自己突破性的电视新闻形象。这些回忆中最让我感动的就是在大选之后的第二天早上，拉里·惠蒂放在我桌子上的一张纸条。纸条上写着："仅仅以此来表达这场活动中你的出色表现给我的不同感受，我会记住你的努力，还有卓越的政治判断力和想象力，是这些使得这次竞选活动成为了工党有史以来举办过的最有效的竞选活动。你做得非常出色，非常感谢你。"

不过最后，正如英国侦探杂志《私家侦探》（*Private Eye*）所说的那样，我们实现的是一个"辉煌的失败"。然而我内心最深切的感觉还是我们失败了，而且更令我伤心的是我们是再次落败。在接下来的几天甚至几周、几个月中，当我深思工党的第三次落败对于工党的未来还有我的未来意味着什么时，沮丧和失败感一直折磨着我。我们再次落败的原因是很明显的，我挑出了三个原因（3D）：戴尔德丽、防卫和混乱（Deirdre，defence and disarray），而且很具讽刺意义的是这三个词竟然非常押韵。然而，这也仅仅只是表现出了工党失败的一部分原因。如果我们对重回政府还抱有任何希望，那么我们将不得不完全重新审视一下工党所制定的一系列政策，找出我们在哪里出现了真正致命的错误，在哪里与选民的要求有严重的脱节：失业问题和健康、教育、犯罪问题，还是经济、金融和税收问题。

这次大选的结果还教会了我一些其他的东西，就是关于人们的情感和信仰问题，还有他们是如何把这些投射到位于最高办公室的相关人员身上的。选民们对于工党的许多方面都有非常强烈的厌恶感。至于对尼尔·金诺克，虽然人们觉得尼尔反对极左派、改革工党以及使工党的政策更倾向于中间派的做法是正确的，但他们却觉得尼尔并不是特别有首相气质，而且尼尔对于自己的信仰并不坚定，还有他总是用自己的废话来掩盖他知识方面的匮乏。虽然确实有许多选民不喜欢撒切尔夫人，并且认为她的政策存在分歧，不仅破坏了工业，而且还产生了令人不可接受的社会成本，并且损害了公共服务，但是他们也认为她的政策是非常强有力的，而且可能这些就正是这个国家当时所需要的，他们应该继续采纳她的政策，毕竟，他们也没有看到真正可行的代替方案。对于选民来说，感觉会战胜信仰。人们的头脑和内心有可能会被分开，但是最终他们的直觉才是起决定性作用的。他们会为符合他们感觉的候选人投票，而不一定是支持提出正确方案的人。当然，在理想的情况下，他们喜欢的人和能够提出正确方案的人会是同一个人。这个认识影响了未来 20 年中我在政治上的想法和作为，因为从此政治宣传竟是如此微妙的想法就深深地扎根于我的心中，还有大选的运营是多么的复杂也让我铭记于心。

在大选后的 18 个月左右，我逐渐地失去了信心，觉得工党内迫切需要的真正变革根本就不会发生。在理智上，尼尔看到了改变的必要，而问题是他的内心，甚至是他的灵魂，根本就没有为改变做好准备。工党需要找到号召我们原有的、忠实的选民以外的人群的方法。我们不仅要顾及社会上穷人的利益，而且还要顾及富人的——撒切尔夫人英国的“新工人阶级”中已经很富有的，或者有可能成为富人的一群人，使他们能够成为我们的成员。有时，尼尔也会谈及这个话题。但是，正如我在大选后的一篇日记中所记录的那样：“他的思想实在是太社会主义了，而且他不喜欢被工党看做是与众不同的，工党是他行动的力量和激情的来源。”我知道尼尔有能力激励民众，然而问题是，尤其是当我们必须要面临艰难的政策决定时，他是否能够领导工党做出其当时显而易见需要的深刻的改革。

为了督促他和其他人尽快付诸行动，我委托菲利普和影子通信部开始对英国选民的心理状态做一个全面的调查：在他们的生活中以及对于政府他们最看重的是什么？他们选择支持工党或者保守党的理由是什么？什么能够成功地使他们信服或者可能会使他们信服去转而忠诚于另一个政党？我们以前从来没有做过这种大规模的事情，而且其他的英国政党也从来没有这么做过。这一过程将需要持续 4 个月的时间，这不仅要借鉴民意测评和关注小组的数据，还需要运用专家们关于政治、经济和社会趋势计划的著作。这是我们行动的第一步。行动的第二步就是将从中得到的这些经验教训运用到工党的政策中。我们需要做一个调查问卷式的审查，而这件事情如果没有汤姆·索耶的帮助就不可能会实现。汤姆是全国公务员联合会（NUPE）的副主席，早些时候他在全国执行委员会的任职就为我能成功得到职位贡献了多数的两票。在大选之后，他怀着工党需要做政策审查的想法找到了尼尔，并且说服他要支持这个活动。虽然这个活动将会采取什么样的形式，并且活动进展将会进行得如何仍然有待观察，但是至少我们将会有这样一个机制到位。

这个具有里程碑意义的公众态度报告被称为“20 世纪 90 年代的工党和英国”，在秋季工党大会之后我拿到了这个报告的草案，它的调查结果比我预想得更加发人深省。这个研究的结果在 11 月被呈现在全国执行委员会和影子内阁的一次联合会议上。20 年来，我们在竞选中选票的份额已经下降了将近 20 个百分点，但是保守党的支持率却一直很稳定。更令人不安的是，我们得到的研究结果中关于人们投票时所考虑的问题，即他们投票的原因，从保守党方面来看，是他们更强硬、更有力的号召力为他们赢得了更多的选票，但是工党的支持者下降了 1/4 还多，剩下的工党支持者之所以仍然支持工党的原因仅仅是出于残存的忠诚。选择离开工党的原因具有明显的一致性。首先是“极端主义”；然后是工会的主导地位和防卫政策；最后是“领导软弱”。事实上，并不只是富人们不喜欢我们，在经济日益发展的今天，体力劳动发挥的作用下降了，股份所有权和房屋所有权正在上升，因此更多的选民产生了一种强烈的愿望——不愿意选举工党政府。我们变得越来越不受欢迎，并且越来越远离人们的生活。在这次对英国选民的大调查中，影子通信部的报告告诉了我们工党变成这样的原因，是由于我们不确定的形象和对选民的疏远以及我们的组织和领导削弱了他们对工党的信任。我们的政策不仅与他们对国家的希望有冲突，而且与他们对自己的希望也不符合。

我现在仍然保留着那次联合会议的笔记。托尼·本称这个报告非常“有用”，但是他说选民们已经被右翼的媒体宣传愚弄了，我们工党现在的任务就是“通过我们的竞选活动改变他们的态度”，换句话说就是，“不要与选民妥协”。肯·利文斯通说我们一直忙着“使国际银行家放心，以此来使他们为我们投票”，而无法顾及发展和提出一个强大的、社会主义的政策来代替撒切尔夫人管理经济的方针。不过，令人庆幸的是，至少在那一刻，会议室中的大部分人都明白了这份报告的重要性，并且也意识到我们作为一个政党要与选民们真正想要的东西保持紧密联系的必要性。不过我认为最为重要的还是在认识到这些之后，他们会采取一些什么样的行动。

然而令我吃惊的是，他们几乎没有多少实际的行动。我们的政策审查拥有一个真正的、正式的运动所具有的所有标志，并且直到大选两年后才最终公布。当然，我还是一如既往地向媒体传达信息，告诉他们一切都不会偏离七个委员，分别是相关的影子内阁的各部大臣，还有一个全国执行委员会的成员，他们负责照看每一次重大政策的制定程序，但是当尼尔制定完成了改革的一个大体规划时，他却并没有得到这几个委员的认可或者说他也根本没想真正实行这些想法。他既没有与之争论也没有反对任何事情，而是看起来非常满足地把这个结果留给了这个个人小组。没有什么压力促使这些委员采用积极的态度来对待这个规划，他们所有人几乎都以一种稳定的、比较保守的手段来处理它。只有一个人例外——杰拉尔德·考夫曼，他现在是影子内阁的外交大臣。他知道他想要得到的是什么，也知道工党需要的是什么，并且一切迹象都显示他已经下定决心要达到这个目标：抛弃单方面的核裁军。至于其他的提议，它们大部分是起修饰作用的。同时，影子内阁大臣约翰·史密斯的团队通过将大量新收益抵押的方式真正地使工党付诸行动去解决高税收问题。

我对尼尔一直都非常尊重，甚至几乎是一种个人崇拜。也许他在工作中所处的位置并不合适他，但是他为人很热心，也非常善良。尤其是这样一件事使我非常感动，并且一直难以忘怀。那是在1988年的春天，大约是在大选一年以后，我被从一个全国执行委员会的会议上叫出来去办公室接一个来自我哥哥的紧急电话。我的父亲身体不适已经有好几个星期了，而病因是胸部感染。虽然我们都没有过分担心，但是我还是每天都会给我母亲或者哥哥打电话询问父亲的病情。当得知父亲的病情并没有明显好转时，医生建议把父亲送到汉普斯特德的皇家自由医院继续接受治疗。当时哥哥正在给我打电话告诉我这个坏消息，虽然胸部感染正在进行治疗，但是医院还给父亲做了其他一些检查，发现父亲患了癌症，而且病情并不乐观。我听到这个噩耗后，一下就瘫坐在了椅子上，还没有挂掉电话就哭了起来。我不知道是不是由于心灵感应，尼尔突然就出现在了我的身边，并用他的一只胳膊搂住我的肩膀，轻轻地把我的头抱在怀里，开始安慰我。他说，与疾病作斗争是非常艰苦的，但是对父亲的爱将会是力量的源泉。“你能安然度过的，我们也会帮助你度过这个困难的时期。”

我的父亲在两个星期之后还是由于心脏病不幸离世了。我和父亲在过去将近一年的时间中建立了一种更新的、更为亲密的关系。我们之间的摩擦已经明显减少，相似之处反而越来越多，而且我也更能够认识和欣赏到我从父亲那里得到的才能、守信、关心政治和民众的意义，而同时父亲也开始表现出他对我所取得的成就的骄傲。前一年夏天，他曾经来到福伊玩了一天。他来时带着一个可爱的蓝色陶瓷烟灰缸，这个烟灰缸上装饰着一朵红玫瑰，直到现在我还保存着这个烟灰缸，并且总是会睹物思人。我为父亲做了鳟鱼和沙拉，还有新鲜的煮土豆。我们一起散步聊天，在我开车送他去车站之前他还小睡了一会。我一直期望我们能有更多的时间一起回首过去，展望未来。直到父亲去世几个月之后，我才第一次征服了这可怕的失落感——回忆着父亲曾经说过的话语、翻看着他穿过的衣服、抚摸着他用过的烟斗、想着我们曾经的谈话，还有我期望我们将来本可以进行的谈话，一种更深的、隐隐的悸动之情在心中持续了很长时间。

1991 年，在汉普斯特德花园纪念我父亲的活动上。坐在长椅上的从左至右依次是：哥哥迈尔斯、他的妻子瓦莱丽、母亲和我。

在工作上，我则开始越来越多地寻找所有我能找到的真正的改革的典型例子和动因。我仍然尽职尽责地向媒体介绍尼尔的演讲以及一些零散的政策文件，但是我大多数的时间是用来提振几位工党下院议员的形象，他们似乎理解我们必须要进行激进改革的原因以及我们面临着的最终支持率下降的原因。在我寻找口齿伶俐、具有前瞻性的工党发言人来传达信息，至少能使广播和电视中出现工党的新声音的过程中，我的目光被两位在 1983 年当选的聪明的年轻下院议员所吸引，并且从此我们也成了亲密的盟友。他们都是有力并且有效的沟通者，都认为工党应该要做的还有很多——应该是非常多——如果工党想要抓住再次获得政权的机会。在这个伙伴关系中比较资深的成员是 36 岁的苏格兰下院议员戈登·布朗，他比我们大几岁并且拥有较长的政治资历。他的盟友和门生是一位牛津大学毕业的律师托尼·布莱尔，他是英格兰北部塞奇菲尔德的代表。

在大选之前我才认识他们。我们都是三十来岁，并且都对于能成为 1983 年后工党重建计划的一部分感到非常兴奋。我们当时还年轻，有足够的理由希望当工党最终回归政府时，我们仍然还有能力继续为工党工作，奉献余力。最初吸引我的是在工党的长椅会议上居然会有这样两位下院议员，他们的才能实在是太罕见了，他们非常了解现代通信并且对现代通信非常有天赋。我自然就想利用他们的才能来帮助工党传达信息，而他们应该被看做是重振沃尔沃思路的宝贵资产。

在大选落败以后，除了我们兴趣的巧合以外，我们逐渐有了更深入的发展。我们成了合作伙伴、一个“三人组”、一个团队。与尼尔办公室选择的分离和逃避政策不同，戈登和托尼传达出的是重点思想，并且激发出很大的能量。他们的思想交相辉映，一起为工党定位和规划，虽然他们的性情不是完全相同，但是他们就像是一对非常相似的双胞胎。托尼的性情非常阳光，跟他在一起总是能让人感觉非常自在，他有一种才能，能使非常严肃的政治问题变得不那么具有利害关系，让人不那么在意。他有能力使其他人感到非常轻松，即使是其他和他一样的政客。人们喜欢他，而且也希望自己能得到托尼的青睐。以一种不同的方式，戈登也表现出了这种品质。对于我来说，他确实也非常吸引人。我们有很多共同之处，和我一样，他也是在年轻的时候就决定把自己的一生奉献给工党，而且如我一样，他在政治中也如同是工党的护卫者。过去的首相和竞争者、联盟和对头、胜利和失败、演讲和宣言，如此复杂的图像就像是一个内存芯片一样深深地植根于我们两个人的心中。

我和戈登还有另一个联系的纽带。我几乎把我清醒时的所有时间都用来试图寻找使工党的信息能够传达给报纸或者广播和电视的方法。这不仅仅是我的工作，也已经成为我的一种嗜好。对于戈登来说，他更是接近了痴迷的状态。我们致力于这个工作可能并非是因为要筹备关于一些重要政策的公布工作——事实上也很少如此，而且也并不是期望赢得重大的论战，更不用说是想要打败撒切尔夫人，赢得大选，但是他还是精心策划了一个不间断的游击战似的计划来打击保守党。他总是阅读大臣级的声明，剖析政策提议，找出内部文件中潜在的具有破坏性的泄露条款。这是我第一次听到他阐述政治斗争的核心原则，而在以后的许多场合中，他也重申过很多次。从本质上来说，他的论点是我们工党的政策并不一定是在宣传方面的得分点或者竞选获胜的关键——同时这也是幸运的，因为我们的政策很难会让我们处于一个有利的地位。戈登说，我们的关键是要识别、放大和开发我们与保守党的“分界线”。我很赞成他的观点，于是我很自然地就成了他的一个非常热心的“同谋”。鉴于我们的挑战是寻找一个方法推销我们政策审查的精神食粮，我发现戈登制定了一系列可以惹恼保守党的计划，这对于我达到尽力保持工党存在于公众视线中的目的而言是非常有效的手段。他对保守党无情且强烈的攻击也给了我一种感觉，让我认为工党并没有放弃这场战斗，我们回归政府还是有很大希望的。

同样，我把托尼也看做是工党的一笔巨大的财富，尤其是他拥有在电视上传达工党新奇感的能力。早在我来到沃尔沃思路工作之前，我就记得我曾经为他在英国广播公司的《提问时刻》（Question Time）的表现所折服。他总是给人一种非凡的新鲜感，并且谈吐不凡，他有能力在谈论政治时将语言用一种连我们前座议员都觉得很困难的方式连接起来。我非常乐于寻找一种途径把这转变成工党的正面形象，使工党能够从中受益，当然直接的方法就是把托尼的这种表达方式推向高调的电视邀请节目。

我一直致力于托尼和戈登媒体形象的推广活动，这个推广活动变得日益扩大，因此并没能逃出他们的一些更为资深的同事的眼睛。在 1987 年大选之前，我第一次把托尼推上早餐电视节目，由他去出面反对保守党的经济政策时，我几乎感觉我的生活就掌握在我自己手中，而当时他仅仅是罗伊的影子财政部的初级发言人。那天下午，瑟罗克的下院议员乌娜·麦克唐纳（Oonagh McDonald）气愤地把我按在下院议长椅子后面的墙上，不可否认她是一个比托尼更加资深的成员。当罗伊没有时间接受记者的采访时，她大发雷霆说，她应该是这个位置的候补人选。她用质疑的神情看着我说："你明白吗？你把托尼推上来做替代人到底是在干什么？"我向她保证未来大家都还是会有很多机会的，但是我还是情不自禁地加了一句："托尼很棒，不是吗？"当然这并不是乌娜想听到的。

戈登的第一个真正闪光的机会是在工党于 1987 年落败一年以后出现的，而且还是偶然发生的。自从大选过后，他和托尼的地位都有明显的上升。他们还年少，地位尚低，不至于会被上层人物看成是一个威胁，而他们的聪明和才能又不至于被无视，因此他们都被选入了影子内阁。托尼是影子内阁的能源大臣，而戈登则在约翰·史密斯的手下担任影子内阁财政部首席秘书。1988 年 9 月底，在我们抵达布莱顿去参加党的大会时，已经不仅仅是我一个人把他们当做是工党未来的新面孔了。对于戈登来说，他取得成功所需要的时间似乎戏剧般地被缩短了。在大会后的两天，约翰严重的心脏病突然发作，这就意味着约翰需要几个月的时间来休养。按文件规定，另一位影子内阁的成员布赖恩·古尔德（Bryan Gould）应该是补上这个空缺职位的人选；他负责贸易和工业，他还在影子内阁举行了第二次经济简短报告。但是戈登立刻声明他有能力，而且也已经准备好来填补这个空缺。由于没有处于上层的人站出来推举布赖恩，安排戈登作为替补人选的决定就被点头应许了。我相信尼尔和他的同事们都和我一样认为，戈登虽然缺乏约翰的政治身份和丰富的经验，但是他拥有智慧并有很强的政策领会能力，他能够坚守住这个堡垒。然而，在几周之后，他就面临了第一个重大的考验：代表工党回复政府的秋季财务报表。

在这场斗争中存在着严重的不平等。在保守党的阵营里，从 1983 年以后，奈杰尔·劳森（Nigel Lawson）就成了财政大臣。他比戈登大 20 岁，而且已经在下院工作了 10 多年，有着丰富的政治经验。他一直致力于稳步降低所得税，而且自从 1986 年以来就掀起了一个经济复苏的收入和消费热潮。然而，保守党内还是出现了很多困难的迹象——通货膨胀率一直在上升，而且利率问题更是令人担忧。虽然这是戈登在大选后第一次与这样的困难邂逅，但是至少他有一个有力的论据要做，还有“分界线”要去开发以及一个对手要去攻击。我坚信他能够使他的观点非常有效，因为他、托尼和我一直致力于提炼和完善这些想法，以便它们能够得到实现。当他勇敢地站出来面对劳森时，他所做的远不止于此。他满怀信心、有朝气和活力地开始了自己的演讲。他说，劳森的伟大的经济扩张仅仅是一个花招而已，是建立在不负责任的借贷的基础上的——“这是建立在借贷基础上的虚假繁荣。”他指出劳森的政策未来将面临的困难，并嘲笑除了他们不能实现他们的经济预言以外，保守党努力强调的一切都会顺利的。然后是他的杀手锏，他说当劳森坐着做鬼脸，像一个不小心被蚊子绊倒的大象时，正确的答案是保留这个经济预测而抛弃这个大臣！当他的讲话结束时，为了号召工党议员的支持，我走到记者席去感受他这次讲话所产生的效应，我没有告诉他们戈登做得很好，他们已经看到了。我觉得我们已经在这个类似戴维和歌利亚的戏剧中见证了对于工党来说真正有意义的东西。我告诉他们：“今天，一个新星诞生了。”第二天早上《卫报》的伊恩·艾特肯（Ian Aitken）和其他人都非常赞同这句话，而其原因是我们所有人都意识到这确实是一个不争的事实。

戈登和托尼吸引着我，并使我们最终走到一起的部分原因是他们处理政治的独特方式。工党的许多人似乎都已经麻木了，接受了我们大选落败的结果。尼尔也感到非常的沮丧，在一段时间里，他甚至开始说明年夏天要放弃竞选。两个星期之后，我和托尼登上了开往北方的列车，和他一起去参加他和他的选民的会议，这让我感到了巨大的不同，他和尼尔有强烈的反差。看着他运用他的智慧、幽默和魅力同他的选民们沟通时，我就像是被输送了新鲜的血液。我和托尼，还有戈登不断发展的关系也不仅仅只是由于政治的促进。在政策上，我们也有很多的共同点。我们设想的新工党平台的细节直到很久以后才成形，但是我们都非常明白什么应该被废弃：中央集权、单边裁军和阶级明确的政策。这些已经使我们连续三次在大选中落败，如果不放弃的话，肯定还会让我们第四次失败的。

我日记中的两个深夜记录和 1988 年半年时间的相关笔记，能够真切地反映出我的沮丧之感有多强烈，同时还体现出我对于应该采取什么措施的日益增长的坚定。第一个强烈的感受是在全国执行委员会批准最初的政策审查报告之后。它反映了我对于选票的欣慰以及我对尼尔作用的承认，他在保证这个政策实行时所需要的支持方面发挥了很大作用，但是我担心的是我们尚未完成的任务和我们没能成功挑战的风险。我在此看到了一个"可怕的"暗示。我开始怀疑，这个国家也许永远不会把尼尔看成是做首相的材料。尼尔可能最终会被认为是"历史的英雄和软弱的家伙"。当时的可能是他会成为恢复和重建工党的领导者，然而却不能赢来胜利。

第二个印象就是在我陪同托尼去他的塞奇菲尔德选区之旅的几天之后。我写道，我的身影越来越多地围绕着强大的未来领导人——戈登·布朗和托尼·布莱尔——还有我在这个团体中得到的政治营养和友谊。他们特别有政治天赋，而且他们知道在当时的进程中我们这一代人应该走出办公室，保持务实的风格。我已经下定决心成为那个继任者一代的一部分，走出办公室，为工党真正地工作。当我听到他们提出这个挑战时，我所有的政治抱负瞬间就回来了。

虽然我还没有同尼尔分享这些感想，甚至也没跟查尔斯·克拉克谈过，但是我认识到了一些其他的东西。如果我想成为创造一个能真正被接受的工党这个活动的一部分，就不能这样在我所在的地方——仅仅作为一个总部的人，坐在办公室而已，不论我的影响力如何强大。就如同戈登和托尼一样，我也需要走上前线。我需要重新走上我已经抛弃的道路，再次在令人厌恶的伦敦工党的政治极端主义的混乱氛围中努力奋斗。我需要参加选举，成为议会的工党成员。

第3章 三剑客

我在下院寻求席位本来并不需要结束我为尼尔的工作，也不必放弃我为尼尔·金诺克创造最后的成为首相的机会，但是无奈的是，这还是结束了我和尼尔的工作关系。到1992年大选之时，我和尼尔的关系已经变得非常遥远。然而，我与戈登·布朗和托尼·布莱尔的关系就不仅仅是亲密那么简单了，我们三个人成了政治合作伙伴，坚信工党必须改造自身才能有希望重新回归政府。我们也坚信不仅尼尔甚至他的继承人——约翰·史密斯，都无法创造这种改变。

1989年初，我第一次与帕特里夏·休伊特讨论我想在议会中争取席位的目标。她并没有说服我要一直留在金诺克的团队，其实她自己都无法说服自己继续待在那个团队了。随着人们对尼尔领导力批评声音的不断高涨，尼尔也一直在沉思，并且陷入了困境。查尔斯·克拉克也发生了变化，他的能做一切事的信心逐渐不那么明显了，正如他在操作金诺克的相关运动时一直怀有的戏谑——在我第一年在沃尔沃思路工作时他总是跟我打招呼："嗨，这是快活的皮埃尔。"然而毫无疑问的是，当我自己已经变得不怎么欢快时，查尔斯的士气明显受到工党内对尼尔领导力的批评以及媒体的刁难的影响。

帕特里夏开始帮助工党的企业支持者克莱夫·霍利克（Clive Hollick），他努力要让工党在一个较长的时期内获得重回政府的机会。撒切尔夫人在1979年入主唐宁街，并且带着政治认同的核心——主要是建立在美国式的政治政策思想库的基础之上的。在这里没有类似政治中左派的等价物。在克莱夫的支持下，建立了公共政策研究所，使这得到纠正。在我们谈话不久之后，帕特里夏就离开了原来的岗位并成了这个研究所的副主任。

在几天之后我就跟查尔斯提起了我的计划。他建议我替代帕特里夏的位置，担任尼尔的新闻秘书。毫无疑问的是，我天真地相信我能够成功通过每天与尼尔的日常接触使尼尔更深入地从事我们需要落实到位的计划，以赢得下一次大选。我对查尔斯还有一个警告，我告诉查尔斯我还想竞选下院议员。他坚持说这是行不通的，而最终帕特里夏的位置给了朱莉·霍尔（Julie Hall）——她是一个聪明的独立电视新闻公司的记者，后来成了我最有天赋的得意门生科林·伯恩（Kolin Byrne）的妻子。

1990 年，在布莱克浦工党大会上，朱莉·霍尔和菲利普·古尔德注视着讲台。

通过政策审查，我把我的注意力转向了保护工党应该在春季发表的真正的改革上。（1990 年）1 月底，我陪同杰拉尔德·考夫曼去莫斯科访问，那个会议就相当于是一个海外的“自由和公平”主题的发布会。这是一个精心设计的活动，这个发布会的设计目的是为了给我们能够放弃我们最根深蒂固和最执拗的政策之一铺平道路：单方面核裁军。

正如我们所期盼的一样，杰拉尔德在与苏联官员的会面中被告知，甚至是克里姆林宫方面都认为工党的单方面裁军政策是一个无益的分散注意力的措施。他们对双边军事会谈的想法也不屑一顾，这是一些左派人士支持的折中方案。苏联希望英国能够参与到多边裁军的程序中，并同他们一起与美国谈判，他们已经把他们的态度很明确地向英国媒体透露了。杰拉

1990 年 7 月，与尼尔·金诺克在伦敦南部克拉彭地区。
尼尔的后面是科林·伯恩，我的高级新闻官。

尔德在红场举行了一个新闻发布会，在发布会上他迈出了放弃单边主义的第一步，操纵媒体，使记者们不再期待莫斯科和未来的工党政府之间会有单独的军事会谈。接着进一步，我又通过一个非正式的简报更直接地传达了这个信息。我说，单边主义在我们于 5 月最终发布政策审查的时候就已经被抛弃了，这是千真万确的。工党将会继续致力于裁军，但是“会与超级大国采取的行动一致”。

这次政策审查被称为“迎接挑战，作出改变”。除了在防卫上的大胆举动，更准确地说，它可以被命名为“绕开挑战，暗示改变”。虽然这确实有几个显著的变化，特别是托尼·本这类人改变了原来想要完全改变撒切尔夫人私有化的想法，但是在金融方面——这是约翰·史密斯管辖的范围——我们没有设法抛弃我们高税收、高消费的主张。不过，宣传册制作得足够精良，介绍的文字也很优美，这确实产生了一些影响——自从我们开始作出改变到 1987 年大选，这是我们内部的民意调查显示我们第一次领先于保守党。

尽管媒体一再宣传工党复苏的消息，我还是强烈地怀疑这是一个虚假的黎明。从尼尔的情绪还有查尔斯的反应来看，他们也这么认为。从许多方面来讲，我当时都非常享受我的工作。我早期的担心是我无法跟上工党前进的脚步，但是当时我已经组建了一个能干而且尽责的团队。我们对工党大众形象的改变也被人们所接受了，就工党需要的真正改革来说，我已经达到我在沃尔沃思路工作时想要完成的目标了。我坚信我能够为工党在下院的地位更加有利作出更多的贡献。我的目标是，和戈登和托尼一起，成为新一代下院议员，交将完成尼尔开创的事业，带领真正现代化的工党重新回归政府。

戈登和托尼都非常鼓励我尽力去争取赢得议会候选人的资格。戈登的角色非常具有战略意义。他来自苏格兰工党政治要求非常苛刻的学校，他在如何应对当地工党逆流、工会和影响力方面给了我很多建议。托尼则提供关键的、实在的支持。他确信我能够成为哈特尔普尔的理想候选人，这是一个与他的选区相邻的东北部的选区，而且当他得知在任期间的下院议员特德·利德比特（Ted Leadbitter）已经决定下台时，就带着我去见他。我们进行了热烈的交谈，但是最终却没有什么结果。原来是一群当地工党的领导人已经决定选举另一位知名度高、有野心的人——格伦达·杰克逊（Glenda Jackson）。我找到格伦达并与她进行了交谈。虽然还没有人联系她，告诉她相关情况，但是她已经意识到了当时的情形。我告诉她如果她想要获得那个席位，我会服从她的意愿。同时我也感觉到如果她能获得一个伦敦的席位，她将会更开心，而事实证明确实如此。

当这个事态变得更加清晰以后，我就把我的精力投入试图赢得支持的活动上。刚开始的时候，这并不是一件简单的事情。虽然我在沃尔沃思路获得的很多全国曝光机会在某种程度上是一个很大的优势，但这也并不是没有缺点的。我的那些被提名了的对手非常热衷于把我描绘成一个局外人，让人们感觉我与我想要代表的大部分工薪阶层的选区没有任何联系。他们尤其乐于翻出几年前的一个补选活动中媒体对我的一则虚假的报道，并且稍加润色，而这个故事最终的结局就是我昂首阔步地走进哈特尔普尔的一间炸鱼薯条店，并且把豌豆泥误认为是鳄梨调味酱。历史为证，我从来没有把这两个东西混淆过，而且我非常喜欢豌豆泥。事实上，真正犯了这个错误的是一个为杰克·斯特劳（Jack Straw）工作的美国实习生。

当我开始在哈特尔普尔花费越来越多的时间时，我发现它与其狭隘古板的媒体形象完全相反。1989 年，在我为成为未来议会候选人的争取过程中遇见的几十个人，还有我作为下院议员将遇见的数千人中，他们都是外向型的和心胸开阔的人。他们都非常精明，因此不会被鳄梨调味酱的故事所欺骗。候选人的最终选择将会在 12 月中旬揭晓，而我仍然只是拿着戈登在他办公室的打字机上为我敲定的演讲提纲，它是在未来的选举大会上我演讲时的材料。这个演讲的主题几乎没有什么革命性的意义，但是，从在倡导社会正义不与更高的税收挂钩、“要用未使用的资源匹配未满足的需求”这个意义上来讲，它是现代化的。我认为我最终赢得胜利的原因是我表现出的要为未来全国工党利益服务的热情，还有颇有托尼风格的想要融入并倾听我的选民的热忱。

在拉选票时我曾经说过如果我能当选，我要做的第一件事就是在哈特尔普尔买一所房子，并且很快我就在位于镇中心的赫顿大道找到了一个非常舒适的房子。购买这所房子大概花了不到 90 000 英镑，我的母亲帮我付了保证金，为了付清欠款我甚至还做了抵押贷款。唯一令人难过的是，为了收支平衡，我不得不把我在福伊的小别墅卖掉。

在伦敦，我的住所也在变迁之中，我住到了我最亲密的政治朋友家里，并且和她的家人们一起。休·奈（Sue Nye）曾担任过“花园女孩”，也就是唐宁街的秘书之一，她当时是为吉姆·卡拉汉工作，并随后跟随他去了在野党工作，而且继续在迈克尔·富特和尼尔身边发挥着稳定的重要作用。她的丈夫是高盛的经济学家加文·戴维斯（Gavyn Davies），掌握着很大的权力并且很富有。戴维斯对政治问题很敏感，为人很热情而且一点都不自负。他给我提供了一个房间，并允许我一直住到我能找到一个永久的居所之时，我直到第二年才在威尔明顿广场附近购买了一个小公寓，但是我生活的重点已经开始从伦敦转移到东北部的哈特尔普尔。

在我选举的当天，托尼正在塞奇菲尔德发表演讲。这标志着他作为一个出色的政治家生涯的开始，在工党内部他的地位和卓越程度赶上了戈登，并最终超过了他，但是在当时我们都没有意识到这一点。在几个星期之前，戈登刚刚结束了他进入影子内阁后的第一次竞选，而且获得了他自己部门的一个职位，他成了贸易工业部的发言人。他建立了越来越稳定的良好形象，使人们认为他就是未来领导人的材料。托尼在影子内阁的地位

在哈特尔普尔，与一群学生在一起。

也改变了，他成了就业部的发言人。他早就发现工党对于《欧洲社会宪章》的支持意味着工党政府将不得不放弃支持安排雇员加入指定工会的相关政策。他有着一种现代化的本能，他的这种本能是使工作有效的必要工具。当我在选举的会议上演讲时，他正在告诉他选区内的民众工党将再也不会支持所谓的“闭店”政策。他演讲的时候，具体来说，是面对着三个人和一条狗。但是由于预先已经与科林做好了相应的安排，我确信媒体已经准备好宣传工党自从杰拉尔德在防守上的举动获得相应的突出地位后采取的最重要的政策转变。电视的公告和报纸的头条使得工会和工党中的左派感到非常不安，但是这却鼓励了党内正在日益壮大的现代化者。这也正如戈登在与奈杰尔·劳森摊牌后的结果一样，很大程度上提高了托尼的形象。

作为选举的候选人，我感到非常兴奋，尤其是一想到未来能成为一个下院议员，获得一个可靠的工党席位，就更加令我兴奋。当我得知我一个星期至少要在哈特尔普尔花费好几天时，我甚至奢望还能继续我在沃尔沃思路的工作。然而，在几天之后，我意识到尼尔，尤其是查尔斯，强烈地希望我离开。当我告诉尼尔我打算去争取我的席位时，他放松了。他认为我不可能会得到那个席位。他说道："孩子，我不会抱有很大希望的，但是我祝福你，因为我希望你能够得到你内心想要的一切，但是哈特尔普尔是不会接纳你的。我知道政党是什么样子的。"刚开始的时候，不论是尼尔还是查尔斯好像都没有被我要去东北部争取支持的行程所困扰，但是当我获得选举的胜利时，尼尔感到很震惊，甚至有些不满，而查尔斯的态度也很强硬。在我参加完选举后的星期一，查尔斯把我叫进下院反对党领袖的套房中，他说道："我从来没见过尼尔这么生气，你必须要离开了，我们会找到一个人代替你的。"他还说，如果把尼尔换做是他的话，我在当天就会被清理出我的办公室。

我意识到，在我为自己争取席位的过程中，我将会更少地参与接下来的竞选活动，但是我知道我仍然可以帮助尼尔，而且我认为，在一定的情况下，我也会这么做的。当还没有继任者到位的情况下，我就被告知要清理我的办公桌，他们的行为给我的印象是极其轻率和不负责任的。当我把这个情况告诉朱莉时，她也被这个想法震惊了。同样震惊的还有休和办公室的其他人，菲利普更是感到心烦。当他们把他们的意见告诉尼尔后，尼尔决定让我继续任职直到明年秋天工党大会结束以后。查尔斯对此也表示默许。他意识到了我留在原位的好处，但是仍然坚决反对我在大选中发挥任何作用。他甚至认为我的相关决策是一种在离开之前意图破坏尼尔掌权的一种阴谋。

然而有一段时间，时局看起来确实是很现实。撒切尔夫人被反对她社区收费或者说是"人头税"的抗议者所困扰。她陷入了与奈杰尔·劳森的内阁斗争，他们争论的焦点是英国是否应该加入汇率机制，就是货币汇率凭借此固定在一系列的小的范围之内，并与德国的货币马克挂钩，旨在稳定货币汇率的波动，为形成单一的欧洲货币体系做准备的一个系统。奈杰尔想要英国加入这个机制，而撒切尔夫人却反对，并且提醒他让他明白自己的身份，最终激怒他辞职了。1990 年 3 月，我在斯塔福德郡的中部帮忙组织了一场反对保守党的补选活动，在这场活动中我们赢得了 21%的选票，这基本上是由于我们把竞选办成了对"人头税"的公投书。到 5 月，我们又在当地的选举中获得了更进一步的胜利。到秋季工党大会结束之时——也是我在工党总部工作五年结束之时——两个独立的民意调查显示我们比保守党有了两位数的领先优势。

在我离开几个星期之后，整个政治局面突然发生了变化。在另一个对欧洲货币联盟意愿的测试之后——这次是与她的副首相杰弗里·豪（Geoffrey Howe）——撒切尔夫人的领导地位被迈克尔·赫塞尔廷（Michael Heseltine）所威胁。她赢得了第一轮投票，但是却不足以令人信服，因此无法阻止举行第二次的投票。最初，她说她将会尽力争取，然而当一个接一个的大臣告诉她这场游戏已经结束时，她只好辞职了。赫塞尔廷虽然挥起了刀但是却未能完成工作，他不能再次发动攻击，而在11月底约翰·梅杰（John Major）——虽然仅仅担任外交大臣短短三个月，做了一年的财政大臣——成为了保守党的领袖和首相。

尼尔则是感到欣喜若狂。当几天之后我见到他时，他很高兴地说："孩子，这真是不可思议啊！"他一直感觉撒切尔夫人对他有着很大的威胁，并且害怕赫塞尔廷——而并不害怕未经考验、打磨和看起来普通的梅杰——沿袭撒切尔夫人的政策，然而我却认为从长远来看，赫塞尔廷更适合我们。我认为他太善变、太冲动，是一个性格有缺陷的政治家，因此他不能把政党团结起来。不论梅杰的弱点是什么，我认为如果他不追随撒切尔夫人的政策，他肯定会从中受益。我还认为我们使他的工作变得更加轻松——通过把我们的火力集中在撒切尔夫人身上，我们一直是关注她本身的问题，而不是制定能够打败保守党的必要政策。然而，我并没有期望梅杰在他执政的最初几个月的政治地位能够变得多么稳固。在国内，他并不是撒切尔夫人；在国外，正如撒切尔夫人在面对马尔维纳斯群岛时一样，有一场战争在等着他：1991年1月，美国和英国联合迫使萨达姆·侯赛因的伊拉克军队撤出科威特。

离开了工党的反应中心，我几乎没有了工作。起初，这对我打击很大。这就好像是我在跑马拉松，或者在十五轮战斗后走出铁环，结果却发现当肾上腺素平息之后，我就只剩下疼痛和疲惫，而且感觉没有什么挑战可以值得我去奋斗了，但是大选之前的那段时间却用其他方式开拓了我的视野，并极大地鼓舞了我。

我的第一个好运气是和丹尼斯·史蒂文森成了好朋友。虽然他几乎比我大十岁，但是当我是英国青年义工组织主席时我就认识他了，他当时是英国青年义工组织的一个成员组织——全国青年俱乐部协会（National Association of Youth Clubs）的主席。他成了我青年活动的第一个导师，并且在我以后的政治生活和职业生涯的每一个阶段都给予了我很多的指导。和他在一起的时间是愉快的，他慷慨地为我贡献了许多时间，他一直给我提供明智的建议，包括工党如何使它的政策现代化以及如何把工党的形象和商业团体区分开。他在他开创的商业咨询公司 SRU 给我提供了一份每周上四天班的工作。我在那里从事了一些与在沃尔沃思路的工作相比完全不同的项目。为了一个客户，我甚至去丹麦和荷兰开拓冷冻甜点的市场。我决定重新增强我的影响力，尤其是当丹尼斯同意让我在围绕着我为哈特尔普尔所做的承诺建立日常安排时。在我的另一位朋友的帮助下，我还得到了一份额外的工作。他是创办《周末世界》栏目的主编约翰·伯特，他当时是英国广播公司的副总干事。我在这个公司里作为一个兼职顾问，负责调查不同政党的政策在大选之后是如何产生影响的。

我与老朋友保持联系最重要的渠道就是政治。罗杰·利德尔和我自从 20 世纪 80 年代中期就疏远了，首先是因为我搬离了肯宁顿，其次是随着社会民主党的分裂，我们发现我们处于工党不同的阵营。在富勒姆的补选活动对我们来说都是痛苦的记忆。虽然从那以后我们就没有什么联系，但是当我在哈特尔普尔选举活动中受到攻击时，他站出来为我进行了防守，这是他的典型风格。我被指控在 1981 年时近乎要抛弃工党转而加入社会民主党，但是罗杰，作为当时我曾经在深夜与之讨论过好几个小时的亲密朋友之一，站出来反驳了这种控告。

当我成功当选时，他送给我一张表示祝贺的纸条。从那以后我们彼此见面的机会更多了。他仍然在社会民主党，或者更准确地说是合并的自由民主党，但是开始转回工党。他创立了一个名为厦华欧洲（Prima Europe）的咨询公司，向企业解释英国和欧洲规则的含义，而且给我提供了一份简单的兼职工作。对此，我欣然接受。罗杰在我的政治生涯中成为了一个永恒的存在。在随后的几年中，我可以诚实地说，他和菲利普·古尔德为我所做的每一个政治策略或者政策判断都提供了帮助。很早之前在政治生活中，我就养成了做完决定就要坚持下去的习惯。同时我也知道，做出正确决定的重要性。我一直都非常依赖与菲利普和罗杰一起形成的稳定关系。

1991年10月，我去位于伦敦的尼尔和格莱尼丝的家中拜访。我又一次看到了尼尔的绝望。他为将要到来的大选感到非常紧张。他说他感觉自己都无法为他的演讲找到合适的词语——这对于一个主要是依靠口才的领导人来说尤其痛苦。他认为他会由于他的形象不佳而在这场战斗中失败，并且对于梅杰得到的媒体支持感到非常烦心。当我们谈话时，格莱尼丝突然插嘴道："你为什么不让彼得回来帮忙组织一切，以得到更好的新闻反响呢?"如果对尼尔当时的自信已经下降得有多低还有一丝的怀疑的话，从他的回答就完全可以看出。他不能让我回来，他说："因为曼德尔森的神话，还有每个人都会说是他在背后操纵。"我非常失望地离开了，不仅是因为我自己没有能力提供任何帮助，而且因为我感觉没有人能够帮他了。在这场战争中，他看起来好像已经出局了。

我认为，即使是我们在一个精力充沛的尼尔的带领下，甚至是换一位新的领导人，我们想要获胜也非常困难。除了我们放弃了单边主义和在国有化问题上有部分的退让外，我们的政策几乎没有任何改变。由于约翰·史密斯把30亿英镑投入增加养老金和儿童福利的政策审查中，我们也将站在一个高税收的平台上进入大选。自从约翰在投票前一天承诺将推出一款不折不扣的"影子预算"，税收肯定会成为一个主要的问题。随着竞选的日益临近，他完成了一个一揽子计划，这个计划将要提高国民保险对每个年收入21 500英镑的人的贡献。这是一个会疏远几乎各个阶级和不同背景选民的宣言。

尼尔试图让约翰修改提案减少税收，可是最终他没有达到这个目的。戈登、托尼和我都觉得税务问题将会严重影响我们的际遇，况且戈登的位置，尤其是在政治上的位置，很是微妙——他与约翰的关系日益紧张。再者，戈登的崛起已经在史密斯阵营遭到了猜疑，他们认为，如果我们在大选中失败了，戈登很可能会成为他们强劲的继任竞争对手。在约翰成为工党领袖后的一个星期五晚上，他给我打了电话，目的是想让戈登明白自己的身份。他说："我觉得有些老鼠正在光明正大、耀武扬威地玩。"当我回答我不知道他在说什么时，他又说："我听说你和其他一些人正在努力想把戈登推上台，你们所做的对改变局势并没有多大帮助。"我告诉他我没有这样做。事实上，戈登、托尼和我都怀疑约翰能否实现工党自身需要的改革。如果只是从投机的角度来看，我们一直在谈论"'现代化者'的挑战"的功绩和戈登努力争取得到领导权以及托尼作为副手的问题。这通电话的目的显然是想预先制止此类事情的发生。

紧接着，约翰向戈登发出了更明确的信号。当戈登刚从由爱丁堡到伦敦的飞机上下来时，约翰就开始行动了，他直截了当地问戈登是否会争夺领导权。戈登用他认为最正确和最合适的方法回答："不会。"约翰说："很好。如果你要参加竞选的话，那会有损我们的友谊。"戈登对这个有损他们友谊的隐性威胁很是担忧，因此他让我确保他对约翰的承诺声明将会很快见诸报端。我答应了。在那周的周末，一个专栏作家适时地报道了，即使工党在这次大选中落败了，戈登也没有意愿成为工党领袖候选人，而且，当时没有人相信尼尔会留下继续担任工党领导人。

无论对于大多数工党人来说，还是对于少数媒体人来说，我们在大选中获胜还是很有可能的。况且，在民意调查的时候，我们还处于领先地位。在保守党执政的 13 年来，国民经济严重衰退。我们的竞选宣言是：即使不能在很大范围内获得选民的信任，至少也要比 1987 年的大选更加赢得选民的支持。我们的竞选策略是：千万小心行事，不冒任何风险，不把事情搞砸，保持在民意调查中的领先地位直到大选结束。现在负责沃尔沃思路工作的戴维·希尔是一位综合素质极高的专业人员，而菲利普则比在 1987 年的选举中更加显得重要，他起到了中流砥柱的作用。虽然我们有时会遇到一些小小的困难，但那都是无关紧要的、不具有毁灭性的打击。在大选结束后，一些媒体和许多工党内部的人员认为，尼尔在谢菲尔德的集会对最终的结果起了决定性作用。这次集会取得了不可更改的、比预期早的、凯旋性的胜利。但是我从来不相信这些，而且菲利普之后的研究也为此做了证明——正是我们的税收改革和政府开支计划决定了我们的命运。这个计划更加充分地为工党树立了有影响力的形象，而且该计划也是冒了很大风险才在唐宁街获得信任的。

我自己的竞选则要求我向哈特尔普尔的选民充分说明自己的情况。我强调当地的问题，尤其是投资和增长方面的问题，可以感觉到这个小镇深受战后该镇支柱产业下滑的影响。同时，我也提出了新工党必须要优先考虑的事情是——即使是政治中左派，也有必要严厉打击犯罪活动，并且要严厉惩处罪犯。对我而言，我个人最感动的是，虽然我的母

1992 年大选中，哈特尔普尔的工党候选人。

亲一直都不愿意我冒险进入政界成为众人瞩目的中心，但是她最终还是加入了我的竞选活动中，而这所有的一切都造就了我在政界的巅峰时刻。相比于 1987 年的大选，保守党增加了 1 000 张选票，或者说是增加了 1%的选民，而我们的选票上升超过了 3%，达到将近 52%。

不过，我完全相信，到选举日当天，英国作为一个整体，会为已经是第四任期的保守党政府投票。事实上，全国性选举的结果是，我们是全世界最差的，我们输了，但是我们重新争取到了 42 个席位，使我们的席位总数达到了 271 个。保守党在原来 336 个席位的基础上失去了 40 个席位。自由民主党（Lib Dems）在 1987 年 20 个席位的基础上失去了 2 个席位。虽然梅杰可能还会争取到相当多的票数，但是对许多工党党员来说，这次差点儿就获胜的选举让我们感觉到我们似乎又重新回到了政坛，而我们需要的仅仅是在新一任领导人的领导之下，再努力一下，就会有一个令人满意的结果。

尼尔继续担任领导人是不可能的，党员们不会允许此事发生，约翰·史密斯也不会允许此事发生。我不禁为尼尔感到悲伤。和尼尔一起工作也曾发生过不愉快，但是在驱走强硬左派的时候，他表现得十分勇敢。他是一个非常好的人，一直关心着他曾经一直希望领导的这个国家和人民。他在演讲台上展现的是最好的自己，他是我见过的最令人振奋和最鼓舞人心的演讲者。不论变革和现代化始于哪儿，有一件事情是可以肯定的：要是没有1983年后尼尔的领导，那就没有工党的改革。

在大选前一年，我遇到了《卫报》政治评论版的“巨人”雨果·扬(Hugo Young)，我们在汉普斯特德街比安卡公馆——一个高雅的意大利餐厅共进午餐。虽然我们经常在一起交谈，但那是雨果第一次在他的随笔杂记中记载我们对政治和政治家的相关谈话。后来，在2003年他去世后，我收到了那些谈话记录。看着他对我们第一次谈话的记录，当时我一直在极力说服他相信我们会在大选中获胜，我现在对自己当时的表现很欣慰。不过，我们谈论得更多的是可能失败的后果。我把它当做一个假定的事实：如果我们失败了，尼尔一定会退位。我说，在这种情况下，决定工党未来发展方向的最重要因素就是它对未来继任者的选择。

人们普遍认为约翰·史密斯是最有可能的继任者，但是我认为他不是最合适的人选。我对雨果说：“他和金诺克是完全不同的两个人。他是一个聪明的人，一位非常优秀的政治家，但是他也是一位不会试图对党进行深入变革的人。”我说工党真正需要的是一个彻底的、根本的变革者。当时我没有提到托尼，那时候，没有人会认真地考虑他会是下一任工党领袖。可是，我却为戈登提名了。我说：“他具备金诺克的所有优点，而且他还拥有哲学家的智慧和思想家的素质。”当雨果追问我为什么他的这些特质没有在公众面前表现出来时，我回答说他一直行事低调，不露声色。私下里，我向他保证：戈登具有相当强的司法辩证能力，他能指出工党政策中存在的漏洞，尤其是我们经济政策方面的一些问题。雨果对我的颂词做了明确的总结：“我认为布朗一定会不负众望，他一定会在党内进行彻底的革命，而这个革命是金诺克一直畏惧和逃避的。由于各种种族原因和历史原因，金诺克一直不愿对改革做出承诺。”

现在，这个选择就不仅仅是一个假设了。大选结束后，托尼一直敦促戈登作为“布朗—布莱尔现代派”候选人向约翰挑战。戈登没有答应他，原因之一是他已经发表过声明说自己不会参加竞选，另一个原因是他不相信他们会获胜。在选举日之后的那个星期六晚上，我收到了一份传真，这份传真是《星期日泰晤士报》（*Sunday Times*）对工党议员的一个调查，而我们所有的展望都因这个传真破灭了。在142名被调查者中，仅有60名愿意表达对领袖的偏好，而在这些愿意表态的人中，有

77%的人支持约翰。戈登作为另一个被提名的候选人，只得到14%的人的支持。

星期一，尼尔宣布他即将卸任。紧随其后，罗伊宣布他也即将辞去副领袖一职。因此，戈登和托尼谁出任副领袖成为困扰大家的一个问题。托尼和我都敦促戈登去争取这一职位，尤其是考虑到约翰的谨慎，在他身边有一个真正的现代化者对我们来说似乎特别重要。戈登赞同我们的看法，在竞选的时候，他会帮忙强调改革的必要性，但是他不想引起“战争”。另外，他还说道，有两个苏格兰人身居政界要职也是行不通的。这个说法也不是没有道理。然而，当我们讨论让托尼竞选副领袖——一个稳定的苏格兰领袖辅以一个现代化的英国副领袖将会是天作之合时，戈登也是更强烈地反对。他认为，现在还不是时候。如果他们延迟这些行动的话，约翰将不得不给他和托尼在他的影子内阁谋求要职。他们可以从那里要求改革。托尼没有被说服，但是戈登却赢得了他的两位主要议会支持者尼克·布朗（Nick Brown）和道格·亨德森（Doug Henderson）的认可。他通过这两个人想证明大多数人不支持托尼去竞选副领袖，但是托尼仍然未被说服。由于没有得出最后的结论，我们决定第二天再继续会谈。但是第二天，由于约翰默默的但却明确的支持，玛格丽特·贝克特（Margaret Beckett）被托尼的运输工人联盟提名了。戈登宣布：“就这么决定了。我们没有足够的空间让托尼来参加竞选了。”托尼非常不高兴。后来的诸多事情证明，不仅对戈登和托尼来说这是一个对未来有重大影响的决定，它同样对我也产生了重大影响。

当我开始在下院履职时，在某种程度上，我觉得我和其他新议员没有什么区别。我第一次感觉到，这里的一切给我一种不真实的快乐感，而且，下院大厦本身对我来说已经没有新鲜感了。以前的每个工作日，我都花一部分时间待在那里，并且这其中的大部分时间都用在沃尔沃思路上。然而，当我第一次作为议员走进下院时，我感到的是一种无可言说的快乐。我感觉我会成为这段不平凡历史的一部分。这段历史是关于议员本身的，也是关于议员过去的，更是关于工党议员过去的，其中包括我的外祖父。从某种意义上说，在这里和在工党总部相当不一样，我感到我在从事真正的政治工作：演讲最终会作为官方记录——英国议会议事录，提问，加入投票行列或者游说那些反对者投我的票。当然，这也是我朝着自己的期望迈出的不可或缺的一小步，我一直期望自己不仅能在工党内部扮演更重要的角色，还期望对其他政治舞台有所涉足。这不仅与工党和我的未来有关，还与工党政府的未来有关。

我做了一个新议员应该做的所有事情。我拥有了我在下院的第一个办公室，那是在议会对面大街诺曼·肖大楼里的一间狭窄又黑暗的房间，而且我和另一位新工党党员约翰·德纳姆（John Denham）一起分享这间办公室。我在5月中旬发表了首次演说，呼吁大家投资并帮助新选区和北部地区的经济复苏。在讨论《马斯特里赫条约》的时候，虽然有时我很少出席会议，但是我起到了重要的作用，这让工党的组织秘书很满意。在政治上，我们把这个问题看做一个重要的机会，一个利用保守党对欧洲态度的分歧大做文章的机会。抓住那些以欧洲为中心的保守派几乎不会赞同我们的观点，我们可以借机削弱梅杰的地位。

我加入了新的后座议员们，与他们尽情讨论诸如体育运动等的平常琐事，这将会使我党的组织秘书和我的选民们注意到我。当我着手处理维珍航空公司（Virgin Airways）和英国航空公司（British Airways）之间公平竞争的事件时，我站在了维珍航空公司这一边。由于支持维珍航空公司，这促成了我与英国航空公司的首席执行官鲍勃·艾林（Bob Ayling）的一次私人会面，他适时地告诉了我一些关键的事实。后座议员，比如记者，有时会歪曲事实，不揭露事情的真相。我抨击了卡尔顿电视台的负责人迈克尔·格林（Michael Green），因为他向保守党捐赠了15 000英镑，我认为一位声称政治中立的电视台负责人如此做是很不合适的。还有一次，开完会后，我和迈克尔一起去吃午饭。坐在他旁边的是卡尔顿一位年轻的公关总监，我以前没有见过他，他的工作是确保冲突以彼此热情友好的态度告终，而不是双方大打出手。我们当然不会发生这样的事。他就是戴维·卡梅伦（David Cameron）。

在某种程度上来说，由于我不是典型的新人，这对我的政治前途和我与同事们的关系会产生重大的影响。因为我认识报道下院的那些记者，他们也认识我，所以我有着更资深的下院议员才有的国民声望，同时，我也是为党的前进和现代化奔波的杰出人才——戈登和托尼——的一位特别的朋友兼盟友。事实上，在一开始，当我每天看到他们并和他俩谈话的时候，我都试图避免在公共场合与他们有太过于明显的交往。我很敏锐地意识到沃尔沃思路的形象与我们友谊的结合会制造出一种假象——下院靴子的尺寸对我来说很大，甚至在我没有试穿的时候。我决定朝着传统议会倡导的方向前进。

如果我成功了，毫无疑问，以后我的职业生涯将会少一些时不时的沮丧和忧虑。但是，由于将有一位新领袖接任，对于工党年轻的现代化者，这将是第一次真正的让他们取得成功的机会。我想成为他们中的一部分。无论如何，戈登、托尼和我由于太亲近而总是适得其反，并且，他俩都信赖我并为我提供帮助和支持。一位记者称我们为“三剑客”，从某种意义上来说，很明显我是我们“三剑客”中的初级成员。戈登和托尼在下院已经将近十年了，但我在沃尔沃思路花费的多年心血和我在工党政治的经验以及我与媒体的网络联系——我“发掘”了戈登和托尼并提拔了他们——从某种意义上来说，这些事实使我们更像平等的伙伴。当我们计划如何最大化我们的现代化议程的媒体影响时，我时常发现自己扮演中立的角色。《镜报》的威斯敏斯特观察家戴维·布拉德肖（David Bradshaw）曾开玩笑地把戈登称为“彼得的儿子1号”，把托尼称为“彼得的儿子2号”。事实上，从总体上来说，我认为我们已经变得更像一帮兄弟。

我们主要的挑战就是约翰，我曾经向雨果·扬描述他是“和金诺克完全不同的两个人”，但那次只说过这个故事的一部分。我第一次见他是在20世纪80年代早期，当时我正致力于罗伊·哈特斯利的领导权竞选，而他是一位著名的支持者。当我致力于沃尔沃思路的工作的时候，就已经发现他对我们做媒体活动的请求回应极其迅速且热情友好，他显得安全可靠而且值得信赖。我知道，在政策问题上，约翰比尼尔对政策问题更投入，而且他确实比尼尔对政策问题更感兴趣。但是他从来没有对我说过任何暗示他会欣然接受彻底变革或者他愿意冒险进行彻底变革的话。1992年的选举我们已经离胜利更近了一步，许多工党党员得出结论：在一个能够带领我党在悬崖峭壁与惊涛骇浪中畅通无阻的新一代领袖的领导下，工党这艘平稳的船下次一定会驶入港口。我确信约翰也有这样的感觉。戈登、托尼和我的目标不仅是用我们能够用的任何方式帮助他，而且还要为他对改革的抵制提供现代化的平衡力量。

我们知道，一旦争夺领导权的比赛结束了，约翰将不得不给戈登和托尼他的影子内阁的高级席位。我们利用我在沃尔沃思路工作的经验和托尼日益增长的地位以及戈登在议会工党中的支持基础来影响约翰对竞选计划书的拟定。罗宾·库克是约翰的竞选经纪人，他邀请我吃午饭并向我征求关于约翰接下来该如何继续前行的“坦率建议”。对此，我的态度是真诚的。我说约翰有不可否认的优势：他有作为卡拉汉政府贸易大臣的内阁经验和可以预测的权威以及知识。对工党来说，他将是一个稳定的、统一的领导者。但是我说他也有一些问题需要解决。在上一次选举中他可能被视为是最合适的人选，但下一次不一定是他。他还应该开发独特的政治理念。他不是一直都那么强有力。

罗宾和我都知道在领导权问题上，约翰面对的都不是重量级的对手。换句话说，他肯定会赢。不过，我认为，为了让工党置于他的领导之下并推动工党继续向前发展，很有必要利用竞选来勾勒出一个前后一致的政治项目。他必须加大力度来捍卫工党传统的承诺——帮助那些不富裕的人，但是他也必须保证要有可靠的税收，并且要为形成现代化的、富有成效的混合经济而斗争。我也敦促他解决法律和秩序方面的隐患，与欧洲国家和更广阔的世界建立更加密切的关系。最后，我提出“一人一票”。我说：“在某种程度上，约翰将有一个真正的机会，一个将工党从联盟中分离出来并创建一个更广泛会员制的党的机会。”

约翰参加竞选时的声明反映了这些建议中的一部分。戈登和托尼对此也有相当大的影响，帕特里夏·休伊特和她在英国公共政策研究所最有前途的年轻研究人员之一戴维·米利班德（David Miliband）对此也产生了一定的影响。约翰的竞选声明是一个现代化的宪章，有着广泛的目标。它写道：“我们必须要实现的目标可以用两个词来概括——信任和改革。我们必须发展多元化政治，达成一个超越我们现在排名的共识。”在政策上，他们也一直在向前行进：一人一票制；从单纯的社会主义转变为社会民主主义下“欧洲模式的资本主义”；将高税收用之于民，把税收收入投入健康事业和教育事业上；对就业问题要从以再分配为重心转移到以投资为重心上。虽然没有太多细节，但是约翰感到，目前细节并不重要，重要的是要开始他的竞选并取得胜利。当地政党的投票结果出来时，工会和下院议员们在 7 月 18 日宣布约翰获得了 91%的选票。这是一次真正的全面胜利。

然而，第二天早上，并不是约翰装饰了《星期日泰晤士报》的封面，而是托尼，标题是“工党错过的领导人”。鉴于我熟练的媒体操纵者的形象，约翰办公室认为这是一次深思熟虑的嘲笑。这篇文章也没有那么微妙，因为它是以一个相当直接的挑战结尾的：“新的领导人会有足够的智慧授予一个像托尼·布莱尔的人以影子内政大臣的工作吗？或者，他会认为工党的困难可以通过领导人的变更、一点点政治纲领的修正或对像布莱尔一样的改革者们所处的摇摇欲坠的边缘部门的快速扫视而解决吗？”幸运的是，约翰足够自信地以此作为他前进的动力。他确实任命托尼为影子内政大臣，戈登为影子内阁的财政大臣。

1992年，影子内阁经济组的主要成员。从左至右依次是：戈登·布朗、约翰·史密斯、尼尔·金诺克、玛格丽特·贝克特、托尼·布莱尔。他们都在某些时段领导了工党（玛格丽特·贝克特在约翰·史密斯过世后的那段时间是党的领袖）。

《星期日泰晤士报》的文章是我策划的，这个猜疑是正确的，我曾经向它的专栏作家芭芭拉·埃米尔（Barbara Amiel）交代过此事。对我而言，这只是通过一个议员来促进现代化项目的一部分，但对它的成功十分关键。在大选前，通过《每日快报》（*Express*）一位我熟识的作家，我也为戈登做了同样的事。这位作家叫菲奥娜·米勒（Fiona Millar），她是我旧时伦敦工党两位朋友的女儿，现在是阿拉斯泰尔·坎贝尔的搭档。然而，《星期日泰晤士报》上那篇文章发表时间的选择并不是我的要求。由于知道它可能产生的影响，我实际上想把它推迟几个星期再发表，但是芭芭拉和她的老板们希望在约翰胜利后它就能恰如其分地发挥作用。

她显然被这个最不具工党特点的政治新星迷住了。她曾陪同托尼去英格兰出席英国广播公司的“你问我答”节目。她经常花时间与托尼和他的妻子切丽（Cherie）以及孩子们待在麦诺贝拉——他们在塞奇菲尔德的家。重看了采访记录，我不禁对早年布莱尔不自在的声音感到惊异。芭芭拉对他施压，要他解释他的家庭和他的大学经历如何将他带入政坛使他加入工党的。托尼试图用“嗯”和“啊”来回答所有的问题。他曾一度说：“这不会对你很有帮助。我的意思是，问我一些问题，我看看能不能深挖这些问题。自我分析有时候是非常困难的。”芭芭拉向他保证地说：“别担心，只是谈谈就行。”然后她将那次访问变为“讲故事”。她对新型工党政治家的详细描述将会变为工党和国家如何看待托尼的标准。这种新型工党政治家拥有地方背景，对反抗教条和旧式的党派政治有很强的是非观念。

约翰·史密斯此时此刻关注的并不是全面的、彻底的改革，也不是全速前进的现代化，而是为了避免难堪的错误和内部争吵——在两周之后，即 9 月 16 日，当约翰·梅杰和保守党面临真正的、灾难性的政治挫折和经济挫折时，这一想法被合乎情理地加强了。这一事件如此深刻地动摇了他们的地位，以至于它被称为“黑色星期三”事件。这个根源可以追溯到撒切尔夫人勉强加入欧洲汇率机制的时候。除了政治争论，经济方面也严重管理不善。英国正式公布 1 英镑兑换 2.95 德国马克的比价，英镑估价严重过高。由于欧洲汇率机制对货币之间的波动设置了一个小范围的限制，经济学家告诫说，英镑的价值肯定会暴跌为约 2.8 德国马克的可允许的底价。从 1992 年夏末开始，英镑滑跌。投机者们开始在英镑上押注。到 9 月的时候，压力在不断增加。梅杰政府担心如果采取最明显的对策——英镑贬值，可能会产生通货膨胀并对他自己的政治地位产生影响。通过“黑色星期三”事件，巨额资金被押注在此，挑战英镑保持底线的能力。梅杰和财政大臣诺曼·拉蒙特（Norman Lamont）为了停止这种态势，艰难地做了一个又一个铤而走险的决定。数十亿美元被用来扶持英镑。在一天之内，利率从 10%提高到 12%，然后到 15%。然而，到了傍晚，这场战斗就失败了。拉蒙特宣布英国退出欧洲汇率机制。

这是我政治生涯中唯一一次对反对派感到感激。没有一个政府能够在这样一个政治和经济洪流中安然无恙而且不受到持久的伤害。对我们来说，它一直是1978—1979年的“不满的冬天”。对保守党来说，它是“黑色星期三”事件。在1987—1992年的两届大选活动中，菲利普的连续报告令人沮丧地指出，“经济能力”是保守党的核心优势，也是工党的持久弱势。现在，这个问题将再次被评估。我也知道，对于欧洲汇率机制成员国的特殊问题，我们也处境微妙。工党内部，对于是否重新加入欧洲汇率机制也有一系列的意见。戈登、托尼和我一直都支持加入，因为它不仅符合我们广泛地支持欧盟的观点，也符合我们国内政治的要求。我们觉得支持一个管制财务的政权将会有助于工党洗刷过去的经济窘态。对于重新加入欧洲汇率机制这一决定，戈登和约翰起到了关键的作用。英镑加入的标准我们没有考虑太多，对我们而言，最重要的是政治。

“黑色星期三”事件之后，他俩给政府带来重重一击，因为他们让英国陷入了危机。他们本没有这样做，但是在接下来的日子里，戈登焦虑不已地向我求助，他担心他对欧洲汇率机制的立场可能会损害他的政治前途。他说：“这将会严重伤害到我。”我回答说真正的受害者将会是梅杰和拉蒙特，他最多是个次要受害者。事实证明这是正确的，但是欧洲汇率机制危机在某方面确实产生了持久的影响。英镑如此迅速地暴跌，政府对此却无能为力，这一恐惧伴随了他好多年。我确信这对他再次加入欧洲汇率机制，实行欧洲单一货币的想法会有一定的影响。

我与他之间关于“黑色星期三”事件的影响的多次谈话就是很典型的例子。当然也有了托尼，几乎没有一件事情是我们中的两个人一起的，经常是我们三个人一起谈论、商议，集思广益，最后达成一致。我也越来越多地参与到他们的政治活动中。我为戈登付出了更多的努力。他的要求越来越高，坦白地说，在经济上也越来越拮据。他的位置已经比托尼高，因此也比托尼产生了更多的怨恨和竞争。他在影子内阁也有了更困难的任务。

内政部在各个方面来说都极其适合托尼。芭芭拉·埃米尔已经围绕着他编了一个故事，但这个故事却是“他来自哪里”和“他是谁”的一个准确的反映。他的本能使他相信个人重于特权阶级，对是非的判断重于党的教条。他的政治智慧让他意识到在法律和秩序方面重新定位工党是重新获得选民信任的一个重要方式。

他的办公室旨在提供使他的长处最大化的建议、支持和团队合作。安吉·亨特（Anji Hunter）当时是他的支柱。她是他从青少年时期就开始交往的朋友，除了他的妻子，没有人比她和他更亲近了，这也是托尼入主唐宁街以后，她与切丽之间产生摩擦的一个根源。安吉能够判断出托尼的心情，预测会发生的问题，感觉出他的最佳利益并确保他能发挥出自己最大的能力。虽然她不是一位政治专家，但是她对如何搞政治却极有天赋。即使是最厉害的资深党员和游说记者也不可能不喜欢她。最重要的是，她曾经并不是工党主义者。作为一位有着保守党背景的苏塞克斯女孩，她是工党了解其似乎已经永远失去了的英格兰中部选民的关注点和愿望的窗口。从20世纪80年代我见到她的那一刻起，她和我便成了亲密的盟友。托尼同时也非常幸运地有一对年轻的未经过训练的助手。第一位是詹姆斯·珀内尔（James Purnell），他是牛津大学政治、哲学和经济专业的学生，一直在英国公共政策研究所为托尼做研究直到1992年大选之后才离开。第二位是蒂姆·艾伦（Tim Allan），他是詹姆斯的一位朋友，詹姆斯曾说服托尼雇用他接替詹姆斯的位置。

戈登在改革工党经济政策方面面临一个更困难的挑战，如果他想成功，很显然他需要一个像托尼一样强大的团队。在某种程度上，他有了除我和托尼以外的其他固定的政治支持者，他开始依靠尼克·布朗，尼克是纽卡斯尔的一位议员，于1983年进入下院。尼克本应是一个忠心耿耿的门生，但他不是，所以也不可能是戈登办公室的主力军。

在尼尔宣布辞职后的第二天，他就迈出了满足他需求的第一步。休·奈来看我，她对尼尔离职感到很沮丧，对工党未来的前景也很担忧。她决心要找到一种方法来拯救尼尔作为领导人时遗留的问题，但是又不想为约翰工作，这并不是因为在尼尔作为领袖的最后几年里约翰曾经常常对尼尔不敬或做出损害尼尔利益的一些事情，而是因为她不相信约翰能在尼尔已经开始的基础上继续进行改革。我建议道："你为什么不为戈登工作?"尽管她不太了解戈登，但是我告诉她，她将会在各个方面发现约翰将不会致力于现代化改革，但是戈登会。对于她来说，她能够作为影子内阁中对抗约翰的资深抗衡力量为戈登提供他需要的经验和平衡力。

当我把休·奈愿意为他效力的这个想法告诉戈登时，他非常高兴，但还是提醒说他没有钱。幸好有加文的收入，钱对休·奈来说不是问题。这样，休每周为他工作四天，不要薪水。她对戈登来说变得必不可少，就像安吉对托尼一样，在某些方面更甚。在接下来的几年里，无论有多少助手来来去去，她都是一切事物能够有效运转的坚强后盾，她能够让事情顺利运行。她与一个组的“演员们”都建立了良好的关系，他们都很有个性，不易相处。

有两个人在1992年大选后我对引荐他们起了重要作用，在他们被戈登雇用前我负责筛选审查他们。其中一位是全职的新闻助理。我确信戈登不仅需要有人来处理他的媒体局势，还需要有人来限定和校准他的媒体信息。我选定了一个名叫查利·惠兰（Charlie Whelan）的非常积极自信、言辞犀利的经营者。当我邀请他在下院喝茶时，他的不恰当的态度使我有点不太高兴。然而，我认为他和戈登截然相反的性格可能会产生好的效果。与其同样自信的是我为戈登面试的经济政策顾问，他是《金融时报》的一位年轻作家。他叫埃德·鲍尔斯（Ed Balls），是比尔·克林顿首席经济顾问的门生，哈佛大学的研究生，前途无量又有着敏锐的洞察力。他是戈登的崇拜者，很渴望帮助他改革并最终夺得工党领导权。

我们所有人都需要菲利普·古尔德。由于1992年的大选失败，他遭受了极大的打击。当约翰着手逐步结束影子通信部的活动，降低主要小组及相关研究和分析的重要性时，他尤其不满。约翰的观点是，菲利普和我策划的活动可能会对尼尔有帮助，但是现在已经不需要了。9月，在克林顿竞选团队的邀请下，菲利普在美国待了一个月。在总统竞选的最后几天，他又回到美国，目睹了克林顿战胜乔治·布什，从而结束了将近25年的共和党的统治。他重新充满力量地回到祖国，因为他不仅目睹了一场现代化的竞选，而且还目睹了民主党为了重新赢得选民的信任而作出的政策选择。克林顿是一个“新”的民主党人。他已经搬到了中部，与中产阶级和美国中部的选民重新获得了联系。这正是菲利普和我一直敦促尼尔领导的“新工党”要做的事情。菲利普决定劝服约翰。鉴于我们从自己最近的一次失败中得到的明显教训，他希望他的类似改革的请求会被采纳。

费边社（Fabian Society）出版了由工党议员和作家贾尔斯·雷迪斯（Giles Radice）写的一个该死的选举后的报告，这个报告是关于我们赢得英格兰南部和东南部的希望改善社会地位的选民的前景的。这个报告影响深远。它阐明了工党不适宜在南方发展的原因。选民们甚至比欧洲汇率机制灾难前更加担心保守党的统治和经济问题的前兆，但是这些问题也是在保守党的领导下解决的。报告写道，“工党，有时被认为是‘公平’的，被看做最有可能‘解决问题’的政党”，我们被视为是“善于照料失败者的利益，而不是一般人的利益”的政党。我们不“尊重、培养、奖励、甚至是理解”野心。菲利普感觉到工党新领袖对克林顿式的事业几乎没有热情，但是当被询问的时候，他仍然继续为约翰政府提供研究和分析。我也已经准备好要有所贡献。有一次，我给约翰写信，建议他美化自己从而提高自己的形象。在回信中，我收到了一张有礼貌的便条，然而没有看到任何兴趣和紧迫感。

几乎是不约而同，到 1992 年底，菲利普、戈登、托尼和我开始为我们自己的一个新工党做准备。这是一件令人振奋的事情，我们有一种使命感。但是作为第一步，不知何故，那种使命感也转移到了党内其他人身上，最终，约翰也承认工党需要根本的、明确的改革。

对我们这些现代化者的一个主要谴责是我们已经被比尔·克林顿迷住了。这是真的。托尼、戈登和我都于 1993 年初出访了华盛顿。他们在新年之后就先去了，而我之后则进行了单独的议会访问。在戈登和托尼动身去华盛顿的前一天，约翰愤怒地给我打电话时，我正在工作，当时已经很晚了。他听说了这次旅程。他在电话中冲着我喊：“我知道他们想干什么！好，我可以告诉你，我们不需要克林顿那儿的任何东西。”事实上，我们三个作为克林顿团队的与会成员回来后都相信——就像菲利普一直相信的一样，他们的经验已经教给我们一些东西了。回想起来，虽然托尼很快将克林顿关于法律和秩序的改革纳为己用，但还是戈登最先关注了克林顿竞选的一则消息。它概括了民主党已经成功实现了的一些我们还未做的事情：说服选民相信一个强调犯罪的社会根源的左翼党派并不意味着淡化其影响或者是为罪犯辩解。当托尼开始在政治上取得更大的成功时，“严厉打击犯罪，严厉打击犯罪根源”变为托尼不断重复的唱腔。

与此同时，戈登也在奋力争取。自从我第一次开始和他在沃尔沃思路一起工作时，他就成了电视和电台采访的主要人物，但是“主要人物”并不是一个恰当的说法，他最初是因为拥有一个清新明确、自律、有威严的声音而赢得赞美的。但是到 1992 年大选的时候，由于他不停地重复当天的讲话片段，他开始遭到批评。他不得不通过限制自己的工作来解决部分问题。他不可能在这个阶段制定出一个可信的工党替代保守党的政策。不仅仅是因为当时的经济形势不太确定，在关于如何收税和怎样使用税款的激进改革方面，党内的支持也很脆弱。

我聘用查利·惠兰的一个主要原因是想筹划一个新的媒体对策，这个媒体对策旨在为戈登创造更多的为选民讲述新事物的机会。我们限制了戈登出现在他最喜欢的平台——电台 4 频道的《今日》（Today）节目的频率。他的媒体价值仍然较高，但是我们要确保它不贬值。真正的挑战是要找到一种方法来确保他的实力不会受到严重伤害。我开始向游说记者介绍他的事迹，试图扭转他们对他的看法。我解释了在这个阶段戈登不能宣布重大政策变化的经济原因和政治原因。当约翰·史密斯还是影子财政大臣的时候，我们已经做了让自己后悔莫及的事，我们陷入了使我们在大选中失败的支出和税收承诺中。这个解说有一点帮助，但真正的问题是，不像托尼，戈登在下院已经尽自己最大的努力与保守党战斗了，他已经因重重打击奈杰尔·劳森而出名。托尼最突出的优点是善于与选民进行交流。我告诉了罗杰·利德尔我的担忧，罗杰·利德尔已经看出了差异。他说戈登的风格使公众烦躁，“在工党内部，成为领导人的方法一直是对保守党给予明确的攻击，但是当对全国人民讲话时，这一点也是很必要的……这一点托尼在犯罪问题上做得非常好”。

媒体也对托尼和戈登各自的优点得出了类似的结论。1993 年下院因夏季休会暂停后，英国广播公司的政治记者尼克·琼斯（Nick Jones）用《卫报》的一篇文章对比了工党的两个主要的现代化者，并预计未来工党领袖的竞选可能成为戈登和托尼的一场决斗，他说，虽然他们两人在政策上是相近的，但是在如何与人交流上却是不同的。媒体表示，他们都曾经是“彼得·曼德尔森精修学校的明星学生”，他们都曾经被我严格训练。但是当尼克·琼斯在出版物中把戈登说成是对下次机会的痴迷追寻者时，他已经注意到托尼正在抵制快速媒体，因为他支持更长久的、更深思熟虑的访谈。他看到了曼德尔森在这方面的影响，而且他是正确的。事实上，我正在强迫戈登也朝那个方向发展，但是就像尼克指出的一样，他尽力抓住媒体对保守党打击的一切机会，然而这掩饰了他的优点，放大了他的缺点。

从长远来看，这些都不重要。我向戈登解释这种不稳定性也许将来会有时间调整。我们离下次选举越近——最早是 1996 年，如果梅杰一直坚持自己的政治生涯也可能是 1997 年——戈登就越能够继续实施强硬的政策，关于工党政府如何重振经济也会有更周到、更迷人的消息。

托尼坚信他自己、戈登和我在党内强制实行现代化和改革遭到的强烈的反对合法化了这一工作。他还意识到通过正面挑战工党的信条，我们将会有更大的希望使那些真正重要的人——选民——相信党是有变化的。例如，在一次演讲中，他试图就保守党一直谈论的问题重新定义工党的身份。他表面上是在谈论犯罪和社会问题，实际上他更专注家庭问题。“右翼宣称自己是家庭价值观的保卫者；左翼，在过去，有时被人们认为对待这个问题持无关紧要的态度，甚至在极端的情况下，认为其在政治上是不正确。”但是，他继续说，“事实是，家庭是最重要的，家庭破裂是导致违法行为的一个重要原因，父母的教导是至关重要的。”几周后在英国公共政策研究所的一个会议上，他说与其只是对保守党的道德行为大肆攻击，不如让左翼也加入论战。“右翼战略部署的成功取决于左翼不辜负它的漫画讽刺效果。”

到了年底，这种在不熟悉的背景下的冒险行为的影响逐渐显现。《新政治家》（*New Statesman*）杂志的一篇文章写道：（托尼）“不再被视为是金诺克时代的热情的、年轻的挑战者，他在 20 世纪 80 年代开辟了工党前座议员和英国电视工作室的道路。到目前为止，他最有可能成为下一任工党领袖。”

托尼对喝彩声安之若素。当他、戈登和我结束下院一天的事务聚在一起时，那种我为人人、人人为我的感觉仍然十分强烈。我们认为托尼地位的上升将有助于现代化的平稳发展。这可能会改变党内的政治气候，逐渐使约翰和其他影子内阁成员在下届选举前及时转变为一个公开的改革派。在某种程度上，我们都想到了之后可能发生的事，戈登和我当然仍然认为戈登会成为继约翰之后的领袖。在这个阶段，我认为托尼的想法也和我们一样。其他议员似乎也同意这个观点。

但我认为，托尼善于联系公众的卓越能力不可能不产生影响，这是不可避免的，而且不仅会对媒体评论员产生影响，还会对托尼自己也产生影响。从 1993 年初开始，我就感觉到托尼开始怀疑戈登不善与人接触的问题是否会妨碍他成为领袖。在一个星期天，当我和托尼正在他伦敦的家后面的一个公园里聊天时，突然他提到，他一直与德里·欧文（Derry Irvine）有联系，德里·欧文是他的法律商会的赞助人，后来也是上院的大法官，他已经向他做了一个“有趣的”保证，他认为尽管戈登很有优势，但是他缺乏一些东西，而且是必要元素的缺失。也许他对政治有强烈的偏好，但是有一个事实是他未婚，他无法自己放松或鼓励他周围的其他人放松。托尼说这个评论让他震惊，而且，再三思考之后，他“只是不确定戈登是否具备了成为领袖的要素”。

我吓了一跳。我从来都没有想到戈登成不了工党领袖，也没有想到在某个阶段他会不想。在回家的路上，我在脑中仔细思考了托尼的话，他的话使我不安和困惑，而且在接下来的几天也是如此。然而，奇怪的是，它并没有持久地影响我。在接下来的一年里，托尼再也没有加入过我们的谈话，我也没有。我假设继任最终会成为一个问题，但它可能是、也可能不是问题。戈登将会在一个不同的地方，托尼也会，我也会。现在，这都不是真正相关的事件。

但后来，突然之间，一切就都改变了。

第4章 左右为难的选择

1994年5月12日不同于其他任何一个星期四，早上9点之前菲奥娜·米勒给我打来电话，她是阿拉斯泰尔·坎贝尔的搭档。她问我是否知道阿拉斯泰尔在哪儿，他的新闻部想告知他一个“大新闻”。菲奥娜认为我能找到他是不足为奇的。当时尼尔还是领袖，我忙于沃尔沃思路的工作，阿拉斯泰尔忙于《镜报》的工作，没有哪一个第三方媒体的关系能比我们更亲近。尼尔现在已经下台，我还在下院，阿拉斯泰尔的《镜报》老板罗伯特·马克斯韦尔（Robert Maxwell）去世后，阿拉斯泰尔就加入了彩色小报《今日》（*Today*），但是我们仍然经常聊天。我也知道，如果这个故事真如她所说的那么大，它肯定不会是很久以前我就听说过的。

十分钟之后，我知道了。托尼从亚伯丁打来了电话，他在那里为6月的欧洲大选进行竞选访问。我从来没有听过他那么阴沉的语调。他说约翰·史密斯又一次心脏病发作了。无论从托尼的声音，还是从他接下来问的问题来说，我都很清楚地知道这次问题的严重性。他说：“我该怎么办?”我告诉他我认为他应该乘坐下一班飞机回伦敦，他真的这么做了。

在开车去下院的路上，我在广播中听到了这则新闻：约翰在伦敦市中心的巴特医院已经被宣布死亡。我很震惊。我认识他并和他一起工作了将近十年，并且我把他当做朋友，现在，他突然不在人世了。

由于托尼正在回伦敦的飞机上，我的第一冲动就是给戈登打电话，他让我去大彼得街附近他的二层公寓找他。当我到了那里的时候，他似乎惊魂未定。他和约翰有一个约定，这个约定和托尼没有，和我也没有。他是从默里·埃尔德（Murray Elder）那里听到了这个消息，默里·埃尔德是约翰的办公室主任，也是戈登从法伊夫学生时代就结识的朋友。约翰的死对戈登的打击尤其大，前一天晚上他们还一起出现在一个筹款晚宴上。

戈登的悲伤是真实的，但是当我到达的时候，戈登这位政治家就开始行动了。公平地说，托尼和我的悲伤也是真实的。我们为一个同事的去世感到悲伤，这位同事是我们熟识且曾经一起亲密工作过的同事。这个突发的意外让我们很难过，但是无论从个人来说，还是从政治角度来说，我们三个人与约翰的关系都不是很融洽。我们已经完全相信他永远不会对党进行根本性的变革，我们能做到的就是努力推动他朝着那个方向发展。在去年秋天的党务会议上，我们在一些方面就已经达成了共识。他对现代化者仍然持谨慎态度，将我们视为麻烦，认为我们总是“无事生非”，然而他却同意我们的担忧——工党在英格兰南部一直未能有所突破，现在他们似乎很不情愿地准备接受一些我们一直提倡的改革。

大约上午 10 点半我到达戈登的公寓，很快他便全身心地投入党接下来会怎么做、应该怎么做的讨论中。由于有好几次没有明显的效果，我告诉他等托尼到达伦敦后我们三个必须见面。这不是因为我认为托尼应该在场，而是因为我们三个总是在一起，我认为我们现在没有在一起的这种做法是不可思议的。我也认为戈登不是有意识地想将托尼排除在外。他感到工党真正改革的机会和由现代化者领导工党的时机已经来临，他也全神贯注地集中于此。托尼和我就在他身边的时候，他简单地假定他会争夺领导权，而且他认为他会赢，就像我一开始分享的假设一样。

戈登和我同意在当天晚些的时候进行交谈。当天下午，我参加了下院一个拥挤的哀悼会，听到了各方议员的颂词。在一定程度上，这是由于一位政治家的去世，甚至那些在生活中曾经反对或批评他的生活的人也转而赞颂他。这个过程在前些日子的威斯敏斯特是很难想象的。约翰从来没有真正联系过的那些投票大众居然把约翰放在心里，他们流露出来的善意和悲伤反映出了约翰的真正优势：他的得体感、他存在感以及他的严肃认真。对下院议员来说，有一个特别值得感激的事实是：他是一名非常有天赋的下院议长。他的幽默让他的辩论发言更加风趣。

哀悼会之后，在我走出下院的路上所遇到的记者们都有着一种不同寻常的温和语调。然而，不可避免地，他们开始逼问我有关继任者的事情——“戈登和托尼将会怎么做”。这让我第一次怀疑我和戈登的假设，我们假设戈登会成为领导人。我曾以为他是默认的现代化的选择，然而对媒体的提问似乎有更公正的答案。然后，当我正要离开下院的时候，恰巧遇到了德里·欧文。他和托尼与切丽都非常亲密，布莱尔夫妇都是在他的会议厅里开始他们的法律职业生涯的，但是他与戈登相处得也非常融洽。他问：“关于领导权的问题，你怎么看?”当我嘟囔了一些无关紧要的话时，他说：“领导人必须是托尼。”我回答我们这么假设可能是错的。我说：“托尼和戈登必须得谈谈。”但是很明显，如果德里正在劝我，那么肯定他也已经对托尼做了同样的事情，并且十有八九托尼已经考虑接受德里的建议了。

德里猜测我是支持戈登的，并且这个猜测也已经传到了托尼的耳朵里，他给我打电话，他说他想谈谈，但是我们两个最不希望发生的事情是被记者看到我们在聊天。在安吉·亨特的建议下，我们商定在下院的一个休息室见面，那时下院已经休会，所以基本上可以肯定那里没有人。大约5点钟，托尼大步流星地从走廊的尽头走来，而我从另一个尽头走来。我们只谈了几分钟，但是毫无疑问，自从我和戈登交流过之后，政治风向已经变了。托尼告诉我，许多影子内阁的同事已经向他承诺，如果他参加竞选的话，他们都会支持他。回想一年前我们在他家附近的公园里的谈话，他说他感觉到大家对戈登的“敌意”。他问：“你怎么看?”我对他们两个人之间的竞争前景感到很担忧。显然，托尼完全有理由把自己当做一名候选人，我也是这么告诉他的，但是当他表示他几乎已经决定去竞选并且不会因为戈登而退出时，我无法说出我会支持他。

那天晚上，戈登和托尼见面了。托尼后来告诉我，戈登是以“他会争夺领导权”这句话来开始他们的谈话的，托尼回答说尽管他明白，但是他在领导权问题上不会将自己排除在外。由于当时我不在场，我不能说谁的言辞更犀利。我能想象到他们的语气应该是悲哀的而不是愤怒的，作为工党的两位最亲密的盟友兼朋友，至少那一刻他们已经接受他们变成竞争对手的这个事实了。无论戈登感到多么沮丧和愤怒——不久之后他们两个还是都回归了平静——他最开始的感觉还是震惊。关于未来领导权的竞争从来没有过任何正式的协议：我们都认为约翰会是领袖，至少直到下次大选之前他一直都是。但是这么长时间以来戈登一直是我们三个中最资深的成员以至于他从来没有想到他的要求不会被优先考虑，或者托尼除了支持他还会有别的想法。

对戈登来说，更糟糕的是，他还没有注意到托尼在党内和国内的形象已经提升。他也不知道1992年尼尔辞职后的继任事件已经对托尼产生了影响。与其说是戈登不站出来竞选领袖以对抗约翰·史密斯的决定对托尼产生了影响，不如说是戈登强迫托尼退出竞选副领袖对托尼的影响更大。

星期五清晨，当我到达戈登办公室的时候，毫无疑问，如果他争夺领导权的话，他不仅面临着一场战斗，还可能不会赢。大多数的星期五报纸都倾向于托尼，戈登对此感到很愤怒。他想要有所行动。他说他不明白怎么会这样。我很平静地告诉他，我们需要制定一项战略以使他重新回到正轨。戈登同意我们不得不接受托尼现在已经是候选人的事实，因此他重新集中起了注意力，并且他仍然有信心他能获得胜利，他还建议我们应该抓住一条主线：虽然有两个现代化的竞选者，但是他们不会彼此反对。如果其中一个成为候选人，另一个人就会支持对方。

许多星期六的报纸都抓住了这条主线：只有一个现代化者会参选。《星期日泰晤士报》则更进一步爆料了戈登和托尼关于如何处理继任问题而达成的"秘密协议"。在我周末出访的电视节目中，我很谨慎，既没有公开支持戈登，也没有公开支持托尼，但是我为现代化的候选人强调了一个事实，现代化的候选人应该确保工党赢得广泛的、全国性的支持基础。

当我在星期日回顾了在《星期日的弗罗斯特》（Frost on Sunday）节目中出现的报纸的内容之后，便和戈登开始电话交谈，他对《星期日泰晤士报》的爆料很生气，而一系列民意调查显示，选民、党员，甚至是工会会员都强烈支持托尼，这让戈登更加心烦意乱。星期一早上，我的第一件事就是穿梭于戈登的办公室和下院的记者们之间，尽我最大的努力来扭转局势。那天下午，我给他写了一张关于记者们对他的处境很同情的便条："你被看做是我党拥有最大的智慧和力量的战略思想家，很多人说没有人能与你的政治能力相对抗。"但是我并没有隐瞒他参选将面临的困难："没有人说你没有能力或不适合做领袖，只是你所处的时机不利。"

戈登认为我能"搞定"新闻中的任何内容，但是就像我在沃尔沃思路学到的一样，实实在在的产品比任何巧妙的介绍都有说服力。我大声夸奖戈登的优势，我赞美他作为一位政治家的严谨性。我相信我所说的，我也能感受到他承受的巨大痛苦。他的整个成年生活都给了政治活动，领导权是他最渴望得到的奖品。现在我能感觉到这些都正在从他身边溜走。

在星期一早上晚些时候，最终的信号表明，这场竞争几乎可以肯定是没有胜利的希望了。这是从戈登的亲密朋友兼忠诚的支持者，即格拉斯哥的下院议员唐纳德·迪尤尔（Donald Dewar）那里得到的信号。我们在下院对面街的自助餐厅见面，唐纳德愿意做他能做的任何事来帮助戈登成为领袖。他说："但这是不可能的事，因为托尼已经取得了领先优势，他的这种领先优势也不会消失。他得到了英国议会工党的大力支持。戈登不可能很容易地就迎头赶上。"

到星期三，我已经收到我自己的两个政治盟友发来的相同信息，他们是菲利普·古尔德和罗杰·利德尔。他俩都知道我在苦苦思索该如何帮助戈登。他俩都认为这是一场失败的角逐，罗杰觉得如果约翰没有去世，继任问题就不会现在发生，情况也可能会与现在有所不同。菲利普的民意调查也告诉了他同样的情况。他给我写信说："约翰·史密斯时期，工党只有一个可行的战略目标，那就是成为一个改革的政党、一个有动力的政党、一个有活力的政党。这肯定是全国的心情，也可能是大多数党员的心情。在这个时候，通过机会和环境，托尼比自威尔逊以来的其他任何工党领袖都更充分体现了这种心情。戈登是有巨大的优势，但只被看做一个临时的领导者，介于约翰·史密斯和托尼·布莱尔之间。"如果托尼自己置身事外而选择支持戈登，菲利普预测到三种结果："国家和党的巨大失望；强烈反对工党，觉得工党只准备前进半步；因为戈登阻止托尼竞选，强烈反对戈登作为候选人，这将严重损害戈登的利益。"

到下周初，我感觉到我能为戈登做得最好的事就是找到对他伤害最小的出路。我列出了他的选项，他可以继续参加竞选。我说如果他决定这样做，那么我会继续帮助他，而且我也真的有意这么做。不过我的观点是，他最好把注意力集中到战略撤退上以使政治信用与收益最大化。我的想法是，如果他最终决定进入这场不留情面的战斗，其结果必然是损害他自己的形象，使他显得是更对自己的政治野心感兴趣，而不是对现代化事业感兴趣。

戈登最初的反应是在他的媒体简介会上越来越少地依赖我，转而依赖查利。当记者们告诉我查利向他们提供了一连串托尼不适合做领导人的原因时，我开始绝望了，戈登用自己的形象、尊严和全部政治资本来为这次竞选角逐。但是在他得出结论之前，我唯一能做的就是保持低调：保持向大家报道团结的消息，保持和戈登与托尼都交流，不使自己参与到托尼的活动中或为托尼竭力争取支持者。那样做不仅不公平，还会伤害到戈登。这也会使结局延缓：在某种程度上，我们三个在某一时刻将不得不同意和完成这不可避免的退场。

党内已经决定领导权的竞选将会在 6 月 9 日欧洲大选之后开始，时间飞快地流逝。5 月的最后一个星期五，一项调查表明，戈登能够依靠的坚定的支持者仅是 1/3 的工党议员，这些议员甚至包括苏格兰地区的。周日，英国广播公司的一项民意调查显示，托尼在三个选区的选举团都遥遥领先——工党议员和欧洲议会议员、党员以及工会。当天晚些时候，托尼和戈登终于交流了。戈登第一次坚定地表示他准备退出。他们约定下星期二在伊斯林顿区托尼家附近的一个名叫格兰尼塔的餐厅一起吃饭并最后敲定这件事情。与此同时，托尼和我在“敏感”局面的问题上达成一致，因此我被委任向媒体积极地阐明戈登的支持率比民意调查表明得要高。

随着最后一幕的临近，我没有低估戈登正在体会的失落感。在格兰尼塔会面之前，罗杰给他写了一个诚恳但却敏感的便条。他说他没有看到戈登在领导权竞争中获胜的希望。在赞赏戈登的优势时，他很直率，他说戈登的优势一直被视为高于托尼，并以此敦促他明白未来也许不会那么糟糕——戈登很有希望是“下一届政府中举足轻重的人物”。除此之外，他还补充道：“年纪大的人会输给年轻人，这绝非事实。世界是充满各种各样的可能性的。”

敲定未来的一些事宜，并公开宣布那些可能性，是戈登在格兰尼塔一门心思想做的事。从他们周日的谈话中，托尼大致知道戈登最想要的就是确保他将会是工党政府的财政大臣和国内政策方面的重量级人物。托尼的倾向是只要戈登不损害自己成为党的未来领袖，他会尽自己最大的努力满足戈登的愿望。他知道这对戈登来说是多么不容易。他尊重并敬佩戈登，同时也看重戈登的意见。他也感觉到，如果他们的友谊被破坏的话，他的领导权也将会被不可估量地削弱。

拟定细节非常困难，而我现在却不得不扮演拟定细节的重要角色。当他俩一起吃饭的时候，我正在哈特尔普尔市起草已经商定好的协议，这个协议是根据他俩吃饭前我与他们的谈话内容拟定的，而且我们会于次日将其公布给媒体。这个协议会在他们交谈之后我们三个人再在一起细化。整个星期三上午，我就在他俩之间来来回回地奔波。尽管后来关于“格兰尼塔协议”滋生出了许多虚构的事实，但是有一件事却是可以毫无疑问地肯定的——在他们约定的未来某一时间，托尼将会站在戈登身边支持戈登。我是从托尼那里知道是戈登提出这一点的，托尼还告诉我，他不止一次否认过这样的承诺，而只是说了一句，当他在政府卸任后，他认为没有谁比戈登更适合接替他的位置。我有信心托尼所描述的这个事件的版本是真实的，原因是当我们制定简报的时候，他极度不情愿在他成为领袖之前作出任何坚定的承诺，更不用说对首相的职位作出承诺。

尽管在我们让他接受托尼是领袖的这个事实的交流中有一些紧张气氛，可是我认为戈登已经承认了我的左右为难。令人遗憾的是，我却不能对他的助手和追随者们说出同样的话。我和休的关系非常长久、非常亲密，以至于完全不会被影响。她非常了解我，能意识到对于戈登的困境，我和她是一样地心烦意乱，但对于尼克、查利和埃德，领导权已经变成他们为戈登，也是为他们自己而进行的一场至高无上的争夺战。现在这场战役失败了，他们无法让自己接受戈登根本就没有战斗的事实。他的团队很小心地不与托尼产生直接的正面冲突，但是已经决定为这次失败找一个可以谴责的人，而我就是他们选定的替代品。他们的想法是我已经“背叛”戈登，而且我以某种方式剥夺了戈登与生俱来的“王冠”。

“格兰尼塔协议”之后，我开始和菲利普一起工作，我们不仅一起为托尼的竞选筹划，还为他的领导权制定了更广泛的战略部署。当时的政治气候已经与我们一起合作的第一次全国竞选大大不同了。1987 年，工党由于不团结而四分五裂，也不被国家信任。现在该是保守党步履蹒跚的时候了，工党已经站起来了——对约翰流露出来的肯定已经为工党增添了源源不断的支持。我们将托尼的竞选活动视为吸引公众心思的一个契机，向人们展示一个真正有着新鲜血液的领导人将会代表一个新工党。尽管在领导权竞选开始之前，菲利普对胜利的揣测也是极其小心翼翼的，但是我们肯定托尼一定会胜利。我们同时认为，托尼以一个恰当的方式开始他的竞选是很关键的，他不仅要向工党还要向整个国家传递一个拥有丰富政策的未来。毫无疑问，我们每个人的心中都认为，真正的推动力应该是新政党对新生国家的推动力。

名义上，杰克·斯特劳与莫·莫勒姆（Mo Mowlam）一起被任命为领导权竞选活动的主席，然而，在某种程度上，应该有一个战略性的“负责人”，这个角色落在了我身上。我必须暗地里协调竞选活动，一方面是因为托尼不想扰乱杰克、莫或者戈登，但是他也想在工党内得到最广泛的支持，同时他还担心，如果由我公开负责，竞选活动可能会被认为只是被“现代化者”操控着。我理解这些忧虑，所以当托尼说我将不得不保持低调时，我同意了。我甚至最后设置了一个秘密的代号。这个代号来自一位办公室的工作人员，他开玩笑说托尼和我就像肯尼迪兄弟为美国总统提名而精心策划投标肯尼迪国际机场一样：托尼是“杰克”，我是“鲍比”。事实上，我作为一个有代表性的竞选负责人做的事，正如在三年后的大选中做的事一样。然而，可悲的是，这个秘密的后果是加深了我作为幕后操纵者的形象。它也加深了我与托尼的关系，因为我俩将大部分时间用在公共生活上。

在选区夏季烤肉会上，与莫·莫勒姆在一起。在一旁向我们看来的，从左至右依次是：我在哈特尔普尔最好的朋友罗达和利奥·吉伦，他们的儿媳凯瑟琳、儿子利奥·朱尼尔，以及我的选区组织人伯纳德·卡尔。

随着竞选活动进入高潮，我们都被一个共同的目标——托尼作为现代化的候选人的胜利——激励着。托尼赢得了强有力的支持，而将其公之于众是几个月后的事情，只是我们三个——托尼、菲利普和我——已经在谈话中提到托尼一直希望领导的政党应该为新工党。这不只是语义上的问题，它更标志着一种重大的变革，而这种变革我们知道它是必要的，即使这意味着党和工会里那些对其持紧张、不确定或反对态度的人也要接受这种变革。

这个消息的驱动力是托尼。早在约翰去世之前，他就一直在为建立他打算捍卫的那种政党、那种政治、那种国家而努力，而那种愿景现在变得越来越清晰。在工党内，他已经向大多数党员提出了这一愿景，并最终全票通过。他不仅想使其在党内通过拓宽其吸引力变成可能，还想让其在政治方面大体上也变成可能，在政治上则需要通过与其他社会民主左派一起来完成这项共同的事业。他对英国的愿景植根于他在牛津大学接受的基督教社会主义学说。它赞美了建立在一个无所不知又强调干预主义的国家之上的社区和家庭。这有利于公平和进步，而不是惩罚和税收。它认为必须通过社会责任来平衡个人权利。

当 1994 年 7 月下旬结果被公布时，我们得到了我们梦寐以求的结果。托尼赢得了来自三个选区选举团的压倒性的票数——总数 57%，竞争对手约翰·普雷斯科特的票数占 24%，玛格丽特·贝克特的票数占 19%。副领袖的竞选也是我们希望的那样。约翰·普雷斯科特以 56%的票数轻松击败了玛格丽特，这在政治上使托尼与我们的北方工会选民保持友好且密切的关系。当竞选结束之后，托尼紧接着进行了他的正式提名演讲，表达了他对几十个在竞选活动核心的盟友的祝贺与感激。他笑着说他要对“鲍比”致以最特别的感谢。

我也笑出了声，感觉如释重负，我在秘密政治中的生活即将结束。一旦竞选活动结束，我将会是团队中公开的一员，我们的团队计划让反对党的新领袖取得成功，并且使工党当选。这项活动随即就展开了。托尼谈到了在一个稳定的、双亲健在的家庭成长起来的孩子们的优势。在教育方面，他当场改写了工党的政策，承诺将会有更多的自治公立学校。他问：“关于改写第四条款，你怎么看?”我顿时震惊了。虽然党的宪章承诺的“公有制的生产方式”已经明显过时以至于几乎没有人将其真正地当做政策导向，但我质疑托尼是否有必要这么早就挑起与左派的战争。然而，我对这个问题想得越多，我就越认为他似乎真的值得这么做，而且值得早点去做。这将会把托尼定义为一个有信念的领导者，把工党定义为一个准备在现代重塑自己形象的政党。第二天早上我给他打电话，并告诉他应该去争取。

我们都知道必须要解决的还有另外一个问题。托尼围绕着安吉组建了强大有效的办公团队。现在他是党的领导人了，他将必须在两个关键领域加强自己的控制。第一个是整体的管理和把关、政治协调和实施，他需要一个一流的办公室主任；第二个是媒体负责人和新闻发言人。每个位置我们都讨论了许多名字。对于办公室主任，我和托尼的第一选择是朱利安·普里斯特利（Julian Priestley）。他是政治、哲学和经济专业的研究生，我在牛津大学的时候就认识了他，自从 20 世纪 70 年代以来他就在欧洲议会中担任高级职务，1989 年成为欧洲议会社会党议员团（the socialist group of MEPs）秘书长。托尼胜利之后，我花了一个周末的时间试图说服朱利安接受这份工作，托尼也跟他谈过。虽然朱利安动心了，但是他觉得自己离不开他度过了几十年的欧洲大陆。

我们选择了另一个人，虽然他先前在政治上没有经验，但事实证明，在托尼执政期间，他起到了中流砥柱的作用。托尼和戈登在 1993 年 1 月访问华盛顿的时候，会见了乔纳森·鲍威尔，在那里他是英国大使馆的一等秘书，乔纳森给他们留下了深刻的印象。几个星期之后，当我继续我的访问时，很明显工党的现代化者也给乔纳森留下了特别深刻的印象。我立刻喜欢上了他。我曾在沃尔沃思路与他的哥哥克里斯有过密切的合作，克里斯是我们的广告代理合作伙伴 BMP 的创始人。在华盛顿乘坐出租车去参加我们的一个会议时，乔纳森已经向我提到他正在考虑一段政治生涯。就像我平时遇到的准政客，在成为一个有候选资格的工党党员前，他们行进得缓慢且令人沮丧，我回答："你确定吗?"他说他确定。当托尼给他打电话，主动为他提供一个那样的机会时，他欣然接受了。

我们最初选择的新闻秘书也拒绝了我们的邀请。安迪·格赖斯（Andy Grice）是一名一流的记者，托尼和我都尊重且喜欢他，他有区域新闻和当地新闻的背景，是《星期日泰晤士报》的政治编辑。然而，虽然他动心了，但他最后还是决定宁愿报道托尼的事迹而不愿为他工作。又一次，托尼很快选定的人最终变成了他的一名至关重要的团队成员。在下院到任后不久，托尼已经认识了阿拉斯泰尔·坎贝尔，当时阿拉斯泰尔是《镜报》一个占主导地位的、支持性的、游说性的政治编辑。我认识他的时间则更长，第一次见他是在 20 世纪 70 年代的一个晚上，当时我和菲奥娜·米勒的父母鲍勃（Bob）和奥德丽（Audrey）在一起，他们是马里波恩工党的中坚分子。那天晚上，菲奥娜带回来一个新的男朋友，他们是在《镜报》做一个有关西方国家的培训计划时认识的。在我们被正式介绍之前，我就听说过他的事情：阿拉斯泰尔会吹风笛。

他很圆滑、很有趣，并且很明显，他不仅被菲奥娜迷住了，还被菲奥娜这个工党家庭的温馨、奉献精神以及智慧迷住了。当我们在职业交往方面变得更亲密之前，他度过了一段艰难的时光，包括由一次酗酒导致的崩溃。但是到了 20 世纪 80 年代中期，当时我在沃尔沃思路工作，他则是《镜报》的资深政治人物，当我费尽周折地想让工党的宣传变得更加现代化时，他给了我巨大的帮助。他与尼尔变得特别亲近，这很可能是托尼最初更喜欢安迪而不是他的一个原因吧，但是我们都喜欢阿拉斯泰尔，毫无疑问，他会做好这项工作的。托尼和我都给他打电话了，目的是想探探他的口风。之后当他们都在法国度假的时候，托尼去看望了他。尼尔试图说服阿拉斯泰尔放弃这份工作，因为这份工作将会涉及有关个人和家庭的压力，这个担忧是可以理解的，但是让托尼如释重负的是，他同意加入进来。

新工党的宣传之王。从左至右依次是：阿拉斯泰尔·坎贝尔、我和戴维·希尔。

暑假结束之后，在托尼的领导下，我们在新森林边缘的一家酒店进行了第一次重大的计划会议。出席者包括托尼、戈登、我和新聘请的阿拉斯泰尔、菲利普、罗杰、埃德·鲍尔斯、迈克尔·威尔斯（Michael Wills）。迈克尔·威尔斯是我的一个朋友兼我以前在伦敦周末电视台的同事，他曾经被我邀请一起帮助戈登准备 1992 年的大选。前一天晚上，托尼、戈登和我从伦敦开车去参加一个晚宴讨论。我们三个人聊得很开心，就像在刚刚度完假回来的路上。

晚餐也以很愉快的氛围开始了。然而，戈登带来了一叠文件，继续逼迫托尼签署关于全部决定的协议，这些决定大到政治，小到个人。托尼没有被说服，看到戈登如此逼迫托尼，我也感到很不舒服。我提议这些决定还需要进一步考虑，托尼立马表示同意。一个小时的深入讨论之后，我们也吃完了晚餐。当托尼去睡觉的时候，戈登和我一同朝我们的房间走去。突然他很生气，转身对我说："你为什么不支持我?"我不知道该说什么。我解释说这不是支持或反对他的问题，我真的认为进一步讨论是很有意义的。他说："你看，彼得，如果你和我站在一个立场上，托尼就总是会采纳我们的建议。他不会站起来反对我们的。"我不确定戈登想暗示什么。我说："我对你的友谊和忠诚是不容置疑的，但是托尼现在是领袖，我不能成为企图对付他的一份子。"戈登怒视着我。片刻的沉默之后，他说："这是你自己做的选择。"他转过身，走进他的房间，在我面前关上了门。

在任何情况下，托尼的第一个挑战都是改写第四条款，这成为我们准备工作的重点，因为这是他作为领袖在他的首次会议上发表讲话。早在 1994 年 10 月初，我们就把这次会议视做一次机会，一次能够引起人们对托尼的胆略和工党变化方向的认识的机会。对与会代表和媒体发出的最明显的信号就是新闻发布会的召开。由于这个过程需要有一个自然的开端，所以在 1986 年我就开始提出"自由和公平"的口号。工党不仅会被更名，还会被重命名为"新工党"。在代表团中、在横幅上、在领奖台上，我们都宣布了会议口号——"新工党、新英国"，以明确我们的坚持——工党必须向远处看，并且为给我们投票的选民们解决问题。但这不仅仅是外包装的问题，我们的产品也需要有实质的变化，而这所有的一切，最重要的将是领导人的演讲。保守派在传统意义上领导工党产生的一系列问题——法律和秩序、福利改革、小型企业、税收——将会把我们置于大多数强烈希望变革的英国人的一边。通过发出我们改写第四条款的想法这一信号，我们将重新为自己下定义，也为我们要治理的国家重新制定原则。

事实证明如何改写第四条款更累人。彼得·海曼（Peter Hyman）和阿拉斯泰尔是托尼身边最具才华的文豪，他们是早期草案拟定的主要贡献者。思想基础从来没有受到过怀疑：托尼的信仰——一个公平的社会建立在社区归属感和人人为我、我为人人的基础之上。然而，对这个草案修订得越多，它就变得越难处理。托尼最后承认为了让其有真正的连贯性，他将不得不自己提炼最终版本。我担心它已经失去了明确性，也就是失去了新工党的重心。当他开始拟定最后草案的时候，我提出了许多改革项目，其中有两项他决定采纳。这两项分别是为犯罪问题增加明确的参考案例；删除只与工会合作项，改为与所有认同我们价值观的团体合作。他也同意像“团结、自由和平等”这种传统的赞歌应该提倡，并赞成对机会平等的强调，而“对他人负责”和“少数服从多数”这样的字眼则会体现更具现实意义的共鸣。在我的催促下，他还改写了有关外交政策的章节。后期的草案写道：工党主张以和平方式解决纠纷问题。这当然是正确的，但它作为为现实世界拟定的外交政策原则的总结，是难以令人信服的。我问：“难道布莱尔政府永远也不会发生战争吗？”当时这更像是一个预言而不是我的期望，鉴于后来伊拉克问题成了他首相生涯的绊脚石。我提出了另一种方案，托尼一字不落地采纳了：我们会致力于英国人民的国防问题和安全问题，也会为了保障所有人的和平、自由、民主、经济安全和环境保护而致力于与欧洲和国际组织合作。

到年底，我们似乎一直鸿运当头。在中部地区的一次补选中，我们轻而易举地获胜了，有超过29%的人转而支持我们，这是20世纪30年代以来我们取得的最大胜利。然而，令我们担忧的是，人们对托尼领导权的兴奋感和势头正在逐渐减弱。在民意调查中，我们一直呈上升趋势的排名已经停滞不前了，并且随着改革的步伐，在工党后座议员和工会中第一次出现了不安情绪。更重要的是，当我在1995年1月乔纳森·鲍威尔就职的前几天给他写信时，我们尚未创建出一个新工党，一个不仅以真正的新思想为依托，还被党和公众所接受的新工党。我们还没有为选举做好准备，当然更没有为政府做好准备。在政策方面，托尼已经任命戴维·米利班德领导他的施政工作人员，而戴维·米利班德至少已经对需要继续做工作的关键领域进行了初步总结，即工业、失业问题、教育水平、社会福利和犯罪这些重要方面。他已经使我们在内部讨论和辩论中还没有解决的问题最小化：税收及其支出水平，如何处理保守党执政时期的创新政策，比如英国NHS的信托服务和同意继续维持学校。然而在竞选策划方面，我们甚至还没有进入初级阶段。

到1995年中，托尼有两个挥之不去的担忧。第一个担忧是戈登显然仍不甘心自己失去的领导权。就像他告诉我的和他直接向戈登抱怨的一样：戈登在自己"生闷气"而不是与他们一起工作，就像我们三个人曾经一起工作那样。这是特别让托尼沮丧的，因为他能感觉到戈登认为自己在影子内阁里有非凡的智力，而且他知道如果我们想要在竞选活动中准备妥当，我们需要他的帮助，特别是为了在米利班克设置一个全新的、高层次的政党总部，我们即将停止沃尔沃思路的播放。

另一个担忧是关于非现代化者的抱怨，主要是传统左派的抱怨，而鼓励他们这么做的不是别人正是罗伊·哈特斯利，他是我党的另一派。无论罗伊的自然倾向是什么，他可能都不得不支持托尼，他一直是托尼早期的热情的支持者。在工作中，他的自尊心受到了很明显的伤害。由于一个现代化的领导者最终确定，无疑他期望在新政权中至少扮演一个元老的角色。尼尔在新工党中被视为直接的元老级人物，但是在工党改革的上一届决策者中，托尼主要感兴趣的是另一位罗伊——罗伊·詹金斯，工党前内政大臣和社会民主党的创始人，我和他的关系非常亲密。

保守党正在被逐步证明有利于新工党的事业。约翰·梅杰政府，由于与欧洲各地持不同政见而步履蹒跚，在民意调查中，落后于我们大约20%。我们现在最关心的是他们是否会放弃梅杰。1995年6月下旬，梅杰辞去领导人职务，他说会再次参加竞选，并要求他的保守党评论家和对手要么就为他提名，要么就闭嘴。右翼分子和资深的欧洲怀疑论者约翰·雷德伍德（John Redwood）接受了这一挑战。令人感到可悲的是，他永远不会赢。我和托尼、戈登以及阿拉斯泰尔在托尼的下院办公室等待投票的结果。当投票结果出来时，梅杰在第一轮投票中获胜，但这已经足够让他看起来比以前更加疲软了。戈登喜气洋洋地说："好样的。"阿拉斯泰尔补充道："我们会赢的。"

虽然我们还没有取得胜利，但是保守党已经开始不断地流失支持者。

在1992年的竞选中，鲁珀特·默多克（Rupert Murdoch）的《太阳报》（*Sun*）对尼尔发表过尖酸刻薄的评论。选举日当天的头版头条有一个显眼醒目的标题，告诫“如果金诺克在大选中失败了，那么他将是最不愿意离开英国的人”。现在，默多克邀请托尼在他的新闻国际集团的一个会议上讲话，他的新闻国际集团在澳大利亚海岸附近。托尼有过短暂的犹豫：“我们应该去吗？如果去的话，有什么不妥吗？”我们都知道，如果去了，我们失去的肯定要超过我们得到的。最主要的是这样做可能会引起左派的抨击，比起托尼来，他们更讨厌默多克。在约翰·梅杰“再次竞选”的几天里，托尼动身去了澳大利亚。

我也动身去了罗伯特和吉尔在金特伯里的家，开始了我自己的一个政治项目。从某种意义上说，我在新工党中处于权力的中心，或者说我非常接近权力中心。我参与了每一次重要的政治讨论和每一个重大决策的制定过程。我是戈登最长久、最亲密的政治朋友，戈登很可能在下届选举中成为首相。作为一个政治家，有时候我觉得这是非常醉人的。但是在我最开始成为议员的时候，为了支持托尼和戈登，我就基本放弃了建立一个我自己的基地的想法。对此我从未后悔过。我们的合作关系对新工党的创建起着至关重要的作用。但是托尼想要我扮演的角色是成为传统的、复杂的党内事业的中流砥柱。他总是叫我“最好的彼得”，他是想通过这么做让我成为通用的、无时不在的顾问、军事家、支持者和朋友。这也引起了下院议员和影子大臣中一些成员的嫉妒和不满，特别是在托尼的领导权竞选活动中我扮演了幕后角色，这件事情现在已经人尽皆知，这损害了我的形象，使我变成了权力背后的阴暗角色。

我希望一步一步改变这一局面，于是我决定和罗杰在这个夏天写一本书——《布莱尔的革命》（*The Blair Revolution*）。这本书并不是新工党如何在大选中获胜的指南，而是对我们所主张的观点和我们如何治理国家的解释。罗杰和我专心致志地写我们负责的个别章节，仔细研究我们对对方的建议并重新修改。当我们将要接近尾声的时候，《观察家报》根据早期大纲提出了一些大胆的政策建议：禁止公共服务工会（public service unions）安排罢工；结束当地委员会对公立学校的控制；最具爆炸性的是，即使我们在大选中赢得了多数席位，也要与自由民主党联合执政。所有的这些在20世纪90年代中期都是非常前卫的，在托尼和戴维·米利班德的敦促下，我们将这些删减了。戈登还阅读过手稿，他反对的主要理由是我们包含了一个源于他和埃德·鲍尔斯的想法，这个想法我们已经与托尼讨论一段时间了：让英格兰银行独立控制利率设定。我们最后也将其删除了。托尼让我们删除的最终想法是这与政党融资有关。我们主张打击金钱对政治的影响，无论这些钱出自工会还是私人捐助者，我们建议用国家财政拨款取而代之。托尼说他确信他永远无法获得跨党派的支持以使这项提议在下院通过。之后我们所有人都尝到了它带来的挫败感，这让我们很后悔。

这本书也试图回答新工党只是一个品牌重塑工作这一问题。我们定义了在政府中将会指导我们工作的价值观——公平、社会正义、平等——以及这些价值观所暗示的政策选择。我们阐明了政治中左派政府的需要，以使他们认识到他们无法授权公民以平等的结果。他们所能做的就是争取平等的机会，为确保人们尽情享受生活而清除障碍——落后的教育和职业培训、不健全的医疗服务、频发的犯罪事件。关于改写旧条款，英国政坛的左派和右派展开了争论，《布莱尔的革命》对此进行了设想，一旦我们执政，这一设想将会变成“第三条道路”。这被批评家讽刺为一个花哨的术语，说这是一种自由价值选举下的权宜之计，目的是审查民意调查和主要团体对我们的评价，从而选择匹配的政策。在某种程度上，这种批评是不可避免的。“第三条道路”这条非常敏感的短语可能被视为一种数学运算，在这个运算中，我们把旧工党和旧保守党的宣言折中并对比它们的差异。事实上，我们所说的是，一个现代化的、进步的政党的哲学出发点就是要认识到以前的许多选择都是错误的——对经济效率和社会公平的信念的支持；奖励企业和关心照顾弱势群体；打击暴徒和罪犯或支持一些旨在解决可能会导致犯罪问题的社会和经济条件的项目；支持英国及其利益或积极与欧洲合作。在每一种情况下，这都不是一个非此即彼的命题，你不得不双方都兼顾。

如果不把政策和规划算在内，我们的竞选活动在秋天初具规模。在1996年初，我搬进了我们在米利班克的新总部，我做的第一件事就是确保菲利普在我身边。他写了一个机密备忘录，令他尴尬的是，这个机密备忘录被《卫报》披露了。机密备忘录上写道：我们不应该被我们在民意调查中的领先地位而愚弄。我们以前也经常处于这种位置，只是当它变得重要的时候我们却失去了这一领先地位。保守党能够迅速恢复，但是新工党是一个“还没有凝聚力和整合性的政党”，它还不是一个现代化的先锋。我们没有为政府制定出一个连贯的项目。我们甚至对竞选活动也没有准备妥当，只是我和戈登为托尼制定了一个结构和层次都清晰的规划。在政策方面，菲利普提出与撒切尔夫人作比较。早在 1979 年她大选获胜的三年前，她就为大纲项目做好了准备，尤其是在经济方面。在竞选活动中，菲利普表扬了比尔·克林顿。民主党的竞选活动被标榜有人才、有纪律、政策明确、对相反意见火速处理，最重要的是职权明确。

当我开始着手组织竞选活动时，它比 20 世纪 80 年代中期沃尔沃思路有条理多了。即使“成群结队的任务”是那么多、没有重点且看起来那么难管理，但是它们还是已经准备妥当了。名义上，竞选活动处于党的秘书长，我在金诺克时期的盟友汤姆·索耶和弗雷泽·肯普（Fraser Kemp）的监督之下，汤姆·索耶和弗雷泽·肯普曾在 1994 年被称做大选协调员。弗雷泽是一个坚韧不拔的、有效的政治活动家，他在工党的补选中发挥了关键性的作用，但是他被选中去竞争下院席位，并将继续成为一个有效的议员。

我本来不打算把汤姆和弗雷泽排除在核心成员之外的，我的目标是和他们一起工作。虽然这不是完全按对“鲍比”的要求操作的，但是我认为是正确的。逐渐地，我建成了一个在党的历史上被证明是最有效的竞选团队。除了菲利普，我把类似戴维·希尔的老同事和许多数不清的未来之星聚在了这个团队里。罗杰也回到了工党这个志同道合的团队。当 1997 年竞选活动在恰当的时候开始时，还将会有数以百计的盟友加入我们，但是核心成员包括：我自己的年轻顾问德里克·德雷珀，在进入下院后我雇用了他，但是他在 1995 年中期才离开公共关系和游说公司；和他同样精明的继任者是本杰明·韦格-普罗瑟，他是我在谢菲尔德征募的，我是在牛津工党俱乐部的一个演讲活动上见到他的。尽管托尼最初不情愿放弃他，后来我还是把彼得·海曼调来担任重要的政策和发布会负责人。同时，一个 36 岁的名叫马修·泰勒（Matthew Taylor）的前学生领袖也加入了我们，他偶尔脾气暴躁，偶尔泰然自若，但是他有一个敏锐的头脑且具备滑稽的幽默感。他帮助我们齐心协力地建立了克林顿风格的“对相反意见火速处理”的团队。

乔纳森·鲍威尔正在朝着我们希望他成为的那样发展。他整顿了托尼的讨论和决策方法——托尼的这些方法有时候是令人抓狂地松散，这样可以使托尼的结论尽快转化为行动，从而为他们节省大量的时间。“如果我们在大选中获胜了，我们的政府将怎么应对?”在这一问题上，他也集中心思，发挥了重要作用。早在1995年春天，他曾提醒托尼要重视四个关键优先事项：一是通过决定如何构建唐宁街10号和内阁办公室来实现政府的转型；二是培训影子内阁和前座议员；三是与行政部门建立信任；四是为政府拟定政策。至少在前三项上，他得到了结果。我特别参与了唐宁街10号和内阁的准备工作。在政策方面，乔纳森警告说：“在克林顿上台的时候，他对他想要做的事没有一个清晰的想法，我们需要避免陷入类似的混乱。”由于拥有一系列准备实施的决定和公告，我们似乎暂时逃离了这个困境。我们执政的时间越长，我们在这方面并没有完全成功的事实就越明显。

戈登很不乐意参与竞选活动。更令人担忧的是，当涉及最终确定我们政策建议的一个至关重要的方面时，他似乎不疾不徐、没有倾向。因为根据1992年约翰·史密斯的影子预算案中的经验，他非常清楚地知道，没有什么事比税收更重要、更细微、更有潜在的危机。在托尼与他的核心成员的讨论中，经济战略往往占主导地位。戈登在埃德无可争辩的精心帮助下，开发了精明的且富有想象力的政治思想——最著名的建议是使英格兰银行独立。但是关于税收，他却没有那么强硬，更多的是模棱两可。他仍然在考虑对那些年收入10万英镑左右的人征收50%的最高税率的可能性。我对其政治意图感到震惊，托尼也是。不过，当时还没有迹象表明，戈登已经准备好排除税率增加的可能性或已经完全作出最后的决定。

然而，我们三个都认识到，我们现代化的“三巨头”的分裂可能会阻止新工党执掌政权，或者至少会使这项任务复杂化，更何况，因为我们仍然有一些方法能使我们的议程被整个党感受到并接纳。下院议员克莱尔·肖特（Clare Short）在8月初接受记者采访时攻击了托尼的媒体和战略团队，很明显这是指我、阿拉斯泰尔和菲利普。基本上，她说我们试图通过虚假的内容说明书赢得选民的信任。她还说：“托尼和他身边的‘幕后指挥者’执迷于媒体和重要组织，从而使工党看起来似乎会不惜一切代价得到他们想要的权力。他们知道工党没有候选资格，所以他们希望能有别人来当选，即使这仍然真的是工党，它也是一个危险的游戏，因为这个游戏假定人们都是愚蠢的……他们一直在说：‘为托尼·布莱尔的新工党投票吧！我们都认为旧工党是骇人听闻的说法是正确的，而且大家都知道工党中的大多数人都来自旧工党，但是我们有一些新成员和这些都没有关系，投票支持新工党吧！”

真正的问题不是克莱尔的自我放纵，而是她说的话。她对新工党的认识是错误的，但是她说绝不是所有的政党都了解或积极参与了工党的改革过程，这是正确的。现在，保守党已经公开募集政治资本，以此来攻击我们仍然最脆弱的部分——那就是民众的信任。当我们对他们换位思考的时候，他们却抓住了机会。几天之后，竞选的海报上出现了咧着嘴的托尼和黑色蒙面、血红色恶魔的眼睛。他们的标语写着“新工党、新危险”，下方有一个解释性的标题引用了“工党领导人”之一——克莱尔的话，克莱尔说新工党是一个危险的谎言。托尼在过夏休假，阿拉斯泰尔和菲利普也是。但是我知道如果它击中了要害，这将是一个麻烦。彼得·海曼给予了愤怒的还击，牛津教区的主教批评了保守党恶魔的比喻。我也表示这些海报不仅具有攻击性，而且还是保守党如此大程度地丧失了政策、方向以及积极的信息，以至于沦落到鬼神学层次的证据。我抓住了《旗帜晚报》这个平台还击保守党。我说“恶魔之眼”是错误的，但随后，保守党绝望了。

这成功削弱了保守党的锐气，不过保守党中央办公室的一些人对我们民意调查中的领先地位确实已经感觉到了绝望。我一点也不相信恶魔之眼这张海报能产生绝望。“新工党、新危险”正是保守党试图要向大家传递的信息。现在只有一个解毒剂，那就是在为我们自己定位的时候，我们必须做得更好、更快。我们正在大踏步地前进，和政治正统分裂之后，我们已经发表了竞选宣言草案《新工党——英国的新生命》，并使其在全党通过了。它包括一个创新：六个“承诺”，相当于与选民签署了一份正式合同。我们将减少小学每班的学生人数；为青少年罪犯制定“快车道惩罚”机制；大幅减少英国 NHS 的等候名单；让 25 万年轻人得到福利投入工作中；为苏格兰和威尔士的集会立法；等等。这些承诺简短却引人注目，它们解决了影响数百万英国人生活和工作的问题。让人有点担忧的是，一旦竞选活动开始，经济问题就会可怕地出现，而我们希望经济发展问题离我们越远越好。戈登和埃德承诺：为政府支出和借贷制定严格的规则；确保低通货膨胀；加强经济发展以确保尽可能低的利率。只是还缺少一些具体细节，尤其是在税收问题上。我的看法是，我们应该致力于制定严格的支出规则，至少要在我们执政的第一年实施，同时应明确表示我们不打算提高当前40%的个人所得税最高税率。托尼同意了，戈登有点不相信，或者说他至少没有做好托尼会同意的准备。

在1996年的工党大会上，虽然我们仍然获得了大量的投票，但是我们在民意调查中的领先地位却正在下滑。这一部分是因为经济呈现出重生的迹象，但也是因为克莱尔已经从分裂工党而产生的挫败感中复活了。当我在会议之前告诉托尼：我们委托的重点组织已经建议选民们关注他的"信任、真诚、信念"以及他会"尽一切努力来获胜"的决心。我知道他有发自内心的真诚和坚定不移的信念，但是我们需要更全面的政策定义来整理竞选活动的信息，尤其是我们的经济和税收政策。

会议进行得很顺利。托尼为政府提出了一个广泛的策划，强调财政责任的重要性以及政府支出优先权的巨大变化。在他的演讲中，最有力、最详细的章节是与他内心深处的优先权有关的，而且我们在制定详细的策略方面也取得了最大的进展。他说："如果你问我政府的三项优先是什么，我会告诉你：教育、教育、教育。"他承诺缩小小学班级的规模、设置读写暑期学校、考虑到孩子们不同的接受能力设置现代化综合学校——所有的这些都需要"持续评估、目标设定、在他们从未得到满足的地方行动"。会议之后，戈登最终改变了对支出和税收具体细节方面的观点，而且更重要的是，他放弃了向高收入者征收50%的最高税率的想法。

我们为1997年大选获胜所做的准备远远比1987年和1992年所做的准备要充分。自从托尼当选为领导人之后，即使我们的民意调查偶有回退，我们在民意调查中的领先地位也从未下降到20点以下。我们有一个领袖，他看起来、听起来都像一位值得信赖的首相。虽然在过去的两次大选中，我们的宣言差不多都是被查尔斯·克拉克在一个周末写的，但是这一次我们已经创作并出版了我们的宣言，且初稿就赢得了大力支持，戴维·米利班德和他的团队已经在积极地生产成品。保守党看起来很累，表现出来的也很累。他们已经在欧洲问题上分裂了，又被丑闻的指控困扰，塔顿的下院议员尼尔·汉密尔顿（Neil Hamilton）还因"诽谤战"被《卫报》曝光，指责他用现金换取下院的情报。尽管混乱局面和拖延问题一直伴随着我们的竞选准备，但是我们有充分的胜算。

竞选活动开始的时候，我们所有人都重新聚集到一起，精力充沛，殚精竭虑。通过宣布在3月中旬进行选举，设定5月1日为投票日，保守党为竞选活动给自己争取了非同寻常的长时间——44天——试图弥补他们的亏空。我觉得我们已经做好了一切准备。我在米利班克有一个极具智慧的核心团队，包括我们的“克林顿风格”的“对相反意见火速处理”的团队。我们为托尼安排了一个人才网格以及重要的影子大臣。我们对竞选活动有节奏、有条理且一直在奋力拼搏，同时，在冲刺阶段发布了一些充满希望的、积极的信息。我们有托尼，他是那种任何竞选负责人都愿意为他努力工作的竞选者；我们有菲利普，他每天晚上都用最佳的状态根据需要帮助我们调整每天的信息，他是那么的不可或缺。菲利普还发挥了另一个至关重要的、看不见的作用。在每天结束工作时总结摘要，他为托尼增加了个人注意事项，无论好坏都告诉他真相，但是永远向前看，并且永远反映这种自信——我们都觉得当一切结束后，我们会回归政府。

策划1997年大选的竞选活动。从左至右依次是：

我、玛格丽特·贝克特、阿拉斯泰尔·坎贝尔、托尼·布莱尔和戈登·布朗。

托尼自始至终都是变幻莫测的。没有人认为胜利是理所当然的，尽管我们在民意调查中处于领先地位，但是他更多的时候表现得好像我们肯定会失败。每一次竞选活动后，每一次民意调查后，每一个稍微令人忧虑的小标题出现后，他都会给我打电话，甚至当我暂时离开米利班克的“战情室”用晚餐时，他几乎也会不断地给我打电话询问：我们的消息准确吗？他最新的演讲有失误吗？民意调查准确吗？所有的这些都是为了避免托尼犯重大错误——自满，但是这为选举活动增加了压力，也令我们所有人都感到厌烦。最后，我开始为“抱怨的托尼”打来的担忧电话而感到恐惧。

有一天《太阳报》发表声明支持新工党——竞选活动很难有比这更好的开始了。第二天，困扰着保守党的丑闻重新浮出水面，当时，自由民主党的领导人帕迪·阿什当（Paddy Ashdown）指责梅杰在竞选初期就阻止下院公布他们用现金换取情报的消息。

我们的问题是，在那一周结束之前，选民们似乎没有反应。好消息是，菲利普的重要组织建议在竞选活动中唯一能做的事就是使大家真正对托尼感兴趣。保守党在第二周略微发起了反抗，有一个短暂的时期我们感到担忧，托尼感到惊慌。然而对于保守党来说，唯一的真正希望就是经济。他们已经走出经济衰退时期，选民们有一种情况正在开始好转的感觉。正如我多次告诉托尼的一样，这意味着我们总是要将信任问题铭记于心。我们必须传达给人们，新工党对他们的幸福生活来说不是一种威胁，也不会阻碍他们实现愿望。现在与 1987 年和 1992 年大选的区别是我相当肯定我们能成功。这不仅仅是竞选消息传送的问题，而是自 20 世纪 80 年代以来的一项艰苦的工作，一场长期坚定不移的现代化战争。新工党真的胸怀大志。

4 月下旬，仅仅在大选的前十天，民意调查已经显示我们的领先优势缩小到了 16%，但是很快又恢复了，在最后一个星期我们完全确定了——就像我曾期望和计划的一样，这个星期，我们围绕着一个积极的愿景，在一个新工党和新首相的领导下，在一个复兴的英国寻求国家共识。在几周前，主题已经被精心规划出来——教育、健康和犯罪。插图和核心信息也已经被绘制出来——一张托尼敦促人民投票的照片，“因为英国理应得到更好的一切”。现在的问题不是我们是否会获胜，而是我们获胜后是否有足够的能力、精力和信心治理好国家。我们在米利班克实行了一个自我否定的条例：禁止有把胜利当做理所当然的谈论，当然也禁止有关大获全胜的谈论。事实上，我期望一个愉快、放松但不是压倒性的胜利，非利普也是这样认为的。投票日上午，在他为托尼写的最后的注意事项里，他写道："今天你会很轻松地获胜。"

竞选活动的最后一天，我在哈特尔普尔度过。在开始登上北上的火车之前，我自己为托尼写了一个最后的注意事项。这是他成为英国首相第一天的媒体"立场"。我写道："我们被选为新工党，也将会以新工党执政。我们将兑现我们对英国选民作出的承诺。"

在我的笔迹下面，我补充道："做得好，'鲍比'！"

第5章 做最好的彼得

在选举日当天，我醒得很早，在哈特尔普尔我的厨房里泡了一杯茶，便去投票了。18 年之后，我知道工党将重新执政，明天，托尼将成为首相。那种漫长的等待已经结束，我感到很宽慰；由于我的参与使它成为可能，我感到很骄傲；也为这一天终于到来而感到快乐。我不由回想起早期我对哈罗德·威尔逊领导下的工党的迷恋。从我在 20 世纪 70 年代在英国劳工联合会上付出的时间和我在 20 世纪 80 年代在伦敦兰贝斯区经历的工党灾难，我认识到工党必须改革，否则就会灭亡。当时有种感觉是我们可能永远不会再次掌权或永远不值得再次掌权。我回忆我们在现代化上付出的艰苦努力，起初是和尼尔在沃尔沃思路，之后是和戈登、托尼一起。

我也曾感觉到一种短暂的不寒而栗。我担心这个新工党的黎明会像以前的其他一些政党一样，将会被证明是一种错觉。我们会由于某种未知的原因在唐宁街犯错，我们会错过使自己作为执政党立足的机会，默认的保守党主导的 20 世纪英国政治就会回来，而我们攀登的脚步将不得不从头再来。所有的政治家在选举结果出来前都会有这种感觉，这不仅仅是迷信的警告，而且这种感觉会越来越深刻。我相信这个事实——托尼感到在我们管理的第一个任期它也会有重大的影响：与其说我们会取得相当大的成就，不如说有些事情我们还没有做，有些风险我们还没有承担。

托尼也相信我们一定会赢。在乔纳森·鲍威尔的坚持下，我们已经在大选前的几个月里留出时间来进行“过渡时期”的工作。在投票日当天下午，本杰明·韦格-普罗瑟开车送我到塞奇菲尔德。当我到达的时候，托尼在花园的一把椅子上睡着了。当乔纳森和我正在匆匆讨论一系列的助理大臣（junior minister）的任命时，他醒了并加入我们一起讨论内阁职位。谨慎是我们的口号。托尼不可能通过否认选举产生的影子内阁成员的内阁席位而抵制惯例，他最多会变动几个位置。即使这样，他也并不情愿。高层职位都原位不动：戈登是财政大臣，杰克·斯特劳是内政大臣，罗宾·库克是外交大臣。当我们讨论对边缘位置进行小的调整时，例如将克里斯·史密斯从卫生部调到国家遗产部，一系列新的问题就出现了。谁将是卫生大臣？唯一合适的高级候选人弗兰克·多布森（Frank Dobson）似乎并不合适。他最多算是一个不心甘情愿的现代化者。我们徘徊犹豫，但是最后托尼决定让弗兰克担任这项工作。他说："我并没有完全选择的权利。"

接下来，我们把目光转向一个有更大影响的、负责福利改革的社会保障部的大臣的任命上。托尼试图提拔在 20 世纪 80 年代竞选活动中提出"一人一票制"的我的老合作伙伴弗兰克·菲尔德坐上第一把交椅。不像另一个弗兰克，他是一个改革者。他不仅会促进改革，还可能会试图使改革通过。然而，我的个人经验告诉我，他是一个独行侠，他会在每一个细节制定他认为能够被接受的一成不变的蓝图。如果别人——助理大臣、文职人员，甚至托尼——提出质疑或反对意见，他会完全不予理会。托尼的后备选择是哈里特·哈曼（Harriet Harman）似乎更可靠。托尼虽然不是很确定，但最后还是任命哈里特为大臣，弗兰克为副手，让他们一起进行改革。

接下来是我的工作。托尼几个星期前告诉我，他想要我在整个政府中扮演大臣级的角色。他知道我喜欢更有实际意义的工作，即使名号不太响亮。我更渴望走传统的路径，从助理职位努力工作直到成为内阁成员。现在，我提出了一个具体的出发点：欧洲外交事务大臣。虽然我对欧洲比托尼有更本能的热情，但是我们在与欧盟合作和推进欧盟改革方面意见大致相同。简单地说，在给我分配欧洲工作时，托尼似乎看到了吸引力。然而，我们讨论得越多，他就越担心我会被他和罗宾·库克之间的问题所困扰。除此之外，他说，他在唐宁街执政的头几个月，欧洲不是他需要我待的地方。他的首要任务是要确保我们能处理政治事务，不要成为只执政一届的工党插曲。他说："我需要你成为'最好的彼得'，我也需要你在我身边帮我确保事情能够顺利进行。”

他为我安排的工作是在内阁办公室担任不管部大臣。我很怀疑我该怎么工作。我告诉他：“我最终会像一个软木塞一样在政府的表面跳动。”他回答说这样的情形只会持续六个月左右。他第一次改组时，我将会成为一个完整部门的内阁大臣。我仍然很怀疑，但托尼已经下定决心。

就任不管部大臣

那天下午晚些时候我又回到了哈特尔普尔。晚上不到10点的时候，投票将结束，我开始等待对我的结果的宣判，这时，我的传呼机收到一条来自安吉的消息：“尽快回电。”第一个选举投票后民意调查表明工党以“一览众山小”的优势获胜。托尼说：“这令人难以置信，我们该怎么说?”我劝他谨慎一点，并不是因为我不相信民意调查，而是因为我认为如果我们表现得太过兴高采烈，我们将会冒着使实际结果看起来是一个反高潮的风险。我告诉他：“我们应该说选举投票后的民意调查是鼓舞人心的，但是我们必须再等等看。”问题是，当我的和其他支持者的投票总数开始起作用时，“观望”看起来有悖常理。当我的结果被公布时——我的票数翻了一番达到17 500张，有11%的选民转而支持工党——我知道我没有办法假装我不被我们在全国范围内大获全胜而感动。我说："每一代都有一个真正具有历史意义的改革，我相信今天我们见证的只是一个小小的政治地震。"能成为其中的一部分真的很令人感到很惊喜。

统计结果公布之后，本杰明和我开车去蒂赛德机场与罗伯特·哈里斯会合，然后一起回到伦敦，因为伦敦的皇家节日大厅里已经组织了一场胜利的集会。罗伯特一直在塞奇菲尔德的《星期日泰晤士报》为大选做专题报道。托尼和切丽、阿拉斯泰尔以及安吉乘坐的飞机会在我们之后的半小时左右起飞。我们在飞机上的时候，我打开我的收音机，并用我的耳机听选举报道。由于一个接一个的席位都涌向工党，我带着越来越强的惊讶感向罗伯特和本杰明宣布了结果。我的消息让罗伯特几乎发狂，他一个劲儿地问："选票真的比 1945 年都多吗？比我祖父那时候都多吗？"当我们在斯坦斯特德降落的时候，我们就真正领会了胜利的全部含义，这所谓的胜利就是工党即将执政。一辆首相豪华轿车和其他官员的汽车排列在停机坪上等待托尼的到来，到处都是警察和安保官员，还有数不清的电视摄像机。当我们一走下飞机，就被记者围住了。我做了几个简短的采访，虽然我正处于兴奋和疲劳中，但我还是尽我最大的可能使句子连贯，然后我们动身前往皇家节日大厅。

当我们到达的时候，已经有成千上万的人在那里了。我们是以将近 180 个席位的大多数赞成票而执政的，这甚至超过了克莱门特·艾德礼和我外祖父当时的 145 个席位的票数。这个皇家节日大厅是英国节日的持久遗产，我的外祖父当时也在这里发挥过核心作用。然而，最打动我的是，我们选票的压倒性优势在每个人内心所产生的喜悦。当我们等待托尼和切丽在日出前不久到达时，戈登冲我笑了笑。这肯定是唯一一次我与约翰·普雷斯科特产生共鸣的时候，我们在竞选活动的主题"事情只会变得更好"上达成了一致。

当托尼到达的时候，他握住了那些伸出的手。穿梭在拥挤的人群中，他深深吸了口气。他对我笑了笑，仿佛语言已经没有必要，而且也许语言也不足以表达我们的感情。我眨了眨眼。当他走在欢呼的人群前，他传递的消息都是一语中的。我们已经以新工党成功当选，新工党即将执政。他的开场白抓住了这个激动人心的时刻。"一个新的黎明已经到来，不是吗？"

“新的黎明”——1997年5月2日大选获胜党在皇家节日大厅庆祝胜利。我站在保利娜·普雷斯科特后面。

确实是这样，我和其他人一样也已经被它深深地吸引了。我的工作——作为不管部大臣，是为政府各部门“协调政策公布”。从理论上说，这个职位似乎相当威严。我将凌驾于大多数的内阁委员之上。我将加入托尼、戈登、阿拉斯泰尔和乔纳森的每周会议对整体战略进行讨论。我将会被记载在唐宁街进进出出的关键备忘录和政策文件上。我将主持日常会议，参加者是来自内阁部门的特别顾问，我们共同决定当天的媒体战略。像托尼和其他人一样，我为能待在政府而感到非常激动，能够入主唐宁街是令人非常高兴的一件事。就我而言，能够有内阁办公室的一张进出磁卡就已经很开心了。

同样可以说的是，我的工作至少已经开始了。在托尼的鼓励下，我以确保我们在竞选承诺上取得长足进步为核心而工作。然而大多数情况下，正如我所料，这个工作最后变成了一场移动的盛宴——“做最好的彼得”。我的工作根据托尼的需要或者他觉得什么是必要的而进行调整，时而扩大时而缩小。在某些时候，在某些方面，我会产生真正的影响，但在其他方面，我确实像一个上下跳动的软木塞。正如我预料的那样，我的大部分影响都来自我扮演的熟悉的、非正式的、非官方的角色部分——托尼·布莱尔的顾问、战略家、盟友兼朋友。尤其是当事情变得糟糕时，我扮演的角色就变得尤其真实了。后来我就变成了“坏消息大臣”。

在最初的几个月里只有好消息，或者可以说，至少看起来是这样。在我们执政的第一个星期二，戈登冷不丁宣布英格兰银行独立，市场上一下子欢悦起来，媒体也几乎是普遍的好评。接着，他提前进行了我们对私营企业暴利税的管制计划。他将这些资金作为一个新方案解决了青年失业问题，这是当初我们竞选时的承诺之一。他又进行了他的一个新举措，这是在大选之前他和埃德·鲍尔斯一起制定出来的，他利用财政储备为卫生支出增加了超过10亿英镑的预算。在遵守我们的承诺——达到保守党的税收和支出水平的同时，戈登传达了一系列具有诱惑力的财政政策、政治想象力和原始能量。

托尼也有一个良好的开端，他的非凡的交际能力和纯粹的政治存在，为我们的政府和国家增加了光芒。我们对竞选活动的承诺取得了早期的进展：小学较小的班级规模、对青少年罪犯的“快车道惩罚”、国家最低工资标准、为苏格兰和威尔士的自治政府准备普通投票、签署《欧洲社会宪章》。我们抓住了其他一些容易实现的目标：禁止武装、恢复工会使用英国通信总部（GCHQ）智能设施的权利、宣布进入博物馆免费。我们在小学建立了一个小组来监督孩子们的识字和运算能力。托尼的民意调查支持率非常高。戈登的民意调查也是如此，我们政府的民意调查更是如此。在保守党统治的最后几年里，国家疲惫不堪，有时甚至是肮脏的，因此国民支持改革，并且他们做到了，而且很明显，他们也很喜欢。

托尼的团队已经初具规模，乔纳森和阿拉斯泰尔是团队的核心，我在重组唐宁街政治团队的过程中也发挥了相当大的作用，尤其是说服托尼留下戴维·米利班德作为负责人。他认为戴维有点过于死板，可能不能成为真正的新工党。我认为戴维不仅聪明，而且还能解决复杂的问题，他对决定如何在现实世界中发挥作用有一种强烈的意识。托尼最后同意了，并开始重视、信任和依赖他。与戴维一起的是一个卓越的天才团队：罗杰处理欧洲问题和防御问题；彼得·海曼兼管政策和宣传问题；詹姆斯·珀内尔由于刚有过在公共政策研究所工作的经历，所以他被任命为英国广播公司的规划执行主管。

尽管我们在大选前讨论过所有这些问题，但是在入主唐宁街前，我们仍然有超越竞选承诺的项目，并且缺乏强硬的政策准备，而且我们的工作方式还缺乏结构性和严谨性，因此，我们和托尼设置了优先级，做出一系列决策并将它们推出。大选之后的一个月，我给托尼写过一张便条："政府比反对派更重要、更复杂。我们过去常常依靠的是快速的、非正式的工作方式——包括你的思维和日常知识。"那些方法都将不再起作用，但是我没有这么说，因为直到几个月后，我们才完全承认戈登的行动是完全不同的。担任财政大臣比做首相更容易，这是事实。当他成为首相的时候，这一点我会尽可能地让他留下深刻印象，尽管也许不太成功，但戈登和埃德已经在财政部精心准备了一系列计划。他们在执行那些计划的时候，有严格的要求，查利作为首席执行官，努力建立财政大臣控制着要点，并且为新政府设定速度和基调的形象。

对我来说，我每天工作的时间很长，而且在晚上离开办公室之后还经常给托尼和唐宁街的其他人打电话。我对我的个人生活也感到很满意。我终于有了一个真正的家，一所位于诺丁山的可爱的乔治王时代艺术风格的房子，那是我在竞选即将来到的时候设法买的。在雷纳尔多·阿维拉·达·席尔瓦，我也找到了我的长期合作伙伴。我也有一帮亲密的朋友，像罗杰和菲利普一样的"工作"伴侣，也有其他人。罗伯特和吉尔·哈里斯以及他们的孩子、丹尼斯和夏洛特·史蒂文森（Charlotte Stevenson）以及他们的孩子、罗宾·帕克斯顿和琳达·帕克斯顿（Linda Paxton）以及他们的儿子、康拉德（Conrad）——我的教子和卡斯珀（Caspar）以及伯特一家人，他们都如同我的家人一样。我有一个充满活力的社交生活圈。新工党不仅从选举方面来讲是受欢迎的，而且它也是别致的，人们在聚会和招待会上也想要一点那种别致。

从表面上看，我们正在享受一个延长了的政治蜜月。我们的民意调查领先于保守党的优势仍然保持着很好的势头。6 月，保守党选择了威廉·黑格（William Hague）作为他们的新领导人。虽然他很聪明，而且是一位优秀的下院议长，但是很明显，在与公众取得联系方面，他没有能力与托尼对抗。然而，由于在政策的关键领域缺乏方向和动力，我已经开始感到担忧。我们早期的成就是很重要的——不仅要对我们承诺履行的政策的基本内容负责，还要对其象征意义也负责。托尼认为当务之急是兑现我们的选举承诺，他这么做是因为我们都知道为了保持公众对政府的信任，我们必须要显示我们对选民遵守我们的承诺。即便如此，我觉得为了确保第二个任期我们最重要的目标可能会使我们回避一些重大的政策变化。菲利普给托尼的最后的竞选注意事项已经敦促他在位于权力顶峰早期时做一些困难的或潜在的不受欢迎的事情。相反，我们一直在做比较容易的事情。我担心菲利普说的问题可能会重新开始困扰我们。这不仅是因为以后可能没有人支持我们做这些事，而且因为我们胜利的规模已经产生了巨大的期望。即使我们有最顺利的政策操作和最专一的决心，可能也无法满足他们。十之八九，没有一个政府能做到，但是我们必须尝试。

7月，我加入了托尼和他的团队一起对我们执政开始几个月的工作内容进行讨论。在此之前，我与罗杰进行了一次长谈，并希望他为我写一个备忘录，用来抵挡我早期的自满情绪。我们的谈话是这样开始的："我们仍处在蜜月阶段，因为人们想用风格和音调的改变来代替真正的改革。但是我们努力完成过多少个重大的决策？在五年的时间里我们将会被怎样评价？"我对托尼同样直率。当然，我们专注于我们的承诺是正确的，但是只有这些还不够，而且，那个简单的内容说明书也不能解释我们占绝对优势的选举规模。罗杰的备忘录将选民的信息归结为一个简单的句子："新工党的胜利是对更好的教育和健康的投票，而没有回归到税收和支出问题上。"他是对的，但是我会增加"和一个更好、更公平的福利体系"作为补充。我们必须为任何真正的进展铺平道路。

在教育方面，至少，激进的思想正在进行中。托尼为这个问题设置了优先级：不仅作为一位政治家，还作为一位家长，他都感觉到了这项改革的紧迫性。每次我参观教育与就业部，都会被戴维·布伦基特（David Blunkett）的精力所打动，他并不是第一个内阁中最有活力的成员。他的高级顾问迈克尔·巴伯（Michael Barber）是一个改革派学者，在大选前，他在教育问题上给过托尼建议。戴维正致力于设计一个新的教育结构，这个教育结构会把家长和学生的利益放在首位，力求使地方教育当局负责协助学校，但是它们不管理学校。安德鲁·阿多尼斯（Andrew Adonis）也很快就会起草政策呼吁大家关注教育，他对改革尤为渴望。

相比之下，几乎没有比健康政策更重要的了。在健康政策方面，弗兰克·多布森没有对改革进行深思熟虑，只是革除了保守党的政策且对"本土化"健康条款做了值得称赞的尝试。

托尼想进行更深入、更迅速的改革，但无论是他还是我们其余人都不知道应该如何实现这一点。后来，他被指责说更像一位“总统”而不是一位首相。事实上，他被夹在这两者之间。在他使用的演讲稿中，在他的新闻发布会上，在他为设置政策基调和发展势头而精心安排的会面上，他都比过去的英国首相更像比尔·克林顿或贝拉克·奥巴马。他在我们自己的小版本的“白宫”做了他大多数工作，我们的“白宫”是一个里面有沙发、椅子和桌子的小书房。书房旁边是内阁会议室，我记得我童年时期参观唐宁街的时候它是马西娅·威廉斯的办公室。然而，托尼缺乏机制和心态以至于无法在政府中发挥总统的权力。他喜欢收到简报，简报会刺激他，他对持续时间内的讨论也能作出好的响应，但是他没有时间——或者说他没有兴趣——提前阅读一些报纸和把握大体的争论以及规划需要驱动力的政策决定。戴维·米利班德在给我的一个备忘录中哀怨地写道：“我知道托尼不期待内阁会议（ministerial meetings），但是没有他的介入，事情往往就无法完成或扫尾，而且他们可以影响决策。撒切尔夫人就其最后的‘关于英国国家医疗服务体系的白皮书’主持召开了24次会议。托尼说他感兴趣的是结果，而不是过程，但是如果不影响过程，结果永远也不会令人满意。”

我催促托尼为政策发展、监督和执行创建一个更严谨的结构。在接下来的几个月里，我将与戴维、乔纳森和内阁大臣一起为这一选择制定细节。我们所需要的是一种可以为托尼设置议程的机制，而且要确保所有部门都在根据我们的要求向前发展。这种“加强中心”的目的是让他发挥所有成功企业的首席执行官拥有的那种领导力、影响力和控制力。它必须由一位托尼信赖的资深政治家来协调，而且他承载着一定的政治影响力。这个人，我从一开始就明确表示不应该是彼得·曼德尔森。比其他任何时候，我都更想在内阁扮演一个部门负责人的角色。然而，在我看来，这项工作似乎必须完成。

在我们执政的第一个夏休假，我和朋友们待在政府，突然新闻传出戴安娜王妃在巴黎的一场车祸中丧生。由于我们共同参与了英国国家芭蕾舞团的工作，所以我曾在许多场合见过她，当时她是赞助人，我在董事会。大约一年前，我们在那里的招待会上遇见了，当天正是她与查尔斯王子离婚的日子。我发现她总是令人愉快的陪伴者，我认为她能与公众产生共鸣就已经将王室的形象现代化了，新工党重新与英国选民的生活取得联系也是通过这种大致相同的方式。我们是熟人而不是朋友。然而，当我看到托尼在电视上评论她去世时，我知道这会触及英国国民的痛处。那些评论确实打动了我，他说："一次又一次，对她来说，那些事情是多么困难呀，当然我们只是猜测。但是，世界各地的人们，忠实于戴安娜王妃。他们喜欢她，他们爱她，他们把她视为国民的一部分。她是国民的王妃。"

在接下来的日子里，公众的悲伤有时近乎歇斯底里，与此同时，他们颂扬戴安娜，并攻击皇室成员，尤其是查尔斯王子，因为他们对她缺乏所谓的尊重，在她活着的时候是，在她去世的时候也是。我认为这是不公平的。我也不是查尔斯真正意义的私人朋友，但是戴安娜去世前三周，我出乎意料地多了解了他一些。（在 20 世纪 90 年代那次招待会之后，我们只是在一次奇怪的公共场合见过，那次招待会上查尔斯很热情地向我打招呼，他说："啊，红玫瑰人!"）一个王室助手给我打电话邀请我去海格洛夫庄园参加一个私人午餐宴会，我仅被告知查尔斯和我将会被卡米拉·帕克·鲍尔斯邀请。当我被领进入口大厅时，查尔斯的媒体顾问马克·博兰（Mark Bolland）正在与卡米拉聊天，他为我们做了介绍，几秒钟之后，查尔斯下了楼梯。他带我游览了整个花园之后，开始吐露自己的媒体压力，在他与戴安娜离婚后，这种压力就一直存在。

在圣詹姆斯宫的一个接待处，与查尔斯王子在一起。

我明白他想谈论他和卡米拉的处境。我问他如何看待坎特伯雷大主教乔治·凯里的言论，他认为再婚会使英国教会处于一个艰难的境地。他回答说他们没有说过任何有关婚姻的话，他很想知道为什么人们非得对他们的意图进行猜测。考虑到他极其痛苦地公布他与戴安娜的婚姻崩溃了，我说他与卡米拉的新关系公布得有点太快了。他再次强调，他们没有计划结婚，并说他们只是想过一个更正常的生活。我说，这是可能会发生的事，但是他不得不承认公众的接受能力还有待提升，“你必须要有耐心，让事情达到相应的平衡状态，而不是用强制的手段来促成它”。他似乎接受这一点，但很显然，他担心他的媒体形象。他问我是怎么看待他的？我说：“我认为你比你意识到的值得拥有更多的喜爱和尊敬。”毕竟，他为国家做的工作远远超出了公众对他的期望。但是，我补充道：“在一些人的印象里，你觉得对不起自己，你闷闷不乐且很沮丧。这抑制了大家对你的尊敬感。”

我担心我已经走得太远。卡米拉很关心地向他走来，而查尔斯本人对我的言论似乎一下子惊呆了。他说他无法理解为什么会这样。我说，也许这是因为他经常有理由感到沮丧，他会考虑媒体会怎么对待他，还有他与戴安娜不幸福的婚姻。在我离开之前，他为我的直言而特别感谢了我。有消息说，在戴安娜去世差不多一个星期前，他反复在看一张手写纸条。

戴安娜出事后的第二天，查尔斯的办公室打来电话并要我给他回电话。从他的声音我都能听出来他在颤抖。他特别担心孩子们。我说无论他曾经与戴安娜的关系有多么不好，他都会很悲痛，不只是因为她是他那些未成年孩子的母亲。她去世了孩子们受到的打击更大。为了安抚他，我说，随着时间的推移，慢慢走出这种悲剧他才可能继续自己的生活。

在接下来的几年中，我对查尔斯了解得越多，我就越相信戴安娜去世后，他和他的母亲表现出的冷漠和距离感并不是因为他们没有发自内心的悲伤，而是因为这是对他们渴望过的生活的一种反映。王室成员是根本不同于我们其余人的——即使是来自其他特有的亚文化行为观念的群体，他们也同样感到奇怪和紧张，以他们自己的方式，例如在威斯敏斯特村。我有理由担心媒体会侵入我的生活，而这部分生活与我的公共工作完全没有关系。然而，至少对我和其他政治家来说，我们有一个可以辩解的分界线。对查尔斯和女王来说，他们的生活确实是他们的工作。他们的每一个动作、每一个微笑或提眉，每一个关系的建立或断绝，都被视为定义他们影响力的一部分——只是因为他们是王室成员。

当我和其他人在唐宁街为了安排服丧和葬礼联络皇室成员时，我可以告诉大家，查尔斯不仅为戴安娜的去世感到伤心，也被公众对他的批评深深伤害了。两个星期之后，他来到曼彻斯特，阿拉斯泰尔和我帮他起草一份声明来概括他和他母亲的感受。他说："就像你们中的许多人都会从自己的生活中得到经验，失去家人在任何时候都是难以应对的伤痛。尤其是当整个世界都在关注着时，这就变得更加困难。公众的支持和热情对我们的帮助很大。"他说他为他的儿子们感到骄傲，并赞扬了葬礼被组织得井井有条，他也试图回答媒体的推测，其中有一些仪式让他和他的母亲很不安——包括让戴安娜的弟弟在教堂的小讲坛上发表演说和戴安娜的朋友埃尔顿·约翰（Elton John）的一个移动的音乐表演。由于这些事情被提出来了，所以在葬礼前我被政府询问关于埃尔顿参加表演的建议，我说我不仅是他音乐的一个狂热的崇拜者，还是他做慈善事业的崇拜者，我相信他会带着尊严和感情来表演。

到 1997 年下半年，当我试图在唐宁街制定一个来帮助托尼在他的首届任期推进一个更加坚定而自信的政策议程时，有些事情变得越来越明显。至少我们政府的一个分支，也就是戈登和他在财政部的团队，他们不仅准备就绪还下定决心要跑在前面，他们试图通过控制税收和支出，使任何财政大臣都对政府的各个方面有重大的影响，但戈登的团队不久就被证明是一个完全不同的团体。

由于查利·惠兰发布会的记者们期待财政大臣的智力和政治实力能有一个强大的展示，财政部开始了一项《综合开支审查报告》（Comprehensive Spending Review），这个审查报告会为每个内阁部门制定出未来三年——也就是直到下次大选所用的资金。我敦促托尼应该注意这件事会产生的影响。他很可能对将《综合开支审查报告》作为未来支出的路线图感到很满意，不可否认，《综合开支审查报告》确实很好，但重要的是要认识到，在我们第一个任期内为了做到收支平衡，任何设定支出优先次序的活动都应该先确定政策优先事项。如果托尼希望确保他和戈登的计划相吻合，我们必须在他们之间建立更好的关系。

《综合开支审查报告》直到 1998 年夏天才最终确定下来，但是财政部很快就积极地与政府所有部门进行谈判。特别是由于托尼对过程的精力投入少得令人沮丧，我就对他重申我们需要在政府内对决策有一个更好的把握。我说我们必须创建工作方法，这将会使他把重点放在他想要的优先级上，也会为大多数重要领域提供一个详细的实例。托尼同意了。不过，他也认为，随着时间的流逝，只凭他是首相这个事实就能让他找到可以强加他自己意愿的方法。由于戈登对领导权竞选的方式很不满意，并对此事耿耿于怀，因此，托尼不惜一切代价一直希望在推进《综合开支审查报告》方面能避免与财政部发生正面冲突。到年底，在托尼和我一直考虑的我们执政的第一个任期内的重要事项上，戈登的政治力量和影响力变得尤其明显。福利改革有可能成为新工党的一个重要事业，就像它也有助于比尔·克林顿领导下的美国民主党的重新定位。工党左派的批评家将福利改革视为"英格兰中部的一个息事宁人的小礼物"。事实上，根本不是这么一回事。我们的目标是将社会正义——帮助那些需要它的人——与个人责任相结合，这种个人责任是全国各地不同阶层的人们期望自己肩负的。在任命哈里特·哈曼和弗兰克·菲尔德时，托尼已经敦促他们制定出一个将从根本上重塑福利国家的计划。然而，几乎从他们开始工作的那一刻，他们就一直在激烈地争吵。我想知道是否我一直主张让哈里特负责是一个错误的决定。事实上，这并不是一个问题。无论他俩谁获得了这个最高职位，很显然，他们都无法一起工作。到了 12 月，福利绿皮书已经比预定计划推迟了两个月。

这些年，我对哈里特和弗兰克都很了解。现在，他们中的每一个都给我打电话说与另一个人工作是不可能的。托尼一再问我："我们该怎么办？"除了告诉他们必须找到一种合作方式，我们没有太多可以解决问题的办法。除了他们的个性冲突和地盘之争，哈里特和弗兰克关于福利改革也有不同的看法。弗兰克希望制定一个强制性的私人保险系统，并用税收优惠来鼓励富人大量买进且对那些无法达到这种水平的人给予补贴。这样会重新建立原来贝弗里奇（Beveridge）关于建立福利国家的思想——帮助那些需要帮助的人，但是这需要有能力这样做的人承担起责任来平衡。这样做也有利于推广普及这一想法——每个公民都应该向这个系统中存钱，并且在需要的时候，每个人都可以从中获益。哈里特则持有另一个比较传统的观点，她赞成低保系统，目的是帮助那些最不富裕的人。尽管政府政策部门的一个成员莎伦·怀特（Sharon White）

正在做一项出色的工作，试图将他们的矛盾观点提炼为一个可行的折中方案，但是我们仍然不能切实制定一项我们自己的福利政策，并把它强加给一个政府部门。

戈登正在努力地使人们听到他的心声。自从财政部控制了财权以后，他就可以与国家各部及其大臣打交道了，而且他经常这么做。此外，戈登和埃德已经有了一个完全成形的想法，在福利政策上，比起弗兰克的更接近于哈里特的。这个想法将支持与培训相结合，让人们重新回到一个税务优惠的复杂系统中工作，这样就可以帮助穷人。这不是托尼曾希望的激进改革，但它看起来是不可避免的结果，除非他自己来自介入。

12 月下旬，我加入了托尼和唐宁街的政策小组就僵局问题进行的为期一天的“头脑风暴”会议。我们在开始时就已经落后于预定计划了，因为托尼和我先后接到哈里特的电话，在电话中，她明确表示，她希望弗兰克被施以绞刑，五马分尸。托尼现在相信即使哈里特一直富有同情心，但是由于弗兰克太冲动以至于无法使哈里特接受他的想法，况且很显然，哈里特并不是一直都有同情心。然而，托尼对弗兰克的激进主义更感兴趣，而不是哈里特和戈登的较为传统的方法。他说：“我们只能通过真正的福利改革帮助穷人，而不是税收和支出。”他明白制止政策混乱的必要，并同意我的建议——他主持一个内阁委员会来决定福利改革计划，然后开始“第四条款风格”的行动并把它向党和国家进行解释和推销。但是他还没有制定出一个我们希望改革所达到的程度的最终版本。为了让绿皮书被全面印刷，戴维·米利班德和我不得不与哈里特、弗兰克以及社会保障部的其他官员主持召开一系列紧急会议。不可避免地，这份文件最终包括了他们能够同意的最低限度，原则很烦琐但缺乏具体的细节。这肯定不是激进的改革，而整个事件就以在接下来的改组中哈里特和弗兰克的离开而结束。

《综合开支审查报告》是在 1998 年 7 月公布的。从表面上看，这是朝着托尼和我们所有人的蓝图迈出的实质性的一步，受人喜爱——增加在教育、医疗卫生和其他公共服务方面的支出，同时以它们被管理、交付以及承担责任的方式进行改革。问题是对各部门的资金和设想的改革的种类与规模难以平衡。戈登在健康和教育方面公布了大量新的投资。重大的、更多的款项已指定用于一项复杂的经济调查的课税减免和福利制度上，如果政治上的任务不是很迫切的话，这笔款项也可用于不可否认其价值的任务上，例如增加海外援助。然而对于“现代化”和“改革”则要求回报，这将涉及解决“医院效率低和成本超支的问题”，从而简化了管理，强调了长期计划的重要性。关键问题是医院或学校都无法真正按改革的方式运行，或者说文化的转变和公共服务的运转都无法脱离中央的控制朝着他们希望的以人民利益为中心的方向前进。

在我们执政的第一个任期里，另一个项目占据了我相当多的时间。在我们第一个夏天开始的时候，除了内阁办公室的工作外，我被给予了另一项工作——托尼让我负责千禧穹顶的项目，千禧穹顶位于泰晤士河南岸格林尼治半岛上一个长期受污染的场地。这个项目在大选之前已经由迈克尔·赫塞尔廷在做了。托尼把这项工作交给我的一个原因是相当小的一部分人认为我们应该继续穹顶的工作，而我也是那一小部分人之一。内阁中有人持怀疑态度，也有人持反对态度。我看到过外祖父在 1951 年精心策划的理查德·罗杰斯结构式的英国节日所产生的反响，同样也有对这个节日作出的批评的反响，尽管它后来被证明是一个重大的成功。

在千禧穹顶工地上。从左至右依次是：克里斯·史密斯、迈克尔·赫塞尔廷、托尼·布莱尔、约翰·普雷斯科特和我。

根据保守党制定的计划，数百万英镑已经花费在了这个打算修建的穹顶上。数百万的国家彩票的钱已经被指定用于穹顶的修建和千禧年的庆祝活动，庆祝活动是核心。现在，我们必须使它运转起来，将这项巨大的挑战变为现实。保守党给我们留下了一处工地和与一些公司签订的合同以及一个经验十分丰富的公司，而我是这个公司唯一的内阁股东（ministerial shareholder）。我们必须按计划将穹顶建设完成。我们必须引进约 1.5 亿英镑的私人赞助以使供需平衡。

我们还决定必须要吸收理查德·罗杰斯富有戏剧性的设计。该框架是在早期设定的——一系列反映千禧年英国不同生活层面的“区域”以及反映其在世界上的地位。我们选定了“使国家团结起来”的主题，但是没有主要的创造性构想。我喜欢的一个设计取材于周围的戏剧盛会，这是由伦敦西区的导演卡梅伦·麦金托什（Cameron Mackintosh）制作的，主演的演员是来自英国各地的 2 000 多名儿童。当我回想起过去，我相信这会为整个实验注入一种人类意识。我把这个想法喋喋不休地讲给珍妮·佩奇（Jennie Page）——穹顶项目的首席执行官，这缘于对成本、技术的担心——可能还有对健康和安全的担心。卡梅伦自然为这些感到烦恼，我对他感到很抱歉，毕竟他为这项工作投入了精力，但是我什么都不能做。后来马克·费希尔（Mark Fisher）成了主要的创新者，他由于为 U2 和滚石的著名乐队写歌而出名，但是我总为我们不能把卡梅伦的原始概念变得生动而感到羞愧。

当穹顶被打开的时候，我已经开始做别的事情了。就个人水平而言，这可能是很幸运的了。在千禧年前夕，我出席了隆重的开幕式。这个事件已经被吹捧了好几个月，尤其是被托尼，但是它的成功被交通瓶颈和通过贵宾安全检查时太费时而破坏了，贵宾包括大多数英国报纸的编辑。我不由得回想起早在 1998 年我收到的来自吉姆·卡拉汉的信。他说：“我喜欢千禧穹顶。我相信它将会是一个巨大的成功——如果有良好的交通设施。”媒体强烈抨击千禧穹顶，尽管游客数量已经超过数百万，媒体却还是沉醉于报道它的游客数量比预期得要低。事实上，参观者调查显示，几乎每个去过穹顶的人都享受这次经历。尽管在开幕式的一年前，它就在我的继任者查利·福尔克纳（Charlie Falconer）的管理之下，但是它的成功和失败都与我息息相关。我相信我们决定继续建造它是正确的。它使我们能够作为一个国家庆祝千禧年，并帮助伦敦被剥夺的那一部分得到再生。作为一家音乐和其他活动的私人经营场所，它已经变成越来越受欢迎的首都文化生活和景观的一部分。

当托尼让我负责千禧穹顶的工作时，我就希望这会为他的承诺铺平道路，当时他承诺第一次改组的时候会在内阁里为我谋求职位。这次改组并没有像他希望的那样在六个月之后实行，但是改组在 1998 年 7 月开始。直到我得到工作的前一个周末，我才知道我会得到什么职位。他已经决定我应该去贸易工业部，以应对重振英国经济的挑战。他意识到出现侵占戈登领地的危险了，特别是实行《综合开支审查报告》之后，他对隔壁邻居的态度已经获得了新的优势。然而，我们都不想我的任命会被视为对戈登的一种挑衅或轻视。我俩都希望我们的政策是在职权范围内做了重叠，我们可以、我们也将一起工作。托尼甚至谋划了一次大胆的编排，通知戈登我的任命并假装我仍然毫不知情，他建议戈登是带给我消息的那个人。

在任命被公布的前一天晚上，戈登邀请我到他的威斯敏斯特公寓，我们最后一次在那里见面是约翰·史密斯去世后。他热情地向我打招呼，打开一瓶酒并说："恭喜你！你已经得到了最高层的工作之一。"他告诉我贸易工业部这个职位是我应得的晋升，无论我们之间会有什么分歧，在商业问题上一个连贯统一的政府步调的重要性使我们有必要共同努力，这是天籁之音。第二天《镜报》上发表的查利的简讯却不是那么悦耳。虽然是戈登告诉我有关贸易工业部的任命，但是报纸上却披露了一位不愿透露姓名的消息人士补充说，我有"认真听取"戈登对我说的每一个字，"彼得知道戈登是老板，他会尊重他……他想向他学习"。

即便如此，当我到达贸易工业部的时候，我也感觉那些报道不会减损我的活力和兴奋感。我沉浸在我的文件里，阅读我将会处理的事务，主要着眼于三个最需要关注的问题。第一个是审查，必要时修订，并将其纳入"公平工作"的劳资关系的白皮书和工会法律。第二个是决定如何处理皇家邮政，这是一个重要的国家机构，在我们的竞选宣言中我们承诺不会使其私有化，但是如果它想在现代电信市场生存，就需要进行改革。最后一项是一个重要的竞争力白皮书，制定政策以确保英国企业可以在不断变化的世界经济中繁荣昌盛。

我在幸运的时间到达贸易工业部，有一个在部门中发挥更清晰、更现代作用的机会，即在政府中代表商业的声音，引导英国创建了知识型经济。在大选之前，我一直在敦促托尼给我一份合适的工作，这项工作肯定是合格的。我也希望，它将会让我作为幕后策划者的形象离开我。从广义上来说，我自己愿意仿照部门的前任大臣迈克尔·赫塞尔廷以及他著名的承诺支持英国工业“在早餐、午餐、晚餐前干预”。

几乎当我一到达，我就觉得我可以开始重新定义“做最好的彼得”的意义了。我将会为我的部门做我自己的决定，设置我自己的议程，而不是给别人提建议或使别人作出决定。我将会组建一个我自己的团队，而不是成为别人的团队成员。我将能够行使自己的判断力，而不是活在别人的评价里。我的下属官员和其他部门的大臣对我的回应给了我真正的快感。我喜欢接受别人的建议，然后提供领导权并对政策决定承担责任，再向议会和新闻媒体证明它们的正确性。工会立法是我面对的第一个挑战。我不希望我的方法被认为是对戴着红玫瑰徽章的反工会撒切尔主义的拙劣模仿，我也不希望时光倒流回撒切尔夫人的基本改革。我“公平工作的议案”中保留了许多对工会友好的规定，尤其是在工作场所允许自动识别的一项条款。在工作场所，工会可能宣称有相当多的成员，我加入了一个额外的审计过程，以确保这种宣称是可信的。我添加了对二次罢工和示威的约束。在 9 月劳工联合会上，我在对我的老雇员的讲话中假设，如果年轻工人的数量不断下降，工会将会面临在 1997 年之前工党遭遇过的现代化改革。他们必须为他们的成员提供更为贴切的服务。他们必须被公众认为是负责任的。面对经济的迅速变化，他们不得不灵活工作。我说，新工党不想与工会挑起战争，我们想要的只是“现代化的工会成为我们积极的、坚定的合作伙伴”。

皇家邮政的问题是棘手的，考虑到不断变化的市场是邮政服务的一个与日俱增的威胁，将会使邮政服务不具备竞争力，我成功制定出了白皮书。我们最终公布这个文档的时候决定不将其私有化——鉴于我们的宣言承诺——尽管从长远角度来说，它确实使选项公开了。在短期内，为了找到保持竞争力的办法，我建议给予公司借贷和投资的自由权。竞争力也是我 12 月中旬公布的白皮书的中心主题。与团队的其他成员一起在贸易工业部的同时，我把工党对政府在商业方面能够怎么做、应该怎么做的定义视为一项重大改革，也一直为这项改革而努力。在数字化时代，奖金起重要作用，革新、企业家精神也很重要，但最重要的是，知识和应用能力以及从中获得的收益。

我印象特别深刻的是内阁的美国之旅，在那里，我近距离看到一系列成功企业的实例。在访问硅谷惠普公司的老板卢·普拉特（Lew Platt）的时候，我被问到一个问题：工党政府是否正在反对成功、反对奖励冒险致富的企业家？我说："我们对有钱人相当宽松，只要他们缴纳税款。"这是未经准备的还击，但从那以后，它将会被部分引用，省略其重要的下半部分，作为所谓的新工党热爱财富和贪婪的证明。我想要呈现的更多信息是，我们鼓励商业上的成功，而不是丑化那些正在使业务运转且使企业成长的人。如果英国走向美国式的企业文化，并教育年轻人成为它的一部分，真正的受益人将是整个国家。

这是在白皮书中所要阐明的一个愿景。它指出我们远离过去的干预政策，在20世纪六七十年代，"现代"的产业政策意味着在国家规划布局内的信念。我认为政府不应该也不能再扮演那样的角色。相反，协调公司和竞争之间的关系符合旨在使市场更好地工作的知识经济的要求。这意味着对教育和培训的投入。竞争力白皮书包括对公私合营企业提供资金，以鼓励企业家精神。它主张分配数百万英镑来建立一种联系——以企业为一方、中小学和大学为另一方，使它们之间建立联系。它提出对小企业在线给予补贴，并提出宽松的规划和移民规则，以帮助高科技企业的建立，必要的时候可以借鉴海外经验。这是对新的经济现实的一个完全不同的做法，如果英国想要蓬勃发展的话，它就必须接受这一做法。

我开始作为一个有能力的大臣为自己赢得好名声，尤其是在我的助理大臣和官员的团队里。与其他人一样，在我们政府的第一个任期内，我当初来的时候并没有做大臣的经验。但是，由于我从罗杰那里偷看过运输部门的文件从而得到了制定政策的早期教育以及我此后在内阁办公室学到的更多的经验，因此我有了一个良好的开端。我们想要完成的事务需要创建一个整体愿景，而且我们需要一组优先政策来实现这一愿景，我就这么开始了。我听取了我的文职人员的建议，当我们完成一切后给他们应得的功劳，对没有完成的事务承担个人责任。最重要的是，我作出了决定。读完所有的相关文件、将所有的相关意见都纳入考虑范围、迅速地召开会议或与通知的局外人进行讨论，从这一系列事情上，我开始学会了判断、沟通而不是撤退。

我在贸易工业部的前五个月是在政治上的许多方面都令我最满意的时期。我已经成功领导和激发了一个大部门，产生了立法和制定政策的结果。随着新年逼近，我有充分的理由相信我会将这些政绩至少保持到下一次大选。托尼当然想要并期望这些都会发生。但是无论我的政治生涯接下来将会迈出怎样的一步，有一件事情是可以肯定的——我已经证明了自己，并向我的怀疑者证明我是一个有能力的大臣，因为我是“最好的彼得”。我不得不说，这给了我信心和很大的满足感。

然而，仅仅在公布竞争力白皮书几天之后，在我身边爆发了一场政治风暴，我确信，我在贸易工业部担任大臣的这五个月将会是我最后一次政治生涯。

第6章

被解雇

1998年12月16日下午，我向下院提交了竞争力白皮书，那天晚上，本杰明·韦格-普罗瑟来看我，他没有在消息发布之前提前告诉我。那是关于一本保罗·劳特利奇（Paul Routledge）写的新书，保罗·劳特利奇是戈登最喜欢的记者，也是奉承戈登的传记作者。在那本书中，他一直重复来自提姆·布朗（Team Brown）的能够造成伤害的暗示——在当时领导权竞选的活动中，我悄悄支持托尼，背叛了戈登——当然这是假的。劳特利奇的书对我而言是一种有毒的论战。尽管我们不确定他的书是什么内容，但是我们已经在几个月前就知道了在他的作品里一定有这种有毒的论战。现在，本杰明已事先获得了关于它的内容的密报。他告诉我："书里描述了你向杰弗里贷款买房子的事，我认为这可能会给你惹来麻烦。"

在1997年大选前五年，我一直和休·奈、加文·戴维斯住在我买的一套小公寓里，关于买一所大点的房子我已经思考了一段时间，因为我想要一点像福伊那样的私人空间。罗伯特·哈里斯不经意间向我介绍了诺丁山的景点。早在1996年，他和吉尔就开始讨论在伦敦买一幢别墅。他们都不想住在首都，他们喜欢周末过来度假。罗伯特认为在工作日的时候他们可以让我住，周末可以给我放个假，我可以回哈特尔普尔的家。于是我们就开始寻找，他被伦敦西部吸引了，他和吉尔以前都在那里生活过。那里的房子优雅、安静且靠近餐馆、咖啡馆、小商店以及著名的波多贝罗路市场。

最后，罗伯特决定不买了。但是当我开始考虑在1997年春天搬到伦敦时，诺丁山的想法仍然在我的脑海里。我显然不能负担得起一幢房子的支出。考虑到我看过的公寓价格，很明显住在那里我真的承受不起。随着夏天的临近，我知道也许忘记那些豪华的公寓，买便宜一点的房子可能更明智。要是没有杰弗里·罗宾逊（Geoffrey Robinson）的晚宴邀请，我确实打算这么做了。杰弗里·罗宾逊是考文垂西北区的工党下院议员，当时担任副财政大臣。

杰弗里是一位富有的商人，但在大约20年前我刚认识他的时候他并不富裕。我们的晚宴被安排在他格罗夫纳酒店的公寓里。他想讨论在1997年大选的准备阶段他如何帮忙修复我与戈登的关系——这是我全心全意与其分享的目标。

在认识杰弗里之前，我俩都已经听说过戈登和托尼了。当我为艾伯特·布思工作的时候，是他帮我得到了工会资助的职位，杰弗里是15年前我的前辈，一个运输队的组织秘书。他和我一直保持友好的关系，他总能使我对我的职业生涯产生兴趣。特别是自1994年“现代化”提前之后，他对托尼和戈登都很慷慨。他曾经资助办公室的薪金及开支，并为他们在意大利提供住所，他的公寓在戛纳和伦敦。托尼成为首相后在圣吉米纳诺杰弗里的别墅度过了他的第一个夏休假。然而杰弗里与戈登特别亲近，且从来没有动摇对他的支持。不仅戈登，就连埃德·鲍尔斯和查利·惠兰，在他伦敦的公寓里都可以自由进出，他们经常见面聊天、制定战略或自在地观看电视足球比赛。

我从来没有受益于杰弗里的经济支持，也没有要求或期待过，然而当他问我生活过得怎么样时，和往常一样，我提到我正在经历的挫折与帮助新工党进入政府的兴奋感。我谈到我有一种无根的感觉，渴望能有一个舒服的家。他回答说我能有想“安定下来”的感觉是正确的，我们很可能在大选中获胜，我将成为政府的一部分。当我说我希望通过我母亲的帮助与抵押贷款相结合的方式来支付新住所费用时，他说，“你不应该为这些事感到烦恼”。他说我应该尽力去买一些东西，这将会是一个好的投资，他向我保证，随着时间的推移，我能支付得起这些东西。正在那个时候，他补充说如果我母亲不可以的话，他可以给我提供一些可以帮我渡过难关的贷款，这样我就可以买一处住所。那笔钱就是在那时借的。

在接下来的几个星期，我们两个人开始寻找公寓。有一些公寓是很可爱的，但没有我现在的那个大，也不是特别隐蔽和安静，而且价格很昂贵。杰弗里建议了一个不是很贵的选择——一所小房子。我最终选择了诺森伯兰郡的一个狭窄的三层楼，靠近威斯本果园。这所房子舒适、宁静，我立刻觉得自己爱上了它。

关于接受他的帮助，在那个时候，我没有感觉到有什么不妥。我被卷入为大选做准备的工作中，我也期待能有一个真正的家并为此着迷，能有一张书桌和一些书架以及可以供我和朋友们享受的饮食和生活空间，我能在书桌上摊开我的文件、书架上摆满我的书。他帮我买房子，而不是我的母亲，我没有感觉到有什么奇怪。我父亲虽然给我母亲留下了一笔资金，但是我不愿意动用那笔钱。杰弗里一直在资助别人，他是我可以信赖并且敞开心扉的人。我并没有看到利益冲突，我能看到的只是老朋友之间的私人帮助。最重要的是，我相信这件事永远不会发生在我身上——我相信这件事也不会在杰弗里身上发生——他与戈登的亲近在预告一种危险，戈登或者戈登周围的人在未来的某一时刻会利用其来对付我。转让完成后，我给杰弗里传真了一份我们之间正式协议的贷款草案，我向他贷款 373 000 英镑。

即使是现在，本杰明已经警告我贷款很快会公之于众，我还是花了一些时间来理解那意味着什么。像杰弗里一样，我认为这笔贷款是私人的而不是秘密，这与我们的政治生活或公共生活无关。这只是朋友之间的经济行为，那个时候我们都还不是大臣。不过，我应该是托尼·布莱尔的重要战略思想家——他的“展望大臣”。我显然不善于为自己这样做。

在本杰明告诉我有关劳特利奇的书之后，那个上午我做的第一件事就是打电话给我的常任秘书迈克尔爵士并告诉他全部细节。每当一个政治家在一个大臣职位上时，他都会向他的资深文职官员吐露潜在的利益冲突。大选后当我进入内阁办公室时，我问我当时的首席私人秘书鲁珀特·赫克斯特对我一系列外部活动的指导。在演讲活动中，有人告诉我，如果我接受了他们，我能在任何情况下得到一笔费用，即使我把它转赠给慈善机构。有人劝我放弃对英国国家芭蕾舞团和白教堂艺术画廊无偿扮演受托人的角色，我很后悔我这样做了。鲁珀特说，经验法则必须避免任何利益冲突的风险，或任何对此类风险的感知。他为我总结了一个问题，写道，

“外面还有我们应该考虑的其他位置和（很重要）我们应该意识到主要的金融利益吗?”在这种情况下，还是没有提到我的贷款问题。我认为“经济利益”意味着在一些公司的股份，这很可能会在政府中触到我的雷达。

我与迈克尔爵士在贸易工业部的对话已经不同。在那里，此前的9月，我与杰弗里的关系问题开始浮出水面。当迈克尔爵士告诉我我们部门正在调查杰弗里与已故的《镜报》大亨罗伯特·麦克斯韦（Robert Maxwell）被指控有不正当行为的商业交易后，我提出了我与杰弗里的关系问题。我回答说因为我认识杰弗里已经很多年了，所以在调查中我不能发挥作用。我不应该看与此有关的报纸，我也不会与杰弗里讨论。当我告诉迈克尔爵士贷款的事，虽然他是完美的、镇定的文职人员，但是他最初的沉默也表示他很担忧。他说在贸易工业部调查杰弗里时我们表现得都很好，“你表现得很正确，你完全使自己与这件事情断绝联系，”他继续补充道，“你本应该预先告诉我贷款的事。”

尽管我知道这一刻很快就会到来，但是想到阿拉斯泰尔或托尼也会被牵连进来，我不禁打了个寒战。本杰明给政府打电话，告诉他们关于贷款的事和劳特利奇的书的事，这意味着这件事将很快被公开。阿拉斯泰尔首先不同意我搬到诺丁山，把它视为一个我开始奢华生活方式的信号。事实上，我整天待在家里，没有社交，但报纸八卦并不这么看，它们变成了公认的智慧。现在，他说他对我采取了这么大数额的贷款感到震惊，而且在我们入主政府之后，我也没有宣布这项贷款。托尼依旧不安，“你怎么能这样做呢?”他一直在问我，“你在想什么呢?”

接下来的一周，在我们的谈话中，我试图解释它是如何发生的。我指出，在重要的原则问题上——杰弗里的贷款是否为他赢得了偏袒或潜在的优惠待遇——我的行为是完全适当的。然而，“大臣守则”的问题，不只是现实的利益冲突，还是对一个冲突的感知。我在贸易工业部的时间，我保证我没有参加过影响杰弗里的讨论或决定，这并没有改变我已经受到贷款影响的看法。

我的本能是和盘托出，并试图解释我为什么没有向我的官员说明贷款一事，但也回击那些认为我曾经在我的大臣工作中行为不当的说法。托尼和阿拉斯泰尔在这个问题上起初是明显支持我的，希望任何媒体争议都能过去。但是，从第一份报纸报道上，我能感觉到阿拉斯泰尔特别担心长时间运行的媒体炒作不只会损害到我，还会损害到政府。贷款的故事已经够糟糕了，围绕它而进行的个人和政治叙述使事情变得更糟，这还涉及了贷款金额的大小。我选择生活在时尚人物的地方。当我们进入政府后我未能声明它。细节没有媒体炒作重要。托尼和阿拉斯泰尔看到了一个媒体灾难的所有元素。

我在办公室度过的最后几天一直处于混沌状态。有时，感觉好像是在看别人把大臣施以绞刑。我经常与托尼和阿拉斯泰尔聊天，也与戈登聊天。阿拉斯泰尔后来告诉我，当我表示愿意对那个欲将我置于死地的作者提供援助时，他是多么惊讶。他将此看做是我们两个幸存下来的一个亲密的标志。比那些更复杂的是还有一条纽带。我认为戈登和我都已经认识到，所发生的一切对我们每个人都有毁灭性的破坏。对戈登来说，我认为他至少也有一丝内疚。当我第一次给他打电话的时候，他似乎很同情。他说为被揭发出来的事情向我道歉，但是我不需要，也不应该辞职。

媒体的批评虽然不是一致的严厉，但是也丝毫没有显示出要减退的迹象。当我和托尼在12月22日晚上一起聊天的时候，我第一次感觉到，他认为我可能需要辞职。第二天早上，阿拉斯泰尔和乔纳森·鲍威尔去贸易工业部看我，他们就像一对殡葬承办人。他们安排我与托尼进行一次深入的电话交谈。我重复了我知道我已经做错了的地方以及我做的是正确的一些关键问题——无论是在内阁办公室，还是在贸易工业部，都要避免利益冲突。托尼听着，但他的反应是坚定的。他说我离开对我们所有人来说都是最好的。气氛太尴尬了，对政府潜在的损害已经非常巨大了。

在我非常少的几次公众生活中，这是让我热泪盈眶的一次。我在政府的第一份真正工作不到半年就出局了。唯一值得安慰的是，托尼很清楚地告诉我，我还有可能再回来。他说："如果你辞职，你和我们都可以重新开始。这样，你尽快回来就会变得更加容易。"在他对我的辞职进行公开答复时，他写道："毫不夸张地说，没有你的支持和建议，我们将永远不会建立新工党……未来，你将会与我们获得更多、更多。"

那天下午，我接到一个电话，来自在契克斯别墅的切丽，托尼和她为了圣诞节的庆祝活动已经回到了那里。她说："我们希望今晚你和我们在一起。"我开车驶入白金汉郡的晚霞，与托尼和他的家人一起度过我被内阁放逐的第一个晚上。第二天离开后，切丽给我写了一张便条。她想让我知道他们的门始终为我敞开着。她邀请我和我的母亲一起回去与他们过圣诞节。她的便条使我第一次意识到与戈登紧张关系的代价正在被施加在托尼身上，而对他的愤怒则强加在了切丽身上。她说毫无疑问我一直是自私邪恶的竞选活动的受害者。她说她能给我的一个安慰就是她相信“一个对别人做坏事的人最终会遭受报应的”。在她看来，事实上，戈登已经准备冒着工党政府的风险，密谋反对它的“一个重要组成部分”，这意味着他已经丧失了“他强装占领的道德高地”。她说她为托尼感到难过和担心。

接下来的几个月里我过得很艰难。在我辞职以后的日子里，托尼的慷慨以及他对我会尽快回去的保证是一种安慰。随着时间的推移，我也受益于对我辞职的重新评价。媒体和其他下院议员都已经表示我很快承认了自己所犯的错误。议会行为规范专员也承认报道这种利益的规则太模糊，她明确建议我需要登记贷款，但是她也说如果我以前就那么做了的话，事情将会变得更好。朋友对我来说是一个巨大的支柱：罗杰·利德尔、罗伯特·哈里斯、丹尼斯·史蒂文森和本杰明，罗伊·詹金斯也是他们中的一员，他们想让人们都知道，他们并没有看到任何我辞职的理由。约翰·梅杰在下院抓住我的胳膊说，他相信我很快会回来，这种来自政治反对派的意料之外的善意，让我更加欣赏他。

对于复活节，雅各布（Jacob）和塞雷娜·罗思柴尔德（Serena Rothschild），我的老朋友兼好朋友，邀请我去科孚岛他们家中和他们一起过节。在一个接一个的宜人的晚上，我开始写日记。我试图盘点我的所有：我在政治生活中走过的弯路，或者处于“我从来没有完全恢复的最低点”。我的辞职是所有事情中令我最难面对的事情，因为我所在的贸易工业部有了良好的运转模式，我还有重要的事情要做。自从我早期在沃尔沃思路工作开始，这是第一次我被智慧的回顾所吸引，而不是充满敌意的头条新闻。

我一回到伦敦，就定期地不引人注目地去下院，但更多的时间我待在哈特尔普尔，试图偿还自从我辞职后，我的选民和当地工党给我的巨大的、慷慨的支持。我尽量不制造新闻，带着巨大的悔意，我打算卖掉我在诺森伯兰郡的房子，因为这是还清杰弗里的债务的唯一的方式，我知道如果我想要有任何返回到前线的政治角色的希望，我就必须这么做。我打算在一个比较低档的路段购买一套小的公寓。由于没有官方的车和司机，我为自己买了一辆明显的非大臣级别的车——菲亚特鹏托。我专注于我作为议员的工作职责。从伦敦一回到哈特尔普尔，我就去当地的超市购物，然后回到赫顿大道，为烤猪肉、红球甘蓝和烤土豆准备一些像我母亲以前准备的老配方。我的选区代理——快乐而有趣的斯蒂芬·华莱士（Stephen Wallace），有时候会加入我，我们已经变成了亲密的朋友兼邻居。

自从我辞职后，与戈登的关系实际上变得更加令人感觉轻松了。几个星期以后，休·奈请我们喝茶。戈登似乎已经受到了抑制。他说："我们所有人都受到了巨大的伤害，我们必须找到一个办法，让一切回到正轨上来。"在谈到1994年以前他和托尼与我的关系时，他很怀旧地说："认识我们的人都不理解我们以前的样子。"他催促我重建自己作为一个政治家的形象，并说毫无疑问，在某些时候，我将会重新回到政府。正如我总是在这些缓和时刻做的一样，我再次告诉他，1994年我从来没有采取过任何背叛他的行动，但是由于事情已经发生了，我和那些真正关心他的人感觉到那样的结果是他的最佳利益。对我们来说，最重要的事情是我们要继续前进，携手合作。

与托尼之间，我的工作从来没有真正停止过。随着（1999年）1月的结束，我开始经常接到来自唐宁街10号或契克斯的电话：关于政策、战略、报告，甚至有进行演讲或接受采访的"消息"。在之后的几个月里加强沟通，扩大我的角色影响，我再次被托尼在唐宁街10号他的办公室里谨慎地接见，有时候是在唐宁街11号他的家庭公寓里。基本上，我又做回了1997年大选之前的我自己：参与、有影响力——我感觉到我只是作为一位大臣在恢复行使自己被删减的权力，因为我要"做最好的彼得"。远离前线政治至少给了我时间和空间，让我尝试涉足新工作、放松心情、开阔视野，这些事情也是我的朋友们一直在催促我做的。我在工党政治中更具对抗性的一面，几乎已经是一个保卫托尼和新工党利益的武器——与那些看起来似乎对他们有威胁的人作斗争。那不再是我工作的一部分了。

不过，我返回前线后将处于一个困难时期，这个时期我会很难应对旧的政治关系和个人关系。如果幸运的话，它可能会短一点。莫·莫勒姆和我自20世纪80年代就认识，我们一起工作，彼此欣赏。她是自信和勇敢的，尤其是在大选前被诊断为患有脑瘤，她还继续她的生活和作为北爱尔兰事务大臣的工作。她也很慷慨，在我辞职的几天之后，她带我去萨沃伊吃早餐，那是一剂巨大的补药。她对我表示慰问和支持，并表示这不仅仅是她的期望，还是她的愿望——她希望终有一天我会回到内阁。

自工党执政以来最有标志性和深远意义的成就之一就是1998年4月签订的《受难日协定》。北爱尔兰的统一派、忠臣、共和党人以及民族主义者都在着手权力下放、解除武装和调停。我们从约翰·梅杰身上接手了和平进程。另外，缅因州的参议员乔治·米切尔（George Mitchell），一个充满活力和无限耐心的美国立法者已经开始起草流程。但是会谈内容始终过于零散，并且1994年宣布的停战协定已经失效。更重要的是新芬党，这个一切有意义协议的希望所在，由于爱尔兰共和军（IRA）的暴力行为，使得任何会谈都已经把新芬党排除在外。因此，首相托尼、爱尔兰新总理伯蒂·埃亨、比尔·克林顿以及参议员米切尔，这几个人在整个谈判进程中起着至关重要的作用。一方面，莫的严肃风格和为了致力于任务完成而进行放射治疗的勇气，以及她和新芬党的格里·亚当斯（Gerry Adams）与马丁·麦吉尼斯（Martin McGutinness）这二人建立起的关系对会谈的进行和维持非常重要；另一方面，她也一直在某些紧要关头保持强硬作风，比如进入贝尔法斯特的梅兹监狱去劝说被关押的保皇派准军事人员撤销其对会谈的反对意见。

但是在1999年的夏天，已达成的和平协定却没生效，并且在建立一个权力下放的政府或爱尔兰共和军放下武器这些方面毫无进展。托尼确信莫在这一进程上所起的作用已经达到了一个自然的终点，最初使她备受新芬党青睐的直率性格已经使她和阿尔斯特统一党变得愈加疏远，尤其是她厌恶阿尔斯特统一党领袖戴维·特林布尔（David Trimble）。其实连新芬党也认为她已经失去了利用价值，因此亚当斯和麦吉尼斯愈加坚持和托尼及乔纳森·鲍威尔接洽。

莫一直在媒体和政党方面享有很高的声望，她勇于和病魔抗争的斗志以及致力于《受难日协定》的突破进展把她提升到了一个几乎圣洁的地位。这让托尼意识到自己想要取代莫从事她钟爱的工作并非易事，必须步步谨慎。但是他也确信在新的北爱尔兰事务大臣管制下自己需要一个全新的开始，并且还有另外一个同等的有挑战性的任务，即让莫代表工党候选人成为伦敦首任选举产生的市长，而托尼的政治噩梦——肯·利文斯通已经明确表示会参加竞选，认为自己和后座议员及新工党，某种意义上并非全是新工党的基层会员的良好情感基础会为他的成功奠定坚实的基础。莫具备典型的内阁成员风格，可以通过强迫的手段和利用自己广泛的影响力来胁迫肯·利文斯通放弃参选。如果利文斯通不害怕，那么她可以在提名阶段打败他。

但是莫没有采取行动，她抵制那些认为她会是理想的市长候选人并享受这份工作的建议。最初我对这些事件只是了解皮毛，我赞成托尼的意见——和平进程需要有新的动力，并且接受他这个看法，即统一派把莫看做粗鄙之人和敌对分子，共和派也越来越把她视做局外人，她的有用价值亦不复存在。后来托尼开始第二次内阁重组，对此我十分谨慎，希望能在其他地方早日重返内阁，比如欧洲。这是我和他都认为在我辞职后还能工作几个月的地方。我曾代表他努力争取过对于我们来讲稍显冒失的行动，即介入欧洲——改革欧盟的经济模型。我们需要一个更现代化的、权力分散的治理方法，重点是使成员国及其公民受益于市场开放的政策，创造更加适应世界经济的开放边界。我一边有条不紊地进行着，一边寄希望于劝说托尼着手做他在 1997 年曾畏缩不前的事，让我能成为欧洲事务大臣。

我并没有为他给我提供的工作做好准备，在春天的时候，我和莫在下院进行了一次长时间的会谈，在此期间她曾要求我代表她干涉托尼的行动。她想通过我让托尼了解到如果她离开贝尔法斯特，她一定要去一个更高的内阁职位。她说她想做外交大臣。我不能亲自对此作出托尼必然会有的回应——这将是很难想象的。外交大臣之所以能被称为英国的高级外交官的先决条件之一就是继任者要有外交天赋。莫无疑是富有天赋的人，但却不是在外交方面。但是我仍然承诺会把她的想法传递给托尼。当我这样做的时候托尼显得颇为吃惊。他仍然决定给她在内阁办公室安排一个协调者和实施者的职位，那是我在 1997 年曾打算扮演的角色。此后托尼做了一件完全让人意想不到的事——他要我取代莫在北爱尔兰的职位。

他的理由是需要一个在贝尔法斯特能和统一派搞好关系的人，这个人不仅了解会谈方面的问题，还能处理好常常让他们感到棘手的政治事件。不得不承认他的想法让我觉得很高兴，对我充满诱惑。六个月前我就一直憧憬着能重返政坛，我从没想到托尼会这么快就邀请我回去，然而我也能想象当莫发现托尼最终决定放弃她时将会有多么愤怒。

事实证明的确如此。她打电话给我指责我企图偷走本属于她的工作，并迅速将这个消息在她的同僚和记者之间传播。我发现自己成了莫离职这一事件的催化剂，我感到很震惊，尽管我知道她的愤怒之源是托尼。7 月中旬，距政府改组两个星期左右，我写信给托尼，告诉他无论他在计划任何内阁的职位调动都不要考虑我，我认为这一阶段并不是我重返内阁的好时机。我告诉托尼应该让莫待在原职位，但托尼告诉我他想让莫离职的原因之一就是莫愈来愈不尽职尽责。这虽然不是理想的分工安排，但说明至少现在不是替换掉她的时候。

最终托尼决定在莫的情绪平稳后再进行改组，这一时机在 10 月的时候到来，弗兰克·多布森同意离开卫生部来和肯展开市长竞选的竞争。在国防部方面，杰夫·胡恩（Geoff Hoon）取代了曾任北约秘书长的乔治·罗伯逊（George Robertson）。另一个对改组有利的事件是艾伦·米尔本（Alan Milburn）任卫生大臣，1997 年以后，他已经是卫生部的助理大臣，1998 年末我离职后他在小型的改组后得到提拔，托尼让他坐上了财政部首席秘书的位子。而戈登的副手——托尼最喜欢的另一个年轻改革者斯蒂芬·拜尔斯（Stephen Byers），替代了我在英国贸易工业部的位置。

改组中的第三个主要变化涉及我本人。托尼仍坚持他的计划，即把莫调去内阁办公室，而我去贝尔法斯特。莫极其愤怒，但在我成为她的接替者这一事情上却很大度。“过去的就过去了，我想助你一臂之力。”她这样说道。那天晚上我们在她位于伦敦的家中讨论这个职位，这个谈话让我意识到今后我的生活将多么不同。在花园的前方有个碉堡，由配备机枪的警察戒严。从那时起直到后来的四年我都拥有一支贴身保护我的武装部队。在我踏出房门那一刻他们就寸步不离地保护我，我还和我的下任保护官成了好朋友。第二天，莫和我一起去贝尔法斯特，将我介绍给北爱尔兰事务办公室的同僚和当地媒体。她还特别愉快地带我参观希尔斯堡城堡，这座如今成为我的官邸的 18 世纪的公馆。当我们踏入宏伟的前厅时，莫说：“这让诺丁山显得脏乱不堪，不是吗?”当时我忍不住为她的观察力而发笑。

我一点儿也不为入住希尔斯堡城堡就像住在国家信托财产中而感到忧虑。它是女王在北爱尔兰的官邸，光滑平整的地板置放着精美的古董，巨大的花园环绕着整个城堡。莫告诉我这是一个举行社交派对的绝佳地点，她以前就有好几个星期都把从伦敦来的朋友带到这里享受豪宅和花园。后来我认识到这就是社交客们的消遣方式，他们甚至在女王那张我们闻所未闻的豪华大床上跳上跳下。我后来对这所房子的使用方式与之前无疑是鲜明的对比。

在萨布丽娜·吉尼斯和米克·贾格尔的陪伴下休闲放松。

我很快发现一件很不错的事便是作为北爱尔兰事务大臣可以在管辖区内消遣时光。我乐此不疲，特别是在周末的时候我甚至寸步不离地待在那里。希尔斯堡城堡不仅仅只是一座房子，两个小家伙的到来让这所房子变得更像是一个家。第一个小家伙便是金毛猎犬幼仔，在托尼的建议下我给它取名叫鲍比。给鲍比做伴的是一个牧师的小猎狗，我叫它杰克。在北爱尔兰这个人人爱狗的地方鲍比显然成了明星。我的办公室常常收到要求拍照的请求——当然不是拍我，而是拍我忠诚的猎犬。我记得有次我去访问一所女校的时候受到热情的迎接，都是兴奋无比的学生，她们大喊："他在哪里？他在哪里？""我在这儿呢！"我回答道。结果她们口中的"他"是指鲍比。

最初的几个星期我主要是阅读一些会谈报告并和我的行政事务团队商谈，后来我把大部分时间花在了解城堡建筑群上，它是北爱尔兰事务办公

在希尔斯堡城堡，与杰克和鲍比在一起。

女王每次造访希尔斯堡城堡，金毛猎犬鲍比总是成为焦点。

室的总部所在地，临近斯托蒙特城堡。为把《受难日协定》里的条款变成现实，乔治·米切尔同意做最后一次尝试，目的是建立北爱尔兰权力下放机构并使其运行。这个计划里显而易见的、无法清除的阻碍便是解除武装问题。格里·亚当斯和马丁·麦吉尼斯都坚持最初的和平计划，即北爱尔兰行政部门，包括新芬党的官员，在武装解除进行之前必须开始工作。这样一来，戴维·特林布尔面临的压力不仅来自他自己的政党，而且也来自伊恩·佩斯利（Ian Paisley）的民主统一党，戴维曾说过在没有看到爱尔兰共和军解除武装的证据之前他是不会加入行政部门的。

2002 年 12 月，在斯托蒙特，与托尼和比尔·克林顿在一起。这是克林顿任总统期间第三次，也是最后一次访问北爱尔兰。

各方都坚持自己的立场，任何对于这一严肃性的质疑都在我和几个主要人物的一系列私人会议后消失殆尽。格里·亚当斯是最有计谋的。我能感觉到他习惯于利用自己的坚忍和诡计多端来得到他想要的东西。这也让我们意识到将不可避免地要和他开始第一次正面交锋。相较于亚当斯、马丁·麦吉尼斯和戴维·特林布尔，在谈判问题上，无论能或不能，我都不太热衷于建立个人关系网，我更愿意建立信任基础，没有信任基础，一切打破僵局的希望都会落空。关键是各方需要开诚布公。

对于亚当斯和马丁·麦吉尼斯，我清楚地向他们表示过我很尊重联盟。大多数北爱尔兰的居民都希望谈判能够继续。当建立一个统一的爱尔兰成为民族愿望时，我不应阻挡这一进程。我的工作是促进权力下放机构的建立，在这一进程中，随着时间的推移，北爱尔兰人民自己决定是否统一。我告诉过他们我会试着劝说统一派接受新芬党认为行政机构应该开始运作的观点，但是我也说过，即使我这样做我也不会减缓采取措施促进解除武装工作的紧迫性。如果这些没有发生，那么我会毫不犹豫地使出最后一招，即我会恢复伦敦的直接管辖权，并且让爱尔兰共和军和新芬党都为此承担其应有的责任。

这个问题我很直截了当地和戴维·特林布尔谈过。我们见面的时候我发现戴维对亚当斯的顽固和虚张声势毫无对策。在参与了和新芬党唇枪舌剑的交锋以及解除武装仍毫无进展的情况下，戴维元气大伤。我明白他所处的困境，他认为没有任何可靠的迹象表明爱尔兰共和军会解除武装，对此我深有同感，和平进程早晚会走入死胡同。我强调过这个失败不仅仅是因为北爱尔兰居民，也不仅仅是因为伦敦和都柏林政府，还有戴维的责任。如果错失了这次机会，那么在以后很可能是充满杀戮的年月里，将很难再有这样的机会了。

我和对手方的领导们一起工作了 14 个月，与托尼及乔纳森一起确保权力下放机构到位，承受着各方的压力确保发展态势继续。鉴于我所面临的境况，我的首要工作便是重建与戴维和阿尔斯特统一党之间的沟通桥梁，与此同时我也必须加强与新芬党以及与格里和马丁之间的联系。大体上来看，我做得很成功。双方都非常敏锐地注视着每一个他们可以凭各自喜好来诠释的事件，在这种情况下始终保持适当的平衡并非易事。对于伤害我的人，也许是新工党的人，我必须依靠一种技能来更好地处理这种伤害，这种技能我曾经多次在我的政治生涯中用过，即温和外交。我必须足够多地去倾听，去理解各方的目的和动机，识别出他们的立场，这样我才能做出让步。当然我还得留意最后的珍宝——想出一个无论多难都要确保各方共赢的万全之策。有好几次我都处于特别困难的境地，甚至冒着激怒戴维和格里的危险——或者说，我有好几次为不列颠在政区内的安全进行着特别困难的谈判，托尼也深有感触。

因此，我们的当务之急就是结束伦敦的直接统治并建立权力下放机构。在密集的会谈下，我们已经有了初步的思路框架。能否实施取决于是否每一方都对此表示赞同。统一派认识到共和派拥有通过和平方式为爱尔兰的统一而斗争的权利，包括加入一个“包容”的机构，在这个机构中戴维将是第一部长，谢默斯·马龙（Seamus Mallon）是第二部长，新芬党能占两个部长级职位。新芬党表示愿意支持这个政治进程，承诺爱尔兰共和军会讨论解除武装问题，并且宣称反对暴力。

但是，当戴维就权力下放问题会见阿尔斯特统一党成员时，他们却要求得到一个关于解除武装的明确态度。戴维回到城堡并告诉我他已经没有计策了。我也毫不隐瞒地说出了我的想法，双方肯定会为如此接近妥协却又看着它崩溃而后悔。格里没有表现出明显的敌意但声音里透着冰冷，他转向戴维并质问他：你到底有没有努力说服过你的同僚支持协议？戴维听后十分愤怒。实际上他已经做出了让步，并且同意加入有与爱尔兰共和军联系紧密的共和党代表的行政机构，结果他得到的是来自新芬党的关于解除武装问题的口头承诺。然而，我认为格里已经抓到了一个要点，我要推动这个要点向前发展。显然戴维没有找到要点，事实上，连争辩都没有，也没有要求正式的投票表决，他只是独自琢磨。当然很可能他琢磨得不错，但是我告诉他如果他没有竭尽所能地去推动会谈达成一致的话，他一定会后悔。我们退到一个靠近走廊的房间，在那里我帮他想到了一个提议，即他要我帮他努力成为阿尔斯特统一党的代表，并要求我现在就行动。如果我或他，任何一个在这次辩论中失败，我们就不得不接受这个交易行不通的事实了。但是，在没有十足助推力的情况下来使得提议被接受，结果只会让他陷入万劫不复的深渊。他付出了很多的《受难日协定》的进展可能会结束。他不仅会面临冷言冷语，还会面临由于太过软弱而不能争取自己的一席之地的窘境。我能想象他承受着多大的压力，但是我也知道他能充分意识到自己作为一个政治家所拥有的信念、奉献精神和勇气。在进一步协商之后，他给了我一份邀请，他希望我和他一起为这个团队并肩作战。

在我演讲的将近 20 分钟里，我感受到了使事情维持在正确轨道上的迫切需要，并且我毫不怀疑这种感觉的明显性。我一直保持冷静，说话仍清晰有条理。我说我从不妥协于任何诱骗或威胁，如果他们拒绝这个协定，那么伦敦方面不能也不会强加他们的想法。我没有试图告诉他们当下的协议是完美的，没有哪个协议是完美的。但是我相信在这种情况下，这个协议是最好的，也是唯一的选择。然后我打出了最后一张王牌——个人名义的承诺。“如果爱尔兰共和军不按协议解除武装，我会站在你们这一方，”我说道，“我不会让你们将失败的包袱扛在自己身上。”在问答形式的会议之后，一些代表要我说说我如何能“确保”武装解除，我说我不能。还有一些人想让武装解除能在 5 月之前完全解决，那是《受难日协定》里规定的最后期限。就我个人看来，我的担心是武装解除到那时是否能开始进行，但是我告诉他们，就像我对格里说过的一样，一旦行政机构开始工作，武装解除就是必需的，并且我致力于使其发生。

我回到我的办公室等待戴维最后一击的结果。当他向我走来时，我从他的脸上已经看出了结果，他赢了。虽然不算大的胜利，但却是一个很好的开始。在接下来的几天里，我和他把握这个势头乘胜追击。一个非常关键的会议于11月的最后一个星期六在阿尔斯特统一党委员会会议室召开，那时我正陪同戴维访问分选区。在波达丹，我们遭遇了佩斯利的民主统一党的抗议声，那些抗议者称戴维是叛徒，对我的称呼则更糟。

戴维告诉我所有反对的压力都缘于选民们实际看见的和感受到的是两码事。在走出大厅的路上，一个男人抓住我的前臂不屑地说道："在北爱尔兰事务大臣这个职位上只有两个人堪称模范——莫·莫勒姆和罗伊·梅森（Roy Mason）。"（他们是20世纪70年代工党大臣强硬作风的典范。）"如果你明白什么才是对你有益处的，那么你最好成为梅森，而不是莫勒姆，懂了吗?"我没有理睬，继续按照计划行事。最后，投票结果超出了我和戴维的预料，几乎60%的人支持建立权力下放机构。这样看来协议能够通过。我不敢过于期望，也许我们正处于一个一帆风顺的时期，然后接下来便是武装解除的顺利完成，不久以后就能实现正式的、最后的和平。

但是事实是，北爱尔兰很少让你一帆风顺。行政部门在1999年12月2日接管了政权，戴维担任第一部长，谢默斯·马龙担任他的副手，马丁·麦吉尼斯担任教育部长。为了让协议通过，戴维告诉他的委员会如果武装解除在2000年2月还没开始进行，那么他将辞职，实际上也就是解散权力下放政府。然而计划遇到了麻烦。约翰·德·沙特兰（John de Chastelain），这个负责监督武装解除的国际团队里的加拿大将军，得出结论说要使爱尔兰共和军能在原定的5月完成武装解除，那么必须在几个月前就开始实施。武装解除行动肯定能在1月底开始，对此我认为我和格里及马丁都心照不宣。戴维·特林布尔当时已经把进度表正式化——使其对新芬党和爱尔兰共和军有更硬性的政策效应。我明白他为什么觉得是时候按计划实施了，因为在投票选举结束后接受英国广播电视台采访时我也传递了这个信息。我很谨慎地说清楚了我明白新芬党当下所处的局势，他们希望以"自愿行动"来作为武装解除的特征，这能为他们的行动提供名义。我希望当权力下放机构真正开始工作时，使其顺利进行的这个愿望能够将每个人都集中起来，齐心协力地为早日进行武装解除而努力。如果不能做到，正如马丁和格里所知道的，我和戴维的同僚也说过的，我将会把恢复直接统治权作为最后的补救措施。

尽管他们知道我的打算，但我不确定他们是否把我的话当真。5 月是武装解除的最后期限，我看出他们并没有真正当回事。他们只是时不时地像戴维那样，提醒我他们要处理来自内部施加的压力而无暇顾及武装解除。显然他们没有让爱尔兰共和军做好实际放下武器的准备，越来越临近 1 月底，却没有任何迹象表明他们的紧迫感。格里告诉托尼他可以去推动此事进行，虽然它是个长期而艰巨的任务，但是共和军毕竟承诺过解除武装。我设法让戴维把自己的辞职计划推迟一个星期，但是爱尔兰共和军最初通过新芬党发表的言辞太不可靠，我和托尼都认为这对武装解除毫无用处。2 月 3 日，我进行了一个具有实际意义必要步骤，我希望让部门成员意识到期限的逼近。我告诉下院如果没有任何关于武装解除的明显进程——哪怕是有一丁点儿表明爱尔兰共和军开始实施武装解除的信号也好——我将毫不犹豫地暂停权力下放的举措。

直到那时，在都柏林的政府和新芬党才共同意识到威胁对于我丝毫不起作用。爱尔兰的部长们和共和党领导人举行了一系列会议，设法找到一个前行的方法。2 月 10 日早上，那是暂停权力下放的日子，伯蒂·埃亨的办公室将爱尔兰共和军的“声明草案”通过传真传送给英国政府。它是一篇有四段内容的草案。第一段提到了对《受难日协定》的认可，然后对武装解除政策做出了阐述：根据目前进程来看，这将有利于积极地和不可逆转地消除冲突的根源，在爱尔兰共和军的领导下其内部的运作将会受制并且终将使共和军放下武器。这项政策也会避免公众遭受由于滥用武器所带来的危险。在爱尔兰共和军的领导下这些都会得到验证。结论是“这项政策会以一种确保公众信任度的方法实施，并且以一种完整的、可接受的方式来化解问题”。

这条声明对于我们的计划来看是不可否认的进步。这项声明保证爱尔兰共和军放弃使用军火库，但是谈到如何放弃时得到的却是令人沮丧的模糊答案，在何时放弃这个问题上仍保持沉默。纵然我能处理好这些，我也看不到统一派会切实履行，因为格里坚持认为最初我和各党派长达六个小时的谈话内容没有公开，正如爱尔兰共和军也没有公开内部的等级安排和文件一样。我和托尼都不认为草案的发表足以阻止戴维的辞职，毕竟草案太闪烁其词，关键是它缺乏时间期限。整个下午我们都在匆忙地想法子争取缓冲的空间。格里的底线是愿意在原则上公开证实爱尔兰共和军“放下武器”这个承诺有效，但是作为回报，戴维必须收回辞呈，我也必须要打消暂停权力下放的念头。

戴维承认爱尔兰共和军的声明已经是一种进步，但是对于整个武装解除计划来看，它却显得微不足道，也出现得太晚。我试图劝说他延迟两个星期辞职以便获得时间进行更深一步的谈话，他和格里都拒绝了这个提议。我只好再一次地推迟宣布暂停权力下放。托尼带着来自伯蒂·埃亨施加的压力走进办公室，埃亨接到比尔·克林顿的指示，命令我们不能暂停权力下放计划的实施。我们都意识到无论如何都没有选择的余地了，必须实施计划。下午5点刚过我便签署了命令。我说我们已经“非常接近”解决武装解除问题了，“但是在得到明确的承诺前，他们还不能很有信心地指挥行动”。

这项命令造成的直接影响便是新芬党和爱尔兰政府发起运动——一些是公开的，一些通过私人指示——指责我在处理权力下放问题上的行动太过冒失。格里在抨击开始前警告了我。“不要私自行动，”他说道，“否则你将成为头号公敌。”我已经尽全力听从他的建议，但是太难了。一场凶猛的运动在媒体间开始，共和党管辖领域内的海报和涂鸦把我描绘成扼杀了和平进程的恶棍。由于担心我的个人安全，党派加强了对我的安保力量。然而我知道我不得不这么做。现在我的主要任务是要找到一种方法确保权力下放的暂停不会持久。很显然，原定的2000年5月要完成的裁军任务已经无法实现了，但是如果在整个5月权力下放机构都没有恢复的话，那么整个《受难日协定》的框架将瓦解。

格里和戴维都想让权力下放成功，对此我毫不怀疑。我怀疑的是我们采取的谈判方式能否奏效，似乎对于我来说，唯一的选择便是让所有人都用一种全然不同的方式来重新看待这个问题。我开始和格里一起行动，在3月初的一个星期六下午我邀请他到希斯尔堡城堡交谈。我们牵着鲍比绕着庭院散步，这让我想起正是格里在我们初次见面时建议我养一只宠物，他甚至愿意买一只给我，但这个提议被我的同僚们拒绝了，因为他们担心狗爪子里可能植入了窃听装置。但我还是拥有了鲍比，格里似乎和我一样对它无比宠爱。

后来我们回到屋子里，我告诉他我想在一个非正式的、不涉及双方承诺的前提下想出一个办法，它既能让权力下放计划再度施行而又避免冒着面临僵局的危险。“听我说，既然你不想让权力下放机构的建立和解除武装联系在一起，”我说道，“那么我们为何不将它和《受难日协定》的全面实施联系起来呢？这还能涉及其他你关心的问题，比如治安和新司法制度。”我重申我绝没有放弃武装解除的打算，实际上不解决武装问题，无论我们想出什么样的方法，和平进程仍会失败。我们还需要一个明确的公开承诺，承诺把终止暴力作为《受难日协定》的内容之一。我们还必须要有一个武装解除的早期举动——不是完全的裁军，这样一来至少能给后期的计划施行建立信心。格里一边仔细听我的想法，一边点头表示赞同。“这值得考虑。”他说道。在当时的情况下，它算得上是妙计。

戴维却对此持怀疑的态度。已经如此长久和公开地坚持武装解除，他认为现在让步并把重点放在其他问题上势必会增加外界对他的抨击。当我们进行了更深入的讨论后，他开始接受我的提议，认为当前的做法确实能解决更大的问题。“通过在权力下放和武装解除之间建立平衡，”我说道，“你相当于把和平进程的否决权交在了爱尔兰共和军手上，武装解除陷入的僵局越长，你在其他领域就会付出越高的代价……那时我们再次实施权力下放计划就几乎不可能了。”我明白他想要做一些事来回馈新芬党，“所有我想说的是，让我们来改变你现在迫切追求的东西，让我们把焦点放在一些有意义且有可能实现的目标上”。

“可能实现”并不意味着容易实现，但是在从 3 月直到最后期限 5 月这段时间里，双方为达成协议断断续续地进行了几次会谈。新方法的好处在于能让每一方受益。比如，统一派得到爱尔兰共和军进一步履行二月草案的承诺，以及“建立信任措施”来表明武装解除开始进行。对于新芬党和爱尔兰共和军来说，我们将裁军计划和《受难日协定》的广泛贯彻结合起来进行了实施。作为大臣，我的工作便是通过处理好细节来使计划得以施行。托尼被要求在一些关键阶段出面介入，在伦敦方面以及定期访问贝尔法斯特事项上，乔纳森·鲍威尔更深入地参与其中。

在统一派方面最大的困难便是宣传我们的计划。戴维的工作便是在党内宣传，他需要我们的鼓励，但他也需要认识到处事果断坚决的必要性。在一次会谈快结束的时候，他督促我进一步修订共和派的承诺草案，我告诉他这简直是不可能的事。爱尔兰共和军将会首次公开承诺“保证彻底放下武器”。他们会提交一个建立信任的措施，并愿意接受国际监督。这的确是一个进步，也是戴维在此阶段能争取到的最大利益。他必须接受它，并宣传它。在5月底一个紧张的理事会上，戴维处理好了一切，我最终签署了另一个命令：恢复实施权力下放。

新芬党的领导层已经变得稳定，不那么倾向于最后时刻的摇摆和提要求。在这种情况下，他们主要的问题便是我们所谓的“非军事化”或“正常化”。格里想在武装解除的任何进展中找到一个连接点，同时想看到在北爱尔兰的英国武装力量以及安保巡逻次数的明显减少。在许多场合上，托尼，尤其是乔纳森，都感到十分沮丧，他们十分渴望达成协议，这样他们就能简单地说一句“是的，现在请在虚线上签字”。在政治方面，我理解履行“正常化”方针的必要性。虽然和平的局面没有被完全打破，全面性的战争显然已经结束，但是我们致力于武装力量裁减的计划不仅是必然的，更是值得的。

我认为，当英国政府准备为达成以安全为目的协议而进行冒险的时候，可能会出现直接的权衡交易。我们的军队和睿智的领导提出的异议是可以理解的，这不仅是因为爱尔兰共和军在执行武装解除方面上的失败，还因为恐怖活动已经转变成分裂集团，导致“真爱尔兰共和军”组织和“传承爱尔兰共和军”组织的存在。仅仅18个月前，也就是1998年8月，发生在奥马的由“真爱尔兰共和军”组织的汽车爆炸事件导致29人死亡和200多人受伤。我坚持认为，发生在和平进程中的这一明显使我们感到受挫的事件表明早期的武装解除政策是不可靠的。多少让我感到宽慰的是，我们施行5月计划只为实现“正常的安全调解尽早得到回馈……”。

当时看来，我们似乎再一次让《受难日协定》的实施暂时回到了正轨，权力下放机构也已经开始重新运作。6月底，爱尔兰共和军打开了一些置放武器的地堡并接受国际委员的监督，这比我们预计的时间要早。然而，核心问题仍旧没有得到解决。只要武装解除没有彻底解决，戴维·特林布尔就会遭到抨击。阿尔斯特统一党内最有影响力的怀疑论者杰弗里·唐纳森（Jeffrey Donaldson）说过，如果直到圣诞节都没有进行任何切实的武装解除，那么他将暂停手中的议会运动而要求退出权力下放机构。对此，戴维选择了默认统一派而没有与之争吵。新芬党方面，他们明显不愿意看到权力下放计划再次搁置，因此也没有心思去强迫谁。他们比任何时候都更迫切地希望“正常化”。

随着2000年冬季的到来，新的政治舞台已经出现，那是另一轮的高风险外交之战。我的个人观点在几周后得到可悲的证实，即在现阶段的爱尔兰共和军没有准备也不愿意按照统一派要求的那样就武装解除问题采取主要行动。在年末的最后几个星期，随着武装解除给托尼带来的压力，我和内阁官员之间的分歧开始增大。产生分歧的地方在于，我认为无论是由于计划的正确性还是计划的可行性，这个时候施行"正常化"都是缺乏确凿证据和充分准备的，即无法判定这个计划是由于爱尔兰共和军的行为造成的，还是由于分裂集团的胁迫所导致的。托尼理解我的谨慎态度，但是事态很不稳定，急需找到一个解决方法来避免谈判的再次失败和权力下放计划的再次中断。

托尼越来越关注另一件事，即将在2001年5月初举行的大选。自2000年春天起我就一直参加每周两次的致力于选举策略和方案的会议。在星期一的早上，只要在伦敦我就会加入托尼以及他的核心团队，一起制定出本周的战略方针。星期四，内阁会议之后，我加入了乔纳森发起的旨在解决长期问题的"战略团队"。这个团队的成员还包括托尼、戈登、阿拉斯泰尔和菲利普，道格拉斯·亚历山大（Douglas Alexander）也在其中，这位棕色皮肤的年轻人也参与到了解决选举问题的团队中。

2000年6月中旬，有迹象表明正在举行的社交聚会，尤其是在米利班克的竞选活动还远远不够火热，我的任务便是要支撑住在米利班克进行的预选阶段并保证它和我们之前的计划一致。早期的迹象显示仍不容乐观。当兰斯·普赖斯（Lance Price），这位阿拉斯泰尔的副手撤离竞选指挥部的时候，我想他说一说他的感受。"在正确的位置上一个人可以发挥出天赋和奉献精神，"他说，"米利班克这个地方还没有为迎接大选做好准备。"至于竞选活动的反响以及行政机构需要和保守党时常周旋这个问题，他认为"如果他们发起迅猛进攻，那么我们的计划就会彻底失败"。虽然我的个人影响力日益显著，但是他认为我要想成为一个坚定且公正的领导者还是有困难的，这样的领导者能用自己的方法凭借丰富的经验处理问题，而不是搞不清状况还纸上谈兵。我听从了他的意见。直到秋天到来，我才给托尼说政府机构准备就绪。

其实政府方面是我们最不担心的，尽管我们做出最大努力去阻止肯·利文斯通以个人身份参加竞选，但还是没有成功，他最终还是打败了弗兰克·多布森成功当选伦敦市长。9月，国家秩序陷入混乱，公路运输部门封锁了炼油厂，以此抗议高额的燃油税。随后导致了自托尼执政以来工党第一次在民意调查中落后于保守党的后果。菲利普的调查结果显示托尼被认为是“与时代脱节”的人，我们的过于自信导致了我们对初期燃料抗议的忽视，以至于造成这样的局面。

当月在党内部举行了一次会议，在那之后，托尼深深地感受到他必须制定一个切实的计划。几天后我们在他的公寓见面时，他看起来似乎正为我们不乐观的前景以及计划败在自己这个长期领导工党的人手中感到烦恼不已。他需要时间和权力来让他真正地从根本上使英国的竞选远离保守党的介入。他需要一个机会制定一项对国家有标志性意义的政策。“我们必须找到突破口，”他说，“而且必须用我们在1997年采取过的方法来领导竞选运动。”

“你的意思是什么？”我问道。

“我的意思是你和戈登共同来负责这件事。”

他知道我不会拒绝，但是我也坦率地说出了我的担心。在我从贸易工业部辞职后，我和戈登之间的关系确实有所好转。武装解除计划5月在北爱尔兰达成共识的时候，他还打电话祝贺我，但不得不说的是，我和他的关系之所以好转是因为我在国家政策的执行上没有扮演主要角色。虽然戈登知道托尼经常和我谈论除北爱尔兰以外的国家问题，但我毕竟老实地待在希尔斯堡城堡而没有介入其他事件。我现在担心的是一旦我处于竞选运动的领导地位，戈登就会不安分——事实确实如此。在我同意负责此事的几个星期后，戈登确实是在和我共事，但却常常抱怨和发脾气。

那个时候托尼有好几个星期都整夜地待在希尔斯堡城堡和我们商议问题。后来，由于我们在北爱尔兰的外交势头大大好转，我作出了一个决定，我认为最好的解决方法便是把竞选计划交给戈登处理。我的理由是，如果不引入一些能在不冒风险的情况下处理紧张关系的管理人，竞选运动将很难进行下去。有天晚上，在准备睡觉之前我去敲了托尼的门。托尼被我安置在曾属于女王的那间卧室里，我进去的时候看到床头柜上的《圣经》，托尼还是一如既往地习惯随身带着它。“你知道的，”我说道，“这不是单纯地去工作。”托尼说我担心得太多了，“那可是戈登啊”。托尼坚持说他想让我——或者说是需要我——着手去做我曾经在1997年做过的事。

2001年1月，戴维想要辞去第一部长职位的念头又一次出现，这个时候，不是指选举，而是整个北爱尔兰的局面占据着我的思绪。我们再一次决定要让权力下放计划火速实行。同样的，也需要采取一些平衡措施，因为托尼和乔纳森敦促要早日实现“正常化”。我不太愿意这样急切地行动。在所有的军队、警察以及情报首长都在关心可能的结果时，我仍然觉得慎重的措施和循序渐进的变化会更好一些。在我以前处理间歇性发生的威胁和危险的那一年里，经验让我确信只有更稳定、更兼顾多方立场的方法才能让协议达成并持续下去。

1月的第三个星期，在唐宁街举行的一轮关键会议之前我去了巴黎，希望有一个不受政事打扰的休息机会，然而事与愿违，我不断地接到来自北爱尔兰事务办公室和唐宁街的电话。在星期六的下午，我的特别顾问帕特里克·戴蒙德给我打来电话，他告诉我第二天的《观察家报》上会有一个故事说我在帮助曾经出资参与千禧穹顶部分项目的印度富商斯瑞钱德·欣杜贾（Srichand Hinduja）申请英国公民身份。我预感到这一天终是要来的，但是我对此并不过于担心。早在12月的时候，杰克·斯特劳就告诉我有一名自由民主党的下院议员说我和内政部有不正当的来往，投诉我和工党下院议员以及欧洲事务大臣基思·瓦斯（Keith Vaz）为欣杜贾先生谋利益。我告诉杰克，1998年我还在内阁办公室任职的时候，确确实实得到来自欣杜贾先生的咨询，但那不是关于国籍申请的问题，也不是要求我做他的代理人，而是询问政府改变移民规划是否会影响以后的国籍申请。当时我仅仅是将他的咨询通过我的办公室传达给内政部而已。杰克说当时的移民大臣迈克·奥布赖恩（Mike O’Brien）回忆说我确实就此事给他直接打过电话。我回答说我完全不记得自己这样做过，并且确定这个电话是我办公室里的其他人打的——但是无论如何可以发现，那个人的目的就是想试图打探出内部政策的信息。我也同样将这些告诉了帕特里克，并让他回应《观察家报》的质疑时这样说：“对于我在某些程度上涉嫌此次事件，不宜由我本人出面处理这个问题，所以这个事件会由我的私人秘书处理。”最关键的是，“我从来没有协助过也没有批准过英籍公民身份的申请”。

直到第二天下午，我在希思罗机场准备回贝尔法斯特的时候才看了一下星期天的报纸。我看了一眼《观察家报》，新闻的标题不出所料地直接——《曼德尔森帮助千禧穹顶出资者申请英籍》。新闻的部分内容是不得体的、违背公众利益的、不真实的，它居然说我的办公室在向内政部咨询时曾问到对于欣杜贾先生的国籍申请是否应该“非常欢迎”。事实上，根本就没有这样的事。无论是我还是其他人都从没有暗示过我们支持欣杜贾先生的国籍申请。这则新闻出现在《观察家报》第一版的底部位置，这让我好奇是不是他们自己也意识到这个新闻过于老套。

阿拉斯泰尔给我打电话的时候我还在机场，我当时正在注意另一则新闻——刊登在《星期日泰晤士报》上，是一则戈登对于我介入竞选运动的抨击。“我们该怎么处理这个事?”阿拉斯泰尔问道。我知道他指的是竞选的事。“为什么戈登那伙人要抨击我?”我感到很不解，“我并没有要削弱他们的意思，也没有认为他们不该处于竞选运动的主导地位。”阿拉斯泰尔似乎想把这个话题抛在一边，“是的，是的……那《观察家报》报道的新闻又是怎么回事?”我告诉他，我很确定那个根本不成问题。我已经让帕特里克向记者们发表声明，解释清楚在欣杜贾先生申请国籍的事件中，我唯一参与的就是让我的私人秘书传达他关于移民政策的咨询，并且公开地向他做出了回复。

在那天剩下的时间里我没再去想那件事。星期一的整个上午我都在北爱尔兰开会。晚上，我让警察局局长龙尼·弗拉纳根（Ronnie Flanagan）先生和军队中将休·派克（Hew Pike）先生到希尔斯堡城堡见我。我向他们解释道，由于我对他们视为北爱尔兰安全保障核心的一些基础安保设施的反对，使我在促进会谈顺利进行方面举步维艰。他们接受了我的解释，但是不确定计划能进行到什么程度，然后，正当我们在餐桌上展开地图商议时，我接到了阿拉斯泰尔打来的电话。

我没想到阿拉斯泰尔在早上的简报中对于欣杜贾事件的说明远远不是我告诉他的那样，也不是《观察家报》说的那样。阿拉斯泰尔说我是“拒绝”参与协助国籍申请。这根本不是事实，当时我的私人办公室是直接将欣杜贾关于移民政策的咨询传达给内政部，我根本没有介入。内政部要求阿拉斯泰尔纠正简报内容，他们不仅指证我确实参与了整个事件，还通过迈克·奥布赖恩关于我曾私下致电给他的回忆指证我曾亲自参与此事而不是让我的秘书去做，并由此断定事情真相就是如此。

阿拉斯泰尔要我召开一个电话会议来理清整个事件的来龙去脉。当然迈克也在线，阿拉斯泰尔对我说："你告诉过我你没参与国籍申请事件，但是迈克说你曾打过电话给他。"我说道："我从没说过我没参与，我是说我所参与的仅仅是帮忙将咨询内容传达到内政部。至于我打电话给迈克这件事，我告诉过你和迈克的——正如我对杰克说的一样，我完全不记得打电话这回事。要是真有这回事我确定自己能记得。""我认为，或者说我确定，确实有打电话这回事。"迈克说道。"不，我恐怕不能赞成你的说法。"我回答他："我认为我们必须要接受一个事实，就是纵然我们回忆的内容有所不同，但是这并不影响关键点，那就是我从来没有利用自己的职权帮助任何人申请国籍。"

阿拉斯泰尔似乎满意我的回答，但是当他第二天向记者发表简短声明时事情变得更糟了。他说之前是我自己搞错了，说我后来查看了文件记录，确实有我致电迈克这回事。"虽然曼德尔森先生记不起来了，但是确实是发生过的。"他向记者这样说，并且为之前误导记者而道歉。事实上他再一次地误导了他们。之前星期一早上他就胡乱给记者说一些我根本没说过的事，现在他又发表一些跟电话会议内容完全相反的声明。

北爱尔兰各党派之间的会谈快要举行。星期二一早我就飞往伦敦参加在唐宁街 10 号举行的会议，托尼、乔纳森、格里·亚当斯、戴维·特林布尔以及各党领导人都参与其中，会议一直到下午才结束。当我走出会议室时，虽然感到筋疲力尽但是至少这个会议让我确信我们已经找到了一个方法，它不仅能解决关于新芬党"正常化"这一问题，还能解决一些更长远的显著问题。

顺便说一下，当时我问阿拉斯泰尔关于"另一篇简报"的情况如何，在这一点上我还不确定最新的情况通报。他回复道："是的，打电话这个事确实发生过，内政部存有当时的通话录音。"我对此感到很吃惊，因为我确定根本没有打电话。"我该怎么办?"我向阿拉斯泰尔征求意见，"做一些电视采访来澄清国籍申请事件对我来说有帮助吗?"他考虑后认为不错。

随后我就接受了一系列采访，可事实证明这个举措简直是巨大的错误。采访的内容自然而然全都围绕着国籍申请事件而忽视了一些更关键的话题。现在不只是迈克，就连阿拉斯泰尔也说我确实有打电话这件事。他甚至说我现在完全想起了确有此事。我觉得简直不可理喻。"如果真的发生过那我怎么没有那段记忆?”我问道，“而且我有什么理由编造故事呢?”所有我能想到的对于这件事最好的解释便是弄清事情的真相，我绝没有编造故事，也没有理由这样做。从某种程度上来说，我对来北爱尔兰谈判一事感到很受挫。阿拉斯泰尔坚持认为我曾经给内政部打过电话，尽管还有电话录音这个证据，但这只不过是一些有关内政部和我的私人办公室之间的日常对话记录而已。当有人问我既然这样那为什么唐宁街方面还是坚持说我“忘记了”打电话这回事，而且之后又想起来了，我回答道：“你该去问问他们。”

星期三早上，我正在去办公室的路上时被通知去唐宁街见托尼，新出版的早报让事情变得更棘手。没有一个人为我申辩，反而有一些人借着阿拉斯泰尔的简短声明认为我肯定打过电话，一口咬定是我在“说谎”。当我走进托尼的办公室时乔纳森正要离开，他看起来很沮丧。托尼说现在事情变得更糟糕了，要整理这个混乱的局面简直是一个“极度麻烦的工作”。他责怪我接受电视采访的事，“要是你当时来问问我的意见，我就会告诉你不要去做，就像我也告诉过阿拉斯泰尔在弄清事情真相之前不要随便发表声明”。但是如今电话事件成了“棘手的问题”。他相信我确实没有打过电话，也理解我在接受电视采访时做出的关于唐宁街方面的解释，“当时我面临着很严峻的局面，有种说法说我突然想起了打电话这个事，说我说谎了”。但是，托尼并不喜欢这样的处理方式，一点也不。他开始用“律师布莱尔”这个身份来分析问题，他说道：“如果我们认为电话事件根本没发生，那么我们又怎么解释杰克和迈克·奥布赖恩的说法呢?这样的话我们就会把他们置于‘说谎者’的地步，到那时我们就有真正的麻烦了。”

正当这个时候阿拉斯泰尔来了，他走进房间坐在靠门的桌子旁。对话进行的时间越长，托尼的观点也越清晰，我是自己害了自己。阿拉斯泰尔已经开始不耐烦了，他说他需要在第二天早上的简报上避开这个话题。起初我很怀疑他是否会这样做，撇开之前造成热议的其实根本没发生的电话事件不说，最糟糕的是认定我做过传达关于入籍问题的咨询。后来我发现内阁大臣理查德·威尔逊（Richard Wilson）已经在前一天晚上给托尼传达了内部指令，他的建议是唐宁街方面必须完全避开介入此事，并且他指出没有任何人有任何证据证明此事的发生。首相应该尽快展开调查，就内政部没有发生过任何不正当的国籍申请行为这一点上给他自己一个满意的答复。

托尼同意开展调查，但是现在更为重要的是要减少这个事件对他造成的损失。大选即将到来，他不希望媒体没完没了地报道“欣杜贾事件”。斯瑞钱德和他的哥哥格皮钱德（Gopichand）——在 1997 年通过杰克的内政部成功成为英国公民——也颇受争议。因为这两兄弟都曾讨好过官员们，其中涉及基思·瓦兹，还有杰克和托尼，这两兄弟在 1997 年大选开始前和他们一起吃过晚餐，但是这些先例没有起作用，阿拉斯泰尔和内政部仍然认为是我误导了他们。

阿拉斯泰尔离开了房间，我没有其他理由来说服托尼相信我了。“这简直是荒谬。”我说道，“你怎么能仅仅因为那个谣传的电话事件和错误的简报内容以及一系列流言蜚语就把我派遣出去？你已经决定做调查了，为什么不至少等到事实查清楚呢？”他咕哝着说事态已经超出了控制，必须要做一个了断。最终我说道：“你不能就这样结束我的内阁职业生涯，你甚至不了解整个事情的全貌。”他却回答我说：“对不起，实在没有其他办法了，就这样决定了。”

当托尼开始写我的辞职报告时，安吉抱着我哭了。后来在刮着大风的天气里我对着所有在唐宁街采访的记者宣读了这份辞职报告。在做这件事的时候，我尽力用一种对托尼和阿拉斯泰尔来说损害最小的方式辞职，这份辞职报告表明了他们对电话事件的态度，报告说我接受这个说法，“当我的办公室在周末发表声明的时候，我就清楚地知道当时那个电话是我本人亲自给内政大臣打的，而不是我的同事”。我对这个事件造成的后果以及首相发言人发表的“错误”信息表示遗憾。

我发现我除了接受这个说法外别无选择，但我并不是在承认自己介入过斯瑞钱德·欣杜贾的国籍申请事件。“无论怎样我都不承认自己曾经通过不正当的手段介入过国籍申请。”我说道。自从《观察家报》曝出电话事件开始，我所说过的一切话都是“强调我没有想要通过任何方式企图影响移民政策，我仅仅是起了传达信息的作用，并且首相完全满意我的处理方法”。我仍然遭受着早报和戈登在《星期日泰晤士报》上抨击我在竞选运动中所扮演的角色，鉴于此，我添加了一条个人声明：“和平进程需要更多对政治有利的东西而不是源源不断的媒体压力和试图曝光我过去五年的生活。我想把自己从那些永无休止的论战和争吵中解脱出来，从所有围

2001 年 1 月，第二次辞
去政府职务后，在唐宁街发表辞职演讲。

绕着我的新闻话题中解脱出来。换言之，我想过更正常的生活，无论是政治生活还是未来的个人生活。这就是我做出的决定，希望每个人都能尊重我的决定。”

第7章
战斗，而不是放弃

接下来的星期五，我和首相通了电话，那是在我被他真正解雇的两天后。

解职事件对我造成的打击演变成为一种伤害——特别是在我接到艾玛·斯科特（Emma Scott）的电话后。在我还是不管部大臣（Minister without Portfolio）时她曾在我的私人办公室工作。她证实了我一直坚持的立场是对的：我们对内政部展开的调查不仅仅限于传达国籍申请的咨询信息，更主要的是证实我的确没有给迈克·奥布赖恩打过电话，实际上这个电话是艾玛打的。更过分的是，我从我的首席私人秘书鲁珀特·赫克斯特那里得知，在我被迫辞职的那天早上，他曾试图将这个调查结果反馈给首相办公室，却被告知他们不感兴趣。

既然我现在已经离职了，托尼和阿拉斯泰尔都把我的辞职视做我将“逐步结束”政治生涯的信号，那么其他人也会跟风附和。杰夫·胡恩就曾调侃过，说我未来在工党扮演的角色便是“敲门发传单”。阿拉斯泰尔也对简报记者（brief reporter）暗示，说我“超然脱俗”——意思大概是——说我老练地处事不是为了隐退，而是为了辞职后的住房保障。

我的大脑一片空白，毫无头绪。如果之前有一个好的机会处理这件事，我就不至于因为受到怀疑而退出，这样一来仿佛在暗示我之前是不诚实和道德败坏的。这不仅仅关乎尊严。我把自己大部分精力都投入至今我仍然信任的政治事业上。我让工党再次获得候选资格。我支持一个天赋异禀的领导人去改善党组织，改善整个国家。这些任务远没有完成。连任选举就快到了，我知道自己再也不能在这次选举中发挥作用了。但是我并不准备就这样消失——特别是当我知道在欣杜贾国籍申请事件中我自始至终都没有错。我坚持要托尼发起调查来证实事情的真相，同时我也得到了在哈特尔普尔的选民们的理解。不管我曾经在托尼的政治团队中处于多高的地位，我也绝不会忘记如今正是他们把我下放到下院的。

我最亲密的朋友们完全了解我渴求洗脱罪名的心情。很多人在我辞职后的第一时间打来电话，约翰·伯特就是其中之一，他和本杰明·韦格-普罗瑟及其他人一样，赞成我在《星期日泰晤士报》上发表一篇文章来陈述发生的所有事情。罗伯特·哈里斯——已经从托尼的支持者队伍中脱离了出来——也来到伦敦，从媒体渠道支持我。他拿着我那篇要在报社发表的文章草稿，如往常一样，把我的用词修改得不那么尖锐，把冗长的句子修改得通顺流畅。在知道整个事情的真相以及我遭到的来自托尼团队的冷漠对待后，罗伯特·哈里斯十分生气。尤为过分的是阿拉斯泰尔，当我告知他我之前的下属官员所做的调查结果时他仍然是那么冷漠。

我打电话给托尼，告诉他我要发表文章的打算。我希望他能接受，或者说至少了解一下我想反击的决心，而且认识到我之所以反击是为了挽回我的声誉而不是想破坏他本人或者他领导的政府。虽然我早预料到他对此事的反应，但是丝毫没有减少我的沮丧感。“我不认为这是一个好主意。”他说道。我解释说我已经别无他选，特别是我之前的下属官员已经查证了事情的真相，但是他认为我应该“深思熟虑”。当我问及原因的时候，他说：“你必须要考虑什么是最好的长远打算。不如就承认你做过那些事……这样你能为自己重新打拼一个不同的未来。如果你坚持反击，你会树敌的。这对你以后的工作来说更为不利。”

最终我认识到自己陷入了一场零和博弈中。如果我最终被免罪，那么其他问题就会接踵而至：不仅关系到阿拉斯泰尔，还关系到迈克，关系到杰克，最终会牵涉到托尼。当前的形势是唐宁街方面不想因为解职事件而付出太大代价。比如他们会被追问为什么如此急迫地将我解职？为什么托尼要解雇我？当我向由前内政部法律顾问安东尼·哈蒙德爵士（Sir Anthony Hammond）领导开展的行政调查组递交陈述报告时，我意识到这其中涉及的风险更高了。当哈蒙德开始就调查此事向我和其他人搜集证据时，我遇见的不是对我有敌意就是保持沉默的前内阁同事或者托尼的同僚，阿拉斯泰尔更是连话都没跟我说过。在一段时间内乔纳森·鲍威尔也是这样。一些之前与我在政治上最亲密的老友，甚至菲利普·古尔德，都选择和我保持距离。

哈蒙德似乎决心要找到方法来消除之前不公正的判定——现在看来毋庸置疑是种欺诈——使我的人格遭受玷污却没有对政府里其他有所涉及的人追踪调查。“曼德尔森先生，”在一次会议后他很直率地对我说道，“我知道你在为洗脱自己的罪名而努力，只要那个打给奥布赖恩先生的电话仍然被认为是确实发生的话，你就会想让我来证明它根本没发生过。但是我认为有一点你必须要明白，政府失去一个大臣已经是不幸的了，如果再失去一个，那将是双倍的不幸。”

3月，哈蒙德发布了调查报告，不可避免地得出一个我预想中的结论，那便是在国籍申请事件中没有任何人有不适当的做法。对于那个被确认发生过的打给奥布赖恩的电话，他却作出了一个滑稽的结论。他说他没有“得出任何确定性的观点”。他承认我之前作的陈述报告是真诚的，并且在整个事件中我是“坦率诚实”的，但是他避开了迈克和杰克关于坚持认为电话事件确实发生的争论。他坚持认为“最好的结论”——我认为他是指最实用的结论——便是我承认打过电话。

不管怎样，至少在哈蒙德的调查中他证实了最关键的一点：不管是我还是我办公室的官员，都没有利用职权帮助欣杜贾先生获得英国公民身份。调查报告发布的时候我在哈特尔普尔，当我被问到对于调查报告的反应时，我说我很高兴被证实无罪：调查报告很明确地说明了“我没有说谎，我没有误导谁，也没有欺骗谁”。托尼对此的反应很是模棱两可。他乐于接受我被证明无罪：“我说过的，我相信彼得从不会有任何不正当的行为。”他说道，“我为他获得清白感到高兴。”但是托尼曾警告过我，一旦我决定反击，我就会冒着树敌的危险，现在我开始明白他的言外之意了。“彼得已经把事情解释清楚了，我也一样。”他说道，“彼得回政府工作是没有任何问题的……我希望他能回来重新开始他的生活。”

我倒不是很期待早日回到内阁。我承认有这种可能性——一种“必然趋势”，同样我的朋友也一直对我说——站在为我好的立场上——绝不要回到内阁。然而托尼公开地否定了一切无理和不公平，尤其第二天我们在电话中交谈的时候，在个人层面上我毫无疑问地认为我们之间的友谊仍然存在。至于我回归内阁这个话题，他没有直接谈到时间和方法，我也没有。在随后几天更加频繁的通话后，他鼓励我逐步地回到内阁，通过政治化的方式使自己"复职"。他说他仍依赖着我们的关系，不管是私下的交情还是政治上的。他说他需要我的帮助，尤其是在他的选举计划上。起初，我以为他想要我扮演在1997年大选前后我曾扮演过的广泛（broad）但不明确（ill-defined）的角色。"我猜你是想让我回到'做彼得'的时候。"我开玩笑地说道。我很快发现不是这样的。托尼真正想要的是我们保持隐秘的关系，像以前"做警察"的时候那样。

托尼正在重建他的事业，几个月来他一直在努力准备即将到来的大选。首要的目标，显而易见地便是获得胜利。如果成功获得连任便显示出我们新工党能够经得住考验。我们中的任何一个人都不害怕失败。经济发展过于浮躁，保守党过于分裂，并且和他们执政时期的后几年里发生的祸事脱不了关系。威廉·黑格虽然在下院里干得不错，但是对选民没什么影响力。这样看来，主要问题不是哪一方会赢得大选，而是赢的程度如何。我们思考的是会不会因为宣传范围太窄、宣传力度太小而不能形成令人信服的认可度？最关键的是，我们拿什么来获取选民的支持？

距离大选只有几个月的时间，托尼知道选民们最初对于他以及新工党的热情已经没有了。他急切地想要找到一个方法来重新唤起选民的热情。他一直告诉我他想要自己的第二任期政府"更加激进，更加充满斗志"，他已经为此构思出了更为广泛的理念，比如政府会致力于在卫生和教育方面进行更为深远的变革。对于"基本生活条件"的改善也会取得更显著的效果，比如抑制反社会的行为和罪行所造成的不良影响。他想组建一个更具凝聚力和活力的内阁来掌握加入欧洲单一货币体系的公民表决权。在他的前四年执政生涯中他都在为这些他所期望达到的目标而努力。他担心的是党内太多人会被怂恿着采取一些过于简单的方法求胜。他们相信只要提醒选民回想起保守党曾经导致的"黑色星期三"事件我们就能获胜，向选民呈现我们创造出的发展和稳定局面，并且宣告我们将会投入大量资金用于公共服务体系的构建。"激进，雄心勃勃"的改革看起来让一些人担忧，让另一些人觉得没有必要。

几个星期后，他告诉我他最终将竞选的焦点定下来了："一个后撒切尔时代——超越撒切尔的时代"，不是反对撒切尔模式，而是一个在精英阶层领导下的英国人梦寐以求的时代，每个人都能在机会中共享美好生活。我认为这是一个起点，但是我说我不清楚这个模式怎样才能在艰难的政治体系中形成，恐怕选民和我有一样的感觉。“充实这个构思的框架，”我很赞同他的想法，“写下详细的计划然后实施。”他说他会这样做的，但他看起来很是心烦气躁，不清楚究竟该怎样去解释这个政策。我以为他会将这个构思具体化并最终定下来，但是他没有。

显然，我们之间还存在没有解决的问题：他之前为什么解雇我？我在未来的政府中将扮演什么角色？最终出乎所有人意料的是，作为他的朋友，我还是扮演了“做警察”那个时期的角色。毕竟我和托尼的紧密关系以及我对新工党的承诺都强烈地影响着我，以至于我无心经营其他事业。自己被解雇感到的不满以及对不明确的将来感到的沮丧，这些理所当然地困扰着我，但是所有这些感受都很少全部涌现出来。它们第一次这样涌现出来是因为托尼让我想起了往事。在一次谈话结束时托尼突然问起罗伯特·哈里斯，我知道这是他在试探我的想法。我试图转移话题不作表态，他却说道：“其实有些事不用过于是非分明的。”

“不是，对于我来说这事必须是非分明。”我说道，“你全部心思都在杰克和内政部以及阿拉斯泰尔给你提供的信息上，丝毫没有对此质疑过就宣布我犯错，然后把我抛在一边。”

“这不是什么大事。”他平静地说道，“我知道你认为我这样做肯定有什么深层的含义，但事实上真的没有。”

事实上我从没有去猜疑什么“深层含义”，使我困惑的是托尼缺乏解雇我的理由。我感觉托尼是早就决定好了要这样做的，以喜剧化的不恰当为由结束我的大臣生涯，甚至不需要大费周章，对他来说我只是一个可有可无的人。也许这就是政府的本质吧。1997 年后的我们尤其如此：太过于在意新闻的内容，总是想着怎样应对这些新闻和塑造自己的形象，而不是把焦点放在长远的问题上。在这样残忍的现实中每个人——除了站在权力顶端的人——都是可有可无的。但是这也同样产生了一个悖论，如果托尼离开了，那么我又怎么能在戈登领导的政府中发挥作用呢？由此可知，首相是不可能仅靠自己一个人领导政府的，成功是要涉及错综复杂的因素的，甚至有些因素是无法控制的。如果领导人没有能力组建和激励一个有效率的团队并与之共事——没有能力让他们意识到自己在团队中的重要性——那么这个领导人便是失败的。

4月下旬，唐宁街方面给我打电话的次数更加频繁，这是托尼忧心不已的表现。他最近做出的关于通过公私合营向伦敦地铁建设注入资金的计划，由于地铁管理部门和肯·利文斯通的强烈反对使得这个计划引起了政党之间的纷争。他还做了另一个打算，而这个打算让他更加烦躁不安。他想让安吉在下一任政府组建中担任政府关系主任（Director of Government Relations），但不知道安吉是否对此感兴趣。"谁能怪她呢?"我不得不说出我的看法。我们都知道安吉的顾虑来自切丽，切丽打心底里不接受安吉担任这个职位。我想托尼已经意识到所有这些烦心事会加剧他在准备即将到来的大选时的挫败感。在某次我们的长时间通话快结束时，他说他最需要的是一个值得信任的人来助他一臂之力并且专心准备大选。"我需要你，"他这样说道，"我需要一个曼德尔森。"

在4月的最后一个星期五，我和托尼见面了，那是自我被他解雇后我们第一次真正的见面。在去乡间别墅契克斯的路上我总感觉很不适应，但当我走进托尼的书房时他打破了尴尬的气氛。他正在轻轻地拨弄一把电吉他，那是切丽送给他的，也是一个玩笑——至少，我希望那是一个玩笑——就是让托尼利用夏休假的时间加入业余的乐队。托尼问我："最近怎样?"我说还行，但是感觉很沮丧。

托尼直接进入了主题："让过去的就过去了吧，我们谈谈将来。"他说他需要我回到内阁。第一步，他想让我在大选结束后取得一个内阁外的政治角色。他会让人们适应我的回归，但是进行下一步还很困难，至少在当时看来是这样。最主要的麻烦是媒体。"他们不会就这样放过你，"托尼说道，"到时候报刊上都会出现抨击你的文字，这会破坏我们的计划。"尤其是，他说道，"戈登那伙人。"

除了在处理《综合开支审查报告》的政策上感到焦虑不安和沮丧外，托尼在处理自己和新工党老同盟的关系上也愈加筋疲力尽，尤其是临近大选，越来越多的迹象表明戈登急切渴望得到他认为是理所应当属于自己的职位，便是成为新一届首相。"他简直是疯了。"托尼是这样认为的，在看到我脸上显露出同感的表情后，他又补充说他开始考虑在大选结束后把戈登从财政大臣调到外交大臣的职位上，但是如果他那样做的话党内将面临巨大的突变。

接下来的周末我和托尼再次在契克斯见面。此时离大选只有几天时间了，我希望帮助他抛开一切杂念集中精力准备大选。我们面临的选择是很明确的，只要我们简单地强调一下保守党的弱点，并且提出“工党投资，保守党削减”的经济主题，那么我们就毫无疑问地能在大选中获胜。这也是戈登提倡的策略。我们可以更加雄心勃勃，更加激进。显然托尼想采取这种策略，但是他还没有对“后撒切尔时代的英国”这个概念作出更准确的定义。我告诉过他，他需要的不仅是一个口号或者一个标题。如果他不能让选民看到一个切实的蓝图，那么要想成功连任几乎不可能，因为他越是明确地向选民展示出计划，就越容易在选举后按照他的想法来修改政策。

谈话很顺利并一直进行到晚上。我们已经有了一个很明确的聚焦点，起点仍是“后撒切尔时代的英国”这个构思，但是对此我们有了更清楚的定义。托尼钦佩撒切尔坚定的信念、果断的处事风格以及领导品质，但是在对经济发展政策作出必要的改变这一点上，托尼认为她忽视了可能产生的社会后果。她一开始就错在不该促进猖獗的个人主义而忽视了公民的责任和利益，忽视了怎样创建一个健康的社会。她拒绝把足够的资金投入公共服务事业，因此在国家发展上造成了数不清的损失，并且她在处理欧洲事务方面也犯下了过错。托尼想建立的是一个社会民主的英国，个人机会至关重要。政府的工作便是保证所有公民有平等的机会去享受由于自己的天赋和努力而得到的回报。这显然是指政府有义务去帮助那些不能帮助自己的人，但并不意味着政府是在滋生犯罪或者资助一些故意为了享受福利而不工作的人。托尼想振兴公共服务的发展，使其更加适合公民按照自己的需要调整生活。他想让英国和欧洲紧密联系起来，并且加入欧洲单一货币体系。

他说他全身仿佛再一次充满了活力。我认为比起何时能入主唐宁街10号，托尼的热情更多地投入在他想完成的任务以及如何完成这方面。他知道政府现在应该如何运作。他认清这些事实是想让自己的举措不仅在工党而且在全英国留下一个重要的标记。他会把最有可能切实落实改革的地方作为优先考虑的区域。显然，教育和医疗是关键，“学校和医院的改革是首要任务”这一理念会作为我们的竞选口号。

当我们深入讨论具体详细的计划时，我们都认识到仍然有很多政治性的阻碍影响计划的实行，并且若想把这一计划从根本上变成具体行动，时间确实太紧了。其他问题暂不考虑，已经制定好的政策都让托尼处理不完，更不用说和工党议会达成广泛一致的其他政策了。我们已经写好这一计划的详细说明，这个计划看起来比起 1997 年的计划稍显冒险，但是没有那么雄心勃勃和激进了。

党内只有极少的人赞成这个计划，我当然是其中之一，甚至在某些领域我想要达成的计划比托尼更多。比如，如果我们想重新和选民建立紧密的联系，就不得不在某些问题上变得愈加困难和富有争议之前作出说明，比如移民政策和避难所的修建这两大问题。在我们早期的一些关于竞选的会议上，戈登坚持认为我们在竞选时要想方设法避免涉及这方面的问题。他也同样认为不要涉及法律和秩序这些领域。引起这些话题对平息公众的焦虑毫无作用，只会让他们更加忧虑，他认为我们无法战胜保守党的强硬作风，这会让我们在和保守党“划分界限”（dividing lines）时产生失误。我对此的观点是，假装这些问题不存在并不意味着这些问题就真的消失了。移民政策和避难所的修建这两个话题总是引发党派争议，争论双方有时甚至怒气冲天，这些情况不仅发生在一些酒店和商店里，也发生在俱乐部和郊区。我听说这个话题的争论还牵涉到了哈特尔普尔的上访事件，其他的下院议员也收到了类似的消息。我设法说服托尼，告诉他我们需要在这场争论中发出可靠的来自我们工党的声音。我们应该借鉴罗伊·詹金斯和吉姆·卡拉汉的例子，坚决反对种族歧视和排外主义，支持有利于平衡和谐的规章制度。这是托尼最后一年首相任期内将很快接受的局面——对戈登来说也是一样，而这个局面涉及的问题，对于他们两个人来说都是没有确定政策的领域。

托尼仍然决心找到一种方式来最大限度地推广他之前作出的政策宣言，为此，他在参加竞选活动时举行了六场主要演讲。他谈到在处理犯罪问题和构建福利体系时需要个人权利和社会责任相平衡，并且清楚地表示他希望能赢得公民表决权最终加入欧洲单一货币体系。他认为最重要的便是公共服务体系这个问题，比起他继续担任首相的几年里对此进行的改革来看，现在的公共服务体系还很不完善。演讲中仅仅有极少部分涉及通过私人捐助和慈善团体来帮助改善学校和医院，对此的回应，托尼认为实施这方面的政策目前仍有阻碍。

我们的竞选运动在整体上不是很景气，媒体和公众似乎对我们提出的政策不怎么感兴趣。尽管我时不时地要提醒托尼掌控好整个局面，但我的主要精力还是在哈特尔普尔选区。可以毫不夸张地说这些本不是我的工作，但这是我重建个人信誉和将来恢复政治生活的必要阶段。我们之前的讨论得出了一个事实，即两年内两次退出内阁对我个人造成了很大的损失。比起觉得自己像毛巾一样被随手扔掉，我反而觉得这是一种鞭策。正是这些挫折激起了我所属的地方政党和立足于伦敦的朋友们的斗志，所有的人都齐心协力地帮助我朝着一个方向前进。

杰夫·胡恩曾说过我在工党未来的工作是“敲门发传单”，这听起来几乎是给我判了“死刑”，不过在大选的每一周我的确在做着敲门发传单的事。我觉得在政治生涯里再也找不到比做这个更让人充满斗志的事了。从一扇门到另一扇门，从一所学校到另一所学校，从一份传单到另一份传单，我想要做的就是向我的选民们表示无尽的感谢，感谢他们的信任和支持，并且能代表他们参加竞选也是我的荣耀，我也向他们说明我决心满足他们关心的问题和实现他们的愿望，倾听他们的想法，同时也表达我对托尼新一任政府的观点。我告诉他们新一任政府是帮助需要帮助的人；会有效地实施政策而不是纸上谈兵；会通过社会系统解决犯罪问题，打压非法财产的获取；会将更多的资金投入学校和医院的改革中，以此来确保这些基础设施是用来提高政府官员对人民大众的责任感。

与我的选区代表斯蒂芬·华莱士
在哈特尔普尔的一家酒吧外。

2001 年的大选日对于我来说与 1997 年相比有所不同。我对自己的个人竞选结果的关注远远超过了新工党再次掌权带给我的兴奋感。这一次，我的选票由地方统计，越是临近票数的公布时间我越是紧张。当开始宣布结果的时候，我几乎紧张得牙齿打战。我的竞争对手是保守党的格斯·鲁宾逊（Gus Robinson），他的竞选结果不错，获得 7 935 张选票，略低于 21%的份额，而我获得了 22 506 张选票，几乎占 60%的份额。当我走上台发言时，自 1 月以来所有的压力似乎都消失了。“在竞选开始前，有人说我面临着被政治遗忘的事实。”我说道，“我的事业已经支离破碎，无法再参与政治生活。现在看来，是那些人低估了哈特尔普尔选区，低估了我。”我继续说着，由于情绪激动声音变得高亢，“因为我是一名战士……一名战士，而不是一个轻言放弃的人！”

2001 年个人竞选统计结果公布前，

在哈特尔普尔焦急地等待着。

我最终赢了，极具说服力地获得了胜利。比起 1997 年我的个人管辖范围有所缩小，但是仅仅是有一点点缩小，比起工党在全国的管辖范围来看只是缩小了一点。发言结束后我的电话响了，是托尼打来的。他对竞选

竞选成功后与支持者们欢庆胜利。

圆满结束感到欣慰，为我们在下院获得大多数席位感到高兴，并且对我的竞选结果感到满意。“干得好，”他这样说道，“你这一仗打得比我漂亮!”紧跟着阿拉斯泰尔也打来了电话，“真是不错的演讲啊，”他带着一丝讽刺对我说，“不过有点高调。”我笑了笑，也许我应该悄悄地说我是一名战士，但是当时的我既筋疲力尽又兴奋不已，所以没有心思去在乎阿拉斯泰尔的评论。不过在某种程度上我还是有些担心的，因为我知道不管是为了我和他，还是为了托尼，我和阿拉斯泰尔必须找到一种方法来缓解我们之间的紧张关系并重建协同工作的能力。

这将需要花费好几个月的时间来解决。对我来说更令人沮丧的是另一件事——托尼也一样感到沮丧——尤其是选举结束后：比起 1997 年大选我们获得的关注度有所减少，选民的投票率从四年前令人印象深刻的71%下降到 59%，也是自 1918 年以来投票率最低的一次大选。我们成功获得“二连任”，与此同时我们输掉了 5 个席位，保守党只获得了 1 个席位，自民党获得少数席位。看起来我们似乎赢得很勉强，但不管怎样也是打了一场胜仗。托尼计划着选举后的政府改组，我也在想接下来自己该干的事。作为一个拥有全新起点的连任首相，托尼再一次处在了权力的巅峰，并极具影响力。我想参与他的政治生活。哈蒙德已经证明了我在国籍申请事件中的清白，我也重新获得了选民的支持。在检讨过去时，我认识到了自己还不够有耐心，对于托尼承受的压力我的处理方式还不够现实。

我守在电话旁，等待着从唐宁街10号打来的电话。

最终电话打来了，但是并不是谈论关于我在新政府里的任职问题，而是谈论其他人。由于在着手进行改组计划，托尼的声音听起来十分疲惫，他需要度过一个“艰难时期”。然后他开始谈到了这个话题：“我知道你不会喜欢这个安排，所以我打算把杰克安排在外交部。”我心里毫不否认这根本是个错误的安排。比起我来说，杰克·斯特劳并不是一个合适的人选，因为他这个人骨子里就带着多疑的基因。也许凑巧托尼正是欣赏他这一点。托尼认为一旦杰克在工作中处于“锁定状态”，他就会在处理欧洲事务上听从一切命令。又由于他是出了名的怀疑论者，他能得到更多选民和议员们以及媒体的支持。“这一切还有待观察。”我说道。事实上我感觉托尼是在尽力说服他自己。

一方面，我为托尼没有让我加入新内阁感到失望；另一方面，我又认为他不让我回归是正确的选择。我的回归会引起争议，并有可能妨碍托尼进行更有效率和充满雄心的执政计划。他现在最主要的两个工作重心，一个是加入欧洲单一货币体系，另一个是国内事务，包括在公共服务体系上新的投资计划，使其从现代化进程中得到根本改革。

托尼开始很好地进行他的第二个任期，在唐宁街10号进行着新的工作交接，以达到他在良好的协助下进行政策改革的目的。他要确保把自己的人安排在一些关键部门：艾伦·米尔本被安排在了卫生部；戴维·布伦基特去内政部接管杰克的职位；查尔斯·克拉克担任工党主席。但几乎是立即就出现了问题。新政府的主要任务是托尼十分热衷的公共服务体系，虽然关于这方面还没有详细的具体计划。托尼想让学校和医院的改革有更多的自主权，这意味着政府会放松管控并有可能从其他来源引进专业意见和资金。自从大选胜券在握后，工党议会里的大多数人对工作的热情度有所下降，既不像老工党也不像新工党，似乎看起来没有达到托尼期望中的改变。托尼在大选后和工党下院议员们以及国家经济委员会（NEC）成员讨论事项时，第一次意识到这个问题。“我觉得自己的话不再那么有说服力了，”托尼对我说，“我感觉他们根本不把我的话当回事。他们只是听我说话，然后反对我的想法。国家经济委员会里的人也是这样，越来越多的人甚至说‘我们不需要新工党的人来插手，有我们在就够了’。”

戈登很支持在议会工党和国家经济委员会甚至贸易联盟内部产生的这

种新的质疑情绪。对此他有时在背后发表言论，有时通过埃德·鲍尔斯或其他同盟者公开发表言论，他甚至拿出凭证来证明一些谣言，他认为公共服务体系改革进程中任何私营成分的掺杂都意味着一场“撒切尔式私有化”的发生。暂且不谈戈登对新政府政策的意见，早在选举的那几天戈登和他的团队就开始着手在格兰尼塔餐厅敲定的事宜，想实现曾在七年前失败的承诺，即戈登会是下一任出自工党的首相，对于托尼来说，第二个任期将是他的最后一个首相任期。

在下院夏休期来临时，媒体方面一致认为托尼的第二任期政府改组计划遇到了瓶颈，随后托尼消失了一阵子。后来在8月初，他让我到契克斯和他见面。我们谈了好几个小时，开始是在书房里，然后在花园里。切丽也加入了我们的谈话。当我们谈到选举结束后出现的一些争议和动荡时，我告诉他如今政坛事态的走向相较于1997年已经发生了变化。我们在第一任期的时候做得很好，并且两次获得大选胜利也证明了新工党的实力和托尼的领导才能。如果我们想要让第二任期的政府计划更有雄心和斗志，就必须要构想出具有足够信服力的计划，这些计划能唤起民众的热情并赢得政党的支持。这样看来我们需要一个新的焦点、新的动力。我相信托尼的直觉也在告诉他这些，但是他在选举后和工党及国家经济委员会成员举行的会议上受到的冷遇打击了他的自信。“我感到孤立无援，”他这样说道，“我感到孤独。”

不过，在他和切丽出发去度假时，他仍然告诉我他会努力地去实现一个自信的、充满雄心和改革的任期。所有的政策方针会在他的领导下实行，在我们的共同努力下经营好接下来的四年——毫无疑问，这期间会收获成功也会面临逆境。当时看来很多方面仍受到阻碍，从某种程度上看，和托尼有复杂关系并常常不耐烦的伙伴戈登，也是其中的阻碍之一。后来发生了一个重大事件——某种程度上可以这么说——那是海外的非常事件，发生在2001年9月的某个星期二，后来这个事件变得众所周知，简单地说，就是著名的“9·11”事件。

晚上我打电话给托尼谈论纽约双子大厦和华盛顿五角大楼的恐怖袭击事件。那时他刚结束了工作从内阁办公室A号简报室出来，A号简报室是位于唐宁街的一处僻静、安全并拥有高科技设备的地下室。电话接通了，我希望从他的声音里听出一点……怎么说呢，也许是希望听出一点忧虑。当然他的声音毫无疑问地显得很疲惫，但我为他声音里透出的冷静感到惊讶。他为成千上万的美国人在这次恐怖袭击中遇害感到愤怒，无数的英国人也一样。他精神深处存在的宗教信仰让他觉得恐怖袭击事件应当受到强烈谴责。对他而言，这次杀戮不仅是一场悲剧，它们简直就是罪孽和邪恶导致的后果。虽然现在托尼的判断力受到情绪干扰，但还没有完全被控制。他的注意力聚焦在这次恐怖袭击事件所带来的政治影响上。他很清楚地意识到自己现今需要做什么，也意识到一旦处理不当将会导致的后果。

从“9·11”事件到工党在月底举行的一系列会议这段时间里，托尼走访了大部分国家的首都，致力于和各国领导人达成共识，发起铲除基地恐怖组织和推翻阿富汗塔利班的运动。在接下来的一个月里，一切都按计划进行着。11 月中旬，美国和英国的联合军队进入阿富汗，控制了喀布尔地区。在那一年剩下的时间里，联合军队一直致力于改善那些饱受战争蹂躏的国家的安全局势。

2001 年 9 月，我和托尼在哈特尔普尔。这是解职事件后首次与其拍照。

到 2002 年年初，我仍然没有明确我在政治领域扮演的角色。我的确一直都在想着这件事，但每次我和托尼谈论这个话题时，我又没那么期望早日回到政府了，也没怎么去想如果没有回归政府我的生活该怎么继续下去这个问题。

在我努力朝着重返政府这个方向前进时，我做过的其中一件事就是和曾在 2001 年大选运动中起到关键作用的约翰尼·霍恩比（Johnny Hornby）一起建立了一家叫“CHI”的广告公司。可以说那是一个很大的成功——我的创意天分也有些微功劳——虽然后来有一部分卖了出去，但是我从自己那一小部分股票获得的收益足够我买下现在我居住的位于摄政公园附近的房子。意义更为深远的是，我开始借此在亚洲开拓事务，尤其是在中国。我访问了中国的大部分城市，有内陆地区，也有快速发展的沿海地区。我对这个国家的了解日益加深，这也得益于我和一位传奇人物常年的探讨，那就是新加坡的开国元老——李光耀。他也是我最初见面时的"哈里·李"，人们通常都是这样称呼他。查尔斯·鲍威尔也告诉我，世界长久以来的发展之所以都倾斜向东方不仅是因为中国，也因为整个亚洲的发展所产生的影响。

我在下院的发言权越来越多，不管是涉及哈特尔普尔的问题还是其他广泛领域的问题我都提出了自己的看法，尤其是与欧洲相关的事项。我被任命为政策网络（Policy Work）组织的主席。这个组织致力于设立一个国际智库，或者说一种机制，它准许政治家和思想家共同探讨对于英国、欧洲和美国的发展来说极具进步性的思想，来使得我们共同制定政策应对所有政府面临的问题。在接下来的几年时间里将会举行一系列的会议，我们不仅会汇集欧洲杰出的政治家，还会有像时任的美国总统比尔·克林顿、巴西总统卢拉·达席尔瓦（Lula da Silva）以及南非总统塔博·姆贝基（Thabo Mbeki）这样的优秀领导人参加会议。

2003 年，在于伦敦举行的发展治理讨论会（Progressive Governance Conference）上。从左至右依次是：达席尔瓦、布莱尔、姆贝基和我。

我在欧洲、中东、非洲和美国进行了一系列的演说。我成为一个集政治、学术、商业多种合作关系于一体并被称为“英—日 21 世纪集团（UK-Japan Twenty-First Century Group）的重要负责人”。我还在英国与欧洲的跨党派小组工作，这个小组也是我和自由民主党领导人查尔斯·肯尼迪（Charles Kennedy）、保守党的欧洲狂热者肯·克拉克（Ken Clarke）以及迈克尔·赫塞尔廷一起创立的。小组的执行主任是一名年轻的苏格兰自由民主党成员丹尼·亚历山大（Danny Alexander），我后来渐渐了解并且很欣赏他——准确地说是在我俩参加了 2010 年大选后。

我和托尼在政治的对话从未间断，尤其是在实现第二任期政府的根本性改革出现一些不好的迹象时，我们的对话更加频繁。我们拥有下院的大多数席位。保守党让伊恩·邓肯·史密斯（Iain Duncan Smith）代替威廉·黑格接管了领导地位，但我认为史密斯不仅缺乏在议会工作的技巧和言辞上的修辞天赋，还缺乏判断能力，他不把自己的成功任职归功于肯·克拉克而是归功于保守党的理念——欧洲怀疑论，或者更确切地说应该是“欧洲恐惧论”。我们党的选举优势来源于英国政策的中心问题，他看起来似乎没有想要质疑我们的政策。关于实行托尼提出的政府改组计划，议会工党看起来对此越来越不感兴趣，戈登也没有显露出想要帮忙的意向。

到 2002 年的夏天，我不仅又开始和托尼保持定期联系，还和菲利普以及阿拉斯泰尔保持联系——不过对托尼来说他遇到了更重要的问题，我意识到他失去了另一个重要的工作伙伴。他本来准备按照原计划在大选后给安吉安排一个更为重要的职位，但是事情并不顺利。其中一个问题出在安吉的新工作上，安吉的新工作似乎让托尼的主要政治联络员萨莉·摩根（Sally Morgan）的工作失去了意义，她俩的工作内容似乎有所重复。后来萨莉离开了这个职位成了上院的大臣。关于安吉的工作安排所存在的真正问题是我和托尼早就意识到会出现的问题，那就是切丽。早在大选前托尼就告诉过切丽，甚至告诉过整个首相办公室，安吉不会继续安排在原职。当托尼要重新给安吉安排职位时，切丽十分愤怒。托尼的计划无法进行，他知道自己需要安吉，但他也意识到除非切丽大发善心否则是不可能的。没过多长时间大家就都意识到已经不可能给安吉安排新职位了，于是在 2001 年年末的时候安吉离开了，并在英国石油公司找到一份令人雄心勃勃的工作。像我一样，她仍和托尼保持联系，但是一切都不一样了。萨莉又回到了托尼的政治团队担任他的助理，托尼会在自己最后几年的任期里更加依赖她。

我一直很欣赏切丽，我最欣赏她的便是她的一些特殊品质，虽然这些品质有时让她显得不易相处。切丽做事果断、意志坚强，并且从不掩饰自己的情绪。她可以说是一个能把善良发挥到极致的人，正如我在第一次辞职后提到的那样，但是她也会粗鲁地对待她和托尼周围的人。她会在某天和你热情拥抱，也能在第二天就忽视你。记得有一次，我举行了一个会议，讨论政策网络组织的事宜，那次会议托尼和比尔·克林顿也参加了。当时切丽气冲冲地走向我，说我想害死她丈夫。我起初以为她是在开玩笑，但是她说得很严肃，她说我那些频繁的会议会让托尼累得心力衰竭。“走开!”她很生气地对我说。托尼后来告诉我，虽然切丽有时很强势，但是如果没有她给予的力量自己无论如何都无法度过成为首相后最艰难的时期。我也相信这一点，要是和托尼一起生活的人是一个不像切丽那么精力充沛的人，托尼的人生一定会很无趣。

对于切丽来说，和托尼一起度过的日子也曾经艰辛过。早在20世纪80年代，当我第一次遇见这位成功的年轻律师时就明白了他有多么不容易，在作为一个党派领袖成功赢得选举后，托尼一下子处在了政治舞台的中心，是切丽在背后默默地支持他。入主唐宁街更是一场考验。在没有任何人帮助的情况下，切丽承担着改变自己和家庭生活的责任，那个时候托尼正在走进一个权力世界，在那个世界里他的任何一个微小的愿望都能让他的助手和行政官员为之付诸行动，服从他的任何命令。在1997年大选结束后他们搬进了唐宁街11号，我记得当时去拜访他们，切丽带着我参观房子，托尼在后面跟着，那个感觉让我意识到他们能把这里变成真正意义上的家，不管是对于他们，还是对于他们的孩子而言。家庭的开支当然会很大，但是这不成问题，托尼开玩笑地说，只要切丽“控制住自己身上的伊梅尔达·马科斯（Imelda Marcos）基因”。如今，办公室里的工作对他们两个来说都是负担，切丽一点也没有逃避，她和托尼一起承担着责任。

托尼更是被政治压力所包围，当他后来把我抛在一边第一次有了放弃的念头时，我一点儿也不惊讶。他并不会马上离开他的职位，他会继续工作直到第二个任期结束，但是他开始觉得除非自己实施一些有标志性意义的举措，否则整个团队想完成中心目标的那份热情会消失殆尽。他对另一位欧洲首相的政治生涯很感兴趣，仿佛对他来说就是一个活生生的例子，那是他喜欢并且尊敬的西班牙首相何塞·玛丽亚·阿斯纳尔（José María Aznar）在2000年赢得第二次连任，但是不久后却宣布他的第二任期将是最后一个任期。“看起来我像是在走阿斯纳尔的那条路。”托尼这样说道，我想他是在希望我设法说服他。

我指出了如果他现在放弃的话可能产生的危害，那会削弱他的执政能力，或者让他变得一无是处，但是我也告诉他我理解他现在受到的诱惑。“你现在需要判断的是这样做造成的影响，”我对他说道，“如果你真的觉得放弃中心目标能让你更有自信地去管理其他事项，并且让你远离那些令你心烦意乱的琐事的话，那么这值得考虑。”托尼也去征询了其他人的意见。阿拉斯泰尔持中立态度，和我一样，他觉得托尼必须要权衡一下这样做对他的地位和政府可能产生的影响。萨莉认为放弃实现中心目标会削弱托尼的执政能力，她更为反对这样做。

在2002年夏初的一段时间里，托尼越来越倾向于“阿斯纳尔式选择”，但是最终有两件事动摇了他的念头。第一件事便是一个熟悉而且周期性的活动——度假。当他和切丽在坎布里亚郡度假的时候，他发现全身再次充满了能量，似乎在度过了夏休假后那份实现目标的决心又回来了。第二件事与我们在夏季到来之前讨论的政策问题无关。比如“9·11”事件，在托尼执行第二个任期之初它根本没出现在我们的政策议程上。那是美国方面作出的决定，他们想强行迫使伊拉克总统萨达姆·侯赛因放弃他那涉及大规模杀伤性武器的计划，托尼认为美国方面作出的决定是必要的，而且是正确的。

托尼结束度假的时候我正在访问印度尼西亚、马来西亚、泰国和新加坡，代表伦敦方面就西方国家和伊斯兰教国家之间的关系发表演说。我的观点是直截了当的，我们对“9·11”事件的反抗正是在挑战恐怖袭击行为，而不是引发“文明冲突”。奥萨马·本·拉登（Osama bin Laden）不是一个个例，对于伊斯兰教国家来说，他简直就是一个变态。所有亚伯拉罕的信仰者都对此持共同的看法。我们现在需要的是达成共识，找到共同的语言并且共同采取行动。我的观点为很多人所赞成，但是在后来的答问会议中讨论的焦点越来越集中在美国方面，也涉及英国，即两国可能准备采取军事行动来制裁伊拉克。我主张通过调解来解决问题，这样看来一些参会者似乎曲解了我的意思。布什总统和托尼都把制裁萨达姆看做打压恐怖组织的必要行动，但是我并不这样认为，我在亚洲接触过很多穆斯林，就他们而言采取军事制裁更像是利用类似十字军东征的便利来激起阿拉伯国家和以色列及美国由于政治文化不同所导致的相互反感和猜疑。这一点让我十分担忧。

晚上我回家之前去唐宁街 10 号见托尼。他在访问戴维营，这一点让我备受鼓舞，因为他在戴维营努力劝说布什总统通过联合国来解决恐怖组织问题而不是采取军事制裁。这是托尼在决心处理由于制裁萨达姆而带来的外交压力，我为此感到欣慰。如果失败了，我可以说那时由于战争引发的争论会让阿富汗问题处理起来更为艰难，比处理“9·11”事件麻烦得多。“许多穆斯林根本不理解军事制裁这一举措，”我告诉托尼，“他们跟‘9·11’事件毫无关系。这不是一个让公众能够信服的处理方式。”托尼听完后只是微微转动着眼珠然后看着我笑，似乎是说我没明白他的意思。

托尼是处理重大问题的能手，但并不是说他就不处理一些政治上的琐碎事情。他做事总是严格遵循基本原则，但有时这些原则会让他的眼光变得狭隘。一旦加强军事准备，那些我提出的意见会综合成他脑中成形的想法，虽然他感觉得到这些方案得不到百分之百的支持，但是他能确定随后采取的一系列措施是合理且必需的。

在某些方面看来，托尼在世界舞台上的突出地位足可以让他很强硬地处理一些问题，但事实上除了 2002 年秋天准备工党大会外他几乎很少那么强势了。但是在国内问题的处理上，我们总是不可避免地遇到一些挑战。关于托尼在医疗卫生和教育体系上的改革计划，显然有很多反对的声音，但从政治角度来看，越是强有力地去实施政策，就越能凸显首相的职权，托尼也越来越关注自己的执政方针与下一届总统候选人可能产生的摩擦。“在工党内部其实存在三个群体。”他有一次这样对我说道，“有一个群体是老工党；有一个群体既不是老工党也不是新工党，但他们会服从新工党；还有一个群体便是真正的新工党了。”当我问哪种人属于最后一个群体时，他笑着回答我：“我，还有你，我们就是属于这个群体的人。”

他仍然决心实施自己为第二任期制定的计划。他感觉自己把首相任期内的第一个四年都花在了“清理障碍”上，搞清楚了在经济、社会政策和公共服务体系上需要作出的改革。“现在开始我只有 18 个月的时间来确保在下次大选到来之前能够着手实施所有的政策。”他对我说道，“我只有 18 个月的时间去完成所有的事……我不能让任何事情阻碍我。”

我感觉托尼已经彻底打消了他的“阿斯纳尔式选择”，他决定坚持自己制定的改革目标，但是我自己却想做出“阿斯纳尔式选择”了。在某次会议开始前我告诉托尼我想在下次大选时辞去议员职位，因为我实在觉得自己没有作什么贡献，特别是在国家政策方针执行上，我也没能让自己的生活变得充实和富有挑战性。不过我向托尼保证，即使辞职了我仍然愿意和他探讨问题、给他提建议并且支持他，就像安吉一样。托尼给我的答复是鼓励我坚持下去，过一年再作最后决定，但无论是从我的处境还是从托尼的处境看，实在没有什么变化能够让我改变想法。

在 2002 年的最后几个月里，每个星期三我都在唐宁街与阿拉斯泰尔和菲利普见面，一起讨论政策，结束后我还要去托尼的办公室见他。所有的问题都迎面而来，其中的伊拉克问题是最令我担心的。托尼仍然想通过联合国来解决伊拉克问题，他希望能成功地处理好一切。但是万一失败了呢？有一点我认为他是正确的，如果武力威胁对控制恐怖组织没有作用，那么武力本身就是最现实的选择了。当然如果萨达姆确实没有大规模杀伤性武器的话，那么这个问题就要谨慎地处理。不过，关于萨达姆并非拥有大规模杀伤性武器这一点，连托尼身边最尖锐的评论家都对此表示怀疑。当然我关心的不只是武器问题。“如果这场战争你胜利了会发生什么呢？”在 2003 年年初我曾问过托尼：“如果战争胜利了意味着你将接手一个国家。谁来管理这个国家？”托尼说：“那是美国的责任。由美国人做主。”无疑我很希望美国人清楚自己在做什么。

伊拉克战争最终在 2003 年 3 月 20 日爆发，萨达姆政权很快被推翻，但是托尼为之后接踵而来的动荡和暴力局面付出了高昂的政治代价，并且随着时间的推移，伊拉克被证实确实没有大规模杀伤性武器的存在。这是在令人不安的入侵发生后凭我所处的政治角色能得到的最新消息，简直是出乎意料的结果。毋庸置疑的是，托尼动摇了伊拉克的政权，但是更令人烦恼的是那些无耻的媒体认为托尼应该为一名英国生物武器专家的死亡负责，这名专家由于被指控提供错误的情报而自杀。英国广播公司就战争话题报道了政府是如何让政治案件变成了一场战争。那段时间对托尼来说是

“低谷”，在某天晚上他是这样给我说的。从政治角度来看，所有这些问题中最棘手的是伊拉克战争对托尼造成的负面影响，公众对于他和新工党的信任度已经减弱，这会影响到他以后所有政策的实施，这确实值得担忧。

这份担忧很快得到了验证，那是在下院讨论公共服务体系的改革计划时，当时讨论的问题是建立“基金会性质的医院”。这个想法由艾伦·米尔本提出，目的是让医院在 NHS 下最大限度地独立存在。戈登十分反对这个提议，他认为这就是一场势力争夺战，是一种潜在性弱化国家财政控制的体现。最终这个提议变成了大臣和首相之间意志和力量的考验，也变成了戈登和米尔本之间关于这个计划的代理权的争夺战。

米尔本不会允许自己的改革计划在还没付出努力之前就被破坏，并且为了建立基金会性质的医院，他之前就拟好了很多条款作为准备，这些条款已经在 2003 年 3 月举行的议会上得到通过，并且将它们列在了财政支出的清单上，但关键问题是这些条款到后来不是被搁浅并未施行就是被撤销了。虽然在之前的议会上通过了财政支出清单，但是大多数工党下院议员都表示反对。有好几个星期戈登和他的团队都在求助评论家，希望他们帮助自己获得代理权。当我在投票结束后和托尼谈话时，他毫不怀疑地认为这种通过投票来解决代理权归属问题的方式为他以后所有的改革建立了模本。托尼说，如果自己把戈登公开地列入政策实施者名单中，那么至少 3/4 或者 2/3 的下院议员会反对他。最终戈登胜利，米尔本在 2003 年 6 月辞职。托尼曾经鼓励他在英国 NHS 面临真正的竞争和选择时大胆地去开拓和改革，但是当困难真正来临时，米尔本感到自己不得不接受一种强迫性的妥协，为此他不仅感到极度失望，还感到自己遭受了背叛。

之前我跟托尼说我要离开议会的时候，托尼要我再耐心坚持一段时间，但米尔本的辞职让我觉得是时候离开了。我告诉托尼我现在不想拖延到下一届大选了，但是托尼给我的答复仍然是鼓励我多给自己一点时间，希望我坚持下去。他说他希望——而且需要我重返影子内阁。

他觉得自己所面对的政治局面还不稳定，并且改组计划的实施刚刚步入正轨，他需要我助他一臂之力。

第8章 重返影子内阁

经过深思熟虑后我最终于 2003 年 7 月重返影子内阁。因为我想要帮助托尼，我认为托尼有必要在别人的协助下在执行政策方面获得更大的施展空间，而就改组计划的实施而言，我相信我们取得了远比 1997 年后的任何时期都要大的进展。公共服务体系改革最主要的部分——教育和医疗卫生改革得到了更好的定位，政府会采取必要的措施使得公立学校和 NHS 更高效地去满足学生、家长和病人的需求。唐宁街政策部门的——自从戴维·米利班德成为议员后，安德鲁·阿多尼斯成为这个部门的负责人——安德鲁·阿尼多斯在其中做着重要的工作，并最大限度地配合我们的计划。

重返影子内阁后我主要是在幕后秘密工作，第一个任务便是协助托尼加大政策实施力度。1997 年刚进入内阁不久，我曾经劝说托尼寻求一个更加体系化和高效率的工作方法，但事实是托尼一直都没有找到这个方法，而这个方法对当时的托尼来说变得更为重要了。当然，也仍然有不少热衷于他的改革计划的人，比如安德鲁·阿尼多斯、乔纳森·鲍威尔，还有我。也有很多对改革计划持怀疑态度的人，或者说对此持谨慎态度，比如萨莉·摩根，这位托尼身边最主要的政治联络员，她便对改革计划持谨慎态度。这并不是说她反对托尼的政策，但是在托尼展望政策前景时，她总是对托尼说如果他一直坚持对改革计划存有传播福音式的热情，那么他不仅会失去自己的党派，还会失去首相职位。

在 2001 年大选结束后托尼就把我的老朋友约翰·伯特引荐进了内阁，

他希望我们能共同帮助他，把他那“蓝图式”的构思过渡成明确的、有优先实施权的政策。在改革计划的实施方面，约翰成了我的主要伙伴。关于外界对他的指责，他似乎毫不在乎，并且很理智地处理这些问题。他曾经确实因为一些事受到指责，但自我重返内阁后越来越觉得他是一个友善的人。他也很机智，在处理关键环节的重要问题时极具天赋，并且在工作上总是毫不懈怠。我们和托尼的首席私人秘书杰里米·海伍德（Jeremy Heywood）一起努力为托尼的事业打开新的局面。

改组工作的一个关键任务便是组织一个“政治策略团队”（Political Strategy Team）。这个团队由我领导，主要是协调政策的实施和战略方针以及交流沟通等方面，每个星期我都会把总结出的建议报告给托尼。我们也会提出一些大纲式的建议来帮助托尼更好地实施政策。我们想把托尼的“座谈式讨论”变为正式的会议，让内阁大臣更多地参与到政策的讨论中，并且更好地和议会工党联合起来。至关重要的是，我们提出每周在托尼和戈登之间举行一次会议，这个会议会让唐宁街 10 号的高级助手和财政部的大臣参与。我们相信这对托尼的改革计划有帮助。不过，对于我们和托尼来说最关键的问题是戈登，如果戈登不赞成我们的提议，那么改革计划的实施将会在一定程度上受限。

2003 年夏天，在托尼动身去度假之前他让我们再彻底地讨论一下关于进行改革的计划，并且要找到一个方法来确保国库资金支持我们的提议。最终讨论的结果仍然是让我尽可能秘密地重返影子内阁进行幕后工作。

我们制定了一个代号为“泰迪熊”的改革计划，这个计划只有托尼和少数重要的负责人知道，包括我、约翰和乔纳森·鲍威尔。这个计划实施的前提是我们要正视一个事实，那就是现在已经没有理由去期望戈登会支持我们了，他也不会去鼓励我们协助托尼实现改革。我们在“泰迪熊”计划里提出的一个主要方案，便是仿效美国模式将国库资金的用途划分成两大部分。第一是建立新的财政部来调控国家宏观经济，比如税收、国际市场和金融服务；第二是单独建立一个美国式的预算支付办公室（OBD），来处理政府所有相关的投资和支出。不过这个计划涉及戈登的职位变动，我们想让他离开财政部，然后安排一个托尼信任的人来管理资金，这样一来托尼的改革计划就能够被大力推进。

当托尼度完假在8月末回来的时候，他完全被我们的“泰迪熊”计划吸引了，但是他犹豫不决，不知道自己应该做什么或者能做什么。他说他会在9月底党内会议结束后作出最终决定，然后有好几个星期他都在苦思冥想。那个时候离我们再次参加大选只剩近一年的时间，托尼知道这次的改革有可能决定自己第二任期的命运，并且有可能创造第三次连任首相的纪录。但是在面对面地把改革计划告诉给戈登并且被戈登一口否决后，托尼最终得出一个结论，便是自己的态度还不够强硬到让戈登服从的地步。

当然，托尼知道自己必须要做点什么，但是在11月开始实施计划后，我发现自己为了在托尼的改革计划得到巩固前牵制住戈登而陷入了一场特别的周旋之中，也陷入了一场和戈登之间关于连任胜利的争夺之中。

约翰·普雷斯科特是这项计划中的另一个关键人物，他感觉到了托尼和戈登之间剑拔弩张的紧张局面，认为自己有必要出面处理一下“过渡期”的安排。他以私人名义邀请托尼和戈登在他位于海军部大厦（Admiralty House）的公寓里吃饭，从那里可以俯瞰整个皇家骑兵卫队。

饭后他们坐在一起谈话，戈登对自己的想法直言不讳。如果要他支持托尼的改革计划，那么托尼要承诺在下一届大选到来时主动离开内阁。在接下来的几个月里，只要有报道暗示支持戈登团队竞选，那么交易就算达成。之前托尼曾向我否认过此事，但从他们的谈话记录中，我愈来愈清楚地知道他和戈登达成了这笔交易。很久以后，托尼承认自己向戈登允诺过会满足他的要求，所以说托尼和戈登之前确实是存在某种交易的，但是那是在2003年达成的交易，而不是在1994年。随着时间的推移，托尼和戈登都清楚这笔交易带有很多附加条件，比如戈登必须要在关键时期支持托尼的政策，而且要协助托尼完成议程表上的事项。但明显的是，在这笔交易中没有明确地说戈登要支持托尼的哪一项政策，戈登也没有明确地表明自己要协助托尼完成哪一个项目。这样看来是戈登在使诈，他虽然没有给托尼一个空白的口头承诺，但是对于改革他并没有完全服从托尼，他有自己的想法——改革必须是合理可行的，并且是能实现的。

第二天刚吃完晚饭——实际上那个时候我刚刚到达圣海伦斯，正在准备稍后要在商会上发表的演讲——我就收到了约翰的消息，他说他需要马上见我，让我待在圣海伦斯等他。“听我说，”他很着急，“托尼和戈登以及我关于实施改革计划而达成的协议失败了。”实际上我并不知道这回事，但是我说我知道，因为我想让他继续说下去。“我们都认为除非你也参与其中，否则这笔交易无法达成。”他说道，“不管怎样，托尼迟早都要准备实施改革计划的，我们两个都会协助他，戈登的意思是如果你不参与这笔交易，他也不会向托尼作出任何承诺。”早在几天前托尼还在思考着我们的“泰迪熊”计划，现在看来他似乎在谈论着妥协的条件。

演讲结束后我马上给托尼打了电话：“事情究竟是怎么回事？”他要我先冷静下来。“跟他们合作，”他这样说道，“继续和他们谈判。”看来托尼的想法再明显不过了，我直接说我不喜欢被牵扯进与戈登的博弈游戏中。“这不是一场游戏。”他坚持自己的想法，“我告诉过戈登和约翰，我是认真的。只要戈登真的支持我，协助我实施政策，我会很愿意在下一届大选中辞职。”

“真的吗？”我问道。

他犹豫了一下，然后回答道：“是这样，但是我并不认为他愿意帮我。”他又说道：“所以目前的情况还没有得到改善，交易无法达成。但是我必须要努力去达成，所以说我想继续和他们谈判。”

12月中旬，我收到来自约翰的邀请，他要我去见他，戈登也在约翰的办公室里。我去见了他们，并坦白告诉他们在他们商议的交易中我拒绝扮演任何角色：那份充满附加条件的交易实质上就是政治上的博弈游戏。我并不清楚他们在约翰的海军部大厦的公寓里吃饭时将谈话进行到了哪个阶段，但是我相信关键内容是没有改变的：那就是戈登想成为下一届首相，而在托尼还任首相的时期，需要空间和政治上的支持来帮助他进行改革计划。如果戈登能支持的话，确实有利于改革计划的实施，但是我也承认一点，如果戈登不退出政坛，我们就很难赢得第三次连任。

我和戈登把双方争论的问题重新梳理了一遍。在托尼方面，戈登提议他在议会工党内部辞职，他反对建立“基金会性质的医院”，并且反对在下院提出的下一个计划：为使英国大学的资金资助有坚实的基础而建立的“附加学费”体系。在戈登方面，他主要针对的是有关托尼的一切。他说托尼制定的改革政策是错误的，根本不值得考虑。他把托尼以及唐宁街10号的顾问团看做一群缺乏理财能力的业余爱好者。我想他的说法可能是事实，或者说很接近事实，因为在我们的第一任期内，托尼和他的团队为了达到目标确实进行了很严厉的改革计划。现在的问题是戈登既不同意这些改革计划，也不打算为了防止托尼的执政能力得到加强后不愿意进行权力交接而反抗。

“不要欺骗你自己了。”我试着劝说戈登，“其实你也不愿意眼睁睁地看着托尼离开政府而自己去接替他的位子……这样一来受损失的是我们全部人。”不过我也老实承认了一点，我告诉戈登虽然我不愿意看到托尼离开，也不愿意看到他的计划得不到协助，但是并不意味着我想设法让戈登去协助他。“我的立场是这样，”我对戈登说，“我支持托尼，我信任他，而且信任他正在做的一切。同时我也支持你作为工党内部的一个独立角色，我也支持你想做的事。总之，我支持所有即将发生的事，只要这些都是托尼的选择，我支持他的选择，而不是支持你的选择。”

在后来的一段时间里，托尼和戈登的关系有所缓和。约翰曾在讨论会结束后分别告诉他们两个，如果托尼、戈登和我不在一个团队共同工作的话，简直是巨大的人才浪费。但是，随着我们为“附加学费”计划进行的投票的临近，事情变得越来越棘手。虽然戈登向托尼承诺过自己会回到他身边协助他，但是戈登仍然认为这个政策是错误的。戈登甚至很乐意看到托尼的这项政策在投票中失败。事情每每稍微有点进展的时候，戈登就会让它退到原点。戈登承诺过会和托尼位于同一条战线，现在看来他并没有尽职尽责。不过他的确打过电话给他的同盟者尼克·布朗，让他尽力控制下院议员们对这项政策的反对，据他的同盟者说，戈登还和很多后座议员谈过话，希望他们不要反对政府作出的决策。在这种情况下，这项决策最终得以在投票中通过，但是鉴于它仅获得五张赞成票，所以只有按照戈登的想法来实施这个计划，即这个计划只能作为非常时期的补救措施。

这个时期的任何攻击对托尼都没有什么影响，但令他担心的是即将在（2004 年）6 月进行的地方选举和欧盟选举。我们都知道之前发生的一系列事件对我们伤害很大，托尼看起来就像一个受到重创的将军，几乎不能指挥自己的军队，而戈登像一个骑在白色战马上并且斗志昂扬的士兵。2003 年 11 月，保守党撤销了迈克尔·霍华德（Michael Howard）的老战友伊恩·邓肯·史密斯的职位。我和托尼都觉得保守党作出的这个选择从长远来看对我们是利大于弊的。虽然保守党新上任的领导时常发出“齐心协力”的呼声，我们仍对自己的前景充满信心。霍华德打算加入保守党的右翼，后来他确实这样做了。在选举的预选阶段中，一项关于托尼执政能力的民意调查显示，他仅有29%的支持率，霍华德竟然和托尼不相上下，这是自1997年以来工党和保守党领导人的支持率第一次如此地接近他。

还有更意想不到的问题出现了：关于欧洲。几个月来一直在商议的关于扩大欧盟成员国的新条约最终没有在各方达成一致，显然扩大成员国的目标无法达成。由于西班牙的政府更替，组委会突然决定将促成目标实现的期限定在6月底。扩大欧盟成员国的新条约的草案确实是一份优秀的、内容丰富的文件。其中的大部分内容涉及关于应对欧盟成员国不断增长的数量而需要达成的共识。从英国君主立宪制政体的角度看，这个草案更倾向于联邦制度。其中的一些条款，包括托尼驳回的，明显地损害了国家政府的特权，比如国防和外交政策、司法和税收。这几大方面的任何一个都不需要成为选举的议题，这是国家的特权。但是保守党和大部分媒体，甚至包括工党的重要大臣杰克·斯特劳和约翰·普雷斯科特以及戈登，都强烈要求托尼在签署条约前就这几项议题在英国进行全民公投。托尼很反对这个想法，他认为正确的做法应该是征求下院的批准，全民公投不但会给霍华德集结欧洲怀疑派力量来进行反抗的机会，也会让我们在投票中处于下风。

杰克是一个很固执的人，从一定程度上来看，正如在他成为外交大臣时我曾经告诫过托尼的一样，杰克的固执就是体现在对欧洲的怀疑上。2004年年初，杰克曾给托尼写信阐述过如何驳回条约以及为什么要驳回，可事实是托尼驳回了他的信。现在杰克发起了一场强有力的政治辩论：作为一个反对公投的政党领导人，托尼像是在发出孤立无援的声音来反对英国民众讨论欧盟前景的权利。在4月底的时候——某个人——托尼认为其实就是杰克——发表了简短的报道，说首相现在支持进行全民公投。这根本不是事实，但是托尼之前已经让大众知道他有意考虑进行公投。“关于公投的争论是错误的，”他对我说，“但这些争论在政治上是不可避免的。”如今，杰克的简短报道让托尼给民众留下一个犹豫不决的印象。“我期望着整件事按照不同的节奏进行，”托尼说道，“但我自己却把它搞砸了。”他看起来似乎无法控制局面——我也毫不含糊地承认这一点。

如今为准备选举我扮演着一个更为开放的角色，在第一次战略讨论会议结束后，戈登问我：“你觉得托尼知道这些选举会走入一个很不乐观的境地吗?”我说我觉得托尼应该知道，戈登赞成这一点。随后他又突然问我："我应该做些什么?"那是在准备选举的过程中的一个非凡的转折点。为了竞选运动的顺利进行我和戈登开始并肩作战，并且向欧洲方面传达保守党破坏条约这个消息时加重了我们的措辞。戈登似乎完全转变了：说话的语气、肢体动作等，他很乐意帮忙。在我们的一次讨论中，他问了我一个问题，我承认他问这个问题对托尼并没有丝毫敌意。他问："你认为托尼什么时候会离开政府?"我尽可能诚实地回答他说我也不清楚托尼什么时候离开，我敢肯定托尼自己也不清楚。我跟戈登说除非他停止和托尼在政策问题上作对，否则托尼肯定会继续争取第三届任期，但我还是作出了假设，我对戈登说托尼会"为争取下一届任期而奋斗，然后在一年左右辞去首相职位"。

可事实是，在唐宁街 10 号工作的团队——托尼和我们大家——都感到筋疲力尽。尽管后来有媒体猜测托尼正在经历政治生涯中的"动荡时期"，我仍然不相信托尼打算就这么放弃。托尼太过于在意他的政策能否通过，关于是否以及何时将权力交接给戈登，他甚至把它提上了工党的议事日程。事实上他越来越感觉到力不从心，我也深有同感。不仅如此，我还为他处理全民公投事件的方式感到气愤，且不谈关于全民公投的争论和反对是否有意义，我认为他制定的这项政策本身就是错误的。

在进行地方选举前不久切丽给我打电话："你到底对托尼说了什么?"她问道，"你让他的意志变得消沉了，你应该让他振作起来!"我承认自从全民公投事件处理失败后我觉得托尼的一些政策不那么值得支持了，但是尽管发生了这些事我仍然鼓励托尼坚持下去。我告诉切丽，像我跟托尼说过的一样，我说托尼看起来很累，很多民众开始好奇他的心思是否还在政治上。"毫无疑问答案是肯定的!"切丽有点激动，如果这一切仅仅是因为戈登的缘故，"我不会眼睁睁看着托尼把权力转交给那个人。我会阻止托尼带着任何我为他争取的东西离开唐宁街 10 号"。随后她再次对我说："你应该多鼓励鼓励托尼。"

我把切丽的话放在了心上，并且转达给托尼。他对我说不必在意切丽的电话。"她这个人说话很直接，"托尼对我说道，"而且她不会放弃。"不过托尼也承认有一点切丽和我都说得很对，那就是他让自己显得筋疲力尽。"我绝对要避免自己的任何言辞或信号暗示我支持那些关于自己退位的说法。"他这样说道。他还告诉我他已经厌倦了因为首相继承权这个话题而引发的无休止的争论。托尼所处的境况依然没什么改变，但如果戈登是真诚地愿意协助他，那么托尼会很愿意重新考虑移交权力的事。否则，托尼说过一旦自己确定要去争取第三次连任，那么他会下决心去争取而不是一事无成地混完这几个月的时间然后移交政权。我把托尼的想法告诉了戈登，他的回答是："人们需要意识到如果我想拥护托尼的第三次连任，那么我就会真的这样做。"

6月的地方选举结果对我们来说是可怕的，我们仅仅在地方议会选举中排名第三，而且失去了不少议员席位，最终只获得22%的支持率。不过对我们所有人（我相信这"所有人"中包括戈登）来说感到宽慰的是保守党的支持率仅仅比我们高一点，他们在地方选举中并没有达到预计的40%的支持率。在关于欧洲问题的支持率上保守党的损失比我们大得多，这样看来托尼又一次保住了工党。

随着后来几场地方选举中支持率的上升，我们预计到2005年5月大选时的情况会很乐观，这个时候我觉得自己的挽救任务已经完成了。托尼变得越来越强大，他以及围绕着他的团队，都在为了实施关键政策而奋斗。当然我也会尽我所能来协助托尼，只不过我决定用另一种方式协助他。我在2003年夏天恢复正常工作时就一直没有放弃过正式重返内阁的希望。可现在看来，除非发生特殊情况，否则就我和戈登重建的关系来看，我重返内阁是不太可能的了，这就跟英国加入欧洲单一货币体系一样，戈登并不反对，但他也绝不会让托尼允许这些事发生。

在以往的好几个时期里，托尼曾为我空闲了一系列更加开放的政治职位，比如我可以重返贸易工业部；或者让我成为工党副主席负责整个竞选运动；提出我将在明年的大选后出任国防大臣。但是我们两个都明白戈登不会赞成我获得其中的任何一个职位，这对我来说确实是一个遗憾，不仅仅是因为这意味着我内阁生涯的终结，正如托尼说过的那样，内阁工作没有集合我们三个人的优势去为政府的高效发展效力，简直是巨大的人才浪费。

自2003年7月我重返影子内阁后就一直在幕后工作，虽然不能正式重返内阁，托尼最终还是给我提供了一份确定的工作，那就是作为欧盟专员被派往布鲁塞尔。正当我打算告诉托尼我接受这个工作的时候，他却劝我留下来。当他说去布鲁塞尔对我的未来是一个错误的决定时我丝毫不怀疑他的真诚，他确信这个决定会让我错过重返英国政坛的机会，但是我仍然决定去。“在布鲁塞尔你肯定能成为一名优秀的人民公仆，”他这样对我说道，“每天会做很多琐碎的杂事。”他也诚实地说到我的离开会给他造成的困扰，因为他一直把我视做他政治事业上的“盾牌”。我对他来说非常重要。

我和托尼在那个夏天仍然保持密切的联系，那个时候唐宁街没什么工作让我做，我就每天去上法语课，并且打算在工党的年度会议结束后就前往布鲁塞尔。当托尼结束他的夏休假回来的时候，我们两个在首相办公室详谈了一次。我的离开对我们两个来说都不是件容易的事。“我感到非常的不习惯，觉得很不安。”他对我说，“我想弄明白为什么当初我想要派你去布鲁塞尔。”看得出托尼很不习惯我的离开，他说这简直就像离婚的感觉。不过他说事情不会如想象得那么糟，我们仍然可以像以前那样谈话，一起商量事情，一起出谋划策，一起互相支持对方。“你仍然可以发挥作用，我需要你，比以往任何时候都需要。只要我有任何想法，我都会找你谈的。”托尼这样对我说。我向他保证我随时愿意给他提供帮助。他知道那是我的真实想法，然后他很真诚地补充道：“你会在欧洲成为一个伟大的人，我相信你肯定会的。这是毫无疑问的……我担心的是我自己。”

“的确是这样的。”我笑着说。

“这不公平，”他回答说，“我得为你做些什么才对，但是我不知道我应该怎么帮你，不过我想我已经为你做了一件正确的事。”

他指的是让我去布鲁塞尔这件事。事实上确实是这样，或者说他做了一件对我们两个来说都是正确的事。在我 10 月动身去布鲁塞尔的前几周一直到去了之后，可以说这期间政府里没有什么重要事项和决定是没经过我和托尼共同讨论、质疑的。这看起来不怎么像现代婚姻形式中的离婚，实际上正是因为我们没有像以前那样频繁地相处，反而让我们彼此都有空间，让我们相处起来更加轻松。我在布鲁塞尔的新工作不久就向我证明了它对于我来说不仅仅是挑战，更是让我精力充沛的源泉，我得到了真正的成就感——它并不是像托尼之前预想得那样仅仅是一个“公务员职位”。

第9章 贸易之所

在离开英国前往布鲁塞尔的时候，我有一种不可名状的解脱之感。全新的工作、全新的生活，无一不令人兴奋：我身处的是一个全世界最大规模的经济与贸易集团的核心位置，在这个职位上，我甚至有机会引领这个组织未来的前进方向。但在正式就任之前，我还是必须先寻找一个住处，并组建自己的团队。在这些方面，有两位同僚给予了我极大的帮助。一位是贝弗莉·坦皮斯特（Beverley Tempest）——没有人能够比这位女士更加人如其名了[①]——她曾在尼尔·金诺克担任欧盟专员时任其助理，如今，她成了我的行政助理和办公室主任。另一位是西蒙·弗雷泽（Simon Fraser），我亲自将他从英国外交部延请而来担任我的幕僚长，为我挑选团队的其他成员，或者说，帮我“组阁”。作为整个团队的幕僚长，他既有钢铁般的意志，又有自我嘲讽的幽默。他始终坚定地支持我、协助我，假使在某些情况下，他认为我的决定有失明智或是时机尚未成熟，他也会相当机敏地指出更加恰当的方向。遗憾的是，在我的布鲁塞尔任期即将结束的时候，西蒙先于我任满回国，重返伦敦。不过他的继任者也是英国外交部冉冉升起的一颗新星——朱利安·金（Julian King）。金和他的副手丹尼斯·勒多内（Denis Redonnet）引领的是一个同样优秀的团队。

我租住的是一栋建于17世纪的建筑物中带三个房间的公寓，这栋建筑物位于布鲁塞尔市中心的小萨布隆广场（Petit Sablon），这是一个随处

① “Tempest”在英语中的意思为“脾气暴躁者”。——译者注

可见咖啡馆、熟食店、画廊和古玩店的人间小天堂。公寓的客厅有一组落地窗，窗外就是一个可爱小巧的公园，公园里有一个喷泉，环绕着喷泉的是由布鲁塞尔的能工巧匠们打造的各种雕塑。

这份全新的工作对我而言确实是颇具吸引力。贸易委员会的人事安排是由当时新上任的欧盟委员会主席曼努埃尔·巴罗佐（Manuel Barroso）决定的。作为一位政治中右派领导人，在赴任布鲁塞尔之前，他曾担任过葡萄牙总理。他和托尼私交甚笃，并且他能够担任欧盟委员会主席也与托尼的力荐有着很大的关系。我被委以欧盟委员会中举足轻重的贸易专员的重任，专门负责贸易事务。在欧盟委员会的数十个部长级专员职务中，仅有贸易专员以及竞争政策专员这两个职务能够拥有由单个欧盟成员国所让渡的职责和权力。其他专员们则仅在得到欧盟中的大多数成员国的联合授权之后，才能获得有限的权力让渡。这导致了专员们的影响力大小有所差别。我很庆幸，自己担任的并不是那种需要协调各方力量才能行事的专员职位。

在布鲁塞尔与欧盟委员会主席巴罗佐在一起。

不过我的职位涉及的是一个非常复杂的、极具技术性的领域，更何况我上任时正值贸易委员会全力确保全新的世界贸易协定稳定开展的关键时期。尽管在英国贸易工业部任职时，我也积累了一定的相关专业知识，但是正如当年我初到沃尔沃思路工作的时候一样，我意识到自己对许多事情还是知之甚少。如今，一如当初，我打算通过持之以恒的阅读资料以及向专业人士——既包括工商业界、学术界的专家，也包括经济学家和政治家求教的方式深入地学习相关知识。当时，欧洲议会为各个专员职位的候选人安排了一场美国式的高级官员提名确认听证会。我下定决心要在轮到我接受听证时做出一场成功的就职陈述报告。我的谨慎是有理由的：与我一同被提名为欧盟各委员会专员的候选人中，有两人因被认为对他们的岗位准备不足而被欧洲议会的议员们否决了。当我走进听证会现场时，我又感受到了那种肾上腺素急剧分泌惶恐不安的状态，那是我当年在牛津大学参加考试的时候才有的感觉，而这种感觉我已经多年未曾体会到。这一次，我准备得更加充分，而结果也同当年一样。我也提前感受到了我的新职责将会是多么的富有挑战我的聪明才智和政治能力的双重吸引力。

我被推进了一个与威斯敏斯特①完全不同的世界里。在英国从事政治，尤其是在靠近权力中心的地方，是一种类似在高空走钢丝的行为：只要还能保持平衡，尚可令人感觉愉快，然而一旦狂风大作，你就极易跌落深谷。作为欧盟委员会内的部长级专员，我就很少遭遇到类似的“十级狂风”。专员们的任期也是固定的，除非承认自己犯下了严重的判断错误——即便如此也并不必然导致无法挽回的后果——专员们完全可以在自身的职位相当稳固的前提下规划和开展自己的工作。他们不会因为欧盟成员国或者是欧盟委员会主席的一时兴起而被随意调整工作。这让他们有机会考虑得更加长远一些——况且从根本而言，欧盟本就是以设置长期的发展框架为职责的，而这种长期的发展框架是具有十分重要的意义的。

另一个不同之处在于，各个专门委员会都是执行部门，其工作的开展并不需要任何合适的政治平台。其大体上的行进方向则只有在27位具有不同国家和政治背景的专员就任后，才会逐渐显现。这种工作就像驾驶，边走边看，停停走走，走走停停。在内部讨论时，我建议将经济增长和就业问题作为我们工作中最优先考虑的事务，并且我也帮助巴罗佐制定了一个与之相对应的计划，在这个计划中，优先考虑的是增长与就业，而非社会与环境政策。后来出于情势的转变，他对这种政策不平衡的状况进行了及时修正，他这样做，一方面是为了避免与欧洲议会中的社会民主党人产生冲突，因为他们希望出台更多的“亲劳工、亲工会”的立法；另一方面

① 威斯敏斯特，英国大伦敦地区所辖的自治市，是英国议会所在地。——译者注

则是为了应对全球气候变化的挑战，而且欧盟委员会在该议题中代表的是整个欧盟的态度。

我在贸易委员会中的角色让我拥有了相当程度的自主权，这种自主权要远大于其他专员。但是自从让·莫内（Jean Monnet）[①] 和雅克·德洛尔（Jacques Delors）[②] 初创欧共体的岁月远去之后，欧盟委员会作为一个整体，其权力已经逐步平稳地让渡给了代表各个欧盟成员国的欧盟部长理事会以及欧洲议会。在我看来，这也使得欧盟作为一个整体的力量被日渐削弱，因为只有这些专门委员会才能够在各自的专门政策领域中从整个欧洲的视角出发保护全欧洲的利益，而相较于欧洲议会或是单个欧盟成员国，这些专门委员会保护欧洲利益的方式要更加专注，也更具一致性。

我花了不少时间才逐渐熟悉并适应作为专员所必须参加的每周例会，也就是所谓的欧盟委员会全体委员大会。会议的气氛很好，温暖而友爱，尽管我偶尔也会怀念自己已经习以为常的英国政坛的那种针锋相对。很幸运的是，我的座位在查利·麦克里维（Charlie McCreevy）的旁边，这位擅长讲冷笑话的爱尔兰前财政大臣在不久之后不得不肩负起应对银行业危机的重任；后来，我的座位移到了尼莉·克洛斯（Neelie Kroes）的旁边，作为竞争政策专员的这位荷兰女士最突出的特点就是既拥有杰出的政治智慧，又喜好顶级的高级时装。在英国的政治体系中，集体责任制这样一种机制的特点在于，它能够让所有阁僚——尽管他们或许并没有参与决策或是认可该决策，依然坚定地支持由其他阁僚提出的决策意见。在欧盟委员会当中，从技术上讲，每个决策都是由欧盟委员会全体委员大会作出的。因此，在工作方式上，我必须学会说服欧盟委员会中的关键人物赞同我的意见，首先当然是说服巴罗佐。在绝大多数时间里，他都全力支持我的自由贸易观点，不过他也总是对各种政治压力有着敏锐的洞察力，所以，我曾不止一次地为了我的观点而据理力争。幸运的是，我俩的关系并没有因此而破裂。

在安置下来之后，对我而言最大的困难就是要管理好自己的部门。与

① 让·莫内（1888—1979），法国夏朗德省科涅克市人，是一位出身于白兰地酒商家庭的大外交家。他是第二次世界大战后欧洲统一运动的“总设计师”，享有“欧洲之父”的美誉。——译者注

② 雅克·德洛尔，法国巴黎人，出生于1925年，曾任欧共体委员会主席。——译者注

怀特霍尔大街（Whitehall）[1] 不同的是，在布鲁塞尔，欧盟委员会专员并非其所负责部门的唯一首脑，首脑有两个人。欧盟委员会专员负责政治指导，而总司长（Director Generals）作为欧洲最后的真正意义上的行政官僚，领导整个部门。在英国担任大臣的时候，我已经习惯了通过运用各种行政资源来执行我的决定。在布鲁塞尔，围绕在我身边的都是专业人士，他们都是贸易事务各个细分领域的顶级专家，总司长彼得·卡尔（Peter Carl）是一位学识渊博的专家，对于我要处理的每一件贸易事务，他不但都十分精通，而且更有他自己强烈而固执的判断。尽管他对我的观点也很感兴趣，但是有时我依然感觉到，这一点与英国的政治体制大相径庭，他认为我的看法对他而言并没有什么约束力。我觉得他并不想让我了解他属下官员们的观点，虽然我已经知道，除了他的观点之外，还有很多不同意见。可是，我并不准备放弃我在怀特霍尔大街时的管理模式和管理理念，我并不认可自己仅仅扮演技术官僚们的“传声筒”这样一个角色。在我就任不到一年，他就被调去了另一个总司（directorate）。令我高兴的是，接替他的是为人处世更有智慧和效率的欧盟委员会原秘书长（Secretary General）戴维·奥沙利文（David O’Sullivan）。我们相处得很愉快，我十分重视他的建议，同时，在所有不同意见都经过讨论并且我已经作出决策之后，他也非常尊重我的判断。

在我赴任之前，我曾与在我之前代表英国于欧盟委员会中担任专员的克里斯·帕滕（Chris Patten）有过一次面谈。他告诉我，我的绝大多数时间恐怕都得消耗在访问各个遥远国家的首都上，而不是待在小萨布隆广场的公寓里。他说得对，与其说我“在”布鲁塞尔任职，不如说我“远离”布鲁塞尔任职。在一年的绝大多数时间里，我都在出差途中。为了促进欧盟的贸易，我走遍了全世界所有的大洲。通过各种贸易谈判，我致力于达成一种协议，这种协议能够使得全球化的果实更加有效地在穷国和富国之间得到分享。从一开始，我就将自己所扮演的角色视为达成这种宏大目标的推动者，而不仅仅是一个简单的贸易谈判者。

我在布鲁塞尔任职期间的国际政治经济大背景是全球经济的不断加速全球化。许多欧洲人直觉地认为，中国与印度成为出口大国的现状意味着

[1] 怀特霍尔大街，伦敦街道，英国政府所在地，又译白厅。——译者注

欧洲的繁荣受到了相应的减损。这种直觉显然并不正确。在 20 世纪 90 年代下半叶中国迅速崛起的过程中，由于来自中国、印度以及其他新兴经济体的竞争，欧洲创造了而非失去了数以百万计的新就业机会。

可是，恕我直言，抽象地认为全球化造成了雇佣需求减损之类的凭空论断依旧存在，并且还将一直存在下去。而此类论断往往是包括英国在内的更具自由化倾向的北欧国家的政治家们所秉持的，这些论断一方面有无视事实真相的嫌疑，另一方面倒也是可以理解的，它是由全球化所带来的焦虑造成的。我认为，这种担心应当表达出来，尤其是当我们想要维护全球化所带来的收益的时候。但这种表达不应当只是通过鹦鹉学舌般地论断说需要贸易自由化，而应该寻找政策性的解决方案，以便欧洲的工人们更加容易地适应全球贸易扩张，更加容易地创造和寻找新的就业机会，更加容易地接受再教育，从根本而言，是应该对欧洲社会模式进行改革。

身处欧洲，我认识到我们正面临着一个非常巨大的外部挑战。我们也是全球经济中的一个组成部分，正在经历急剧的也是根本性的变化。全球化这个在初期主要由西方资本和西方力量推动的过程，尤其是在中国、印度、巴西以及其他快速发展的经济体崛起之后，日渐受到亚洲与拉丁美洲的影响。这些新兴国家不仅正在进行跨境贸易，它们同样也在进行跨境生产。它们为欧洲的出口提供了不断增长的市场，这也是我们需要它们获得经济成功并提升自身财富水平的原因。当然，与我们对它们的市场开放相对应，我们也需要这些市场对我们的商品和服务开放。不过，它们同时也使得许多传统的欧洲制造业在低成本的竞争面前日渐窘迫。为了能够生存下去，我在欧洲的各种会议和演说场合都大声疾呼，我们必须优先发展高附加值的细分产品——以及更多地发展服务业——而这些也正是欧洲所擅长的，或者至少是具备这种潜力的。在这个过程中，困难的甚至是痛苦的转变在所难免，这一点我从未否认。我的职务为我提供了一个重要的政治平台，让我得以就全球化的重要议题发出自己的声音，而我也养成了一个习惯，那就是在我到访的几乎每一个国家，我都要作一场经过精心准备的讲话、讲座或是访谈。幸运的是，我的团队成员之一，满腹经纶、妙笔生花的斯蒂芬·亚当斯在我的演讲稿撰写上提供了很大的帮助，保证了我的讲稿始终能够保持较高的水准。

对于那些在全球化中注定要面临失败结局的欧洲制造业者和出口商

们，我深表同情，尤其是在处理与他们有关的贸易事务时，我更加能够对他们的处境感同身受。印度等国的出口商们以及这些出口商背后的政府看到的仅仅是贸易保护主义，但是实际上，欧洲所发生的一切要更复杂得多。制鞋业者、制衣业者以及家具制造业者们所处的产业——至少在更加廉价的大众销售终端——正在蓬勃发展的中国所带来的竞争压力下苦苦挣扎。面对这些制造业者，很难不产生一种强烈的认同感。尤其是在像意大利这样的国家，其制造业多为群聚性质，往往聚集在某些城镇或是区域，这种制造业若要适应全新的经济现实或许要付出巨大的社会成本。我曾经会见过来自法国孚日省的制造商以及来自意大利米兰的制鞋业者，他们的企业都有着可以追溯到几个世纪之前的傲人历史。即使我已经认识到这种变迁在经济上是不可避免的，我依然无法不为这种急剧的变迁所可能造成的人性损失感到遗憾。但是我同时也对某些公司经理和政客们感到非常愤怒，他们不但拒绝面对欧洲需要做出调整以适应这一变迁、需要向价值链上游努力攀升以及需要投入资金以研发新技术的种种事实，还错误地寄希望于贸易保护主义。

在我任职贸易专员期间，正值俄罗斯申请加入世界贸易组织（WTO），我也耗费了大量的时间与俄罗斯方面就入世条款进行谈判。双方的争论主要归结于在国内农业和制造业领域，俄罗斯愿意在多大程度上开放自由贸易市场。俄方的贸易谈判代表是充满魅力和智慧的“亲市场”（pro-market）的时任俄罗斯经济发展与贸易部长，后担任俄罗斯联邦储蓄银行董事会主席的格尔曼·格列夫（German Gref）。我们曾多次一起享用过程冗长的俄罗斯式晚餐，为了达成一致，有一次我们甚至带着各自的团队专程洗了一次俄罗斯蒸气浴，但是如果没有俄罗斯总统的支持，格列夫是无权对我们作出足够的让步的，可是弗拉基米尔·普京总统却始终不愿认可这个在他看来俄罗斯并未得到足够公平待遇的贸易谈判。

当多重贸易谈判在 WTO 的主持下于瑞士日内瓦举行时，我这个全新岗位的工作重心便落到了处理贸易保护与贸易开放之间的矛盾上。这一多重贸易谈判就是众所周知的多哈回合谈判，之所以得此名，是因为 2001 年 WTO 部长级会议是在卡塔尔首都多哈举行的。由于与会各国都志向远大，加之相关议题的复杂性以及围绕其间的重重争议，这场世界性贸易谈判面临着令人望而生畏的巨大挑战。

绝大部分显著争议的根源还是归结于发达国家与发展中国家之间的利益冲突：富国、即将步入富裕国家行列的国家以及穷国。相对发达的国家想要消除贸易壁垒，以向发展中国家销售本国制造的商品和服务，而发展相对落后的国家，基于本国的发展需要，与相对发达国家的想法正好相反，它们期望发达国家的市场能够对它们更加开放，以便向诸如欧盟、美国以及日本等市场出售它们的初级农产品或是农产品加工品。但是双方都不愿取消本国的关税壁垒、贸易补贴以及其他支持本国制造商和出口商的各种贸易机制。农业方面的问题非常棘手。在亚洲、非洲或是拉丁美洲的发展相对落后的国家中，农业既是本国的经济支柱，也是出口创收的潜在来源。基于欧盟的"共同农业政策"（Common Agricultural Policy）以及美国的农业补贴政策，欧美政治家们早已习惯了对农业这个历史悠久却不断萎缩的行业进行补贴，即便是美国也一直在对农产品出口至发展中国家进行补贴。

2003年，由于在墨西哥坎昆举行的多哈回合第一轮谈判以失败告终，美国和欧盟受到了广泛的谴责。我们被指责过度施压发展中国家以强迫它们开放市场，却几乎没有提供任何回报，尤其是在减少农业补贴以及其他贸易保护措施方面。尽管我的前任，此后担任WTO总干事的法国人帕斯卡尔·拉米（Pascal Lamy）为此付出了巨大的努力，但是直到我至布鲁塞尔赴任时，贸易谈判的僵持局面依旧没有任何改观。不过，就在我上任前几个月，在日内瓦举行的一次会谈中，与会者们至少达成了一个"框架协定"，该协定为各国之间达成妥协提供了路线图，但是，如果我们希望能够达成最终的一致，还必须解决成百上千的技术和政治问题。

愈是深入这些贸易谈判，我就愈加肯定，我必须竭尽所能地推动各国之间达成一致。不论对于发达国家，还是发展中国家而言，全面自由贸易都能够带来巨大的利益，对于经济增长和就业都有着巨大的促进作用，以上种种都不允许我们在贸易谈判中以失败告终。我很早就下定决心，欧盟必须首先做出表率，不能再让其他贸易谈判方有机会以欧洲的"共同农业政策"为托词，回避原本就已十分艰巨但却极其必要的贸易谈判。在布鲁塞尔任职的几年间，我与丹麦改革家、欧盟委员会农业专员玛丽安·费舍尔·波尔（Mariann Fischer Boel）一道，致力于逐步降低各种农业补贴和关税，致力于将其降至各欧盟成员国给予我们的授权范围内尽可能低的水平。我始终相信，世界性贸易谈判的成功是很有可能的。在我于欧盟委员会任职期间，没有其他议题能够比之更为重要了，也没有其他议题能够比之更为耗费我的时间与精力了。往往是整整一星期的辛劳之后，却未能就达成协议取得一丝进展：不论是与非洲国家，还是与中国；不论是与印度、巴西，还是与美国。

多哈回合谈判是世界范围内经济变革的缩影，这是有史以来第一次，中国、印度、巴西和南非以一种与欧盟和美国平起平坐的地位参加的，以达成全球贸易规则共识为目的的重要论坛。从这个意义上看，多哈回合谈判就像是于2009年举行的二十国集团（G20）领导人峰会以及哥本哈根世界气候大会的演练，而正是这两次大会最终确立了上述新兴国家在世界主流外交中的地位。多哈回合谈判就好比一堂实物教学课，让人们明白这个全新的世界及其包含的力量权衡已经复杂到了何种程度，同时它也开始证伪曾经盛极一时并常常由各非政府组织推波助澜的假说，即发展中国家只有一系列单纯的利益诉求。但事实并非如此，各个大型新兴经济体之间的利益诉求往往存在分歧。南美洲的制造业者与许多欧洲同行一样，对中国的廉价出口商品忧心忡忡，而印度小自耕农与巴西农工联合企业（agribusiness）对待农业贸易开放的态度更是大相径庭。多哈回合谈判同时也证明了一个事实，那就是一小部分来自发展中国家，尤其是来自中国、巴西和印度的出口商们在利益诉求上与发达国家，而不是那些经济发展十分落后的国家更为接近。

这些议题的复杂性由于一些充满魅力的人物的参与而更加显著。例如中国商务部部长陈德铭立场坚定，其意见往往富有建设性；巴西外交部长塞尔索·阿莫林（Celso Amorim）以态度强硬、偶尔情绪化的谈判风格以及法庭式的总结陈词而蜚声国际；印度商务部长卡马尔·纳斯（Kamal Nath）既具有那种常见于南亚次大陆地区性政治中的哗众取宠式的民粹主义风格，又拥有不可思议的神秘能力，能够在会谈期间用他的好几部黑莓手机同时收发电子邮件和短信，此外，他还极其擅长冷幽默——当他发现我习惯于将“新兴经济体”单列出来作为应该在关税减免上付出更多努力的例子时，他便开始使用“没落经济体”这种说法来描述欧洲和美国。

这是一个远离威斯敏斯特的世界，而我觉得在这里的每一天都过得非常充实。当然，我依旧关心着英国所发生的一切。但是当我在布鲁塞尔或是北京，德里或是约翰内斯堡，圣保罗或是华盛顿醒来，而不是被电话吵醒时，相较于政治乡愁，我感受到的更多的是远离唐宁街的那种轻松与释放。

我与托尼保持着虽然算不上频繁但是依旧固定的联系，虽然我爱莫能助，但是对于再次施加在他身上的那种压力，我心知肚明。我觉得自己似乎是功成身退而弃他于不顾。他的国内议程似乎已经重回正轨。他制定了关于公共服务的一系列“五年计划”，也确定了作为下次大选基本政纲的新工党议程。然而，他愈是自信而独断，戈登公开反戈的风险也就愈大。在筹备工党大会时，托尼曾试图使戈登与其一道合作参加竞选活动，结果却势如水火。“基本上，戈登是罢工了。”托尼如是说。对于戈登的合法怠工，他明显失去了耐心。他用一种政治冒险的方式——或者说是自我伤害的方式，这就是仁者见仁智者见智了——来作出回应：他提名艾伦·米尔本作为自己的竞选伙伴。他只是以告知的方式通知了我这个决定，而没有征求我的意见。事实上，我的内心也充满了矛盾。我认可艾伦，但是在他离开英国政府之后我也深感失望。我也明白这个提名将会激怒戈登。

在我即将卸任离开布鲁塞尔时，托尼告诉我他的下一步棋是“阿斯纳尔式选择”，这激起了我同样的愤怒。他将对外宣布，下次大选将会是他最后一次参加竞选。这对于戈登而言无疑是个好消息，但是托尼同时也试图表明，假如他胜选，他将担任首相一职直至任期结束。我明白这种安排对于托尼的吸引力。他想把人们对于自己继任者的猜测搁置一旁，转而继续推进其“激进的”新工党议程，但我曾提醒他，于 9 月工党大会结束之际发布的此项声明不应表现为是对戈登的暴躁回应——尽管，也许是无法避免地，戈登必然会立刻视之为针对自己的行为。

在秋季工党大会的那几个星期里，托尼重新燃起的决心和自信似乎再一次消退。“很明显，戈登希望我在大选之前就出局。”在 10 月底的一次电话长谈中托尼这样对我说道。我对他表示这种事情发生的可能性微乎其微，不必过于担心。既然托尼已经当众宣称自己将角逐下次大选，戈登的唯一选择便只能是逼迫托尼出局，但是对戈登而言，在 2005 年 5 月的大选之前将托尼踢出局既不合时机，也不合选举机制。

在竞选活动开始前的几个月中，托尼·布莱尔似乎分裂成了两个人。

一个是不断锤炼自己以备战大选的托尼，这个托尼明白要想连续第三次在大选中打败保守党是极其困难的。与威廉·黑格相比，迈克尔·霍华德是一个更加令人生畏的对手，而且保守党不仅作出了减税的承诺，更致力于一些类似英国广播公司名为“红色按钮”的互动电视功能的民粹主义议题，诸如打击犯罪、外国人庇护申请和移民政策等。“这个托尼”认为，保守党以不满、愤怒和恐惧来引导公众情绪的竞选策略固然有其成功之处，但是这种策略缺少一种面向未来的视野和希望。菲利普所做的多次焦点小组座谈结果都表明，我们所能够获得的选票还是可以取得微弱多数的，因为选民们并不希望保守党重新执政。在“这个托尼”看来，这些座谈结果的意义很明确：他业已向选民展现出，他以及他所领导的政府已经“领会”到了选民们的不满。他必须说服选民们，他，而非霍华德，才是那个真正引导变革的人。

但是，尚有另外一个托尼存在。“另一个托尼”敏感而脆弱，正因为失去了戈登的同舟共济而惶惑不安。在 2005 年 1 月初，他再次尝试与戈登重建工作关系。有天晚上，托尼给我打了电话，在电话里，他动摇了。他已经尝试着寻求戈登对于自己首份竞选策略备忘录的回应，并寻求戈登对于如何组织竞选活动以及赢得大选的建议。“戈登开始训斥我”，托尼对我说道，戈登最终还是回到了最初的要求，即要求大选结束后尽快进行他们两人之间的权力交接。

我将自己的角色视为一个激励者，以确保托尼有积极向上、充满战斗的欲望和动力。我既不会仅仅扮演一个事后诸葛亮的角色，也不会在战斗打响时袖手旁观。假如托尼希望守住自己的首相大位，我将会竭尽所能去帮助他。我们之间的通话有时候会弥漫着悲伤的气息。他十分确信并且反复地告诉我，戈登是一个疯子、坏人、危险人物而且无可救药。当然，他所说的话绝大部分都只不过是为了排遣压力而已。我很高兴自己能成为他倾诉的对象，但有一点很令我担心——这一点也让我越来越出离愤怒——那就是他在唐宁街 10 号的内部小圈子中的某些人的反应。我逐渐发觉，这些人正在耗尽托尼的精力，因为他们持续不断地向托尼灌输，说他在政治上正日益被孤立。也许他们所说的并没有错，但是在我看来，他们的职责更应该是帮助托尼重拾自信。

到了 3 月底，也就是距离竞选活动启动仅剩几天的时候，托尼几乎处于崩溃的边缘，而议会工党强烈要求戈登驰援托尼。由于时间紧迫，已经没有其他的选择余地，唯一的选择只能是请求戈登与托尼并肩战斗。戈登的谈判条件非常简单：就是要羞辱性地将艾伦·米尔本踢出局。在这种情况下，除了表示同意以外，托尼别无选择。在谈判达成之后，一个跨党派的政治宣传片立刻被摄制完成，而他俩携手参加竞选的日程安排也已确定。在众多的日程中，有一项特别的安排，那就是在一次令人难忘的远足活动中，托尼购买了两个甜筒冰激凌，并在电视镜头前，在甜美和谐的气氛中，与他的竞选合作伙伴共同享用。

在此之后不久，我曾与菲利普有过一段对话。菲利普让我接受这个事实，那就是托尼的过于软弱使他除了与戈登握手言和之外别无选择。我反驳道，没有人能够比我更加看透这场毫无意义的纷争，但英国民众是不会把一个失败者再次推上首相大位的。在后续的竞选活动中，菲利普再也没有给我打过电话——我了解他正在为了竞选而全力以赴。我仍旧一次又一次地与托尼谈心，即使是在投票即将截止的5月5日那天夜里。我短时返回了英国，以便在罗伯特·哈里斯位于金特伯里的住所里观看大选结果。托尼似乎已经精疲力竭。我试着让他振作起来，我让他“打起精神来”，无论是言谈还是举止，都要表现得像一个众望所归的领袖那样。我提醒他这次不同于1997年，这次已经是连任两届首相之后的第三次竞选。岁月虽然无情，赢得的议席数量可能会有所减少，但是他依旧能够以66个议席的领先优势取得胜利。举国上下都决定与他一起戮力同心。他赢得了大选，工党也赢得了历史性的连续三届执政。

整个竞选的复杂情势以及媒体关于此次大选仅仅是一场险胜的突出报道，使得托尼甚至对于自己是否已经胜选都半信半疑。不过，一如2005年仲夏时的情景，他很快重新振作、抖擞精神并最终重拾自信与决心，这种自信与决心成为他在第二个首相任期中的鲜明标志。他的政治命运开始跌宕起伏，是始于7月的那个意义重大的48小时。首先是在新加坡，他在为伦敦争取2012年夏季奥运会举办权的最后一次游说中，扮演了关键的角色并最终确保了伦敦申办成功。紧接着，在申办成功、凯旋的途中，他飞抵苏格兰，为充满雄心壮志的八国集团峰会主持开幕式。然而，就在会议举行期间，一系列自杀式爆炸袭击了伦敦的公共交通系统，也就是英国版的“9·11”事件。

当时，我正在伦敦。在我的主持下，我们邀请了由多哈回合谈判中核心国家贸易谈判代表组成的代表团在位于卡尔顿公园的外交大臣官邸会面。目睹着这个我生于斯、长于斯的城市所遭受的血腥杀戮，我的悲痛难以言表，更让我痛苦不堪的是，我还不得不在与会宾客们的面前强忍着这份痛楚。托尼的应对一如他在美国“9·11”恐怖袭击事件后的反应：镇定中带着隐忍的愤怒。对于这种新型恐怖主义威胁的严重性，他依旧心知肚明。彼时彼刻，他已尽其所能，作出了最恰当的应对。他用自己的公开讲话慰藉着全国民众，而举国上下也在他的带领下万众一心、众志成城。

到了9月，托尼的首相地位显得更加稳固了。迫使其公开宣布离职日期的压力日渐消退，议会工党内部的喧嚣也已渐渐平息，而托尼在工党大会上也不再感到势单力孤。尽管如此，戈登的意图依旧十分明确。在工党大会与会代表们的面前，他盛赞托尼。“未来，”他说道，“工党——新工党——将不仅仅是栖身，更要雄踞于国家政治之核心。”但毫无疑问的是，这一席豪言壮语显然不仅仅是一名财政大臣的会议发言，更像是一位新首相提前发表的就职演说。在对托尼旨在推动工党改革“自新”的努力表示赞赏之后，他表示：“工党的自我革新，其挑战之巨、其任务之艰、其成就之大，一如当初创立新工党，有鉴于此，我将在接下去的一年中遍访全国各郡县与族裔。与诸位一道，我希望能够更多地倾听、知悉与了解，我也同样希望能够与诸位共同探讨经济、社会以及宪政的变革，以共创未来。”话虽如此，可是如果我没有记错的话，托尼无论如何至少还有一年的任期在身。

托尼力图反击，这反击并非针对戈登即将实现的接班掌权，因为这在托尼看来早就木已成舟，但他并不相信戈登关于保持工党政治核心地位的信誓旦旦，也对激进的新工党政策能否应对21世纪英国所面临的种种全新挑战心存疑虑。在自己已经开始推行的各项改革的基础上，他下定决心要展开一场政策“大论战”以及一次他命名为“面向未来的政策反思”的活动。

就政治层面而言，我从中看到了显而易见的多重风险。我曾警告托尼，在议会工党的部分议员中，弥漫着这样一种情绪，这种情绪认为托尼不过是在自己任期的最后时光中苟延残喘。另一个问题是，戈登或许正在致力于加速托尼的下台，为达此目的，戈登一方面可以强调自己继任的必然性，另一方面还可以宣称托尼的恋栈权位将给工党带来损害。不过，具有讽刺意味的是，我的确发现了一个理由，这个理由让我相信这或许不会发生，至少近期内不会发生。迈克尔·霍华德已经辞去了保守党领袖的职务，而种种迹象表明，他的继任者将会是年轻的戴维·卡梅伦。卡梅伦将会尝试利用自身的朝气与活力来反衬看上去已经暮气沉沉、脱离民众的工党，来反衬在戈登看来最好是不左不右、四平八稳的工党未来议程。代表工党的下院议员中，至少有一部分人已经开始意识到这其中所隐藏的危险信号。他们也开始认识到，工党最佳的应对应当是推出大刀阔斧的新工党议程，为将来与卡梅伦的选战做好充分的准备。

毋庸置疑的是，我在布鲁塞尔任职期间遭遇的最大变故是母亲的离世。我得知母亲去世的消息是在2006年情人节的那天清晨。我的哥哥迈尔斯打电话告诉了我这个消息，说母亲于睡梦中平静离世。当时母亲正住在英格兰西北部圣海伦斯，也就是迈尔斯与他妻子瓦莱丽居所附近的敬老院中。母亲生前一直饱受阿尔茨海默病的困扰，在将比格伍德路的房子出售之后，她搬到了北部与迈尔斯一起生活，此后的三年中，她的身体状况每况愈下。两年后，由于迈尔斯和瓦莱丽白天要上班，她不得不独自一人待在家中，而她又不愿意聘请一个陌生人作为护工来看护照料自己。在万般无奈的情况下，迈尔斯和我作出了一个痛苦的决定，那就是把母亲送到敬老院。我无法想象，个性强、独立的母亲是如何与其他陌生人同住一个屋檐下的，但是我们别无选择。在初到敬老院的时候，母亲表现得很坚忍，我们也尽力将她已经习惯的家中房间布局复制到她在敬老院的房间中，包括家具、相片以及其他种种她所熟知的物件摆设。但是随着阿尔茨海默病病情的加重，她变得愈来愈孤独封闭，直至有一天，当我去看望她的时候，她已经认不出我是谁了。在母亲患病期间，迈尔斯和瓦莱丽对她的照顾无微不至；当我无法适应母亲的病情所带来的一切时，他们也一直关心和慰藉我。最终，母亲没能从年初的呼吸系统感染中恢复过来。我感觉，母亲并不想康复，她宁愿放弃努力，平静离世。

在母亲的葬礼上，迈尔斯的女儿利奥妮（Leonie）回忆了与奶奶在一起的美好时光。利奥妮的两个女儿，也是母亲最为疼爱的两个曾孙女劳伦（Lauren）与艾米丽（Amelie），还有她们的父亲罗宾（Robin）都出席了葬礼。还有许多其他亲友也都远道而来，与母亲告别，其中最让我欣慰的是我的同学兼发小斯蒂芬·豪厄尔。他的到来让我想起了我的年少时光，当时母亲正值盛年，而且经常热情地招待我的同龄朋友们，无论他们来家里做客是为了大快朵颐，还是为了谈天说地。

此后，以每个月一次的频率，我始终没有中断前往唐宁街与托尼的会面。到 2006 年春天的时候，他显然再次变得焦虑起来，他忧心自己推进公共服务事业改革的前景，忧心自己是否能够至少在一定程度上圆满完成第三个任期，更忧心他的继任者能否真正确保自己政策的延续性——而这个继任者几乎必然就是戈登。随着 5 月又一轮地方议会选举的临近，他开始愈来愈频繁地给我打电话。有史以来第一次，他看起来终于接受了这个事实，那就是，他的任期要远比他所希冀的短——诚然，这并不是一个完整的任期，甚至算不上任期过半，但是现在，他的任期已经屈指可数，留给他的，至多只有一年的时间。在他的设想中，他将离任的日期设置在了 2007 年夏天，问题是他将如何传达这一信息。他不愿意以公开宣告的方式传达，因为这样做不仅很有可能使他成为一个任期将满、有名无实的“跛脚鸭”式的首相，也极有可能意味着他政治生命的终结。当托尼私下暗示 2007 年夏天对于戈登而言是一个很好的“着陆区”时，戈登却表示这与他的想法还有一定差距。

具有讽刺意味的是，托尼看上去将这个国家治理得很不错——而且是在这种情势下，他将注意力集中于国内政策议程，不论是时下还是未来——推行全新的学校与卫生体系改革计划、社会保障计划以及名为“尊重”议程的治安改善计划。托尼的这些作为并非全无争议，但鉴于他从自己的前两个任期中所吸取的经验教训，托尼已经下定决心，愈是困难的议题和决议，愈是要提早付诸议会表决。

我们在地方议会选举中的结果很不理想，这足以促使戈登，特别是他的一些政治盟友再次施压要求尽早实现唐宁街的权力交接，然而选举的结果并没有糟糕到让他们的意图能够轻易实现的地步。但是，在接下来的那个星期一召开的议会工党例会上，也就是托尼对选举结果进行陈述的时候，他觉得自己不得不做出一些让步了——托尼的陈述以向代表工党的下院议员们作出承诺而告终，在他的承诺中，他保证会给继任者“充足的时间”。我理解托尼这样做的种种原因，同时我也觉得-——尽管托尼确信他为自己赢得了时间——戈登团队短期内的全面权力交接如今已经完全无法避免了。

在布鲁塞尔期间，我的工作重心是贸易谈判。虽然贸易谈判并未设定正式的最后期限，但是美国早先制定的一项阻止国会对政府已签订的协议进行变动的法律即将于 2007 年 6 月期满失效，届时，很有可能出现下列情况，那就是数十名美国国会议员会联手撕毁任何协议，只要这份协议会由于美国国内政治原因而引起罢工。当时，我们已经取得了一些进展。在 2005 年年底的一次部长级会议上，我和我的同事，也就是欧盟委员会农业专员玛丽安·费舍尔·波尔，共同设定了一个最后期限：我们将在 2013 年取消欧洲农产品的所有出口补贴。我们同时也就下述承诺达成了共识，即工业化国家将对来自发展中国家的商品全面开放市场。这带来了动力，至少带来了些许希望，或许我们能够在最近的一个目标期限前，也就是 2006 年年底，达成协议。

到了新年的时候，种种迹象表明这绝非易事。主要的发达国家与几个关键的发展中国家之间，尤其是美国与印度、巴西之间存在一些分歧。美国及欧盟都希望发展中国家能够在工业和服务业领域减少贸易壁垒，但是印度、巴西在这方面的进展却极其缓慢，聊胜于无。它们坚持认为，如果发达国家不在消除农业补贴方面作出更大努力的话，它们便不会同我们就减少贸易壁垒达成协议。我感到非常失望，欧盟已经作出的旨在换取对方让步的种种努力竟然无法得到对方的理解。2001 年，我们已经取消了世界上最落后的几个国家对欧洲出口商品的配额和关税，并更进一步推动了欧盟“共同农业政策”的改革。玛丽安和我也力争在取消农业补贴方面取得更大的进展。只要发展中国家的贸易谈判代表们承诺更大程度地开放他们的市场，我就有信心说服各欧盟成员国取消农业补贴，这看上去似乎只是技术问题，就细节而言，的确如此。但是最终，这演变成了一个政治决策，在这个决策中，不仅各方都卷入其中，而且还需各方均作出自身能够接受的让步。

2006 年年初，我开始进行一系列的努力，以利用托尼在世界政治舞台上依然存在的影响力去打破谈判的僵局。我担心英国过于强调对于欧盟“共同农业政策”的改革将会促使巴西，尤其是在消除其关税壁垒的问题上，停止努力，因为它们会认为可以从我身上获得更多的让步。3月，我与美国贸易谈判代表罗布·波特曼（Rob Portman）一同飞往里约热内卢，以便与巴西外交部长塞尔索·阿莫林进行系列会谈。我们拟订了一项非正式的提议：美国将继续降低自身的农业补贴，而欧盟将应发展中国家的要求降低关税；作为回报，巴西以及其他新兴国家的市场将对欧美的工业产品开放。阿莫林的回应虽然诱人，但也含糊得令人恼火。但是，这次会谈却比以往任何一次都更有成效，也许是因为在这次谈判中，巴西并未与其他那些经常给谈判进展设置障碍的发展中国家为伍。

但是不久，我们便遭遇了一个重大的挫折——并非来自里约热内卢，而是来自华盛顿。罗布升任美国白宫管理与预算办公室负责人之后，他的贸易谈判代表的职位便由他的副手苏珊·施瓦布（Susan Schwab）接任。在我们定于夏季在日内瓦进行的新一轮会谈中，苏珊将起到决定性的作用，而美国贸易谈判代表的变更，有可能产生其贸易谈判立场发生转变的风险。不论出于何种原因，此后的贸易谈判的确发生了巨大的转变，其结果——事实上的谈判崩溃，至少在短期内达成协议已经绝无可能——并非完全由苏珊造成。巴西、印度两国，尤其是印度对于美国提出的开放市场的要求并无任何实质性的表示。然而，在日内瓦会议召开之初，苏珊就很明确地表示，美国在现阶段并没有在这个议题上继续进行讨论的意愿。她表示，她不愿透露美国将在削减农业补贴方面作出多大让步。她为什么要这么做？对此，她嗤之以鼻："这个谈判桌上的其他任何人可都没有开放自己的市场。"对此感到震惊和沮丧的绝非仅有我一人。这究竟是华盛顿用以表达其放弃达成协议的方式呢？还是说这只不过是苏珊的谈判风格与策略？

我给托尼写了一封信，报告了会谈中所发生的一切，请他向布什总统了解一下情况，并请总统澄清一下，他是否同意美国谈判代表的谈判行为，这一行为又有何意味，以及在他看来这一行为将会导致何种后果。对于布什总统希望协议达成的意愿，我始终抱有信心。在与他的最近一次会面时，我曾对他直言不讳地说道，假如我们在这次贸易谈判中无功而返的话，结果将会是"亲者痛，仇者快"——弹冠相庆的将不仅仅是那些来自发展中国家并以反对全球化和反对西方国家为政治资本的人，还有来自我们国家内部的那些希望以贸易保护主义为借口拒绝改革的人。我给他列出了一份清单——当然，这份清单的设计充分考虑了布什总统个人的政治好恶——包含了那些意图致使谈判崩溃并痴迷于对美国和欧洲横加指责的国家和领导人的名字。

在共进午餐的时候，布什总统把我拉到一边并对我说道，他能够明白我在字里行间所包含的政治逻辑，而他也会竭尽全力的。他曾经这样评价贸易谈判："在这场游戏中，你可以让各种数字按照你的意愿发生变化。"换句话说，协议一旦达成，那么里面的条款细节完全可以根据你的需要去设计。只要贸易谈判各方都略微表现出善意，那么彼此之间的距离就不会如此巨大。问题是在这一系列重要的贸易谈判中，分歧究竟大到何种程度。谈判各方都非常清楚，2007 年 6 月布什将会失去在不受国会干扰的情况下签署国际协议的权力，而我们距离这一时间越近，悲剧性结果出现的可能性就越大，那就是最终我们将花费长达数年的时间才能达成协议。同时我也很担忧，布什会被其他重要事宜或是重大压力所左右。

托尼也是如此。在经过 5 月的那次打击之后，他的确已开始重拾自信，但我却依旧经受着内心的痛苦挣扎。一方面，托尼试图继续推进他的议程，对于工党应该如何应对戴维·卡梅伦，他有着明确的见解。对于戈登倾向于沿用古老的、意识形态化的"划分界限"法将卡梅伦描绘成私下的右翼分子这一观点，他也表示无法赞同。托尼担心的是，除非这一指控有切实的证据令人信服，否则将毫无意义，况且这一指控可能给工党带来的伤害甚至会大于对卡梅伦的打击。他解释道，卡梅伦的策略是要将工党挤下执政地位。如果我们是一个果断而坚定的新工党，那么这将迫使卡梅伦作出标新立异的行为以显示他与我们的不同，届时将会是我们运用"划分界限"这一方法的最佳时机。但托尼也是一位小心谨慎的领导者。他坚持认为，在秋季工党大会召开前的这几个月中——如果他在 2007 年夏离任的话，那么这将是他以党领袖的身份参加的最后一届工党大会——重点应该是"多注重目标，少关心时限"。他希望在有限的时间内仍能够有所成就，但是他明白——我们大家也都明白——离任的时限是无法视而不见的。

度完夏休假之后，托尼制定了一个策略旨在赢得最后一年的执政空间，但是戈登已经失去了所有的耐心。最终的导火索是《泰晤士报》于 8 月底对托尼进行的一次采访，在那次采访中，他一再拒绝明确给出一个离任日期。假如当时他有事先征求我的意见的话，我会质疑他参加此次采访是否明智，并担心这种采访不但不会使他与戈登之间的关系缓和，反而会使之更加恶化。

星期五，也就是（2006年）9月1日清晨，当《泰晤士报》的采访刊发后，托尼团队的主要幕僚聚在了一起，他们都很有信心能够化解任何突发的政治风暴。但是此时此刻，戈登已经准备采取行动了。戈登此后曾声称他在事前对于一星期后所发生的后座议员密谋事件一无所知。坦率地讲，这一说法是不可能成立的：事件的主谋，代表工党的下院议员汤姆·沃森（Tom Watson）始终是戈登最为亲密的政治盟友之一，在当时一直唯戈登马首是瞻。更令人感兴趣的问题是，在这个事件上戈登究竟希望他们做到何种程度。戈登只是想撼动一下大树，还是希望将整棵大树连根拔起？在我看来，戈登已经下定决心要让托尼当众给出一个明确的离任日期，而且不达此目的誓不罢休。

尽管身在布鲁塞尔，但我始终关注着事态的发展。密谋事件最初是从关于下院后座议员写请愿信逼宫的几篇新闻报道开始的。截至星期二清晨，已经出现了一系列关于众多下院议员群起攻击托尼的传言。在这些议员当中，当然并非所有人，但的确有一部分人是一直以来都对托尼持批评意见的，或是被托尼抛弃的前内阁大臣。他们当中有一部分人抨击权力交接的过程不够“透明”，另一些人则希望尽早进行权力交接。随着唐宁街10号气氛的日益紧张，戴维·米利班德同意在参加当天上午英国广播公司的《今日》节目时，尽力重新夺回主动权。在节目中，戴维并未给出托尼离任的确切时间，但是在经过托尼的同意之后，戴维坦承，“根据惯例”，首相将会再执政一年。“在我看来，这个惯例是合乎情理的。”戴维说道。

然而，不久之后的事实表明，即便如此也依然无法令戈登和他的支持者们满意。尽管我并未身处伦敦，但是我仿佛亲身经历了这场轩然大波——尤其是原先长期担任我的助手的才华横溢的本杰明·韦格-普罗瑟新近加入了托尼的幕僚团。同时我也一直与托尼、本以及唐宁街10号的其他重要人物保持着电话联系。一步一步地，下院议员请愿信的细节最终被公之于众。请愿信中汤姆·沃森的署名已经明确无误地表明，托尼的近邻戈登绝非仅是一个局外旁观者。毫无疑问，戈登本人也正在待时而动，随时准备加入战斗。马修·泰勒以及托尼的议会私人秘书（Parliamentary Private Secretary）基思·希尔（Keith Hill）开始策划反击行动，在此情况下，前交通大臣凯伦·巴克（Karen Buck）同意领衔敦促下院议员们签署联名信作为回应。这封联名信将对戴维·米利班德所确认的托尼将在一年内离任表示欢迎，并敦促各方停止一切有可能破坏权力平稳交接的行为。截至当天上午，这封联名信已经征集了17个议员的签名。才过中午，签名便迅速增加到了30个。到了当天夜里，签名的议员已经接近60人。

星期三，也就是9月6日的早上，托尼同戈登在戈登的办公室进行了一次会面，这是他们最终实现的两次会面中的第一次。当事后我同托尼谈起这次会面的时候，托尼说，戈登一共提出了四项要求。第一，“为了工党的利益”，托尼必须于来年7月之前彻底离任。第二，在权力交接过渡时期，托尼必须与戈登一起共同决议所有重大事项——毕竟这些事项将对即将上台的戈登政府造成直接影响。第三，托尼必须明确否决由头号布莱尔主义者艾伦·米尔本提出的希望就未来政策进行辩论的提议。第四，戈登希望托尼签署一份正式文件，指定戈登作为继任者。托尼告诉我，他拒绝了上述所有要求。他曾试图解释，为何自己无法接受上述任何一项要求，尤其是对第三项希望自己否决艾伦提出的辩论提议的要求更是难以认同。戈登十分清楚，托尼才是在幕后推动这一辩论提议的主要力量。托尼对他说：“戈登，为什么一定要反对进行这样的辩论?”托尼敦促戈登，应该爽快地答应给予像艾伦这样的人一个机会，与自己进行一场真诚的、包容性的辩论，探讨一下这个党派以及这个国家的前途与未来。“这比你所做的其他任何事情都更有益于内阁，也更有利于赢得别人对你的信任。”托尼说道。但是戈登的态度很坚决。戈登能够感觉到胜利就在眼前——但很明显的是，他并未意识到，反对他的意见已经形成一股浪潮，而这股浪潮意味着一场完胜将离他远去。

可是，下午两点左右，当两人再次在唐宁街10号后面的花园会面的时候，游戏已经接近尾声。戈登显得不再那么具有侵略性，而托尼也明白，某种程度的妥协与让步是不可避免的。经过两个小时的唇枪舌剑，两人终于达成了协议。托尼依旧不会公布一个确切的离任时间，但是他将在第二天访问伦敦当地一所学校的时候公开确认，今年的工党大会将会是他作为领袖所参加的最后一次大会。而戈登将会发表声明，宣布他基本接受托尼的决定。

托尼已经下定决心，要彻底地做个了断。他只会跟妻子切丽分享他内心最深处的想法，他已经决定不再与戈登继续斗下去。他无法允许自己领导的政府及工党因为他个人的政治未来而变得四分五裂。相反，他希望自己未尽的政治事业能够最终得以实现。他相信自己完全有能力说服人们支持自己提出的议程，而且在今后面对这个国家以及这个党派的时候，他也会感到更加坦然。不过对于托尼而言，这确实是一件很令人悲哀的事情：刚刚就任首相，就不得不面对下野的结局。

在同切丽交谈之后，托尼找到了自己在唐宁街 10 号的团队成员，面对这些愿意与他一起出生入死、战斗到底的伙伴，托尼说道，没有必要为了一场前途未知的战斗而付出如此巨大的代价。他将发表声明，确认即将到来的工党大会将是他作为领袖参加的最后一次大会。这一声明意味着，最迟至 2007 年 9 月，他将会离任，而届时一位恰当的新领导者将会继任，也就是说，他为自己的离任确定了时间表。

那天晚上，托尼给我打了电话。他虽然依旧保持冷静，但仍有些无法释怀。“我绝不会为了自己的工作而卑躬屈膝，”他对我说道，“我想公众最终会识破戈登的真面目。他们是不会被他所蒙蔽的。他已经使自己的形象堕落成了一个卑鄙小人。我认为时至今日，公众或多或少都会对我有所同情。”托尼继续说道：“我是不会为他背书的。我终于可以放轻松了。他们去年夏天就知道我肯定要离任了，因为我已经告诉戈登这一点了。他们现在终于知道我究竟什么时候走人了。他们只是想羞辱我。”

我不敢说托尼的决定是完全正确的。我很难相信戈登取代托尼——尽管这已无法避免——将会有益于这个政府或是这个国家。尽管戈登的人品毋庸置疑，但是他对托尼的所作所为确实有损其自身的形象。如今，我十分确信，托尼曾对戈登作出过承诺——并不是在格兰尼塔餐厅，而是早在 2003 年年底他们第一次参加海军部大厦晚宴时。最终，由于托尼改变了自己在那次谈判中的立场，戈登觉得自己有必要采取行动了，可是戈登也并未坚定自己的立场。我并不认为戈登坚持要求履行当时协议的做法是正确的，他更不应该在 2005 年托尼成功连任之后还一再逼宫。在我个人看来，戈登先前的政治不合作行为以及最终逼迫托尼下野的行为都是无法原谅的。

9月底，当我们前往曼彻斯特参加工党大会的时候，托尼的心态已经平复了许多。他已经没有兴趣再对戈登进行公开的抨击——尤为重要的一点是，戈登的逼宫行动如今已经出现了明显的反效果。事实上，大家需要做的只是等待投票的结果。几乎所有人都明白，这次的闹剧不过是戈登引领的一次政变，而他们中的绝大多数人都对此感到厌恶，或是对戈登的言行甚为不满。

这次工党大会最终以托尼的大获全胜而告终。他在大会末尾关于政策方面的压轴主题演讲严谨得当，自我揶揄时风趣幽默，即使是谈到戈登时也颇有雅量，这一切最终为他赢得了雷鸣般的掌声。我依旧执著地希望，在即将结束的任期里，好运会继续伴随着托尼，而戈登也不会再冒着风险进一步逼迫托尼。问题的实质在于，戈登是否会支持、甚至是加入托尼希望在离职前完成的未竟事业中来。工党大会结束之后，托尼确立了两个目标远大的工作重点。第一个重点关涉他的政治议程：就国内而言，他决心继续推进公共服务事业的改革，尤其是对英国 NHS 的改革；就国外而言，虽然希望渺茫，但他仍希冀于能够推进以色列与巴勒斯坦之间的和平外交。同时，他也希望能够说服北爱尔兰统一派以及北爱尔兰共和派加入一个稳定的北爱尔兰联合政府中来。第二个重点关涉的是“未来”政策。这取决于一系列煞费苦心组合而成的文件：由前银行家、《金融时报》记者戴维·弗洛伊德（David Freud）撰写的对英国社会福利体系一次全面而彻底的评论，以及关于英国如何面对 21 世纪各种挑战的系列的若干“十年计划”。

（2007 年）3 月初，戈登最终还是作出了一些托尼所希冀的回应。戈登出乎意料地参加了弗洛伊德评论报告的首发仪式并对此大加赞赏。两星期后，托尼开启了关于公共服务事业改革的第一次也是最重要一次的十年政策回顾。该份报告的核心内容是仍需要进行更深刻、更大胆的“布莱尔式”的改革：必须提供更加多样化的公共服务，推行各种激励创新的措施。戈登当时也在场，就在托尼的身旁——戈登很清楚地意识到，自己无法承受缺席如此重要场合的政治风险。直到首发仪式开始的前几天，他还对托尼坚称自己届时绝不会出席。“我为什么要出席？”他嘟囔着说，“这又不是我所推行的政策，这全都是你的事情。”对此，托尼的回答是，即使戈登表现出一副自绝于新工党，而且新工党的成就完全与己无关的样子，公众也不会相信的。“好吧，我会到现场的。”戈登最终回答道。

事实上，托尼并不相信戈登会真心支持他在福利、健康或是教育领域发起的各项改革。在这种情况下，他对戈登能否在大选中战胜戴维·卡梅伦表示怀疑。托尼知道，这位保守党领导人的确有一些弱点：他不是，至少当下还不是一个具有很大影响力的人。他正在领导的保守党，正如20世纪90年代时的工党那样，还未经历改革的洗礼。但是，他看起来已经具有了一位政治家所应有的魅力：他很睿智、从容而且淡定，同时他还拥有敏锐的政治直觉。在戈登所有可能的对手中，他将会是最为强劲的一个。

我同意托尼的说法。这不仅仅缘于我与戈登长期相处的经验，还缘于我曾与卡梅伦有过多次的短暂交锋。我们的第一次交锋是在1992年，在我同卡尔顿电视台负责人迈克尔·格林共进午餐时，我对迈克尔捐款给下院保守党一事提出了质疑。当时，刚刚辞任保守党特别顾问，成为卡尔顿公关总监的卡梅伦也在场。在我的印象中，他很友善，但并不是非常自信。我再次遇到他的时候，是2006年年底在布鲁塞尔，那时的他看起来要自信得多了，而且给人的感觉是绝非等闲之辈。我们谈论起关于欧洲的话题，尽管他很明显并不是一个热衷于欧洲统一的人，但他对涉及欧盟的探讨还是持开放态度的。当时他曾说道，他最关心的事情并不是欧洲大陆发生了什么，而是如何立场坚定地与自己所在的政党保持一致。

我建议双方的幕僚和随从官员回避一下，以便我们两个人能够进行一次简要的私下会谈，然后我们谈论了一些政治话题。“面对‘大闷拳’的挑战，你有何感想?”我一边开玩笑地说，一边回忆着当年在一次下院辩论时，托尼以这个绰号来警告戈登，并非事事皆能如己所愿。卡梅伦笑了，他说，他和他的政党已经做好了“充分的准备”以应对戈登·布朗出任首相的情况。“你听我说，”我说道，“当局面最终演变为一场政治巷战的时候，你是无法做好‘充分的准备’来应对一个百无禁忌的人的。”卡梅伦看起来对此并不担心，甚至还很期盼戈登出任首相。他说，他们对戈登的性格已经有了全面的了解。在他们看来，戈登最大的敌人将会是他自己。我告诉卡梅伦，我可不像他那样胸有成竹。几个星期后，卡梅伦给我寄了一张圣诞贺卡，贺卡附言：正期待着“大闷拳”的到来。

当然，戈登是否能够成功取代托尼，一切尚无定论，但是除了戈登以外，又能有谁呢？托尼对一些被认为能够挑战戈登地位的资深内阁大臣颇有好感，尤其是对查尔斯·克拉克青睐有加。但是，他同时也很担心，这些资深大臣的政治前途会因为被视为“前朝遗老”而被阻碍。最终他作出了决断，假如要保持新工党的“新”意，那么还是应该推陈出新、淘汰旧人。我们必须寻回鲜活的生命力，重新找回对创新的渴望以及1997年之前我们曾经拥有的公众的爱戴。托尼说，他希望克拉克能够挺身而出，但托尼提出这一希望的主要原因还是在于为戴维·米利班德赢得挑战大位的政治空间。尽管自1997年开始，托尼就一直心怀疑虑，无法确定戴维是否是一个彻底的新工党成员，而且直至当时，托尼也依旧无法完全确认。假如托尼认为戴维并非一个“福音派布莱尔主义者”，那托尼毫无疑问是正确的。不过，戴维确实是一个毋庸置疑的现代主义者，他心思缜密、和蔼可亲、能言善辩而且足智多谋。托尼坚信，只要戴维与戈登一同竞争，那么至少一场关于工党政策的决定性辩论将不可避免。他确信，戴维将会是代表着改革与复兴的候选人，而且有一定的机会赢得胜利。但是随着戈登和他的团队获得了来自议会工党的压倒性支持，4月底，戴维决定不再参加党领袖的竞选。

托尼在任的最后一个月见证了他所赢得的最后一次胜利，对此我感到特别高兴。5月初，北爱尔兰共和派和北爱尔兰统一派终于达成了北爱尔兰的全面和平协议。爱尔兰共和军也终于宣布彻底放弃使用武力。与马丁·麦吉尼斯一起入主移交后的新政府的不仅有北爱尔兰统一党人，还有他曾经的宿敌——伊恩·佩斯利。尽管这一说法有些老生常谈，但是这确实是一次“历史性”的突破。很多人都为此付出了巨大的努力，我也有幸参与其中，而我所扮演的角色与美国的历任国务卿相似。乔纳森·鲍威尔，还有北爱尔兰统独双方的领导人也都在其中发挥了极其重要的作用，但没有一个人能够像托尼那样夜以继日、殚精竭虑地不懈努力。对他而言，这是对他十年任期的最好总结。

虽然我没有直接参与取得决定性成果的最后一次谈判，但这个成果也是我一直期盼的。在我辞任北爱尔兰事务大臣之后，我仍然对一件事保持着特别的关注，那就是确保由真爱尔兰共和军所制造的“奥马爆炸案”中的所有受害者家庭能够至少在一定程度上得到安慰，并最终使正义得以伸张。从拜访各个遇害者家庭的那一刻起，我就立志要竭尽全力将那些凶手绳之以法。要将凶徒们，哪怕是其中一人送上法庭，也许都需要数年的时间，而且即使控告他们，也只能是受害者家庭以民事诉讼的形式发起。我将自己在《星期日泰晤士报》发表文章的稿酬——这篇文章旨在反击围绕我辞任北爱尔兰事务大臣一事的谣言——悉数捐给了奥马基金。我也同样全力支持他们提起民事诉讼，控告那些声称对爆炸案负责的凶徒，同时，我也劝说政府提供 80 万英镑用于相关的法律援助，最终，这笔用于赔偿受害者损失的援助金达到了 160 万英镑。这笔援助金永远无法消弭已经犯下的罪行，也永远无法抚平丧失亲友的伤痛，但它至少代表正义得到了某种程度的伸张，而我也有幸能够为此略尽绵薄之力。

支持为“奥马爆炸案”的受害者家庭伸张正义的游行活动。右后方为我的特别顾问帕特里克·戴蒙德。

在离任前几个星期，托尼邀请了 1997 年时的核心团队到契克斯别墅参加晚宴。我们在太阳下山之前及时到达了别墅，并在露台上小酌了一番。那真是一个令人动情的夜晚。曾经的患难与共，让我们所有人在与托尼共度在任的最后时光时，都感到成就多于遗憾。当然，我们即将上任的首相并未被邀请，但是，这几个月来由于逼宫事件而一直萦绕于我们心头的愤懑与苦楚早已随风而逝。当我起身发言的时候，我觉得我所说的正是在座所有人的心声。这是我们的荣幸，我说道，能够为托尼所取得的成就有所贡献。我们非常珍视与托尼的政治情谊，也非常珍惜与托尼的私人友谊。即便未来我们将各奔东西，但我们共同拥有的某些东西是永远都不会改变的。“我们都希望能够缔造一个现代化的工党，”我说道，“我们也都希望工党能够成功，不论谁是它的领导者，不论谁是首相。”

虽然身在布鲁塞尔，但我依旧关注着托尼首相任期的最后时光。曾经与托尼以及他的团队并肩战斗，助他登上首相大位，如今却无法在最后的时光中陪伴在他的身边，我的心中隐隐有些烦乱。6 月 27 日那天在我的办公室里，我怀着骄傲与敬重的心情观看着电视里托尼参加的最后一次首相质询会（PMQ）。在这次答问中，托尼的表现是大师级的。最后，这次答问以伊恩·佩斯利的感人颂词圆满结束。在颂词中，他盛赞托尼强大的说服力对于北爱尔兰和平进程的推动作用。佩斯利并不是那种一直以来都与托尼或是我持有一致观点的人，但是最终，他为新工党的十年执政画上了一个恰当的句号。戈登，我们工党三剑客之中的第二人，如今将面对考验。午后，在最后一次以首相身份亮相下院之后，托尼沿着唐宁街缓步走回了唐宁街 10 号。在回答媒体的提问时，托尼着重强调了他希望给英国带来的改变。尽管他的离任演说中规中矩，但我依然觉得他舍弃了务实的行动，而代之以雕饰的辞藻。

随后（2008 年），我访问了中国。当时，中国正因为奶制品污染事件而陷入食品安全恐慌之中。我在如此困难时期到访使温家宝总理对我与中国之间日益紧密的关系更加认同。在离开北京前的新闻发布会上，我在众多的摄影与摄像镜头前喝了一口自己最喜欢的酸奶。当天晚些时候，温总理当众称赞我说：曼德尔森先生充满睿智，是中国人民的好朋友，我们永远都不会忘记他为我们的奶制品制造商所做的一切。温总理言而有信，后来当我再次访问北京的时候，他专门抽出了一个小时的时间与我会面。

我在布鲁塞尔的生活主要是为圆满结束多哈回合贸易谈判而努力。我们提出的削减关税与农业补贴一揽子方案是迄今为止全球经济活动中最具雄心壮志的一次，而各个参与谈判的关键国家也都开始严肃思考达成协议的可能前景。一个可能的协议开始逐渐显现出它的轮廓：欧洲和北美将削减关税与补贴，作为回应，大型新兴经济体，如巴西、中国和印度将有所“付出”，即尽可能地对自身的贸易关税进行实质性削减，以促进全球贸易体系的全面开放。但是它们究竟将“付出”多少，以及它们会相应地得到多少回报，成为谈判的关键。有史以来第一次，欧洲不再被视为可能达成的世界贸易协议的阻碍，相反，可以说，欧洲是为达成这一贸易协议而付出了最多努力的一方，但这并不能让参与谈判的每一方都感到满意。尤其是生怕欧洲农业会受到影响的法国人更是声称对正在展开的最终谈判感到惊恐不安。

北爱尔兰农民在都柏林公开抗议草拟的 WTO 协议。

在我抵达日内瓦之后不久，由于我们希望在 2008 年 7 月的 WTO 部长级会议上能够有所突破，我被召去巴黎向法国总统萨科齐表明我的立场，这相当棘手。当时，法国已经开始了为期 6 个月的欧盟轮值主席国任期，所以从这个角度而言，他是我的上司，我应该，至少是让他知道我正在做什么。但是身为贸易专员，我拥有包括法国在内的各个欧盟成员国所授予的谈判自主权，而我并不希望在我的职权独立性方面作出任何让步。我非常尊敬萨科齐总统，他以自己强大的个性，不仅领导着法国，更强化了欧盟在世界舞台上的形象。我对他个人也颇有好感，很喜欢与他共事。我们相识的时候，我还没有前往布鲁塞尔赴任，而他也尚未出任法国总统。当时他被新工党深深吸引，也是托尼的超级粉丝。通过中间人，他曾私下邀请我到他在法国内政部的豪华办公室会面。他告诉我，他希望重新修订法国的欧洲政策，转而奉行英国的理念与方法，以推行经济与社会政策，而非保持与德国的高度一致。然后，他做好了准备，希望接受关于新工党理念、创新以及实践的全面辅导。在听完我长达两个小时的讲解之后，他惊叹道：“太棒了！”尽管在此期间，我的讲解不断被他好奇的询问

2008 年 7 月，抵达日内瓦参加 WTO 部长级会议。

所打断。他说："如今，我同托尼·布莱尔一样，拥有杰出的战略家帮手。我赢定了！"

尽管我们在这第一次以及此后许多次的接触中都有着良好的关系，但在于日内瓦举行的新一轮贸易谈判开启时，我们却有着截然相反的观点。尽管有些唐突，但我还是不得不告诉他，假如与他会面的目的是为了让我屈从于他的意志的话，我是不会前往巴黎的。在与欧盟委员会主席巴罗佐以及同样善解人意的德国总理安吉拉·默克尔（Angela Merkel）进行过多次谈话之后，我决定最好还是不去与萨科齐见面。默克尔总理始终非常支持我作为贸易专员的工作——这很好理解，毕竟德国是欧洲的出口贸易大国。戴维·卡梅伦出任保守党领袖之后不久，便开始背弃自己在欧盟当中的主要中右派盟友，这时，默克尔总理明确表示，自己不愿意与卡梅伦有任何瓜葛。然而，我给默克尔的建议恰恰相反。当我访问德国总理府的时候，我建议她与卡梅伦会面，并让他明白，为什么欧洲大陆的右翼政治家和右翼政党在考虑本国利益时，把欧洲一体化看得如此重要。

在日内瓦的新一轮贸易谈判中，与我分歧最大的当属美国人。我认为为了达成协议，苏珊·施瓦布应当表现出更多的灵活性。布什总统已经再次表示他将会推动此次协议的达成，而我对他的承诺深信不疑。在担任贸易专员时，我曾与他有过六次会面。在所有这六次会面中，我发现，与他交谈要比与他的政府中的其他人更容易，也更坦率，这主要缘于他的幽默感以及他的直言不讳。他往往用昵称来称呼他喜欢的人，他对我的昵称便是“银舌”。每当我们与其他谈判参与国，比如中国、印度或是巴西的谈判出现僵局的时候，他总是说：“好吧，‘银舌’，你这次要怎么说服对方?”

多哈回合谈判中的另一个重要人物是巴西总统卢拉·达席尔瓦。我必须要插叙一下我初次与他相识的场景，那是在1998年，当我访问巴西的时候，当时他还身处在野党，在西方几乎默默无闻。在当时的一次演讲中提到依旧被某些左派人士所奉行的“后顾性”（backward-looking）政策时，我表示此类政策是非常不合时宜的。不可避免地，我的话语不仅被详细地记录下来，而且被视为对卢拉总统的抨击。当我返回伦敦的时候，托尼对我说：“你究竟做了什么好事？有个叫卢拉的人往首相办公室打电话，对你发表的演讲进行投诉。”其实在首相办公室，并没有人是以“后顾性”的方式来看待卢拉的，这不仅是因为他掌控着巴西这个人口庞大、国土广袤、经济快速增长的国家，已经成为国际社会不可忽视的人物，也是因为他的领导能力以及强而有力的个性。

同其他许多人一样，卢拉总统也在竭尽全力地推动贸易谈判达成协议，但是我们所付出的种种努力，最后都是徒劳。谈判最后还是以失败而告终，因为美国和印度的部长都拒绝就农业问题作出进一步的退让。不过即使在农业问题上没有陷入僵局，整个谈判也同样会由于其他议题的无功而返而失败，尽管在我看来没有哪个议题是绝对无法解决的。塞尔索·阿莫林和我在帕斯卡尔·拉米的支持下，尝试了我们可以想到的所有方法以图打破僵局，但是美国和印度双方都不愿意再作出任何妥协。我一再提出警告，假如我们无法达成协议，那么将会有一个全新的政府执掌华盛顿，而且很有可能是民主党人，届时，成功的机会就更加渺茫了。克林顿式的自由贸易主义者正在归隐山林，而贝拉克·奥巴马几乎也不会在他环游美国发表竞选演说时提出反对贸易保护主义。作为核心谈判者之一的澳大利亚贸易部长西蒙·克林（Simon Crean），以及中国商务部部长陈德铭都为促使谈判继续进行而付出了巨大的努力，但是如果美国和印度都不愿意变通的话，那么僵局只能继续。

当时，来自世界各地的成百上千名记者云集日内瓦，而参与谈判的所有人都参加了那一系列令人沮丧的新闻发布会。看上去似乎令人难以置信，已有很长历史且大力促进了全球经济增长与新增就业的贸易谈判回合，最终竟然要以如此惨淡的结局收尾。所有参加谈判的人都表示，这次谈判只是暂时陷入僵局，绝非彻底失败。但是事实证明，要使一个贸易谈判回合停滞不前远比重新开始一个谈判回合要来得容易。从短期来看，发展中国家以及新兴经济体正处在丧失信心的边缘，这些国家会怀疑，自己能否在 WTO 框架中、在自己的能力范围内达成一个对自身有利的协议；从长期来看，这些经济快速增长的经济体甚至有可能发明出对富国、发达国家不利的全新贸易安排。不论从哪个方面来看，就整体而言，大家都是失败者。

对于帕斯卡尔，我深表遗憾，因为尽管他的领导充满技巧而且坚定不移，贸易谈判最终还是停滞不前。在当天午夜时分，谈判最终全面崩溃之后，我带着我的谈判团队一起走到了日内瓦湖畔。湖对岸的山峦清晰可见，湖光山色映衬着夜空，勾画出了一个美丽的夜晚。在这么多年艰苦卓绝的努力全都付之东流之后，我的团队成员们一个个都心灰意冷、异常失望。我们大家都发现，我们为我在贸易专员任期内所制定的最重要的目标，如今已成镜花水月。

第10章 东山再起

自托尼离开后，从戈登对来自布鲁塞尔的权力感到愈加的忧虑可以看出他执政第一年的起起落落。某种程度上我一度认为，托尼离开了，我也没什么心情留在政府了，可事实是想离开并不是那么容易的，新工党里有太多的事让我放心不下。

戈登在2007年的夏天自信满满地开始了他的首相任期，但是却遭遇到很多重大事件。先是那一年爆发了疯牛病疫情，还好情势没有最初预计得那么糟糕；随后又发生了两起恐怖爆炸事件，所幸的是仅造成一人死亡，而且死亡的是其中一个恐怖分子；紧接着又遭遇了夏季洪水灾害，尽管造成了可怕的影响，但还好后果没有最初想象得那么严重。但是我有预感，戈登的团队过多地参与了很多事情的处理，他们极力把戈登塑造成一个“护国者”，还极力地希望戈登把下一届的大选提前——显然后者失败了，戈登在最后一刻失去了勇气。对此我丝毫不觉得高兴，如果参加大选就像攀登一座高山的话，我不愿意看到曾经带领托尼的团队登上山顶后遭遇灾祸最终跌落谷底的情景。不过让我确实没想到的是，戈登在他首相任期的最初几个月里竟然向我寻求帮助。

戈登和我曾并肩作战使得多哈贸易谈判成功。当时为了寻求解决方法，他确实付出了很多，后来我在一次采访中对他给予的支持表达了感谢和赞扬。在他成为首相后我们第一次见面时，那件事无疑起到了积极的作用，然后他以首相的身份第一次正式访问了位于布鲁塞尔的委员会总部。随后他一直和我保持密切通话，并派新上任的唐宁街10号政治策略团队主任戴维·缪尔（David Muir）出访我在布鲁塞尔的办公室。在2008年的夏天，我和戈登一直进行日常的电话会议，他认为自己执政的第一年犯下了太多错误，他想翻过这一页重新开始，而他需要我为他出谋划策。然而令我惊讶的是，在秋季工党大会结束后，戈登竟然真的要求我重返内阁——作为商务大臣处理由于全球财政和经济危机所产生的问题。说实话我非常不情愿接受戈登给我安排的工作，因为那意味着我要从事另一种工作，开始另一种生活。我非常享受在布鲁塞尔的生活，但是托尼一直主张我答应戈登的要求，最终我同意了。

当我在10月初趁着戈登进行政府改组重返内阁时，他刚刚从一场试图推翻他的风波中脱身，而这种时不时就发生的风波对工党来说已经习以为常。可我觉得这不是偶然的风波，这明显说明外界并不愿意帮助工党获得统治国家的势头和力量。所幸的是这些风波没有演变成彻头彻尾的政变。在举行工党大会之前就有一些助理大臣辞去了职位，所以在那些风波中并没有内阁大臣参与。但戈登仍然认为风波背后的“阴谋者”不会就这样放弃，虽然当时还没有出现让那些阴谋者满意的首相候选人，但是对于

2008年10月，重返唐宁街10号。
有人认为这一步我跨得太容易了。

戈登不得人心的抱怨声毫无疑问是没有消失的。尽管在工党大会中戈登发表了强有力的演说，但工党下院议员仍然对当时的处境焦躁不安，并且对我们的选举前景非常悲观。然而，随着雷曼兄弟银行的倒闭，从美国发生的金融危机蔓延到全世界，在这种情况下，戈登的个人政治危机反而显得微不足道了。

至于戈登对我的召唤，我的确有过疑虑。且不说这会让我在布鲁塞尔留下一大堆工作，我重返英国政坛对政府能起到什么作用我有些想不通。那个时候托尼一直主张我答应戈登回到内阁，不过托尼团队的其他人倒是不怎么支持这个选择。对于戈登在竞选运动中取代了托尼成为首相这一点，我从不掩饰我的感受，我不止一次地告诉戈登，把托尼排除在外只会损害他自己的名声。在托尼离开的时候，出于戈登的个人原因以及党派因素，我曾经公开地呼吁进行一场候选人竞争而不是加冕礼。而现在，我回到了内阁，我不仅仅是为戈登工作，更多的是拯救他的政治事业。我的一些朋友怀疑我重返内阁是受个人政治欲望的驱使，或者说是个人的野心作祟。无疑，我承认有一部分这样的原因。我曾经花费了大部分的精力和时间来达成这样一个目标：建立一个现代化的工党政府。在以前的 19 个月里，我曾经有两次非常接近这个目标，但是我可以坦诚地说那个目标并不是我重返内阁的主要原因。我决定回到内阁不仅仅是因为戈登，还因为我一直致力于取得新进展的工党陷入了政治危机，工党领导的英国陷入了经济危机。我感到自己有责任做一些力所能及的事，这种感觉比 1997 年以后的任何时候都要强烈，而在布鲁塞尔的工作经验更是让我觉得自己有能力、有条件这样做。

媒体对于我的回归有欢呼也有质疑。这些褒贬不一的风波散去后我有了一个短暂的缓冲时期。我要思考的问题有很多：究竟怎样让差点两次被迫辞职的戈登重拾政权？后座议员有什么想法？埃德·鲍尔斯会有什么反应？怎样才能让我和戈登并肩作战？经济危机是戈登绝望的信号吗？显然这些问题都是意料之中的，而且并不都是不合理的。这些问题我也问过身边的人，但是很少有人能明白我和托尼以及戈登之间存在着怎样复杂的关系。很少人能意识到尽管我们之间互相较量但仍然有一个轴心牵引着彼此。在离开英国政坛四年后，我作为一个不一样的政治家重新回到了内阁。我已经变得更加成熟、更加自信、自我意识更强，对于我的政治生活，我感到更轻松、更愉快。

有很多事情已经发生了改变。我加入的是一个相当不一样的、年轻富有活力的内阁团队。与托尼执政时期他的团队对待我的态度不同的是，现在内阁里的人对我不会充满敌意和猜忌。我的新同事都清楚地知道我的存在不是一个威胁，我重返内阁是为了帮助他们，他们可以从我这里得到支持。同样地，他们管理重要部门和把握政策的能力也给我留下了很深刻的印象。

2008 年 10 月 21 日，再次入阁不久，与一些商界人士在肯特庆祝生日。戈登和我在问答游戏里玩得兴致盎然。

内阁会议上的座位安排一直以来都是一个敏感的政治话题，我很好奇自己会被安排在哪个座位上。被视做最高级别的总理和重要的大臣，他们的座位总是安排在首相的对面。因为你越是远离中心座位，当你想发言时就越不容易引起首相的注意，而坐在首相的对面无疑是最能引起首相注意的。

当我发现我的座位被安排在戈登对面的时候我松了一口气，而我的旁边是财政大臣阿拉斯泰尔·达林。让我感到幸运的是，我的另一边是道格拉斯·亚历山大。他是内阁里最诙谐的成员，加上我旁边的阿拉斯泰尔的冷幽默，我相信我的内阁生活会非常平静且充满趣味。

为使我重返内阁，戈登给了我终身贵族的身份。我直接跻身上院，成为了赫里福德郡的福伊和达拉谟郡的哈特尔普尔这两个地区的曼德尔森男爵。我并不打算同时管辖这两个地区。后来我去见嘉德纹章官（Garter

内阁会议的座位安排（从左至右）：艾伦·约翰逊、戴维·米利班德、阿拉斯泰尔·达林、我、道格拉斯·亚历山大和埃德·鲍尔斯。

King of Arms），他是负责新晋贵族的封号和职位的高级官员，我跟他说我不确定自己是否有能力同时管辖两个地区，虽然这两个地区对于我来说意义非凡。“不要担心，”他对我说道，“你能管理好这两个地方的。”随着他在颁赠封号文件的签名栏上大笔一挥，我的封号“福伊和哈特尔普尔男爵”就这样被定下来了。当我第一次在上院发言时，我似乎在我身上看到了外祖父的影子，他第一次在上院发言几乎是半个多世纪以前的事了。那时二战刚结束，我的外祖父在上院发言强调“马歇尔计划”对重建欧洲国家战后经济的重要性。现在，我加入内阁，面临着同样的经济危机。不过我想得最多的还是我的父母，我告诉我的同事，我是多么希望我的父母还活在世上，这样他们就能看到我进入上院。

我重返内阁后一切都开始变得顺利。当我第一天出现在我工作的商业企业管理改革部（BERR）时，我被数百名公务员的热情欢迎所感动。商业企业管理改革部就是之前的贸易工业部，基本上我相当于重返 1998 年时的工作岗位，办公地点仍然是在维多利亚街的办公室。我知道之前有两名大臣在这个岗位上一开始干得很顺利最后却都不尽如人意，但是我仍然对我的新生活充满信心，我甚至忍不住地对离我最近的正在交谈的两名公务员微笑。商业企业管理改革部的常任秘书官布赖恩·本德爵士（Sir Bri-

跻身上院时，身着华丽长袍与罗杰·利德尔在一起。

an Bender）告诉我的首席私人秘书理查德·阿贝尔（Richard Abel），他将在第二年春天退休。“听着，”他揶揄地说道，“你的工作就是确保我在彼得上任之前离开。”理查德和我原来的下院行政助理默里·格拉斯（Maree Glass）共同为我工作，他们应用零风险政策成功地处理好了我的部门和个人事务之间一切可能潜在的利益冲突。我所有的事情都会经过理查德的审查，甚至我的私人邮箱他都会一一翻阅以确保没有任何潜在的威胁出现，我允许他这样做，我信任他。在政策方面，我重新着手研究我以前搁置的环节。商业企业发展应该具备的竞争力、创新力的“知识经济”特点——所有这些曾在经济危机下受到重创的发展条件都得到了恢复，对于十年前我在贸易工业部取得的进展来看，这些因素对现在的经济发展来说更加重要。如果存在一个时机可以让政府尽可能地鼓励多元化经济发展，减少国内生产总值对金融服务的依赖的话，那么现在就是这样的一个时机。可以说，我在一个最佳也是最坏的时机里回到了内阁。

在参加我上任后的第一次内阁会议前我遇到了挑战，那是改组结束后的一个星期二，我不得不面对肾结石发作这个现实，并且决定在会议前一天进行紧急治疗。作出这个决定对我来说是不容易的，不仅仅是因为我想在布鲁塞尔的欧洲议会上保持最佳状态，更是为了我的工作计划。如果我为戈登制定的经济复兴计划因我住院而搁浅的话，即使能起作用，也相当于是半途而废。后来我在一次工作报告中提到了关于肾结石的事，当我因结石而疼痛难忍时，戈登对我说一切都会好起来，因为他正让卫生大臣赶过来帮助我——直到那时我才知道卫生大臣阿拉·达兹（Ara Darzi）同时也是一名受人尊敬的外科医生。我这个人最大的特质就是严谨，在掉一根针都能听到声音的安静的会议上，我概括地阐述了我们正面临的严重的金融危机和经济危机，以及它们对商务和就业领域可能产生的更严重的影响，并且分析了恢复经济发展可能面临的风险。我想我们都认识到在如今的情况下，如果一味沉溺于过去的内部纠纷，那么我们会付出巨大的代价。

对于戈登给我安排的任务，我认为需要先完成两个方面的工作，一个是在政治方面，需要找到一个方法把我们从以前的选举泥潭中解救出来。我想如果在他的办公室里我能行使更多的权力，那么我能在寻求解救方法上作出更多贡献，显然，戈登已经准许我以他的名义作一些决定。后来，我提议每周进行一次关于政策战略的会议，这个会议由戈登的主要政治参谋员和埃德·鲍尔斯以及我出席。这个提议旨在把戈登管理下的两大政治团队结合起来——那便是“彼得团队”和“埃德团队”——这样一来两大团队共同协作为戈登出谋划策。事实上这个提议在某些时候勉强起到了作用，但从未成功地解决由于戈登碎片化的、高度个人主义的工作方式所产生的问题。

另一个更大的挑战来自经济方面。鉴于我在商业企业管理改革部的职位，以及在新成立的国家经济委员会里的工作，我已经和这个挑战密切相关。经济又和政治互相交织，密不可分，无论我们两个团队对任何一方面作出计划安排，最终决定还是会取决于戈登。因为他是最高统治者，如果我忘记了他作为首相拥有的非凡能力以及以前我们彼此不怎么和睦时的复杂关系，那么就意味着我该好好回想一下过去了。任何一个领导者都需要有强大的内心去承受日常或者额外的压力。这些压力和外在力量的结合会让人保持行动力，而内在的力量会给人以信心和决心去战胜面临的挑战。我认为一个优秀的领导者还需要具备另一种品质：精神上的超脱，那是一种让人遇事处之泰然的能力。之所以说这种品质无比重要是因为它能让你懂得聆听和反思，当你作出最终决定时你能说服别人相信你并且按照你的意愿去行事。在我去布鲁塞尔之前我并未拥有这些品质，但在我回到威斯敏斯特时已经拥有了它。戈登毫无疑问是拥有强大的外在力量和内在力量的，但是他缺乏其他的品质，更重要的是他过多地暴露出了自己的不足。他希望一切事情都在一个体系化和秩序化的过程中发展，但是正如我曾对他说过的那样——他自己也赞同这个说法——破坏事情发展的正是他自己，因为在任何一个制度或者体系进行之初，他总是很容易冲动行事并且很快就失去耐心。

在我整理重返内阁后第一批需要处理的文件时，一项关于财政部拨款支持银行系统改革的协商正在唐宁街 10 号进行谈判。我们安排了将在星期一举行的第一次经济委员会的有关事项。第二天内阁会议结束后，戈登让我去隔壁找他，那里曾经是托尼的私人办公室，现在属于他了。我们谈了很久，在将近五个小时的讨论中，我帮助他拟订了自他成为首相以来最重要的一份声明草案：对银行进行资本重组的计划。在前所未有的挑战面前，我们不得不作出这个前所未有的决定。在这个案例上，没有一个政府曾成功地意识到在特殊情况下向银行注入紧急资金的需要，连美国也没有过，而戈登还是保持着其典型的作风。从理智上讲，他很清楚地知道自己必须要做什么和为什么要做。他拥有胆识和不可抗拒的魄力来推动事情的进展，同样地，他也能够意识到这个决定所具有的政治意义。在我重返政府之前我就反复地告诉他必须要让自己和政府所做的一切被英国民众接受，而现在就是一个很好的机会来验证答案。无疑，拟订草案的那几个小时是极其痛苦的，戈登一直在和电脑键盘较劲儿，对写好的草案不断地剪切、粘贴、编写和修改。整篇文章变得不知所云时戈登就会烦躁甚至咒骂，直到文章再一次地得到修正。最终他完成了这份草案。一如既往地——我的敏感神经又开始作祟——我会想草案是否能够更好、更清楚和更简洁。当然，再简短点就更好了。

声明草案发表后的几天是非常关键的。水蒂·瓦德拉（Shriti Vadera），戈登在 1997 年就把他引荐进财政部的精力充沛的官员，也是现在和我在商业企业管理改革部共事的重要大臣，在这次草案的拟订工作中给我们提供了很多技术性的帮助。最终，5 000 亿英镑的财政拨款被注入银行系统，其中有 500 亿英镑是政府投资，银行改组问题得到解决，这也是此类问题处理方法中第一次出现如此新颖的构思和大胆的执行力。

在接下来的几个星期里，关于首相和政府是否软弱无能、无可救药的答案已经很清楚了，事实证明政府是极具掌控力的，并且做着正确的事。媒体开始对我信任起来，尽管这是可喜的消息，但有些方面对我是过于赞誉了。由此看来，我的存在对政府是有帮助的，因为看起来我似乎让戈登在政治生活中迈进了一个新的春天，并且是在不损失任何同僚的情况下。我和戈登更加频繁地见面和谈话，在后来的几个星期甚至几个月里，几乎没有一天——或者说没有一个小时——我们是不在交谈的。使我感到欣慰和惊喜的是，我修复了自己和曾经对抗托尼的戈登团队的关系。虽然我们之间从未有过什么约定，但是从戈登把我召回内阁的那一天开始，埃德·鲍尔斯就从未在公众面前无视我或者批评我。作为回报我也调整了对他的态度，尽管几个月前我们在经济政策的制定上发生过分歧，但是我仍以健康的心态来欣赏他的坚韧、机智、分析能力、强大的信念以及战略眼光。

其实让戈登政府的支持率在 10 月回升的主要原因在于戈登自己。英国那时面临着一场灾难性的金融和经济危机，显然戈登完美地处理好了这个问题。他的直觉——凯恩斯主义和干涉主义——让他作出了正确的决定。他的优秀人格和思维方式被证明是聪慧而严谨的——这样看来，他的这两项品质对他来说不是妨碍反而是巨大的优势。在那几个月里，他第一次看起来像一颗圆钉扎在圆孔里那么踏实。我和他一起出国时，外交部的大臣们和政府官员都把他当做摩西一样看待，认为他会带领大家渡过危机，走向希望。后来，我听说萨拉在谈论戈登是否能在下一届大选中取得胜利，然后像富兰克林·D·罗斯福一样成为一个在历史上把国家从经济萧条中拯救出来的人物。我认为萨拉的想法是对的。

戈登再一次充满了斗志，从他作出在唐宁街建立一个“作战室”的决定就可以看出来。这个作战室由他的高级经济政治官员组成，旨在领导经济复苏计划和政治反击策略。在这个作战室里，我最初是戈登身边的一员，后来不知是因为对并肩作战的不适还是记不住计算机系统的密码，我把这个位子让给了杰出的贾斯汀·福赛思（Justin Forsyth），他曾为托尼工作，现在为戈登负责战略通信方面的工作。作战室的布局与其说像报社工作室，倒不如说像《白宫风云》（*The West Wing*）里所描述的那样：有着一个巨大的电子屏幕播放 24 小时的所有新闻资讯。起初，办公室的人员安排看起来有明确的逻辑性：适合戈登领导风格并以他为中心向周围辐射。但工作似乎全是为了夸大赞美他对一些事件的应对措施，而不是在背后提供支持或者对首相的措施作出一些反映和评价。结果让办公室不是充满新闻编辑室的那种氛围，而是像一个面临截稿期的编辑那样整天充斥着喊叫、咒骂以及愤怒。后来，戈登在办公楼的角落里征用了一个带橡木门的房间——那里是托尼时期阿拉斯泰尔·坎贝尔处理新闻信息的旧房间——一些很隐秘的会议可以在那里进行。

我是第一次如此近距离地观察戈登是如何领导政府机构的，尽管他向行政大臣们作出了保证，但他仍然觉得作为一个首相要在不同时期满足人民的要求是非常不容易的。埃德·米利班德一直在财政部工作且是埃德·鲍尔斯最亲近的助手，曾经在 1997 年戈登成为财政大臣时告诉我他的团队已经花了好几个月的时间去详细地研究如何运作政府和制定政策。在唐宁街 11 号长达十年的工作中，一直是他的政治助手和一些专职的公务员在进行日常的运作，他自己很少亲自处理琐事，他的团队会以他的名义很好地管理财政部。作为一个首相是不可能用这种方式运作政府的。在财政部，戈登的日程表主要集中在一些重大的决策事项上，或者是关于资金预算的文件修订。他的日常工作安排得很灵活，这样便于他随自己的意愿按事情轻重缓急的程度来处理事务。现在看来，如果戈登和他的团队在任期内真的有所作为，那么他们的执政方式将是一个完全不同的新秩序的典范。

在我们着手阻止经济衰退演变成大萧条的那几个月里，我几乎忙得脚不沾地，而阻止经济衰退的关键就是加大经济刺激来恢复消费需求，这也是 11 月阿拉斯泰尔在预算前报告（Pre-Budget Report，PBR）里提到的任务。现在关键的问题是经济刺激的力度应该多大、应该采取什么样的形式、如何进行刺激、何时能取得成效以及怎样在危机渡过后平衡公共财政。戈登希望能够最大力度地进行经济刺激，如果纯粹从经济学这个角度讨论，他的观念是正确的。我也赞成将主要的经济刺激用在帮助中小企业的发展上。预算前报告的核心是投入 200 亿英镑推动经济发展，其中包括临时削减增值税 125 亿英镑，也就是说，使增值税率从 17.5%减少到 15%，用于促进需求。但是为了弥补税收收入减少所导致的缺口，我们需要举借大量外债，并且提高其他税率。

阿拉斯泰尔非常担心这些举措实施后可能产生的经济和政治后果以及对新工党税收和支出造成的影响，这些影响甚至在危机还没渡过的时候就可能发生。他勉强赞成对高收入者实行 45%的税率，但是他仍然很担心会产生不良影响。有一次戈登走出办公室对我说："我不想以后因为失去下一届选举而遭受指责，我也不想重蹈 1992 年约翰·史密斯（John Smith）预算政策的覆辙。"我告诉他把最高税率提高 5 个百分点是可行的。那些有广泛支持的高收入者，既然享受了长达十年的经济增长带来的收益，也应该在经济危机发生时承担同样的责任——附带条件是在经济刺激政策产生作用前他们有选择的权利。我也承诺过无论是预算前报告还是来年春天更重要的全面预算所产生的后果，都不会由阿拉斯泰尔一个人承担，而是我们所有人一起承担，包括我自己。

自然而然地，媒体把我们提高最高税率这项政策看做新工党衰败的征兆，但是我们别无选择。对于抗击经济大萧条来说，预算前报告的核心决策是正确且必需的。如果我们不采取刺激经济的措施——并且结合英格兰货币刺激的手段和定量宽松的政策——那么经济衰退最终将演变成经济大萧条。

经济是维持生命发展的根本，而我所在的部门又是承担经济复苏任务的中心。我们夜以继日地工作，发展经济复苏所需要的业务。我在经济刺激计划宣布后发表了一次演讲：我们旨在把濒于瘫痪的银行信贷体系拯救出来，并且把恢复后的信贷用于扶持小型企业以及汽车制造业的发展。我们在这个问题上必须全力以赴，因此我不得不作出让政府干预经济复苏的决定，尽管我曾经感到很为难。虽然那时我们还处在未知的阶段，但我们对自己正在采取的行动抱有十足的信心。

不过政府给予的支持并不是无条件的。对我来说，我宁愿自己主动地安排日程处理事情而不是让工作等着我，并且只有在企业进行了展望以及寻求新的研究和发展来保持未来市场的份额时，或者别无他法的时候，政府才会提供帮助。我举一个适用于英国最知名品牌公司的范例，当捷豹—路虎这样的汽车公司陷入困境时，公众会担心它因此而倒闭，但是我非常抵触捷豹本身和媒体就营救公司而施加压力。一味地依靠政府援救不仅会让财政部转变成提款机，还会忽视公司股东、私有资本及其所有者的自救能力。就捷豹来说，这样做还忽视了其在印度的母公司——塔塔汽车公司采取的措施。我做了一个关于“实用主义政策”的陈述，我告诉民众我们会和其他党派一起齐心协力帮助企业稳固发展，也许在这个条件下政府会扮演一个“最后贷款者”的角色。事实证明捷豹公司确实不需要依赖政府过多的帮助。在印度的塔塔汽车公司，这个对于英国来说是一个极具实力和权威性的海外投资公司，通过来自私人借贷的投资担保使公司的困难得到缓解。

我认为我们应该吸收更多的经验教训以便做好长期打算。在接下来的一系列声明和演讲中，我阐述了在新的经济环境下如何制定战略方针来使政府发展英国的生产链条，以及在渡过危机后怎么平衡经济发展。在布鲁塞尔工作的时候我就意识到，如果我们要稳固英国长期的工业实力，那么政府需要在其中发挥更积极的作用。我的观点得到三位我特别尊重的实业家的鼓励。第一位便是约翰·罗斯爵士（Sir John Rose），他是劳斯莱斯的首席执行官，他推崇现代工业和英国经济发展相平衡。第二位是约翰·派克爵士（Sir John Parker），他是国家电力供应公司和英美矿业资源集团的董事长。第三位便是凯文·史密斯爵士（Sir Kevin Smith），他是GKN公司的首席执行官。

鉴于金融服务行业的危机和英国发展息息相关，那么我有大力发展制造业的想法就不足为奇了。杰弗里·诺里斯（Geoffrey Norris）曾经是托尼的商业顾问，现在为戈登工作，我让诺里斯将他的知识运用在英国经济发展的每一个环节里，并且要他加入我的部门一起来实施这个计划。经济的衰退更让我认定：我们需要的不是金融家而是更多的实业家。我寻求一种更加灵活、有针对性的政府干预方式。不是像以前老工党那种“挑选赢家”的方式，因为那种方式往往以输家掌控政府而告终；也不是在企业发展方面重新塑造政府的角色；更不是用贸易保护壁垒来破坏国家竞争规则。我脑海中构思的是一个更加广泛、更加富有战略性的工业激进主义。我们需要的是出台一些政策来确保我们的基本投资能够具备在世界范围内建设富有竞争力的现代经济体系的能力。政府的职责是在一些商业和科技没有或者不能起主导作用的领域提供帮助，因为市场信号或刺激不是很强烈，需要政府加以干涉。诸如低碳生产模式的转变；发展高质量的研究方式；发明创新的商业化；加强技能培训来创造高水平的劳动力资源；改善基础建设以巩固具有竞争力的经济发展等。

戈登同样也在思考着未来的发展。2009 年，英国要举行（G20）峰会。G20 也就是最初的全球经济发展筹划指导委员会，由起主导作用的发达国家和新兴经济体构成。戈登打算在全球目光聚焦在汽车行业之前重建国际经济发展态势。那段时间的戈登忙于政事，甚至连接电话的时间都没有，他必须要确保复苏全球经济的计划在 4 月初于伦敦召开的 G20 峰会上能达成一致。

这些事件让我们抗击经济危机的构思更加具体化，并且需要全球共同应对。的确，这意味着我们需要大量的借贷来支撑政府干预所需的融资，并且要保证有能力在一段时间后偿还。如果不在未来的一到两年加大经济刺激的力度，全球经济发展是走不出危机的。当然在渡过危机后，经济刺激的力度必须减少。G20 峰会是戈登在世界舞台上展示自己实力和能力的机会，作为前财政大臣，他在全球经济方面的知识十分渊博。如果我们的提议在会议上得到认可，那么不仅能证明我们的政策所具有的吸引力，更能证明戈登作为一个领导者所具备的天赋。如果我们失败了，那我们在经济和政治上辩论的核心将被推翻，并且很难卷土重来。在过去的一年中，戈登为了筹备 G20 峰会几乎占用了所有讨论政策和政治问题的时间，看起来就像一个攻城锤一样强势地前进着。一旦他为自己定下了目标——就当时来说，便是主持一场峰会就抵御经济衰退和复苏全球经济发展这两个方面进行讨论，并且力求经济刺激政策和其他领域监管改革的计划达成一致——那么他就不会让任何事阻碍他实现目标。在实现目标的过程中，事无巨细，戈登都会亲自参与，并且严谨地督促身边的人确保每一个环节都顺利地进行。

G20 峰会在 4 月 2 日开幕，地点是在毗邻港口区的雄伟的伦敦展览中心。会议室看起来像是世界政府中心——更像《奇爱博士》（*Dr. Strangelove*）里出现过的战斗室。展览中心外面安放的新闻媒体设备似乎绵延了几英里，如潮的车流似乎也绵延了几英里，载着贵宾的车队和前方开道的摩托车像大军行进一样穿过伦敦，仿佛全世界所有的重要人物都聚集在了伦敦。

会议持续了好几个星期，戈登呈现了一出大师级的表演。在与世界各国领导人至关重要的午餐会上，他几乎是把他们都关在了房间里直到经济刺激协议、利率削减政策和监管举措的重组计划达成一致。甚至那些平时

2009 年 4 月，在前往伊拉克的一架军用飞机上。

敌视戈登的媒体也不得不承认，戈登在这次峰会上取得了巨大成就。

在这次峰会上另一位很出众的人物便是贝拉克·奥巴马，这位几个月前才举行了就职典礼的美国总统的身高优势让他很显眼，我能看出一些人不自觉地就被他吸引过去。我最终设法向这位自由世界的新领导作了自我介绍。我的一位老朋友拉姆·伊曼纽尔（Rahm Emmanuel）是克林顿时期的官员，后来是奥巴马的白宫办公厅主任，在峰会上我们见到了彼此，还开了几句玩笑。奥巴马在这次峰会上表现得很出众，虽然这是他第一次参加如此高端的会议，但却像一个经验丰富的老手，既充满勇气又富有魅力。从他出面参与处理中国主席胡锦涛和法国总统萨科齐之间关于避税场所而产生的分歧就可以看出来。

但最重要的还在于戈登取得的成功，而这次成功增强了他作为带领世界抵御经济危机的领导人地位。从他在国内最初作出的那些应对措施就可以看出，G20 峰会便是证明他的勇气和决心能够应对挑战的实例。戈登身上具有的一些优势，即使是处事圆滑并且拥有政治敏锐性的保守党领袖戴维·卡梅伦也不具备，至少在危机来临时卡梅伦没有立即给出应对措施。就算意识到保守党是在野党这个事实，他对戈登脚踏实地的行事作风显现出的条件反射式的抵触，在我看来不过是他想象力和判断力的失败表现。

会议结束后，戈登在我们的欢迎中回到了唐宁街，他显得很疲惫，但是又兴高采烈。第二天一早他就打电话给我，希望利用这次成功来获取一个更加广泛的政治回归。他仿佛自始至终都是以前的那个戈登，年轻而富有活力。我能感觉到他充满了自信，这是一个很好的征兆。

戈登在G20峰会上取得的成就可以说为我们的竞选支持票数带来了立竿见影的效果。由此看来他在成为首相后的第一年执政期间陷入的困境已经烟消云散。但是好景不长，这来之不易的光明未来却埋葬在戈登的内阁成员手中。达米安·麦克布赖德（Damian McBride）为戈登在媒体宣传方面工作了好几年，可以说是戈登身边非常具有进攻性的官员，任何可能对戈登利益造成威胁的言论他都能很强硬地对抗下去，由此，无论是在工党内部还是在在野党保守党中，达米安都有很好的名声。对内阁同事来说，达米安的有些作风和戈登很相像，即使是不惹人喜欢的作风，而这次达米安牵涉的丑闻仿佛是一次蓄谋已久的事件终于发生。一封从达米安在唐宁街的账号上发出的带有攻击性的邮件被披露了，邮件内容对在野党保守党政客们以及他们妻子的私生活含沙射影，以及毫无根据地妄加评判。丑闻发生在4月11日，一个星期六，正值复活节假期，当时我正与法国、德国以及荷兰的朋友在马拉喀什共进早餐。当天晚上达米安就主动请辞。我回到政府的时候向戈登提起达米安的事，我以为他会把达米安调到内阁办公室，作为离开政府的过渡。可戈登并没打算这样做，出于一些原因他不能放弃达米安。

电子邮件丑闻事件摧毁了我们在G20峰会上取得的成功，并且对即将到来的预算方案实施造成了很坏的影响，这项预算方案曾是我们在最困难的时期制定的。原本预算方案的实施是定在3月，由于一些经济和政治因素不得不推迟一个月实施——主要是因为世界经济危机和举行G20峰会——而现在又处于一个首相和大臣之间紧张关系不断升级的境地。预算方案实施后对经济发展会产生怎样的效果，对此的预测愈加激烈。最终的效果对我们来说是至关重要的：我们对公共财政前景的评估是建立在经济预测的基础上的，我们必须确保政府能够负担刺激经济后达到的消费极限。不过，戈登反复地而且愤怒地反对阿拉斯泰尔作出的预测，他认为那些预测过于保守。戈登说之前制定的整个财政计划都是错误的，他坚持认为这个计划过于传统，不适用于评估结构性赤字。如果我们按照原计划行事，那么我们将没有能力维持消费水平满足“投资和增值”的需要。阿拉斯泰尔对戈登说自己之前过于乐观，不仅错误估计了英镑增值的情况，而且高估了我们应付巨大财政赤字的能力。财政预算必须要符合实际，否则市场消费水平将无法承受高强度的经济刺激。在这种情况下，英镑的币值浮动会面对很大的压力，而且会导致英镑在国际货币体系中的信用度下降。

鉴于问题的严重性，埃德·鲍尔斯向戈登提议召开小组讨论会议，讨论人员有鲍尔斯、阿拉斯泰尔和我。随着预算方案实施期限的临近，阿拉斯泰尔几乎被逼得走投无路。“我知道戈登不信任我，”他对我说道，“戈登肯定还是会按照他自己的意愿行事，而且会把埃德安排在唐宁街 11 号。”我认为阿拉斯泰尔有一点是正确的，他认为我们需要制定一个长远计划来使得支出和债务处于掌控之中。我告诉戈登，如果我们要坚持财政投资和经济复苏计划，那么我们必须向公众展示我们在其他行业问题上同样会谨慎处理，但当时的境况使戈登备受压迫，寸步难行。

事实上，在这样的情况下我不赞成急于求成。我勉强在大家面前赞成戈登的说法。出于我们在经济上的责任，我愿意接受戈登的建议，但是出于政治上的考虑，我认为最有必要的是让大家团结一心，这是最基本的一点，也有利于政府官员振作起来。此外，戈登强调英镑增值对英国经济复苏和未来发展的推动性，对于这一点我深有同感。我原本的打算是将预算方案和我的部门制定的“新产业、新岗位”的政策结合起来，作为我们工业行动计划的中心，但遗憾的是，达米安的电子邮件丑闻转移了媒体的注意力，他们显然没关心我们的政策。我们的政策没有引起公众的注意力使得阿拉斯泰尔的预算任务很难完成。

由于预算方案引起的辩论导致了一个最令人遗憾的结果，便是对于接下来作出的决定没有任何政治化的论述，即提高最高税率。阿拉斯泰尔最终改变了主意，他认为我们现在应该宣布将高收入者的税率再提高 10 个百分点——达到 50%，而不是原来的 45%。他并不想这样做，但是他需要这些税收来填补增值税下调所产生的经济损失，并且他认为向高收入者征税对公众来说是最公平的途径。从原则上看，我很赞成这个观点。在制定预算前报告时我就鼓励他将高收入者的税率上调 5%，如今我更加不会反对他。后来我意识到把高收入者的税率增加至 50%这个方案只能是暂时的，作为渡过经济危机的五年“储备基金”，这样的话，这个方案应该成效不错。

媒体却对我们的方案非常不满。在 4 月 22 日阿拉斯泰尔宣布以前，方案涉及的所有条款都被报道了出来。其中一个遭受抨击的条款便是“税收炸弹”。第二天各大媒体的头版头条都是关于税收政策的抨击，从而忽略了我们对此项方案的阐述。在阿拉斯泰尔宣布公共债务将在今年增加至1 750亿英镑后事情变得更加糟糕。媒体批判我们的政策，保守党指责我们的观点，认为财政赤字和债务这两者是不能调和的。

戈登很愤怒，他认为阿拉斯泰尔把举借外债作为财政政策的一部分是在增加政府削减开支的压力。当时托尼在国内，我向他征询意见，他也对50％的高收入者税率感到不满。我觉得从长远的角度给托尼解释会更容易些，“我们确实面临着严重的财政赤字，你是知道的，这必须得到控制。”我回答道。但是他不接受我的这种回答技巧。他说：“记住什么是政治以及税收的来源。”

不过，戈登很赞同税收政策。当然私下里他承认这确实是个大问题，但是他认为我们需要解决的是关于经济刺激力度的争论，以便寻求渡过危机的方法。他认为实施政策的同时又去和别人辩解只会适得其反。不过，预算方案引起的媒体争论和政治风波，不可避免地让我们对未来的消费战略进行了严肃的讨论。讨论发生在 5 月的第一次内阁会议中。詹姆斯・珀内尔，这位负责劳动和养老金的事务大臣，非常冷静且谨慎地说我们应该站在自己的立场上检讨一下公共财政和消费计划。可实际上这个计划正是他最先提出来的，虽然说没有成效，但是在经济危机刚发生时，的确是他游说我们修订原有的消费计划。这一次看来是有效果了，内阁会议结束后戈登把詹姆斯带进房间斥责了一通。

其实这件事牵涉的人并非只有詹姆斯，还有阿拉斯泰尔、戴维・米利班德和我，后来我发现内阁中相当一部分人也都牵涉其中。紧接着的那个星期六，戴维和詹姆斯与我一起吃饭，他们十分担心这次事件会让政府面临失去经济信誉的危险，并且想知道应该怎样做才能让我们走出这次的政治泥潭。他们没有直接向戈登提出这个问题，我为他们代劳了。我对他们说最终决定戈登命运的是人民大众，如果戈登没有赢回大众的信任，那么我们的下院议员和党内的其他人都不会有平静的日子。我也同样告诉他们我不会——或者说我不能——成为任何迫使戈登离开政府的因素。我的角色是永远处于正确的位置去支持他，并且把“叙事未来”（future narrative）看成是促使政治复兴的关键希望所在。

在接下来的一系列内阁会议中，其他大臣也认为需要讨论我们未来的开支计划。戈登变得越来越踌躇不安，特别是在我们的讨论内容被泄露给媒体之后。随着 6 月初地方和欧洲选举日的临近，气氛变得愈加紧张。工党的前景不容乐观，我们的支持率在民意调查中起伏不定，此时国家还处在经济危机之中。

情况很快变得更加糟糕。下院议员的个人开支问题一直是一颗定时的政治炸弹，《每日电讯报》（*Daily Telegraph*）所披露的过去五年下院议员费用报销的细节引爆了这颗炸弹。这是一个非常严重的事件，戏剧性地制造了一场政治危机，其危害不亚于经济危机。随着一个又一个令人尴尬的报销丑闻被披露，其规模和性质激起了全国人的愤怒。这是一个很糟糕的状况，尤其是又发生在经济危机阶段。实际上，开支制度一直都不健全，并且允许下院议员把费用报销作为替代加薪，这个规定从撒切尔夫人开始就被历届首相执行了下来，因此在费用报销方面议会可以拒绝顺从民意。如今，利用开支制度的漏洞来报销费用已经激起了公众更大的愤怒。我认为当务之急是重新审核开支制度并且让下院议员退还相关费用，让一切程序的运行透明化。距离媒体披露丑闻好几个星期之后，没有一个政党能免遭牵连。但是《每日电讯报》开始把矛头直指戈登，在头版刊登文章指责戈登在重审开支问题上监督不到位，进而指责他没有对工党大臣和高级下院议员退还相关费用方面加大监督力度。

戈登得知这一情况后十分愤怒，因为《每日电讯报》文章的言外之意就是暗指戈登在处理内部问题时不够诚实和透明化，并且进一步将矛头直指新工党。值得赞扬的是，戈登总是会为大局着想。不管下院议员个人报销价值几许，也不管他们一直生活在下院的隐晦规则里的事实，公众对政府和政治家的信任度大大降低，这对我们工党造成的损失是巨大的。戈登试图控制住局面，因此在 YouTube 的唐宁街 10 号网站上表明了自己整顿消费体系的决心，可最终这一举动被认为是在做表面功夫。戈登感到非常受伤，他正在遭受过于夸张的批评和羞辱，但是这种情况并不是第一次，他只能责怪自己不应该急于在网上发表声明，因为他想在哈里特·哈曼在下院宣布这件声明之前先取得公众的信任，因此没有慎重地考虑。当然这不是世界末日，没有那么严重，但是对于戈登来说这件事情体现着他处事的态度，证明了他很多时候都是事后才意识到错误，而不是像一个现代政治家一样清楚地明白自己的每个举措。事实上，此次网络声明事件证明了我们想仅靠自己的力量去处理有关消费制度问题的这个想法是错误的，而是应该联合戴维・卡梅伦和自由民主党领袖尼克・克莱格（Nick Clegg）。这是一个三大党联合起来对消费制度作出统一回应的机会，当然戈登要起主导作用，但是由于戈登先发制人的行动以及和其他领导人会面时不太诚恳的态度，最终导致错失了这个机会，并且由于自己的草率行事再一次遭受批评，公众指责戈登根本没弄明白自己应该做什么。此外，戈登这样做对他修复和尼克・克莱格的关系没有丝毫帮助，而这本应该是顺利合作后的衍生品。

工党下院议员报销丑闻事件的不断发酵给那些戈登的反对者创造了时机，而两名内阁大臣——雅基・史密斯（Jacqui Smith）和黑兹尔・布利尔斯（Hazel Blears）的举措让气氛变得更为紧张，这两名内阁大臣在举行地方选举的前一天宣布退出内阁。作为他们的朋友，我认为他们在各自的部门都干得非常出色，我知道雅基很久以前就做好了离开政府的打算，并且她一直在等待换届的机会来宣布决定。但是这个决定被提前泄露出来，她并不否认而且声明自己对戈登完全没有恶意。黑兹尔的问题则要复杂得多，对于戈登将她的费用报销描述为“完全不能接受”的说法，她感到很受伤。我认为戈登不应该这样针对她，并且我把我的想法告诉了戈登。但我认为是黑兹尔错了，她不应该在地方选举前夕宣布退出内阁，特别是考虑到她作为地方政府大臣所应该承担起的责任。虽然我一直极力控制媒体对这一事件的大肆报道，尽力减少工党的损失，但毫无疑问的是，质疑戈登领导能力的声音越来越大。

我们在地方和欧洲的选举结果不出所料地糟糕。可以说，这是近一个世纪以来我们取得的最糟糕的成绩，但是我们几乎没有时间去适应这个状况，因为事情还在发生着更加戏剧化的转变。在预选阶段，戈登就把政策焦点放在内阁改组上，他试图以此重新获得主导权。戈登打算调走阿拉斯泰尔，让埃德・鲍尔斯取代他的职位。戈登这样做的潜在意图太明显了，媒体指责他“任人唯亲”，他们不愿意接受戈登把一个曾在同僚中极受欢迎且为经济复苏作出贡献的财政大臣换掉，更不用说这样做的话可能引起市场剧变。戈登就此与我有过一次很尴尬的谈话，我能看出他的为难之处。他是首相，他有特权在内阁中进行人事分配，但是从以前为托尼工作的经验中我学到一个道理：首相和大臣之间的工作关系和谐与否是至关重要的。我强烈地认为戈登这样做对阿拉斯泰尔太不公平，并且会遭到公众的指责。我希望戈登意识到这样做不对，但是事情变化得比我想象得还要快。

6 月 4 日那天是星期四，也就是选举日当天，我去见阿拉斯泰尔。他知道我为什么要去见他。我去征求他的意见，如果埃德要代替他做财政大臣，那么他是否愿意接受另外的调动——比如去内政部，自从雅基离开后内政部就有职位空缺。阿拉斯泰尔听后很礼貌但很坚决地告诉我："如果我的职位被别人替代了，那么我就只有选择离开政府，或者成为后座议员。"阿拉斯泰尔说得够清楚，我想我明白他的意思，但是我却不明白戈登到底要干什么。那天晚上我和戈登一起去唐宁街等待投票后民意调查的结果。大约还有几分钟到 10 点的时候，戈登的电话响了。他一边接电话，一边露出惊讶的表情，随后是愤怒。他朝着电话那头吼："你这样做是错的！"我用嘴形问他："谁给你打电话？"他直接把听筒递给了我并说："是詹姆斯，你跟他说吧。"我立刻听出这是詹姆斯·珀内尔的声音。当詹姆斯对我说他决定离开政府的时候，我和戈登一样惊讶。他可以说是一位很有资历的政治家，1997 年后他就是唐宁街 10 号托尼团队中的一员。我前一天晚上还和他聊天，他没有向我表露一丁点儿要离开的意向。我曾经问过詹姆斯是否愿意去学校管理部（Schools Department），因为我知道戈登想把埃德调去财政部。然而当我还在关心最终的调动安排决定会是怎样的时候，戈登已经完成调动了。我希望詹姆斯能在这次人事调动中受益，但当时他坚定地告诉我他会继续留在劳动和养老金事务部。

可如今得知他要离开的消息，我觉得有必要和他争论一下。"简直太荒谬了！你不能离开，"我对他说道，"你不会这样做的，对吧？"

"我会的。"詹姆斯回答得十分平静。

"不，你不会。"我仍然坚持着。

"彼得，我会的。我不能再在电视演讲上为戈登的首相竞选辩护了。"

"那你不去参加电视演讲就是了。"我说道。

但是他觉得自己说得足够清楚了，随后挂断了电话。后来，当詹姆斯在电视新闻广播上宣告辞职消息时我意识到所有争论都没有意义了。

我开始考虑这件事的政治影响。眼前的问题是其他的内阁大臣会不会仿效詹姆斯辞职。我立刻给每一个大臣打了电话。在这之中，戴维·米利班德是关键人员，他是当时内阁里唯一一个对戈登安排的职务有兴趣而且能胜任的大臣。应该用不着我来说服他留下来。当我给他打电话时，他直接肯定地说他不会辞职。假如他离开的话，对戈登来说简直是巨大的损失，或者说是致命打击，而且他的离开对自己也没有任何益处。他会发现自己所处的位置其实和 1990 年迈克尔·赫塞尔廷一样，和迈克尔对抗撒切尔夫人一样，最后自己无法从中受益。

我之所以给每个内阁成员打电话，是因为我在思考戈登批评者的疑虑时意识到“布莱尔式”的暴动是无法处理当下局面的。在我看来，这些事件造成的党内纷争有可能意味着新工党执政的终结。就算成功渡过了这次的政治危机，新工党也会在经济危机还没完全消除时提前进行下一次打算，而且会留下一个烂摊子给下一届的执政党。我相信这种情形是党派——或者国家——不愿看到的，我强烈地认为此时的戈登应该抓住能使经济发展取得突破的机会。

至于将埃德调去财政部，我相信在戈登无法阻止詹姆斯辞职那一刻就可以清楚地知道戈登很难实现对埃德的调动。在得知詹姆斯辞职时我对戈登说的第一句话就是：“埃德肯定会失望的。”我对戈登说詹姆斯的辞职也是在考验埃德对自己所在的职位是否有一个正确的解读。事实上他做到了。在不久后埃德见到戈登时，他并没有就人事调动的进展问题去影响戈登。那个时候我就给内阁所有成员下达了一条指令，我对他们说唐宁街 10 号不允许任何人就辞职事件批评詹姆斯和布莱尔派系的其他人，因为那样只会造成党内的分裂和混乱，我很清楚地说我们必须要杜绝这些现象的发生。

每个人都很服从这条指令，除了秘书长尼克·布朗。那是在某天早上，政府改组的讨论正在进行，我到内阁会议厅外面接了一个电话。电话是艾伦·米尔本打来的，他十分生气地说他在《北方回声报》（*North Echo*）上看到尼克发表文章指责他和布莱尔派系的斯蒂芬·拜尔斯，说他俩密谋联合起来推翻戈登政权。米尔本说他需要我们就此事给个说法，否则他就自己发表声明澄清，到那时事情就没那么容易解决了。正当我接完电话，尼克刚好从我身边走过。“你究竟想干什么！你到底说了米尔本什么?”我朝他吼道。“你想引起内讧吗?”尼克停下来同样朝我吼了起来。听到吵闹声的戈登从会议厅走出来，我向他说明了原委后，他狠狠地一掌拍在了尼克的背上，并把他猛地推进会议厅，告诉他不要做愚蠢的事。后来尼克打电话给米尔本道了歉。

政府改组的第一天就这样结束了。随着时间的流逝，我们似乎很清晰地看到了情况的好转，戈登应该能渡过这场政治风波。我开始着手准备一系列的采访来稳定局势，并重申政府的立场。但毫无疑问的是詹姆斯的离开让我们元气大伤，搅得我心烦意乱，庆幸的是我和他之间的友情并没有受到影响。在准备采访期间我也去看过戴维，他一再重申自己不会像詹姆斯一样离开政府。他的确没有离开，不过他也提到了对戈登的担心。戴维担心的不仅仅是戈登自己也意识到的问题，比如缺乏交流技巧、缺乏友好的相处方式，更担心戈登不清楚自己的方向以及缺乏对未来的憧憬和清晰的规划。

戴维知道我以前也跟戈登提到过这些问题。我曾经在预算方案实施前发表了一系列关于方案内容的详细说明，并且制定了一个政策来使我们顺利通过大选——那就是“政治带动经济”政策。政策内容里的第一步便是一个叫“建设英国的未来”的方案。这个方案包括一系列的政策声明和当下的经济复苏途径，还包括我曾在商业企业管理改革部提到的工业激进主义、地方性政策和公共服务体系。这些方案曾在大选开始前发布，因为我预想过这些方案会有益于我们重建政府体系。实际上它确实引起了公众的关注，并且反响不错，但是詹姆斯的离开大大影响了方案的实施。

第一个影响便是发生在接下来那个星期日的事。《星期日邮报》(*Mail on Sunday*) 发表了抨击文章，这次不仅仅是针对戈登还将矛头对准了我，他们披露了我在八个月前给我的前助理德里克·德雷珀发过的一封邮件，以此作为攻击我的武器。那封邮件的内容很直白，因此存在很多刺激性的引述。我在邮件里说戈登是一个“自我意识很强的人，从身体到情感”，当他的一些缺点被揭露后他会很不自在，然后用“愤怒”来掩盖过去。我对戈登的意见虽然很直接，但也不乏事实依据。如果他想要扭转自己和政府的命运，就必须作出改变。我也在邮件中警告德里克不要和某些做作、虚伪的首相走得太近，因为我认为戈登成功的前提就是做他自己，正视自己的优势和弱势。正如我对戈登说过的那样，他需要的不仅仅是更好的政治表现，还需要制定一个更加清晰和大胆的政策。如果那样能奏效的话，正如我在邮件中说过的，戈登既能取得名声又能获得政治上的成就，到那时“他就能完全地松一口气……还能拥有更多的发言权”。然后，邮件披露事件让我作为戈登的政治参谋这个身份变得很复杂。星期日早上我去参加英国广播公司的政论访谈节目——《安德鲁·马尔秀》（Andrew Marr Show）。

早在安德鲁还是英国广播公司的政治专栏编辑时我就非常了解他。他是第一个将这个访谈节目赋予戏剧效果的人，并且这个风格被他的继任者尼克·鲁宾逊（Nick Robinson）很好地延续了下去，鲁宾逊甚至更加强化了这种风格。他们报道政客就跟报道普通人一样频繁，但我认为这也将一些敏感话题抛到了公众面前。安德鲁在他的星期日访谈节目上还发明了一种测试与测验的访谈技巧。当他感到不耐烦的时候会在你发言中途打断你——这也是他访谈的一大特征，我已经做好就“德雷珀邮件事件”应战的准备了。

正如我所料，安德鲁就这个话题对我发起猛烈进攻，我也一一应对。我开始采访他，询问他下一个问题是什么，这是一场令人享受的访谈，根据我得到的消息来看我表现得不错，甚至党内一些资深评论家也没再批评我。我没有被“否定内阁的所有大臣，包括戈登在内，宁愿詹姆斯没有辞职”这样的言论所迷惑。我很清楚地表达了我的看法，邮件是在几个月前发给德里克的，而从那以后，对戈登和所有内阁幕僚来说最重要的事就是制定一个能扭转工党命运的政策。我并没有感到盲目的乐观，但是我仍然向公众传达出我们的自信，在过去的几天里我们已经集中精神投入重要的政策领域，比如宪政和公共服务体系的改革，最重要的是我们在着手应对观看了《安德鲁·马尔秀》后公众对经济衰退的看法，而不是一直纠缠在好几个月前的电子邮件上。

珀内尔的快速改组计划把我置于经济政策的中心，我成为一个执行范围得到拓展且被重命名的部门负责人，部门工作主要包括大学管理和科技研发。在安德鲁的娱乐节目上他介绍我时，我就有 17 个字的职衔。我既是首席国务秘书又是委员会的贵族代表。然而重要的不是职衔而是我所面对的政治挑战。在一些事情的处理上，我拥有越来越多的权力。我任职岗位数量的不断增加——包括商业、改革和科技——反映出我承担的责任也在增多。企业单位是我们应对经济衰退战略的一部分，而现在争论的中心点是未来战略还未得到指定。戈登反对用削减消费来减少赤字和债务。我相信他是有道理的，他认为消费削减不应该作为应对经济衰退的最后一个政策，而是应该发生在政府经济刺激计划早期。当然，这也涉及很多政治因素，无可否认的是我们当时根本不愿意正视我们陷入的财政困境，保守党和媒体就是抓住这个把柄不放。卡梅伦在那个时候做出了一些政治上的退让，而我不能说这是他的错。

即使消费削减这个政策被暂时延迟，我们也拒绝承认这项政策是不对的。埃德·鲍尔斯现在和我站在同一条战线上，我们都鼓励戈登改变政策方向。我们的观点是在私营部门对消费需求比较小的情况下保护现有的消费水平，还有一点我们必须要做的便是在经济复苏计划搁浅时再次强调我们的承诺和坚定我们的行动力。埃德和我为戈登进行了一系列的讨论会议。对于消费削减他的回答是评论家不赞成这个政策。当然他相信在当前的情况下凯恩斯主义的经济刺激计划是合理和必要的。随着时间的推移，不向经济发展注入刺激基金比经济衰退的损失更大，而且也会造成企业倒闭数量和失业率的上升。至于举借外债，我们不是唯一面对这种情况的国家，其他国家的情况更严重。但是从长远来看，一旦我们的经济刺激计划起作用，我们就能逐步地偿还债务。戈登有意立即实施消费削减和投资计划，但从某种程度上看，我们更多的还是在纸上谈兵而没有切实地从长远角度去思考财政赤字这个问题。似乎我们给人留下的印象是国家会继续不断地消费、借贷然后偿还债务——而这些债务意味着我们要用余生去还清，还意味着世代递增的税率。

我们越是催促戈登实施计划，他就越是犹豫不决。我向他保证我们可以和保守党“划分界限”，因为一旦他们想参与经济复苏计划，他们就会得寸进尺。只要我们充分把握正确的方式，有效率地实施政策，并且占据主导权，我们就能处于争论的上风。戈登回答道：“你的意思是要我们去告诉公众我们能实施正确的政策，而保守党只会搞破坏?”我说不是这个意思。随着时间的推移，我们能让公众看到成果。我们不能再继续给别人一种无法实施消费政策的印象。“你不需要立即在政策方面作出大方向的改动。”我向戈登说，其他大臣会安排好一切，最重要的是保证我们能把握正确的时机。

渐渐地，戈登开始接受我们的计划。他勉强同意我在7月进行一次演讲，这算是我们迈出的第一步。我和埃德在前一天就制定好了方案，在会议上这个方案被反复传阅。我再次重复了戈登的观点，那就是我们将继续为渡过经济危机而奋斗，在经济开始有复苏迹象时我们不能手足无措。一旦我们渡过了经济危机，我们就应该考虑在正常的公共开支约束下实施其他政策。在那些一线服务体系上，比如学校和医院，仍将继续获得政府投资，但当经济开始复苏时，我们会制定“消费选择，力求取得更大的效率——然后在某些项目上减少开支”。我谨慎地避免提到那个词语——削减——但是媒体报道时还是用了这个词语，由此又引发了一些争论。

尽管我们已经竭尽所能地去创造一个强有力的统一战线，但我依然对前景感到担忧。进入夏季，我们党的民意支持率仍然艰难地维持在25%，而保守党则超过了40%。就这个数据看，我们面临着在大选到来前就已经被淘汰的危险，即使那些和戈登最亲近的人都为此感到沮丧。我回到内阁已经有10个月了，可我觉得自己没有让事情朝大家期望的方向发展。唐宁街10号的核心官员总是宽宏大量地说我已经作了很大的贡献。不过休·奈告诉我，最初我回到内阁时她以为我会是戈登的政治参谋，扮演着和埃德在财政部一样的角色。另一个持不同看法的人是阿拉斯泰尔，他以为我至少会策划整个大选运动。“这难道不是戈登让你回来的原因吗?”他这样问我。

事实上我自己也不清楚，但是无论戈登让我重返内阁的原因是什么，至少我的回归在某一点上是不会被误解的，那就是我帮助他抵御了内阁“叛乱”。在我重返内阁时，我还曾向英国和布鲁塞尔的朋友们开玩笑地说我和戈登“紧密相连”。我确实和戈登紧密相连。我绝不会也不可能与他为敌。戴维·欧文（David Owen）很高兴看到我重返内阁，因为他认为这对政府有利。当初我回到内阁不久后他曾对我说：“很显然现在你要为戈登出力了。无论1994年发生了什么，历史都会停留在托尼担任首相时你背弃戈登的那一刻。如果你背弃戈登，那将不仅仅对他造成很大的伤害，对你自己也一样。”

我把他的话深深地记在心里。现在，我在想自己是否还要继续走向一个可怕的进退两难的境地。我也许最终会因为帮助戈登而耗尽所能，但是在拯救党派的竞选上我做得还远远不够。大多数布莱尔派系的人——阿拉斯泰尔、菲利普以及托尼——都警告我，过分的忠诚会造成危险。他们担心如果我帮助戈登的程度超越一个极限点的话，可能会导致比选举惨败更严重的后果。他们认为，我在任何情况下都不会站在戈登的敌对方，我不会阻止戈登作任何决定。在8月末的时候我去白金汉郡见托尼。“你肩负一个伟大且庄严的使命。”他对我说道。我站在支持戈登的那一方是正确的，坚持下去也是正确的，他对我说：“但是要小心，你对戈登的帮助很快会变成公众对你的指责，他们会让你为党派的失败负责。”

当我们度完夏休假返回政府时，我意识到如果没有让戈登的经济观发生改变，那么是不可能出现任何经济复苏的迹象的，因此，埃德和我打算尽力劝说戈登。也许戈登会抵触我们的意见，但他不得不理解公众对赤字问题的担心，并且承认一旦经济有所复苏，消费削减将是必要的措施。我和阿拉斯泰尔以及埃德一起为戈登和政府重置关于接下来的预算前报告的问题而制定了一个长远计划，并且为我们的选举下了一些功夫，并决定在9月我和阿拉斯泰尔就未来预算限制政策这方面做一些演讲。

我的演讲算做新工党推进事情进展的一个体现，在演讲时，我概述了更广泛的政策框架。为了渡过经济危机，我认为我们需要在关注赤字问题之前优先考虑经济复苏政策。我们必须要保护公共服务体系的资金交付，但是可以在其他领域削减开支。我指出，工党对公共服务体系发展长达十年的投资，尤其是在卫生医疗和教育事业上，这些行业资金交付方式的改变意味着政府不需要再额外追加投资。目前我们的任务是继续推进改革，增加资金筹备的多样化选择方式。换句话说，我们的执政方针和保守党有本质上的区别。戴维·卡梅伦需要的是一个小环境来让他施展拳脚。他之所以赞成消费削减不是因为他想要这样做，而是他那毫无改变的政党想要他这样做。我们提倡的是一个更明智、更具成本效益、更公平的经济复苏政策。我一再强调新工党的经济原则是“睿智地消费，而不是昏庸地挥霍”。我也解释了怎样在削减公共消费的同时避免动摇经济增长的根本，这就需要在商业支持的条件下，通过技术和企业政策来创造“经济增长领域”的职位。然而，我慎重地避免使用“削减”这个词。

我希望戈登在第二天的劳工联合会议上就宣布消费削减政策。令我安心的是，他最终愿意全身心投入这个政策的实施中。他在会议上反复发出关于“全线消费削减”只能使英国处于保守党领导的警告，声称卡梅伦“由于错误的原因导致在错误的时间作出错误的选择”。但是在最后他说道：“工党会削减开支、削减无效率的政策计划、削减不必要的措施以及不重要的项目。”事实上，他在陈述自己观点的时候使用“削减”这个词不少于八次。

“现在你们满意了吧？”在后来我和埃德去见他的时候他这样问我们，显然他并不喜欢使用“削减”这个词。我们再次向他保证他作出的决定是正确的，并且尽力让他专注于我们与卡梅伦“划分界限”——消费削减政策的性质和实施速度。他对我们说：“我们不应该这样做！我们应该将注意力转向消费增长！不要总是向我提关于削减的事！”戈登还补充说只要我们有一个更合理的原因，他相信他能应对公众的争论。“可是现在一切都没用了，财政部会对我们的政策有很大的争论……我们不应该进行到这一步，我们需要的是力求经济增长，而不是纠缠赤字问题。”戈登还说他从来不想在劳工联合会议上发表这个演讲，他认为消费“削减政策只会导致我们的失败”。我尽力想让戈登接受这样一个现实：如果我们想要在经济增长这个问题上坚持我们的观点，那么我们就需要一个更可靠的方式来解决财政赤字，而不是去考虑失败后的情况。我希望这一系列的演讲能为我们在即将召开的工党大会上制定一个更加可靠的经济纲领拉开序幕，但是戈登顽固不化，显然，我和他之间已经出现了政治分歧。

我为自己在工党大会上的个人演讲感到紧张，距离我第一次以内阁大臣的身份在工党大会上发表演讲已经有十年时间了。我期望通过我的演讲能让党员感到希望的存在。我们党已经在数十年中历经各种艰难困苦，我们的党员应该感到自信，卡梅伦和他的保守党并不是无懈可击的，他们也没有完成他们的支持者所期望的目标，再者，保守党在下次大选中必定获胜这个说法是极端的，一切都还未成定数。

当我到达位于布莱顿的会议大厅时，心中的忐忑变得愈加强烈。实际上在进行演讲的前一天晚上我用播音提示机反复彩排。我以前只有过一次用机器彩排的经历，这搞得我更加紧张。直到第二天早上最后一次彩排时，我仍然十分担心演讲内容过多地带有个人色彩会影响整个演讲的效果。多年来我一直想做一次成功的会议演讲，不仅在政治层面上产生深远影响，而且在个人演讲水平上也能博得赞扬。我想起了五年前离开威斯敏斯特时的送别会，那个时候我以为再也没有机会重返政府而放弃了做一次成功演讲的愿望。现在，我不确定这是不是我实现愿望的最后一次机会。这不仅仅是满足托尼时期对新工党的测试——教会工党爱上彼得·曼德尔森，我最希望的是通过我的演讲表达出我对工党的热爱，讲述我在过去25年政治生涯中的起起落落，最重要的是我希望通过我的演讲燃起党员对大选和政治复兴的希望。

2009年9月，在工党大会上作题为《东山再起》的演讲。

“各位与会者，”我这样开始了我的演讲，“请允许我在几年后才说出这句话——回来的感觉很好。”我说完这一句后会场爆发了雷鸣般的掌声，我知道我对于回归内阁的真诚感受已经得到了认同，而这个党——我的党，从我第一次感兴趣到最终走上政治道路的工党——也感受到了我的真诚。接着我说起当戈登要求我重返内阁时我心中的震惊和担忧。“在那之前我就在着手回归内阁——随着戈登的邀请我继续着手回归事宜。”我在演讲中说道，“时间和我都不允许事情就这样结束。”接着我回忆了我是如何和工党产生了联系，那个时候工党还没有改名为新工党，然后我详细说明了我是如何一步一步在政治道路上前进的。“我没有选择工党，”我说道，“我根本就是为工党而生。”我热爱为工党所做的一切，“即使，有些时候不是党内的每一个人都喜欢我”。我说我知道我树立了不少敌人，并

DAILY Mirror

Tuesday September 29, 2009

REAL NEWS. REAL ENTERTAINMENT 45p

HOUNDED TO DEATH BY FAMILY OF YOBS

INQUEST SHOCK: PAGE 9

COLEEN EXCLUSIVE
My plastic surgery fear

WE ❤ MANDY

From Prince of Darkness to ray of sunshine, he vows: It's still all up for grabs

By JAMES LYONS

PETER Mandelson breathed new life into Labour yesterday by insisting: "We can win the election – and we will."

FULL STORY: PAGES 6&7

EXCLUSIVE
GORDON BANKS
Brown's amazing new finance plan

《镜报》的头版内容："我爱曼德尔森"。

且有时是完全可以避免这种情况的。我总是粗心大意，不会顾及其他人的感受和想法，但是我一直在朝着工党设定的目标努力：在政府的领导下帮助国内辛勤劳作的老百姓过上好的生活。我开玩笑地说托尼那条著名的关于"教会工党爱上彼得·曼德尔森"的言论也许太过夸张，但是我能真切地感受到大家对我的不满和不信任已经逐渐消失，现在的我们是团结一心的。"如果我都能东山再起，"我对着下面欢呼和振奋的团员说道，"我们就都能东山再起，振作起来!"第二天的报纸对于演讲的报道不同寻常的友善。我珍藏了《镜报》的头版内容，在"我爱曼德尔森"的标题下面是我演讲时的照片。

当时戈登坐在我后面，一个很接近舞台后面的位子，当我开始发言时，我能感觉到他的担忧，他不知道我是否能够顺利地完成演讲。当会场气氛开始变得激昂时，他肯定在猜测我什么时候能讲完。最终我顺利地完成了演讲，他不仅仅是感到宽慰，对于我们两个来说，显然更多的是感到高兴。当初他只是凭直觉认为需要我重返内阁，尽管在过去的一年里经历了不少挫折，但至少他作出的让我回归的决定是正确的。

第11章 新工党的终结？

演讲很顺利，我感觉自己重新又与我将大半生都投入进去的工党紧密联系起来。当然，真正的问题仍然存在：英国民众不再欣赏新工党。

在我演讲结束的那天晚上，在戈登发表了一次强有力且极具领导风采的讲话后，我们两人前往布莱顿大饭店设宴款待内阁官员。晚宴期间我们不断收到来自丽贝卡·布鲁克斯（Rebekah Brooks）（以前叫丽贝卡·韦德）的语音邮件和短信。丽贝卡是《太阳报》的前任编辑，如今成为鲁珀特·默多克的新闻国际集团的首席执行官。她想和戈登谈谈，或者和我谈也行。戈登的随从官员问我是否需要戈登暂离晚宴和丽贝卡通话，我坚定地要求戈登留下来。他是整个晚宴的主角，除非是紧急情况否则他不应该离开。其实我让戈登留下来还有一个重要原因，那就是我清楚丽贝卡想要干什么。近几个月来《太阳报》的报道明显地转向支持戴维·卡梅伦一派。我在演讲时曾开玩笑地说我自己“生活在戏剧中”，是的，从我1997年成为内阁大臣到这几年的起起落落，仿佛都生活在安排好的戏剧中，生活在默多克操作的媒体下。

这要追溯到1997年大选前期，我在米利班德的办公室接到新闻国际集团执行长官简·里德（Jane Reed）打来的电话，得知《太阳报》不再支持金诺克，转而支持新工党。作为财政大臣，戈登一直尽力和鲁珀特·默多克建立良好的关系，尤其是和默多克最欣赏的经济学顾问兼专栏作家欧文·斯特尔泽（Irwin Stelzer）。但他从来没有热情地对待过丽贝卡。早在工党大会举行前戈登就开始担心《太阳报》的报道，我也确定丽贝卡肯定会从反面角度来评论工党大会。在戈登仍沉浸在演讲过后备受鼓舞的气氛中时，我需要他做好面对媒体攻击的准备——他不仅会遭到媒体的抨击，报纸上出现的负面消息甚至会掩盖我希望在报纸上出现的其他的正面报道。坦白说，我认为戈登故意不回复丽贝卡的信息以此来表示对《太阳报》的冷落这个做法不太好，我对唐宁街 10 号的官员说我会给丽贝卡打电话。

我离开晚宴厅在走廊里用我的手机打给丽贝卡。我决定对丽贝卡表露出的《太阳报》转向支持保守党这个消息故意装作很平静，或者装作不关心。我用我最喜欢的一个词来形容那些在报业，或者说在新闻国际集团里哗众取宠的人。“他们是愚蠢的。”我这样对丽贝卡说。我还告诉她，《太阳报》背弃工党去支持保守党这个做法最终会被证明是错误的。讲完之后我又回到了晚宴厅。我鼓励戈登说一些话或做一些事来对《太阳报》转变立场表示不满。事实上戈登的确是很生气的，当然，他显示出了令人钦佩的克制力。在接下来的几个星期里，这件事对戈登的刺激愈加严重，他坚信默多克的新闻国际集团和卡梅伦团队之间肯定达成了某种协议，这个协议兼顾了保守党的政治利益和新闻国际集团的商业利益，似乎暗示如果保守党当政的话，将不太可能对媒体行业的竞争有所限制。后来在戈登的督促下，我在好几个场合中谈到《太阳报》转变立场的问题。事实上，我怀疑《太阳报》转变立场的真实原因没我们想象得那么复杂，但是这也更让我们感到失望。《太阳报》是一份拥有广泛市场的报纸，它把自己的利益看做投资事业。虽然到现在我仍不相信，或者说还没做好准备接受，但保守党可能在选举中获胜这个事实是必然发生的。我们不得不尽量弥补我们在民意调查中与保守党的差距。

工党大会后我们便着手进行大选。我把我们定下的在圣诞节前达到 25％民意支持率的目标改为 30％。同时，戈登有意想转回他原来的“无削减”政策。“我们必须用悲观主义的方式来击垮他们，”戈登说道，“他们接手的是一个经济无增长、失业率极高的英国。他们应该放弃。”实际上我不认为自己知道怎样用这些现状让保守党感到沮丧，这不是施政方针的分歧所在。我们所有人都反对进行早期的削减政策，但是我们确实在如何构思和表达经济政策上有分歧。还有一点，几乎所有我去过的地方，所有和我谈过话的人，都有一个共同的问题，那就是戈登会不会——或者说应不应该——在大选中放弃。在我去萨奇机构（Saatchi agency）讨论选举计划时，我收到一个不是很鼓舞人心的消息。“就目前的情况来看，”调查员对我说，“戈登是民众消极情绪的根源，民众的愤怒、焦虑，诸如坏掉的洗衣机和孩子的坏成绩等，都是受戈登的影响。民众固然不喜欢保守党，但是如果可以选择的话，他们也不愿意选择这样的戈登。”到现在，这种情况我们仍能调侃——如果自嘲也算作调侃的话——但是不得不面对内阁弥漫的愈加沮丧的气氛。哈里特·哈曼提议我们在竞选宣言重点强调三个首字母为“F”的单词：未来（future）、家庭（family）和公平（fairness），因此在10月的会议上我就这个提议作了陈述。当时坐在我身旁的是阿拉斯泰尔和道格拉斯·亚历山大，他们关于首字母为“F”的单词有自己的意见。“不如用‘欺骗’（fucked）这个词?”阿拉斯泰尔说。“‘徒劳’（futile）呢?”道格拉斯说。“‘完蛋’（finished）这个词怎么样?”我补充道。

我们互相调侃，实际上每个人心里都很沉重。我已经做好准备应对这场选举大战，但毕竟我不能按照以前那样的方式来操作这次的选举。戈登也承认现在的情形很不妙。“大部分问题出在我身上，我意识到了。”他曾这样告诉我。他说他认识到我们必须要加快动作，让大选中的民众在乐观派和悲观派之间作一个选择，因为他认为保守党很悲观，而他恰好可以用自己的乐观来感染民众。他的政治直觉是正确的，即使在困难时期，民众总是愿意支持能让他们感到有希望的那一方，只要是让他们感觉可靠的，而不是感觉担忧的。我对戈登说道：“你要想向民众或者向内阁团队证明你的乐观，那么首先你必须要让自己振作起来。”

11月的纪念日，一个星期天，纪念碑花环敬献仪式结束后我和戴维·米利班德坐在外交部的皮凳上交谈。他问我对于大选有什么看法。那是第一次我没有搪塞这个话题，我坦白地说按照目前的情形看，我们不可能会取胜。除非发生逆转，否则我担心我们面临的失败将是无比严重的。“你说得有道理，确实是这样。”戴维对我说。当我们准备回家时哈里特走了过来，我邀请她和我们一道。她希望我尽快负责选举事项，并且说戈登已经明确表示我会参与竞选事项，为此她感到很高兴，但是她认为戈登没有能力和所有负责竞选事项的人员很好地沟通。“这让大家很失望，”她说道，“如果他不尽快开始行动，如果我们不开始自救，那么每个人都会心神不定。”

选举日暂时定在2010年5月的第一个星期四，剩下只有几个月的时间。自2010年年初以来，我一直设法让戈登专注于一些必要的选举规划和准备工作。2 月的时候我曾经告诫他我们还不具备赢得大选的能力。正如哈里特意识到的一样，我们面临着一系列问题，其中一个部分就是政策问题。我们缺乏一个可靠的方针，不仅仅是消费和预算这些难题。我们需要在未来规划上发挥活力和想象力，正如我在演讲中提到的“建设英国的未来”那样。戈登仍然坚持划分界限的模式：保守党采取削减政策，工党采取投资政策。在内阁讨论会议上，我、戴维·米利班德和道格拉斯·亚历山大都反对这个模式。为了获得选举希望，我们都主张向选民说明我们正在作出的政策选择。戈登让我就这个话题在 11 月的讨论会上做一个总结，我说道：“和保守党划分政策界限是正确的决定……但是，为了赢得大选胜利，为了让民众听取我们的想法，我们必须要把注意力集中在我们下定的决心上，要让民众知道我们决心着手进行非凡的政策和消费计划——这些信息我们必须要传达出去，不管有多困难。”

戈登不是不明白这些，只是如何制定一个让人信服的政策和行动计划已经变得越来越难了。在唐宁街，他身边的确有不少优秀的人。他们夜以继日地为戈登工作，却很少得到感谢和回报，无疑他们会抱怨戈登不懂得怎么和团队人员共事。戈登对解决经济领域里的突发事件很有经验，但解决危机并非易事，他已经尽了最大努力。我记得在一次唐宁街欠考虑的简报内容发表后，我曾向戈登质疑过一个问题：“谁来做你的政治发言人为你阐述政治路线?”我问他。“当然是我自己啊。”他这样回答我，好像我的问题很荒谬似的。“首相自己作为自己的政治发言人是个不错的考虑。”我回答道，但是这会破坏政府高效率的机构运作程序。这样做只会让他在处理问题时更加冲动，而不是让他去反思自己的个人主义倾向，或者深究一个新闻题目的言外之意、一个专栏作家的批评文章或者卡梅伦的倡议活动。我们需要关注的不是战术，而是策略。我们需要关注的不是现在的政府状况，而是未来几个星期或几个月里我们想达到的目标以及为达目标所作的决定，而迟迟不为应对大选挑战做好准备只会是我们失败的象征。

后来没多久就发生了另一件事。随着欧盟成员国制定的精简版欧盟宪法的生效，布鲁塞尔的两个新的主要岗位需要有人来填补。一个是欧盟理事会常任主席，另一个是欧盟外交和安全政策高级代表。在好几个月的时间里，希望托尼成为常任主席的呼声越来越大。托尼本人也想要担任这个职务，但是戈登仍在犹豫中。他在公开场合讲话时总是小心翼翼，避免透露出自己不受支持的事实，而且不断地向我保证他正按照托尼的意愿行事。然而，在私底下他却并不认为托尼有成为主席的机会。他甚至告诉我他被问及是否对常任主席这个职位感兴趣。“如果我坚持的话，他们就会任命我。”他这样对我说。我立刻想弄清他的想法。如果是真的，我想这对戈登来说也是有利的，甚至对英国、对我们的大选，都是有利的。“那你对那个职位有兴趣吗?”我问他，“这可是个不错的工作。”他马上就回答说：“不，不感兴趣。”

戈登作为托尼的候选人也是不错的。当然我相信对这份工作而言托尼是完美的人选，并且托尼当选欧盟理事会常任主席自己也会从中受益并提高其在世界舞台的地位，但是支持托尼的那股潮流似乎正在退去。安格拉·默克尔和尼古拉·萨科齐都了解托尼的优势，也知道他当选主席会给他们带来不少益处。从我了解的消息来看，萨科齐尤其支持托尼，但是除非默克尔完全作出承诺，否则萨科齐也不会冒着支持一个失败的候选人的风险。很快就出现了一些反对的声音，他们认为托尼作为一个大国的知名政要，总是过分积极地想改革欧盟体系。渐渐地，大家开始越来越支持一个对欧盟没有威胁且不那么知名的人，比利时的赫尔曼·范龙佩（Herman van Rompuy）。最终，11月中旬迎来了职位确定会议举行前的决定性一周。托尼曾给默克尔打电话，告诉她如果最终结果是他不适合担任常任主席这个职位的话，他不会感到伤心。默克尔回答说这种情况不会发生。

既然戈登已经作为备选的名额，那么在欧盟英国仍然是重要的角色：不管是在高级代表领域还是在理事会的相关经济职位上。我一直坚持认为相关经济职位对英国的利益更为重要。我了解委员会，也明白在核心工作领域占有一席之地的重要性，但是再一次，战术战胜了策略。戴维·米利班德对高级代表这个职位显出了一点兴趣，可最终他认为自己不适合这个工作，还是想继续留在英国议会，而戈登还在矛盾中，无法作出选择。这样看来，唐宁街的主要大臣对职位选择的倾向有明显的不同，有的倾向于外交代表，有的和我一样，主张去争取和经济相关的职位，能和市场投资相结合最好，因为这将确保英国在欧盟出台新的调整政策时有举足轻重的发言权，尤其有利于城市建设。但直到职位确定会议的前一天，戈登也没作出选择。

也就是在这个时候，我的名字突然出现在高级代表的候选人名单中。托尼给我打电话说他刚刚和戈登谈过，戈登说出了自己的想法，他倾向于和外交相关的工作。托尼告诉我对于常任主席这个职位，现在只剩两个重要候选人——我和戴维，而戴维已经放弃了，所以托尼找到我。随后戈登也打来电话问我是否对这个职位感兴趣，虽然我没有马上回答，但是我觉得自己是有点受诱惑的。我不仅认为我能胜任欧盟主席这个职位并在国际舞台上占有重要地位，而且考虑到我对欧洲的兴趣和想成为外交大臣这个毕生的愿望来看，这个职位从某种方面来说可能是我在政治生涯中的最高点。我回答得很谨慎。我对戈登说这个职位确实对我有吸引力，但同时我也知道存在很多实际问题。我要对整个英国的发展负起责任——对政府、对戈登负责任——显然这个时候让我离开英国去欧盟是很难的。

戈登承认这样的确“很糟糕”，拥有丰富竞选经验的我此时离开会给工党造成很大损失，媒体也会把我的离开看成是我对赢得大选失去信心的标志。那天晚上，我做好决定不去争取高级代表这个职位。不过我却听说戈登有意提拔凯茜·阿什顿（Cathy Ashton）接任我的贸易专员职位，我很震惊，我对凯茜本人是没有敌意的，我只是强烈地认为她在这个职位上很难有所作为。于是我给首相办公室打电话要求和戈登通话，在很长的停顿后，总机却把我的电话转接到斯图尔特·伍德（Stewart Wood）的分机上，他是戈登的欧洲顾问。我向他问起凯茜是否作为我的接任者，他回答说：“绝对没有这回事！”

第二天早上戈登又给我打来电话，他问我是否还对外交部的职位感兴趣，我承认的确是，但是我也补充说明我知道目前的一些阻碍，一切还是由他定夺。他答应我会尽力帮我争取这个职位。他说尽管我有多年在布鲁塞尔的工作经验，作为最有实力竞争高级代表职位的人，我和托尼一样备受争议，因为胜任这个职位的人最好是奉行偏右政策。后来我给在社会党的一些朋友打电话，并联系了一些在柏林、巴黎和马德里的政府朋友，他们都赞成我去争取这个职位。然后那天下午戈登打电话给我说他和社会党讨论了这件事，“他们选择了凯茜。”他对我说道，“他们想要一名女性官员。对不起，我已经尽力了。”

在两周时间里，英国向欧盟推荐的接任者从托尼变成戴维，然后是我——最终是凯茜。让我心烦意乱的不是我在欧盟职位上的落选，而是英国在这个错误的职位上安排的错误接任者。我知道在首相府的选举代表肯定和戈登讨论过，他们反对我重回布鲁塞尔工作。他们告诉戈登我是帮助他们重振政府并赢得大选不可或缺的希望，我必须得留在英国。当然，我感动于他们对我如此地有信心，但是戈登在制定选举策略上的犹豫不决和这次的欧盟职位闹剧，都暴露出我们顽固的思想和能力上的缺陷——不仅仅在欧洲事务上没有任何作为，恐怕我不得不承认我们制定选举策略的能力也同样令人担忧。

11 月末的时候，某些方面的工作稍稍取得进展。哈里特一直是一个勇敢大胆的人，她在某一天直接闯进戈登的办公室说："是时候构思选举计划了，我们必须要有组织地行事，我们必须要制定出选举策略。"至于选举运动的核心人员安排，尽管戈登一直在考虑中，实际上大家都很清楚了。我会负责制定策略；道格拉斯·亚历山大会负责协调整个大选运动；至于哈里特，她将仍然担任工党副领袖的传统角色，也是我们在全国进行竞选演讲的主要代表；埃德·米利班德负责起草竞选宣言菲利普·古尔德，作为我多年来主持竞选工作的重要支柱，将会和道格拉斯以及帕特里克·洛克伦一起负责整理宣言草案。最终，我们真正开始着手选举计划的制定工作了。当时只存在一个问题，鉴于工党在民意调查中的支持率仅有些微的上升，似乎暗示着工党很难争取到第四次连任，但我们不得不尽量唤起选民对我们的热情。"真是不错的策略啊。"在一次会议结束后道格拉斯这样嘲讽道，"真是可怜那些选民。"

阿拉斯泰尔选举前最后的预算前报告于 12 月 9 日发表。越来越多的公众认为他和戈登应该对经济危机负责。当出现一些经济复苏迹象后，公众对我们的好感有所上升，我们的选举前景似乎有所改善。我们必须取得预算前报告的关键决断权，当然，前提是没有其他的阻碍。当我们第一次讨论选举策略时，阿拉斯泰尔告诉我他想在重组政府体系这点上制定更显著、更大胆的计划。他想保持本年度财政计划里的经济刺激政策，同时做好三个关键领域的预案筹备：NHS、学校和警察系统。同时，他也意识到需要削减其他领域的开支，他认为应该增加一些重大项目的资金储备来彰显我们降低债务的决心。他也认为可以降低纳税人的基本利率和企业增值税。当然这会造成一定的冲击，为了平衡他提出的这些削减所导致的资金缺口，不仅要将增值税恢复到之前的 17.5%，而且还要提高到 18%甚至 19%，而不是去提高国民保险费用。当然，他认为应该出台一些政策来弥补增值税的上涨对低收入者造成的影响。

阿拉斯泰尔的这些建议让我印象深刻。这确实是很难作出的选择，但是能让我们在实施经济复苏计划中重新夺回主导权。几天后我们很清楚地意识到戈登和我们的政策方向完全不同。他想通过建立一个新型的、更划算的"现代政府机构"来降低税率和开支。他认为通过互联网和数字通信等一系列高效率的管理手段，我们可以建设一个更好且成本低廉的政府机构。我们可以将我们的新型管理模式和卡梅伦接手政府后可能出现的衰败前景和资金匮乏的公共服务体系作一个对比，强化我们向公众传达的信息："工党的乐观对比保守党的悲观。"

戈登试图激起内阁对这个政策的兴趣，但是很难。在一次会议中，戴维·米利班德说道："与其说我们是在和保守党对抗，不如说我们是在为英国的未来而战。"阿拉斯泰尔接受这个说法，他认为我们应该扪心自问为什么公众不愿意接受我们的政策。"我们必须占据主导地位。我们不得不冒险……为了击败保守党，首先我们必须有自己的清晰的路线。预算前报告毫无疑问是改变游戏规则的契机。"戈登也认为确实有必要给予选民们一个理由令其了解工党所提出的政策纲领，但是他的侧重点依然停留在试图努力地使人民相信他所预言的那些保守党在上台之后必将实施的财政大削减会使民众面临何种损失上。

当争论涉及政策的细节部分时，形势变得比 4 月预算之前更为困难。戈登坚持认为我们的主张应该围绕着增加而不是削减，并且还滔滔不绝地说出了一连串新的优先投资项目。除了保障对于 NHS、学校及警察系统的投资以外，他还提出我们应该通过重组政府并使其更加现代化，从而将更多的资源从后勤部门转移到一线部门，达到其他领域开支最小化的目的。但是我们所提出的在未来四年内使财政赤字减半这一目标的可信度主要取决于如何应对将来的税收及公共支出等问题。在税收方面，戈登否决了阿拉斯泰尔关于提高增值税的提议，支持增加国民保险费用以及小幅削减银行家的红利。在这一点上，他得到了政府部门内政治宣传工作者们的大力支持，因为他们的深度集体调查显示民众对提高增值税这种举措抱有强烈的反感。可是阿拉斯泰尔同样对于增加国民保险费用表示担忧，因为与削减增值税不同，这类措施常常会被描述成一种"工作税"，在当前这个失业率高企的时期，这绝不是一个我们希望传递的信号。无论如何，他都认为，如果没有一个足够新颖的税收体系或足以令人信服的削减未来开支的迹象为前提，戈登所期望的这种增长计划是站不住脚的。然而戈登却一直不以为然，他认为经济增长的速度仍是一个巨大的未知数，所以在现阶段并没有必要将我们的计划阐述得十分明晰。

我认为他缺乏必要的务实精神，这让我感到十分不满。如果在一个比较宽松的经济和政治形势下，他的这种做法或许会奏效，但现在的问题是我们已然深陷在一个债务的大坑里，而且还将越陷越深。市场和媒体对此心知肚明，整个国家也都觉察到了这一点。阿拉斯泰尔虽然对赢得辩论越来越没有信心，但他依然坚持着自己的观点，“我们绝不能通过更多的借债来为那些一线服务埋单，如果我们自己的承诺和措施无法令人信服，民众就会认为将来一定还会有更多的借债和更大幅度的税率提升”。

对于税率的关键辩论开始于预算前报告提交前的一周。戈登在会议开始时重申了他对于“促进增长”这一主题的坚持，但同时也承认确实有必要对税制体系作出一些改革。他要求阿拉斯泰尔给他一些进一步增加税收的选项，而阿拉斯泰尔在表达了他对于增加国民保险费用将变成一种变相的“工作税”的担忧之后，进一步指出我们已经陷在了一个要么提高个人所得税要么提高增值税的困境之中。戈登坚决反对提升增值税，而阿拉斯泰尔也不赞成进一步增加高收入者的个人所得税，“我们已经差不多到了我们所能做的极限了。”他说。当戈登提议进一步减少财政开支时，阿拉斯泰尔只能回之以白眼，强调开支的数额已经不能再少了。戈登解释工作效率的提升将会为整个政府部门削减近20%的经费支出，但公务员系统据实情至多只能减少50亿英镑左右的开支。阿拉斯泰尔还补充说就算是有了一些额外的税收，我们也不得不在其他领域作出痛苦的经费削减才能确保埃德的那些在学校、NHS和警察系统的经费投入。

预算前报告正式公布之后并没有被认为是十分大胆的。银行家红利税改革这一项措施得到了比较好的反响，因为这项措施等同于使民众对于房地产经纪人和政客们的“鞭挞”合法化。但评论员们仍将火力都集中在了预算前报告中明显的瑕疵部分：除非我们上台后会考虑大规模的财政支出削减，否则根本就没有足够的税收或储蓄来兑现我们的政治承诺，在这一点上我们并没有坦白交代。《泰晤士报》的一项民意调查得出了可怕的结果，当受测者被问及更相信谁能够解决英国未来的经济问题时，将近40%的民众都支持保守党，只有27%的民众相信我们。颇具讽刺意味的是，当戈登初任首相之时，他曾以61%对27%的优势压制住了卡梅伦。所以事实证明阿拉斯泰尔是对的，我们的一揽子提议根本不足以令人信服。除此之外，一个最直接的影响就是我们不断地受到来自各方的压力，希望我们澄清工党在酝酿着何种未来的财政支出削减计划。总之，我们已经失去了在大选之前重新夺回经济层面辩论主动权的大好机会。

我们需要在圣诞假期之前具体地讨论一下宣战策略，而有待解决的问题和弥漫着的紧张情绪显然不是一个好的开始。随着假期的临近，另一个颇具讽刺意味的风险也逐渐显现：一些民意测验显示我们其实稍微地缩小了一点与卡梅伦之间的差距。这个结果似乎是反映了民众们对于保守党政府预算削减规模的一种担忧，但戈登却把此当做对自己之前策略的一种有力辩护，他仍设想着要在预算削减这一点上向保守党发起猛攻，同时还能使工党免受一切诟病，虽然这听起来让人十分难以置信。在我看来，如果我们当时可以使自己的财政计划更有说服力一点，我们本可以给保守党的选举计划制造更大的困难。但事实上，我十分清楚那时候我们已经没有足够的信任度和支持率去向公众施加这种影响了。

当我和道格拉斯、菲利普、帕特里克碰头时，道格拉斯看起来情绪十分低落。他当年从一个23岁的研究员和演讲稿拟写员做起，几乎把他全部的职业生涯都贡献在了戈登这一边。当我们谈及应该如何拓展我们的选举方式时，道格拉斯觉得那将是一场非常艰苦的硬仗，因为他说我们必须与戈登那种既陈旧又固执的本性作斗争。戈登在与保守党的斗争中总是会陷入“阴暗的角落”，他觉得最近民意调查的结果是对他“划分界线”策略的一种有力支持：“保守党人就像一帮遥不可及的精英群体，所以咱们就把他们拽得更远点。”道格拉斯害怕的是戈登根本不了解民众的感受，“我们必须以数字和证据令他相信事实上他的策略其实行不通……他肯定会说以现在的情况看来这种方式是有效的，但不管怎样除此之外还有其他的选择吗？他还能再说些什么呢？我们必须给他正确的选择”。

我们准备好了戈登假期期间要阅读的竞选手册草稿以及由我和道格拉斯起草的专门针对边缘选民的民意调查说明。我们告诉他，就全国范围而言，保守党已经保持住了一个稳定的双位数领先并长达数月。他们大概有40%的支持率，而我们只有差不多28%的支持率，剩下的自由民主党有20%左右的支持率。相较于5月以来23%的支持率，确实有所上升，但是保守党至今依然拥有绝对的领先优势，而且还日益牢固，所以等待我们的只能是一次沉重的打击。更重要的是，大选的投票率越低，我们的情况就会越糟糕。

我们还说了三种后果。首先，如果向保守党发起全面攻击，其结果可能适得其反，除非我们可以向公众传达一种希望，一种来自我们自身的附有远见的信息。“如果只是做负面宣传，非常有可能加深民众对于政治及政治家的反感，从而会降低投票率，最后只能是更加重了我们自己在选举中的弱点。”其次，即使针对解决与工党长期支持者相关的重要问题的“核心竞选策略”，或许可以将我们的支持率提升到28%或29%，但提升的幅度也不会更高了，“我们还必须平衡中部英格兰地区那些摇摆选民的诉求”。最后，戈登自己也需要转变他最近针对卡梅伦和保守党的那种十分带有倾向性的“划分界线”抨击思路。这一点是尤其重要的，因为这次大选是第一次引入由三个主要党的领袖参加的电视辩论会，所以这次选举必然会带有一定的个人色彩。我们告诉他：“只有你把自己定位成一个代表整个不列颠、包容且不制造分歧的角色，你的支持率才能是最高的。”

其实我们都清楚，即使戈登采纳了我们的建议，工党要想赢得选举也依然非常艰难。但是对于保守党来说，卡梅伦或许会在以后莫名其妙地搞砸某些事，或者会被民众看起来不可靠等，这种危险还是存在的。毕竟我们还没像当年的保守党在20世纪90年代时那样目标混乱或不受欢迎，而且现在卡梅伦的地位和当初的“领袖托尼”在1997年之前建立起来的优势相比差得还很远。但如果戈登不打算转变立场呢？我并不是唯一对这种后果感到担心的人。第二天，当我跟阿拉斯泰尔交谈时，他说：“我们输定了。”“当前的数据也表明了这一点。”我答道。他继续说：“一走进乐购超市你就能感觉出来，人们都故意扭头看别处，因为他们都觉得很尴尬。”他又说：“我们都知道真正的问题是什么，其实并不在于政府在怎么做，而是在于谁在领导政府。”正如我跟戴维在阵亡将士纪念日那天的谈话一样，我对这一点毫不怀疑。“好多我们的同事都是这么想的，”阿拉斯泰尔最后说，“而且他们也都认为现在无论做任何事都不会让情况变得好起来。或许他们是对的。”

在动身前往马拉喀什度假之前我做了一些部门事务的最后收尾工作，但在我合上笔记本之前，我还是给戈登发了一封很长的私人邮件，在信里我尽量使措辞不会显得令人不安或有伤感情。我首先对他在最近几次会议时一直陈述的一个观点表示赞同，那就是，有必要把选举从“民众对工党的一场全民公决”变成“民众在我们与保守党之间作出的一次选择”。同时我也明确地表示我们尚未成功，并阐述如果我们想获胜，需要转变哪些做法，他或许需要转变哪些做法。我在信中说道，当前所有的迹象都表明，即使是在一场“选择性的，而非全民公决式的”选举中，保守党也会最终获胜。卡梅伦确实因为对未来的财政紧缩规模太过坦白而丢掉了一些支持率，但这仅代表一些民众没能正确地解读他信息的细节部分，而并不代表信息本身的失误。

理论上保守党的领先优势并不是无法逾越的。我们已经正确地指出了卡梅伦所称之为“新保守党”的一些领域其实还是和之前一模一样，但仅仅这些仍是不够的。我们还需要一个更加大胆、更有远见的提议，而这最终会不可避免地发展成为一场“变革”选举。在连续执政 13 年后，我们可能不太会被认为能够进行一场变革，但我们可以也必须提供另一种愿景，即他们的“变革”对我们的“未来”。我们现在正冒着丢掉那些对于为我们带来三次竞选胜利的政治联盟十分重要的中产阶级和中部英格兰选民的风险，而仅是拉拢我们的核心支持者，这种策略非常危险。当然对最弱势的群体强调我们的承诺是合情合理的，但是既然他们不相信工党在公共财政领域的计划，他们可能也不会在其他领域相信我们。为了解决这个问题，我告诉戈登他非常有必要同时也非常紧迫地需要对经济、赤字和债务问题采取一种更加明确的立场。更重要的是，他所传达的信息必须是和阿拉斯泰尔相一致的。

我在马拉喀什度过圣诞节和新年的这段时间没有听到戈登的任何回复。我很享受这段远离尘嚣的时光，但我也很清楚我们必须采取主动，所以一回到伦敦我立马就去说服那位起初极不情愿的阿拉斯泰尔去从过去的新工党竞选纲领中吸取一些经验。我们合计了一下保守党关于税收和财政支出的承诺，发现在他们的计划中有一个 340 亿英镑的资金缺口。随后阿拉斯泰尔便在工党总部 2010 年 1 月第一个星期一的新闻发布会上针对这一缺口向保守党发起了攻击。虽然这不能代替我们所缺少的那种战略性的选战活动，但它确实打乱了保守党的步调，而且也为我们带来了一些动力和士气上的鼓舞。但遗憾的是，这轮攻势的效果总共只持续了 48 小时，然后舆论的重点就突然转移到我们和戈登身上了。

星期三的上午刚过了 11 点，也就是我们回到威斯敏斯特的第一次首相质询会那天，我就收到了消息说托尼听到了一些关于反对戈登的行动的传言，于是我连忙跟他通了电话。在电话里我们都同意，不论发生任何事情我都不应该参与并鼓励其进一步发展，而且我个人也不应该像上次詹姆斯卸任时那样过多地参与其中。几分钟后休·奈打来电话说她看到了一些关于杰夫·胡恩和"其他的某些人"反对戈登的某种倡议的报告。唐宁街决定在戈登与卡梅伦的讲席辩论之前先不告诉戈登这个消息，因为只是这个辩论就已经够让他头疼的了。但是在首相质询会结束以后，这则消息就传遍了各大新闻媒体。杰夫和帕特里夏·休伊特已致信所有工党下院议员并敦促他们尽早举行一场秘密投票来彻底结束这种在戈登领导下所产生的"抱怨……猜测和不确定性"。

即使不是因为杰夫和帕特里夏他们关心的那些事，或者也不是因为在我看来戈登根本就没重视我在圣诞节前发出的那封邮件里提出的问题，我也早就对他有些不满了。这种情绪始于一天早上我在工作基金会里做的一次演讲。我的演讲主题主要是围绕经济增长，本来我准备详细陈述戈登为了再平衡英国经济体系，使其脱离对金融业的严重依赖而走向一个更加健康、稳健的工业化的未来这方面政府需要落实到位的一些措施的例子。但就在前一天晚上唐宁街却打来电话说戈登希望我把演讲中涉及税收问题的其中一段作些改动，在这一部分里我们本来打算说我们已快接近对商业界课税负担的极限。戈登的这次横加干涉确实令我恼怒，这看起来就像是抛出了一种彻底防御的姿态，而不是那种掌控大局的魄力。我有些尖刻地对待打来电话的政治策略团队主任戴维·缪尔先生是非常罕见的，因为我最不愿意做的事就是给他的工作带来麻烦。但是这次我非常严厉地说道："如果戈登所有能做的就是像这样尝试审查我的演讲，那他就不要指望我会一直受得了这些。"戴维当时听起来十分错愕，而我也马上后悔说了这些话。

现在我的思绪又回到了之前那段不耐烦的交谈中。我希望戈登不要把它跟杰夫和帕特里夏的行动联系起来，很显然我对他们的计划是毫不知情的。当他们的行动方针公布于众时，休打来电话问我是否要接一下戈登的电话。"这可不是个好主意，"我说，"我现在还很生气，所以我都不能保证我会对他说出些什么话来。"当她接着问我戈登现在需要怎么做时，我觉得我有必要给出一些建议。"不要反应过度，"我说，"沉着地应对。如果所有人都认为我们会大汗淋漓地东奔西跑，这种猜测就会产生一股狂热。你需要做的就是等它缓和下来，而不是再给它上紧发条。"这或许是条不错的建议，而且也是我对杰夫和帕特里夏的邮件保持沉默态度的一种合适的解释。可我仍然希望弄明白这个事件的意义，也想知道它到底会往什么方向发展。不过我不得不赶快冲出办公室去赶一场午餐约会。

当我在大约3点钟回来的时候，除了杰夫和帕特里夏在各个电视节目上到处赶场以外没有再发生什么特别的事情。正如众多大臣所期待的那样，内阁对此十分低调，而后座议员则更加低调。可我的办公室却被那些要我发表评论的请求重重包围。我给戴维·米利班德打了电话想听听他的看法，但他却像是对所发生的事情都一无所知。我判断整个事件很可能会自行平息，最终我要求帕特里夏发布一条简短的声明，明确表示我们所有人都会继续做好我们身为政府大臣该做的工作。

在那天下午我本来是被安排跟《新闻之夜》栏目录制一期有关我那场以“经济增长”为主题的演讲的采访节目，但这些“政变”的报道刚一出来，我们就同意把它推迟到晚上。我甚至想直接把所有采访都取消，但休又给我打来电话并催促我要把那个节目做完。我忍不住说她最好当心一下她要我做的事，因为我那时对戈登还是非常的生气和失望。在节目一开始，杰里米·帕克斯曼（Jeremy Paxman）就问我是否觉得戈登是现在工党能够选出来的“最合适的领袖”。当然我回答说他是，而且还补充说今天的这些事已经明显地表明“现在工党内占绝对优势并且相当稳固的观点是大家希望戈登·布朗继续担任他们的领袖……他们希望戈登·布朗作为首相带领着工党进入大选，并且他们不想讨论任何关于领导权的问题”。我否定了杰瑞米的暗示——说我有很多同僚都希望戈登被换掉，我甚至在他颇具讽刺意味地把最近的预算前报告描述成“一项坦率的任务、一项出色的工作”时还表示了赞同。除此之外，我也没什么能说的了。我已经开始在赞美戈登，而不是指责他。

至少有一个最重要的事实已经明了，戈登不会在大选前被推翻。他的大臣中没有任何人，单独地或整体地要存心与他作对。哈里特作为被选举出来的副领袖，无疑是那些分量最重的人之一；戴维作为最有可能在领导权变更中得益的人，也明白他现在不能在背后捅刀子；阿拉斯泰尔是我所知道的最没有利己主义的顶级政治家，考虑到他与戈登长期的私交，至少也还能感觉到一些他对戈登残留的忠诚；道格拉斯也是这样；而我，尽管发生了这种种的一切，亦是如此。

在接下来的几个星期里，戈登明显轻松了许多。但我想我可能低估了这些决定他政治生存的持续不断的问题所带来的压力。我对于他所处的困境及其所产生的种种焦虑也没有像以前那样敏感了，但是随着大选的临近，我还是觉得有些心神不宁。在心底里，我非常清楚我们还没准备好。选举活动会暴露党纲中存在的一切瑕疵。应该在很久之前就着手处理内部战略上的分歧和紧张的局面，并解决好自身的薄弱环节，这是艰难的、让人筋疲力尽却又必要的工作。然而我们不仅没有完成其中任何一项，而且我明白在当时的阶段我们也不太可能去完成这些工作了。

我猜选民们早就对戈登作出了自己的判断。他们可能认为戈登一直还算是一名出色的大臣，而且在金融危机时期也表现得很有效率，但他们不觉得戈登还适合继续再当五年的首相。说服选民们再重新考虑一下他们对于戈登以及整个工党的看法是获得任何形式的成功的先决条件，但现在这看起来却是一项几乎不可能完成的任务。我同时也担心戈登如何继续再作为一名候选人。在过去的选举中他就像是一个战略家，在工党总部或政府内进行着幕后的操作，从而避免了被完全暴露在公众面前。而现在他必须处在一个完全不同的位置上，在媒体的密切关注下展示出更多的技巧。我们面临的是一个由三场电视直播的各党领袖辩论组成的、在英国历史上最类似总统制的一次大选，而恰巧这次选举中领先的那位候选人之前又曾经承认过他其实更擅长自己工作中有关媒体沟通政策的那部分。我现在不仅为了工党，更为戈登感到焦虑。

除此之外，我们还有另外一个问题：资金。由于过去的几次选举，现在党内的债务规模越来越庞大，而且相比于当年工党的全盛时期，我们吸引大规模捐赠的能力也大幅下降了。在 1997 年时我们拥有差不多 1 500 万英镑的竞选专款，然后花了将近 2 000 万英镑，而现在我们能找到 500 万英镑就已经算非常幸运了。这不仅意味着在工党总部里只能有 150 名而不是 400 名工作人员和少得可怜的几次有组织的竞选活动，而且它还意味着我们将令人惊讶地不投放任何付费竞选广告，就算是在 1987 年的时候我们都是还能支付得起广告费用的。

不过，我们毕竟还有一场大选要进行，所以我必须消除自己的疑虑，为了最好的结果尽最大的努力。我开始每天工作更长时间，在我身为大臣的工作和竞选前党内的准备工作之间分配好时间，匆忙地穿梭于我在维多利亚大街的商务部办公室、党总部、唐宁街 10 号和我在内阁办公室里的一间办公室，来履行我作为首席大臣的职责。这是一间明亮、拥有挑高的天花板并且可以眺望皇家仪仗队的办公室。办公室内有一张长桌子和十把椅子，以供我跟来自唐宁街10号的官员或核心团队们会谈。

我们的团队从一开始就清楚这次大选最与众不同也是最具决定性的地方就是电视辩论。戈登就像他之前的托尼一样尽一切可能去避开这一环节，但在1997年托尼所处的情况下，这种回避是一种常识，因为当时他是领先者，辩论有可能给他带来更大的损失，而约翰·梅杰必须要抓住任何机会来得分。戈登勉强的原因却是完全不一样的，因为早在他让我回到政府里的好几个月前他就告诉过我说他确实觉得自己不是一个电视时代的政治家，所以即使卡梅伦现在是领先者，戈登仍然觉得他所遭受的损失是最大的。我对此不是很确定。

一开始我还因为辩论将正式举行这件事在唐宁街10号里受到了责备。在去年夏天《旗帜晚报》的一次采访中，我被不断问道为什么卡梅伦和自由民主党的领导尼克·克莱格都对电视辩论报以热情，而戈登却看起来是在逃避。我当时回答说，恰恰相反，我不认为他们会对戈登造成威胁。“虽然卡梅伦擅长言辞，但他并不是总能找到适合的理念与政策去支持他的那些说法。”我说，“我想民众们会识破那种伎俩，公众越多地看到他们两个人，就越会认识到戈登才是一个有内涵的人。”可是且不说我本来就相信辩论会变成事实，我觉得仅仅就因为现在各大广播公司以它们前所未有的方式来公开地宣传辩论这件事，它就不可避免地会发生。我不理解我们为什么要助长戈登是在胆怯地战斗这么一种印象，而且我也合理地解释了，至少辩论会激发选民的兴趣，提高投票率，并最终使我们获益。

尽管电视辩论非常重要，但我的当务之急是要马上着手去削弱保守党的领先优势，并确保我们不要落后到当辩论开始时就已经无关大局的地步。最奇怪的事不是我们在落后如此多之后才真正开始比赛，而是卡梅伦现在居然还在我们的视线之内。按照正常的政治逻辑，选战到了这个阶段应该早就成为卡梅伦的加冕礼了。他们面对的是一个已经执政十多年的政府，还被普遍的公众情绪认为我们已经打完了自己的回合，所以现在是到了要作出改变的时候了。再加上这个国家刚刚经受的经济打击以及工党下院议员的报销丑闻所带来的后续影响，就不难想到保守党会轻易地在下院取得绝大多数席位。公众确实对戴维·卡梅伦更加热情，但他自己仍有一些问题，尤其是他许诺的那种定义模糊却又十分严厉的“变革”尚未彻底赢得选民们的支持。卡梅伦还没有作出足够的准备来令这个国家相信他的政党已经经历了一次真正的转变。尽管可能性很小，也尽管我们背负着如此多的质疑，但是或许我们仍有一线希望可以令他不能像那些政治家和评论员所预测的那样舒舒服服地取得胜利。

在那场反对戈登的最后“政变”失败后所带来的影响之一就是它使整个工党的核心竞选团队都忙于手头的工作。我让菲利普回到了我身边，就像 1997 年和 1987 年时那样他对于我们的事业不可或缺。最后我甚至把阿拉斯泰尔也招募了过来。我花了好几个月才把他劝过来，比说服戈登所花的时间还要长。一开始阿拉斯泰尔很不情愿，他告诉我说一想到又要再次被卷入政治旋涡就让他浑身不舒服。“你没法给戈登提出任何建议，”他补充道，“他听信如此多的人，就算你跟他周而复始地兜圈子，最后他也不会冒任何风险。”但是现在戈登在这次竞选中能够存活下来已经变得明朗了，所以他也开始作出让步——这真令我如释重负，因为我非常看重他的政治和媒体经验。“这场竞选有可能赢吗?”他曾在圣诞节之前问过我。为了劝他回来，我本来想说可以，但随着预算前报告的结束以及戈登仍然在经济政策和竞选策略方面闪烁其词，我觉得我不得不告诉他真相。我曾经认为我们赢不了，但是现在我只能说我不能肯定。这取决于我们能给卡梅伦施加多少压力。我们需要让他以及他所鼓吹的“变革”看起来不稳固、不牢靠，而且还需要说服选民们从长远的角度仔细权衡一下保守党所提出的那些政策。

只要我们能有效地引导媒体重点关注一下保守党在就业及公共服务方面的政策及实施方案，这项任务也不是完全不可能的。我和道格拉斯都认为最关键且更广泛的竞选目标是不仅能让公众重新审视保守党，同时也能重新定义我们工党。助长对保守党的怀疑这招相对容易操作一些，因为首先这跟戈登的天性相符合，而且我觉得我们在这方面也能提出一些相对更加连贯一致的论点。保守党错误地把经济衰退这个问题过早地搬了出来，在复苏仍然疲软的当下，这种判断力的缺乏会对英国在世界经济中重新站稳脚跟带来很大的风险。

促使民众对于工党重新进行评估很明显要从经济领域开始，但除此之外我们还需要再发起一场对于戈登作为一位领袖的重新评估，并让公众相信他是一位比媒体所描绘的要更加机智的政治家。除非我们能够让选民们摒弃成见重新认识戈登，否则或许在选战刚一开始我们就玩完了。

我们的竞选对手其实也帮了我们不少忙。当我对我们没能很好地解决竞选核心问题上的战略分歧而感到心神不安的时候，我却发现保守党同样也没有做好基础的准备工作，这让我很受鼓舞。几个月来我一直在说，保守党的那种态度给人留下一种他们已经把胜利看做理所应当的印象，而我把我们刻画成一种劣势者的形象也是策略的一部分，这样媒体就会对双方都有一定的监督。当时保守党在公众心里留下的印象是他们已经把接下来几个月的选举过程看成是他们步入唐宁街的大游行。戴维·卡梅伦在从圣诞节假期回来之后承诺要在大选前的准备阶段让公众看到“一天一个政策”。由于近期两党之间在民意调查上的小幅缩减，他很聪明地用一些对选民很有吸引力的正面信息代替了之前那些总是让民众感到害怕的、没完没了的关于未来经济创痛（economic pain）的消息。尽管如此他仍然还没做好政策细节的准备工作，尤其是在经济领域。他们在当前这个世界经济仍然脆弱的时期建议实行大规模的公共开支削减计划，从这点可以看出保守党对于确保经济复苏的立场是十分混乱的。除此之外，他们一方面作出各种税收及支出改革的承诺，另一方面又拿不出兑现这些承诺的方法。

我知道我们现在可以利用保守党的一些弱点来向外界强调他们的政策会给国民经济带来什么样的风险。阿拉斯泰尔在新闻发布会上列举了保守党的各项政策承诺并指出了存在于他们预算中的一个数十亿英镑的资金缺口，这给卡梅伦在接下来要发布的一系列新政策都蒙上了一层阴影。在卡梅伦已经公布的一项旨在为已婚夫妇减税的“最佳政策”（flagship policy）上，他就开始变得含混不清，最后只得为自己言行上的“混乱”而道歉，并向外界暗示这项政策将来可能实施不了。就在同一天卡梅伦还发起了一场海报宣传活动，并把他的头像印到了全国各地的广告牌上。这件事立马遭到了嘲讽，先是在博客圈后来发展到了主流媒体，甚至还有人恶作剧地用喷笔修改了他的头像。这对于我们来说是一个天赐的良机，正好有助于我们让民众认识到卡梅伦是在用花言巧语掩盖他的政党并未真正作出改变这一事实，并可以让人们考虑在一个诚实的戈登·布朗和一个不诚实的戴维·卡梅伦之间重新作出选择。

劝说民众反思他们对戈登的看法仍是一个不小的挑战，尤其是在保守党一直拿戈登那疲惫的神态与卡梅伦满脸洋溢的活力作比较的情况下，说服公众为让戈登能继续连任五年而投票的确是一项非常艰难的任务。其中一个最大的问题就是，戈登看起来确实很累，但是考虑到他平时工作的辛苦，其实这也并不奇怪。在过去的几个月里我也一直都在劝他工作少点，睡得多点，吃得健康些，多做锻炼，多跟萨拉和孩子们放松一下，在周末让自己养精蓄锐，并且告诉他如果我们想成功地用我们的"未来"这一口号去反击卡梅伦的"变革"，他自己首先就要精神饱满而不是让选民看到他就觉得我们不堪重负了。

我的当务之急是要为我们的竞选做好政治上的阶段性准备。首先通过安排一些媒体采访让戈登能够更多地侧重个人个性而不仅仅是政治议题，随后也配合着他将要发布的工党的竞选主题，以及阿拉斯泰尔要在3月底公布的最新财政预算。那次采访是由原《每日镜报》（*Daily Mirror*）主编皮尔斯·摩根（Piers Morgan）主持，并在情人节那天播出，其实它都不能算是一次采访，倒更像是一场访谈节目。我们知道这么做有点冒险，因为这必须让戈登脱离他的舒适区域。虽然他从来不喜欢谈论私人问题，但如果他做好了就能赢得一个巨大的机会。我敦促他务必要意识到这场采访不是那种让他连珠炮似的说出各种统计数据和政策细节的辩论节目，他需要敞开自己的内心世界。他表示了解这一点，但是我知道这跟让他拥有一个正确的心态还不是同一回事。在采访的准备阶段中，阿拉斯泰尔向戈登连续提出各种他认为皮尔斯·摩根有可能会问到的问题，包括戈登本人，他的婚姻、孩子、过去，以及他和托尼的关系。当阿拉斯泰尔用为什么他一直固执地要把托尼赶出政府这个问题来故意刺激他时，戈登声音中带着愤怒地吼道："我根本没做过这种事！我们之间有个协议，但是是他没有遵守！"我们听了这个都不知道是该哭还是该笑。

结果，这次采访实际上要比我们之前给他准备的情况要温和得多，但它确实非常私人化，尤其是当戈登动情地回忆起他那去世的宝贝女儿时。除了某些媒体上一些可以预料到的冷嘲热讽外，这次采访还是成功地展现了戈登沉思的、有魅力的和人性化的一面。对于我们来说这确实是一个鼓舞，因为它表明戈登愿意丢掉以前的旧习惯，并可以为了选举挑战自己去尝试新的做法。这对于任何一个政治家来说都是相当不容易的，尤其是像戈登这样高傲且一贯固执己见的政治家来说更是难上加难。对此我确实很佩服他。

这次采访给戈登带来了新的信心。六天后他发表了我们的竞选主题，同样也令人印象深刻。这是我们“重新评估”计划的下一个阶段。现场那明亮且现代化的布景衬托了我们当天要发布的口号：“全民公平的未来”。但真正令人瞩目的是戈登的表现。他那天的演讲一反常态的短，他直视着镜头，将我们想要传达的信息清楚明白地表达了出来。在个人层面上，他作出了一个罕见的，并且我认为是很有成效的“自我致歉”。“我知道，工党并不是把所有事情都处理得很妥当。”他说道，并带上了一个若隐若现的微笑，“我明白，我非常明白，我也不是完美的。”他又说只有工党，而不是卡梅伦的保守党，才始终是真正的变革推动者，而“请重新考虑一下我们，也请仔细严格地审视一下他们”则成为当天各大新闻头版上的摘要。

可我还是忧心忡忡。保守党所暴露出来的这些弱点加深了我对于我们还没能解决自身的战略分歧和弱点的失望。我确信保守党绝不会让选举再按照现在这种趋势发展下去。一旦他们齐心协力起来，恐怕我们内在的弱点会被他们利用，因为在我们打算落实到选举上的核心理念中还存在一个危害很大的裂痕——我和戈登对于工党将要在大选中向公众传达的理念这方面还有着非常不同的看法。菲利普、道格拉斯、帕特里克还有我都觉得我们应该展现出一个积极的愿景，那就是在经济危机过去后工党会如何给英国带来一个不一样的且更加美好的未来。而戈登却依然只想着如何去攻击保守党，去利用卡梅伦的政策会带来的风险及其期许的未来会造成的恐惧，而不是在我们所能带来的希望这方面做文章。

在所有竞选策略中总是会有一些重叠的部分。我也希望能突出保守党的政策会带来的风险，但这会给我们的竞选前景带来十分不同的影响。首先在氛围方面，是攻击性且消极的，还是前瞻性且积极的；其次是在目标受众方面，是仅仅定位于那些最惧怕保守党上台的我们的核心选民，还是尽量去争取那些能够帮助工党上台，并在我们获胜后能够继续给予必要支持的更广泛的选民。

这场争论酝酿了数月之久，并最终于（2010年）2月底在我的内阁办公室里召开的一次重要的战略会议上爆发了。所有的高级团队都出席了那次会议，包括菲利普、道格拉斯、阿拉斯泰尔，还有另外独自准备我们竞选宣言的埃德·米利班德。我以一个乐观的基调开场，并且强调了我们有一个很好的开年，但对于保守党来说情况却是摇摆且不稳定的。民意调查显示双方的差距正在一点点地缩小，而且我们现在处于一个不错的形势中，可以让民众去重新评估一下两方的政党及领袖。

紧接着裂痕就开始显现了。菲利普一贯地直接切入为什么戈登的攻击性战略会造成巨大风险这一主题上。戴维·缪尔（唐宁街 10 号政治策略团队主任）是这项战略的总设计者，他很固执地只关注于保护那些“勤奋工作的家庭”的经济利益，并试图劝说民众相信卡梅伦是绝不会这样做的。他还打算向公众披露保守党财政赤字削减计划会造成的影响。菲利普则认为这虽然应该成为我们策略的一部分，但同时也会带来风险。首先，那些选民的兴趣并不仅仅只是局限在经济领域。虽然戈登很好地解决了金融危机问题，而且他或许也是处理我们从经济衰退恢复过来后其他后续问题的较好人选，但民众们所期望的其实不仅仅是这些。他们最想看到的是希望，一个乐观的前景。“这次选举一定是以未来为主题的。”菲利普说，“选民们曾经认为卡梅伦代表着未来，而现在他们已开始变得不那么肯定了。”至于我们，除非工党能够为这场公众的争论带来一些新的声音，否则我们可能真的就成了被许多选民所调侃的那样：“一辆疲惫不堪、筋疲力尽的老破车”。

戴维·缪尔在他的回答中也直言不讳。他同意我们的竞选本质上就是要在希望与恐惧中作选择，但他却明显感觉到恐惧才是一个更加有效的武器。我们的确需要猛烈地攻击卡梅伦，我知道这个观点对于戈登来说会很有分量，况且戴维同时也是他的焦点小组的组长。他告诉我们每次他将卡梅伦的财政紧缩计划的提案提交给焦点小组时，受测者们都会不约而同地转向工党来“躲避风险”。我认为他绝对也把这个结果告诉戈登了，并且我一点也不怀疑戴维的观点一定受到了关注，但我同时也很清楚焦点小组的调查结果有可能因为各种因素而出现偏差。在政治领域中解读公众意愿是一件极其困难的事情，焦点小组只不过体现了客观整体的一部分而已。我深信我们的竞选绝不能仅仅局限在对保守党的那种发自本能的攻击上，甚至也不能局限于只把戈登描绘成“经济领域里的一双安全的手”。虽说这两方面都很重要，但我们必须告诉选民们我们到底能给予他们什么。让他们知道为什么是我们，而不是卡梅伦才是英国的未来。

我们迟迟都提不出关于未来财政支出的明确政策，这一直是我的恐惧之一。我与托尼在新的预算案出台之前的那天夜里通过一次电话，这更让我对我们的这一失误感到沮丧。虽然我当时还不知道一些具体的细节，但是托尼告诉我在他最后一年任期里，唐宁街 10 号的政策团队曾经在争取到财政部很有限的参与之下进行了一项基本储蓄审查（fundamental saving review）。这不是效率节约方面的那种惯常的行动，而是一项旨在调查每一个政府部门，并决定哪些项目是必要且有价值的，而哪些是没价值的一项审查活动。可戈登并不认同这项计划最基本的前提，那就是支出增长的时代已经结束，政府部门的整个财政基础都需要被重新调整。我忍不住在想，如果托尼能有机会将这项审查完成，或者他能说服戈登成为一个全面的合作伙伴，那当经济危机来袭的时候或许整个形势都会变得简单多了。

阿拉斯泰尔的财政预算最后确实给了我们一次收回一些失地的机会。在我回到内阁的几个月里，他越来越信任我并把我当成一个盟友。在反复研究了预算的具体细节之后，他在对戈登所有的主要辩论中都坚持让我加入他这一边。由于失业率的增长、公共赤字都低于预期，戈登一开始还坚持一项远大于阿拉斯泰尔所能接受的范围的支出增长计划。埃德·鲍尔斯希望政府作出一项新的许诺，能够增加他的部门开支，使其可以向全国所有 5 岁儿童提供免费的校园餐。“我们还在经济衰退之中。”我尽可能谨慎地评论道。最终，还是人们的常识以及阿拉斯泰尔的观点赢得了那天的辩论。值得称道的是，戈登不仅完全签署了一项比他所期望的要小得多的财政预算，并且也相应降低了我们关于经济增长的预期，修改那些之前反复提到的有关削减财政赤字的坚定承诺。这份算得上是坚实的、可信的、负责的，最重要的是诚实的财政预算案最终在 3 月 24 日正式发布。

在这个障碍清除了以后，我们终于准备好把我们的竞选政策承诺确定下来，但我对当时现有的承诺还是感到不太满意，因为它们看起来缺乏原创性也不那么简洁有力，所以肯定很难制造出新闻效应或是让人印象深刻。我认为埃德·米利班德的竞选宣言草稿也有问题，它看上去更像是为了迎合那些《卫报》的评论家而不是菲利普所期望的选民群体。那上面有大量的政策理念，也到处都是小故事，但就是没加上一个对于未来能有说服力的愿景。我们虽受制于下届政府必须要面对的财政支出约束，但在

1997年的时候工党同样是在自我设置的财政约束下运作，并最终仍提出了一些适度却又非常引人注目的提案。所幸我跟埃德之间一直保持着良好的关系，这可以让我去跟他坦诚地谈论这一点，但是我对于竞选宣言的意见一直是非常简单明了的：它采用了一种很激进的措辞，但所表达的意思却又十分模糊，仿佛是要刻意去回避任何艰难的选择一样。我觉得这份宣言被写成了一份仅仅是为了不去违反工党的理念，而不是向民众传达一种新工党的愿景的东西。

随着选战的进行，我在一天晚上下班回家之前去见了戈登。他看上去还是一如既往地疲倦，但那几天我注意到他好像变得更加冷静并且更加专注了。当我跟他谈起这种变化时，他回答说："那是因为我现在非常期待这场选举。"他的话令我很高兴，但事实上我既觉得兴奋又感到担忧，因为我们准备得还不太充分。虽然我对我们的核心团队充满信心，但是鉴于我们在资金和人员上的限制，还有戈登和戴维·缪尔在看待竞选发展趋势方面与我们的分歧，我感觉我就像是一名对自己的部队根本没有实际控制权的指挥官一样。

在我们的财政预算发布后，保守党发表声明说他们将取消绝大部分增加国民保险费用的计划，虽然我们认为这项计划其实是有助于让国家恢复收支平衡的，但这并没有减轻我的忧虑。因为这表明了保守党现在非常重视绝大多数选民正在渐渐离他们而去这一情况。很显然，他们已经开始重新部署并作出反思，他们现在的决定是先将国民保险这个问题抛给我们，然后再去对财政赤字这一问题表示担忧。我就怕他们这么做，因为那是我们的"阿喀琉斯之踵"（致命弱点），更何况媒体基本不会去向保守党施加压力，迫使他们解释将如何弥补那些被放弃了的国家税收，以及他们是否还在构思或隐瞒了什么其他的备选方案等。相比之下在过去的几年里英国广播公司的政治专栏编辑尼克·鲁宾逊一直就财政赤字问题对我们不依不饶，而现在不仅是尼克，好像整个新闻界都让保守党搭了顺风车。虽然他们只是说了一下要取消掉绝大部分那些所谓的"工作税"，但是保守党就有能力削弱我们在经济增长与就业方面所传递的积极信号，并且他们还能在哪一方才会给经济复苏带来风险这个问题上把水搅浑。

这些都给了保守党投入竞选中的动力。在之前的选举中，我们还能通过推翻他们的数据对保守党在税收上的承诺进行回击，并借此来强化我们希望传达给公众的那种保守党的政策会对国民经济造成危害的信息。而这次，媒体好像都不买账了。他们也不相信我们的财政支出数据，所以自然也不会听信我们对于保守党政策的那些观点。在当时那个阶段他们觉得没有任何一个政党在如何减少财政赤字这一问题上是开诚布公的。作为一个执政党，能够猛烈地抨击对手的财政支出计划在任何选举中都是最重要的一个武器，被剥夺了这个武器无异于瘫痪了自己的攻势，而这些都是由于我们没能及早地解决支出计划这一棘手问题而导致的必然结果。

我最大的担忧还是戈登。在选举开始前的一周，当他跟我一起分析了当前的形势后，他承认虽然现在有些选民不想冒着威胁经济复苏的风险去投保守党的票，但他们同时也不希望让他再接着干五年了。他提议如果可能的话，我们在大选中可以指出他本人只会在选举后留任内阁一年左右的时间来确保经济复苏的进程，然后就会留给民众一个新的机会去作出改变。我告诉他这的确是个有趣的建议，但是仔细想一想的话，我没找到任何现实的方式向公众解释这个提议如何得以实现。

但戈登并没有丢掉这个想法。4 月 2 日我参加了他在唐宁街 10 号与道格拉斯、帕特里克、休、戴维・缪尔和贾斯汀・福赛思的一场选举讨论会。那天戈登提出了一项惊人的计划。他说在当前选举的大背景下有两个最大的问题：一个是经济危机，另一个是在我们的报销丑闻之后随之而来的政治危机。他说他决定在大选当天发布的声明中要涉及所有这些挑战。他要征求选民们给予一项既能确保来年的经济复苏，又能“重建我们的政治体制”的授权。这包括宣布一场将于 2011 年举办的超大规模的全民公决，还要包括一些有关宪法措施的提案，如改变我们的投票体制、上院的改革、政府对执政党的拨款、有关撤销下院议员资格的措施和整顿政府开支等。他说在公投举行的时候，选民们就能判断出他是否已经使经济好转，而这又会影响到他们最终投票的决定。如果他在公投中失利了，他就会退下首相的职位。实际上，他只是计划让选民们推迟对他的裁决罢了。

我们都感到非常震惊。这项计划十分大胆，在某种意义上也确实是典型的戈登风格。它拥有很肤浅的吸引力，但对于我来说，在一个为期四周的选举活动中要为这项计划作出解释的范围简直太广了。于是我们都开始不停地向戈登提问。他真的是打算只在首相这个位子上待 18 个月吗？如果他自己都没信心再继续另一个五年的戈登・布朗任期，那还怎么指望别人信任他？万一他在全民公投中又赢得了另一个五年的任期，他还会继续留任吗？由于这个计划内在的不确定性，怎样才能让它正确地被市场所理解呢？如果民众在公投中否决了他部分或全部的提案，戈登会主动辞职吗？如果他输了并且辞职了，那是否会直接导致另一场大选？

当然还有另外一个更主要的反对因素。我们必须要面对这项计划将如何被媒体理解与报道这个事实。我很怀疑媒体会将其看做一项大胆且革新的举措，它倒更有可能会被看成是为了抓住权力而做的最后一搏。在2007 年那次“前所未有的选举”惨败之后，这很可能被外界解读为戈登为了逃避选民对他的裁决而使出的另一个花招。当我们在那天晚些时候再次谈到这个问题时，戈登说他决定不在选举当天宣布这个计划，而是将其保留到第二天的一场关于政治改革的演讲中再提出来。不过我注意到他开始变得犹豫起来。最后，他终于还是在他发表的改革演说中删去了这条爆炸性消息，但是平心而论那场演讲自始至终都挺令人感动的。

4 月 6 日，星期二，大选的发令枪正式打响了，选举日被定为 5 月 6 日。我在工党总部里待的时间越来越长，而且在竞选期间我大部分时间也都待在这里。我每天和一群非常有才干的人一起工作，他们有些很年轻，有些则经验老到。在这里，他们把一项不可思议的工作进行到底，可我们终归还是太缺乏人手了。跟 1997 年的情况相比，现在他们每个人都干着差不多相当于当时 2～3 个人的工作，而且工作环境也非常糟糕，我们都挤在一间小得都快装不下我们的办公室里，在正常办公时间以外就没有空调送冷气了，所以到了晚上或者周末的时候屋里就变得非常闷热。

每天早上 7 点我都会主持一场例会安排好我们一天的计划，在其他时间里我还要时不时地参加一些细节性的规划讨论。选举过程从一开始就感觉非常压抑，我们好像一直都没有真正找到节奏。除了发布竞选宣言以外，我们一直没什么响亮的政策信息去引导媒体。像托尼于 1997 年那样绕着全国进行一连串的精心安排的露面在现在是完全不切实际的。我们没有先头部队、没有后备力量、没有经费，但大选的这种麻木气氛形成的最主要的原因还是因为电视辩论。当时所有人，包括政治家们和媒体，都一动不动地等着辩论的开始及后续选举阶段的进行。这种状态吸干了其他竞选活动的活力，但是像之前那样由各个政党每天举行一次例行的新闻发布会，然后媒体再轮番询问每个政策观点以及政党间一系列的诉求与反诉求并最终激起辩论这种老的竞选节奏却没有出现。新闻发布会正如预料的那样无法产生任何影响，但政党间的辩论却一定能吸引人们的注意力。

现在看来我们将电视辩论作为我们前期准备工作的核心是相当正确的，虽然这同时也意味着不得不占用其他方面急需的一些资源。由戴维·缪尔和道格拉斯领导的辩论小组在大选开始前花了大量的时间使戈登做好准备。迈克尔·希恩（Michael Sheehan）是位非常有才华的媒体培训教练，他曾协助比尔·克林顿参加竞选并在此前的美国大选总统辩论中为贝拉克·奥巴马的团队工作。从 2 月以来他就帮助戈登做着各种准备工作。在我们的模拟辩论会上阿拉斯泰尔扮演卡梅伦，然后由戈登的个人顾问并且是唐宁街 10 号首相质询会专家的西奥·伯特伦（Theo Bertram）来代替尼克·克莱格。这让我终于松了一口气，因为我敢肯定不管是卡梅伦还是尼克在真正的辩论中都不会比阿拉斯泰尔和西奥更出色。

在 4 月 15 日首轮辩论的那天，由于戈登需要做最后的准备工作，我带着一车来报道他竞选的记者去了布莱克浦。在路上的这段时间让我感觉非常好，能和媒体闲聊吹风，更重要的是还能见见选民。我爬上了布莱克浦塔，迫不及待地想重新拜访一下那间著名的舞厅。我曾在这与一位叫做汉娜·丽塔-麦肯齐（Hannah Rita-Mackenzie）的可爱的退休女士跳过一支巴西两步舞，后来我才知道她之前竟是一名灵疗师。“嗯，她当然对我非常有帮助。”我告诉那些记者。他们看到在这个严肃的会议记录过程中

在布莱克浦塔舞厅，与灵疗师汉娜·丽塔-麦肯齐女士跳舞。

终于加进了一些趣事，各自的表情也都放松了下来。在我们回去之前，我忍不住加了一句："我真希望戈登在今晚之后也能这么放松。"

那天晚上当戈登正式登上曼彻斯特格林纳达演播室的讲台时，我能看出他有些紧张。在那种场合谁又能不紧张呢？但是他那种一直令我非常钦佩的力量—— 他的目标与决心，也同时被带到了台上。我的任务主要是等到辩论结束之后在后台的新闻采访间里向媒体简略介绍一下情况。这仿佛一下让我又回到了20世纪80年代我充满热情地代表戈登接受那些政治新闻记者采访时的情景。在辩论进行的时候，我们位于伦敦工党总部的运转中心向我时时传来卡梅伦和克莱格所讲的反驳观点。很明显前半个小时整体情况都进展得不错，戈登不论是看起来还是听起来都相当自信。虽然我们没人能准确预测形势将如何发展下去，但我们事先都让戈登做好准备要紧紧盯住他的主要目标——卡梅伦，然后可以对克莱格表现得温和一点。可就像他在80年代那次表现的翻版一样，他可能太从字面上理解这个意思了，所以他说"我同意尼克的观点"这句话有些过于频繁。他终归还是表现得很沉稳严肃，最重要的是很实际并且让人印象深刻。卡梅伦则看起来更加紧张，很罕见地状态失常。从某种意义上说，克莱格肯定会成为本轮的赢家，因为这是他以及整个自民党第一次能在这么大的舞台上与这两个主要政党拥有相同的曝光率和宣传机会。他表现得非常完美，言语流利并且状态轻松，还和观众进行了很多互动。不过在辩论刚一结束我们都冲进新闻采访间的时候，我收到了一条我非常赞同的好消息：戈登赢在了内容上，克莱格赢在了风格上，而卡梅伦在双方的排挤下最后表现得非常肤浅。他是本轮的输家。

首轮辩论几乎改变了大选的基调，克莱格和自民党的支持率急速上升。我并不担心这个，我想我们应该乐于见到除了我们自己得票率上涨以外其他可以从保守党那里抢走支持率的方式。而保守党，尤其是卡梅伦，才是真正遭受到了打击。自民党的突飞猛进到了选举日那天就演完了，但我非常清楚这已经彻底打破了之前的那些将保守党形容成向着议会的绝大多数席位而自信迈进的鼓吹宣传，这正是我们现在最需要的。这场辩论同时也给予我们士气上的鼓舞，我们团队中的所有人包括戈登在内都坚信，只要卡梅伦乱了阵脚，我们就能再回到台面上来。但是除非之前一年多来所有的民意调查结果都是错误的，我不得不承认我们必须有个小奇迹才能最终获胜。不过现在看来，至少一个无任何党派占明显多数的议会的结果还是很有可能的。当初我对这种前景还很不屑一顾，那时我认为这个国家一定只会投票支持其中的某一个党派。戈登也一直感觉这种情况很可能发生，所以像我一样，总体说来他还是对自民党的上升感到鼓舞的。

4 月 22 日的第二场电视辩论肯定不会像第一次那样具有改变游戏规则的效果，所以这次我没有做新闻发布，甚至都没有去现场。这一轮的主题是对外政策，所以戴维·米利班德和哈里特·哈曼女士一起接管了新闻采访间的工作。尼克·克莱格那天晚上表现得依然不错，但是没有像首轮辩论时那么有影响力。卡梅伦当然表现得好点了，但他也没给出能够淘汰对手的一击。现在仅还剩下一轮辩论，所有媒体的注意力都毫无疑问地聚焦在了这一场上，这也是让我们在大选日最后冲刺之前改变自身形势的至关重要的最后一搏了。我们团队中的一些人对自民党的上升势头仍然感到很不安，所以不论是我们还是保守党都结束了对克莱格的那种“温和的关照”，再也不会有什么“我同意尼克的观点”这句话了。除了某些民意测验仍然把我们排在第三位以外，在其他绝大多数的民意调查结果中我们都位列第二，而且我相信当工党的支持者意识到现在形势的紧迫性以后支持率一定还会回到之前正常的排序的。

但就在 4 月 28 日的时候灾难发生了。那天我难得能离开总部几个钟头，正打算去在皇家艾伯特音乐厅举办的一场主管协会大会上致辞。我刚把我的演讲稿最后通读了一遍，在收拾文件准备离开的时候，我们的一个资深新闻官员走到我跟前。他十分平静地告诉我戈登被拍到在洛奇代尔散步的时候与一位女支持者攀谈，后来他们在一群记者跟前发生了很激烈的辩论，但最后还是很友善地分手了。可当戈登回到自己车里后他称那位女士是个“顽固不化的女人”，不过这时他忘了自己上衣领子上仍然别着一个实况话筒。这位肯定要被媒体推到风口浪尖的洛奇代尔养老金领取者恰巧是一位工党的终身支持者，名叫吉莉恩·达菲（Gillian Duffy）。

没过几分钟这条新闻就在我们周围所有的电视屏幕上播了出来。屋子里顿时变得十分安静。在电视上戈登正在被第二频道的杰里米·瓦因（Jeremy Vine）问着各种问题，而英国广播公司也开始在新闻频道直播采访的图像。我说我们必须赶快让戈登知道他当时说的话已经被录下来了，不过戈登身边的团队告知我说这条消息已经传递给他了。但是那些都不重要，因为当杰里米回放戈登说的那句“顽固不化的女人”的录音时，电视上的戈登用手抱起了头，这让好多观众看起来像是在暗示他已经陷入了深深的绝望之中，但对于熟悉戈登的人来说，这是他的一个习惯性姿势，他在全神贯注思考的时候经常像这样用手抱着头。尽管如此，这幅画面还是让现在已经很窘迫的情况变得更糟了。这样一个灾难性的转折根本没法掩饰。整个事件的各个方面都是负面消息：戈登当着吉莉恩·达菲的面说的那些客气话与在她背后的嘲笑之间的对比；戈登看起来仿佛无视达菲夫人向他提的问题，也就是那个直接导致他后来作出如此尴尬的评价的移民问题。不仅移民问题是当下很多选民首要关心的项目，它也直接体现了公平与不公平的意义。

我打电话给戴维·缪尔、休、阿拉斯泰尔和戈登，告诉他们什么事情不能做。戈登想要召开一场新闻发布会，而我对他说无论任何情况都不要这么做，因为那绝不会消除这种尴尬而只会越描越黑。我告诉戈登他必须道歉，当然为了表明这种歉意确实是诚心诚意的，他还应该亲自去一趟吉莉恩·达菲的家里。戈登听从了我的建议，不过当他走向在外面等候着的一大群记者的时候，我的心就沉了下来。因为他说的所有话立刻就被他那种经典的气质削弱了——每当他紧张的时候，他经常都会在一些不太合适的场合习惯性地咧嘴一笑。这一回他笑起来好像是在向人们暗示他之前对达菲夫人的评论已经把他害得非常窘迫了。

在我之后接受的一系列的采访中，我一直试图向公众解释我们都会偶尔发泄一下自己的情绪并说些言不由衷的话，戈登也不例外。但他之前所说的那些话绝对是错误的，他也必须对此真诚地道歉。这些已是所有我能做的了。在心里其实每个人都觉得我们能够赢得选举的最后一丝希望也彻底完了。那天晚上戈登情绪很差，他烦躁不安并一直生着自己的气。最后一轮电视辩论将在第二天晚上举行，我非常担心他还能否把它撑过去。他告诉我他又在考虑那个如果输掉关于政治改革的全民公投就辞职的想法。戴维·缪尔依然还是很热衷这个主意，但我一直认为这会给人一种绝望的感觉，虽然我并不想一而再再而三地提这一点。我只是建议他在与阿拉斯泰尔和西奥的前期模拟辩论上先测试一下这个观点。幸运的是，正如我所期待的那样，这个主意没能通过模拟测试。

在最终辩论中虽然戈登看起来非常疲倦，但依然表现得不错，而我认为这次算是克莱格表现最差的一场辩论了，这对我们来说是个鼓舞，因为自从吉莉恩·达菲事件之后我们现在终于能真正地和自民党争夺第二的位置了。从新闻采访间媒体的反应可以看出卡梅伦成了最后的赢家，而乔治·奥斯本（George Osborne）和其他保守党指定的新闻发言人的言谈举止也表现得好像他们已经非常自信能赢得下院的多数席位了。

这最后一天的竞选无疑在很多方面都能算是戈登最出色的一次。他展现出了非凡的适应性和潜力，因为他的内在力量占了上风。在所有辩论结束以后，或许是因为他感到最后的结果已不在自己的控制范围内了，所以他终于放松了下来。虽说他要表达的中心思想并没有改变，但是当他再次发表演说的时候已经可以渐渐地让自己的激情释放出来。在一路上都陪着他的那位最引人注目的明星无疑是他的太太萨拉。很多记者都说如果她在洛奇代尔就能陪着戈登，可能整个局面根本不会变成现在这个样子，对此我也深有同感，因为只要萨拉在他身边，戈登总能感觉很好。我一直都认为戈登这么晚结婚的原因之一就是他每作出任何一个决定都要确保它是绝对正确的，这桩婚姻便属于这种情况。当他俩相遇的时候萨拉正在经营一家公关公司，她对于戈登来说不仅是一个常识性政治建议的提供者，在其他方面也都是非常巨大的帮助。我也一直认为他俩之间确实有着浓厚的感情；对于萨拉来说，戈登的一些小毛病其实也正是她喜欢这个人的原因之一。

戈登在洛奇代尔的日子里，萨拉一直在苏格兰，那天晚上她搭火车去了曼彻斯特。戈登想去火车站接她，还问我怎么看。我说他不能这么做，镁光灯会一直跟着他，而这天他在大庭广众下露面的时间已经够多的了。他需要休息和一点安静，而萨拉只要去宾馆就好了。戈登对我的建议不以为然，事实也确实如此。他去火车站接她下车，引她穿过站台上拥挤的人群，人们对他俩表现出真挚的热情。在那个地狱般的日子就要结束的时候，萨拉的在场使他的心情有所好转，并且陪他参加了最终的辩论及余下来的竞选活动。

5月6日，投票正式开始了。那是一个很普通的大选日，夹杂着兴奋、各种关于努力打探我们选票的报道，当然还有漫长的等待。我反复地找工党在现场的督导艾丽西亚·肯尼迪（Alicia Kennedy）女士和我们的计票员格雷格·库克（Greg Cook），去问他们对最终得票数是怎么预测的。他们都肯定了最后的民意调查所反映出来的趋势：随着我们逐渐与自民党拉开距离并慢慢接近保守党，我们基本上会获得第二，并且一个无任何党派占明显多数的议会的可能性也非常大。吉莉恩·达菲决定把她工党的邮寄选票扔进垃圾筐，我想我也不能责怪她，不过戈登对她的那个评论好像最后对媒体造成的影响要远大于对选民的影响。戈登和萨拉在苏格兰投票，我跟戈登通了电话并告诉他我认为他在竞选中表现得非常出色。

投票后民意调查出来时我正在英国广播公司的演播室里，其结果预测保守党将以刚过300席位的成绩对其他政党保持一定的优势并成为下届议会中的最大党。我们可能会输掉100个席位左右，但还是可以稳居第二的位置，而自民党则比其在电视辩论后的高峰时期跌落了很多，预计只可能获得和2005年时差不多的席位，所以没有任何政党能成为绝对多数。我整晚都在关注着选票结果，和政治作战室里的所有人一样都保持着亢奋的状态。在一系列的采访中我一直都在强调只有我们，而不是自民党，才是英国政治中的另一支真正的进步力量，而大选的结果也表明了并没有任何政党被给予了强有力的支持或明确的授权来进行执政。事实上，我觉得卡梅伦很有可能只组建一个拥有有限管理权的少数派政府，并且我们得尽快行动起来，因为说不定不久之后就会又有一场大选。令人吃惊的是工党总部里到处洋溢着乐观的情绪。这个结果虽然不好，但至少没有之前想象得那么可怕。很明显，保守党不会像我们一直以来都预测和假设的那样获得议会的多数席位。

戈登在傍晚的时候才到工党总部，他很有风度并充满感激地向全体工作人员致辞，然后我就跟着他还有安德鲁·阿多尼斯一起走进我每天早上召开工作会议的那间屋子里。我们刚一坐下他就从我的黄色笔记本上撕下一片纸，然后开始写一行行的数字。当他抬起头来看我们的时候，他说现在有两种可能的情况。如果保守党真的获得了绝对多数席位，或者作为一个十分接近多数的少数派政府执政的话，我们就算出局了。随后他声音中又带着一丝期待地说道："如果不是这样，那我们就可能组成一个工党和自由党的联合多数政府。"安德鲁作为一位前自民党党员，抽出他上周最重要的时间去联络他之前党内的那些朋友。无疑在第二天与自民党人士的商谈中他会成为重要的推动力量。他和戈登现在好像各自在比着计算我们怎样才能实现戈登所谓的那个"与自由党之间的共识"一样：要么是一个松散的协议，我们同意支持某种形式的选举改革，而他们则同意支持我们在一些核心政策上的表决；要么就是一种成熟的同盟。“如果你是认真的话，”我调侃道，“或许你该别再叫其‘自由党’了，先把其的名字叫对再说。”

即使我不怀疑这个方法能否奏效，至少我对此也是抱着非常谨慎的态度的。无论怎么摆弄数字，我们也肯定是输了。我们将要得到的结果很可能是一个低于30%的总票数，这比2005年的36%和1997年的43%都要低，而且就算把我们的总席位和自民党的加在一起说不定也达不到多数席位。虽然尼克·克莱格在此后的竞选过程中所发表的意见更加审慎且务实，但他在电视辩论之后支持率达到最高峰的时候也曾清楚地表明他不认为自己能与戈登达成任何形式上的协议，因为他觉得戈登不论是在下院还是在唐宁街与他私下交流时都显出一副降尊纡贵的姿态。

最终的计票结果仍然没有出来。随着最新的选区统计数据的发布，每一分钟都能听到欢呼与叹息声。戈登好像非常坚定地相信只要选举结果能留有任何理论上的可能来联合自由民主党一起组建政府的话，他就能让这桩交易成为现实。我们现在是位列第二，“但这还不是最终的定论。”他一直这么说。事实上，最终得票统计是保守党获得306席成为议会最大党，但离绝对多数席位还差20席。我们获得258席，比我们2005年的总数少了91个席位。自民党尽管一开始在民意调查中高歌猛进，但最后也只获得了57席，比他们在2005年时还少了5席。

星期五早上刚过7点半我就离开家去接受一些后续的采访。我的目的是给我们多留一些选择的余地，能有些时间去消化一下选举的结果，并且如果机会出现的话就可以马上采取行动。我一直想说服自己相信虽然我们赢得的席位比保守党少了很多，但我们其实还是有机会去组阁的。至于这个国家是否会认可一个落败的政党还紧紧抓住权力不放，我依然没什么信心。

当我回到党总部的时候，安德鲁已经和尼克·克莱格的办公室主任丹尼·亚历山大谈过了。据我所知，丹尼之前是欧洲与英国的跨党派小组的执行主任，这个小组其实还是我当时为了给加入欧洲单一货币体系造势而协助设立的。丹尼还不到30岁，他很热心、友善、高效，而且毫不掩饰其热衷于欧洲事务，但最令我印象深刻的是他十分难得地没有任何派别观念，而且非常善于与他自己党派之外的人打交道。在当时的形势下这会是一项非常有用的才能，因为他一定是自民党首席谈判代表的最佳人选。在自民党采取下一步行动之前他们肯定也会仔细反省这个令他们自己也非常失望的选举结果。丹尼并没有在他与安德鲁的谈话中肯定或否定什么，但他也并不像戈登一样有那种急切地去达成某种协议的意愿。

托尼后来给我打了电话，他对结果也很失望，而且听得出来他十分为戈登惋惜。他坚决反对去跟自民党达成任何形式上的协议，他说那将是一个非常严重的错误，这正跟我所担心的选民们会有的反应不谋而合。托尼跟其他人一样都认为保守党最终会上台，要么独自组阁，要么与其他政党达成某种松散的协定，但可能不久之后就会有另外一场新的大选。“如果我们还留在台上不走那肯定会引起公众强烈的抗议。”他说，“以后肯定还会有一场大选，如果我们现在不作出正确的判断，那么到时候我们就彻底没戏了。”

戈登已经回首唐宁街了，无论什么情况，在新政府组建之前他都要履行宪法所规定的义务继续留任。他和安德鲁都开始忙着打电话，试图联系自民党内部的一些主要成员来支持双方达成某些协议的方案。戈登觉得我们是在比着看谁能首先坐到谈判桌旁，而当新闻上播出保守党已经在与克莱格的自民党进行磋商时明显能看出来这让他很泄气。“这没什么，”我向他保证道，“我们应该发表一份声明来对此表示欢迎，还应该跟外界宣称自民党首先与获得席位最多的政党进行谈话是完全正常的。”我说这份声明的要点就是要阐述现在英国需要一个能够真正反映选民意愿的政府，并向他指出这也同时能使我们要与自民党之间举行的谈话更加合法化。除此之外，一条来自丹尼·亚历山大并通过安德鲁转达的消息也让他备受鼓舞。丹尼说：“不要把这当成我们只愿意与保守党进行谈话，它仅仅代表着我们把他们作为第一次商议的对象是合理的。”然而我还是告诉戈登我们应当谨慎地处理自身的角色。“如果我们看起来像是在输掉选举之后继续想方设法留在台上，或者明明我们是输了却表现得像自己赢了一样，这很可能会引起公众强烈的反感。”

我还知道或许用不了多久我们就不得不先处理一个对于所有人，尤其是对于戈登来说非常棘手的问题，那就是即使与自民党之间达成某种交易的可能性是存在的，但那或许是以戈登的离任为代价。我想验证一下这个假设，所以我给丹尼发了条短信："在我们之间（政治保护方面）问问尼克，戈登对于自民党来说是个多大的障碍。"我跟戈登也谈了这个情况。我告诉他一定要做好心理准备去应付克莱格对他个人的那种十分明显的警惕，而且他要知道不论任何形式的以他为首的联盟都可能很难被推销出去。我同时还提出了一些更广泛的问题。我们还有一个周末的时间，不过如果到了下周一以后仍然没有任何决议的话，我觉得不论是他的还是我们的政治智慧可能都要耗尽了。他对此没有否认，不过我能看出来戈登正处于他最全神贯注的状态，除了手头的问题以及他自己对于应该采取何种措施所作出的判断以外，任何事都变得不重要了。

我那天下午跟丹尼进行了沟通，然后得知了一个更明确的有关自民党首先要从保守党开始进行"双轨"谈判计划的消息。他同时也谈到"人事问题"，即指戈登，可能成为对话的一部分，但政策问题才是最主要的。我还是很担心这个设想如何才能实现，而且在个人层面上也十分担心戈登。如果他的继续留任确实成了一个破坏交易的因素，他还是最好先对此有个心理准备。我接着给戴维·欧文打了电话，他在我刚回到政府的时候就曾告诫我必须要不计任何代价地对戈登保持忠诚并时刻给予他必要的支持。他是一位良师益友，一位拥有丰富经验的政治家，并且我也非常重视他的意见。他也很直率，他认为我们向自民党展示出一种希望促成协议的诚恳态度是正确的，但现实中这种只存在于理论上的可能性以及当前整个国家的态度都意味着这个设想不太可能实现。至于戈登继续掌权这一点，他认为这是完全不可能的。如果自民党转而去支持戈登的话，那他们就彻底完蛋了。他还说我可能也会跟着遭殃："你已经为戈登做了所有你能做的，之前是应该毫无保留地支持他，但现在你应该做的就是站到一旁去让他自己走。"

我不否认他的话确实对我有很大的影响，但我确实不能就这么简单地离开戈登。如果能有任何希望去达成一项协议，这都是我欠他的，也是我欠整个工党的。至少我要先确定这个协议是否可能，它会是什么内容，这些内容又是否可行。我想戈登一定也觉察出了我认为我们与自民党之间达成协议其实希望渺茫。当戴维·卡梅伦非常坦诚地公开宣布了一份有意与克莱格寻求政策妥协并组建执政联盟的宣言时，我几乎是我们团队中唯一对此留下深刻印象的。戈登和他的工作小组告诉我，他们觉得鉴于保守党已经赢得了最多的席位，他们这么做其实是错误地暴露了自身的软弱。对我而言这却有着新的政治意味，我想公众们会欢迎保守党这种愿意缓和其政策宣言并与自民党携手执政的设想。之前我一直觉得卡梅伦没有足够的勇气去改变他的政党，在我看来这是让他没能获得绝对多数席位的最主要原因，但这次他的行动却十分大胆，如果他真的能和自民党达成协议，这个政治联盟将会给他带来一种能够令人们改变对其政党看法的全新形象。

我们在星期五下午开始跟自民党进行私下的接触，应丹尼的要求，戈登在他家里给尼克打了电话。我用另一部电话听着他们的谈话，因为在谈判真正开始之前的这些非正式的来来回回我都要参与了。“尼克，”戈登首先说道，“现在唯一的问题就是下院的多数席位。”换句话说，无论我们两党的选举结果多令人失望，只要我们双方能凑齐这个多数席位，我们就可以组成一个不管看上去还是实际上都很合法的政府。“我们需要在公共支出和经济复苏这两方面达成一致，只要这点我们做到了，其他所有问题就都会水到渠成。”他说自民党长久以来一直追求的改变英国投票体系和选举制度的改革同样也会成为协议的一部分。他还随意地提了一下关于他自己将来角色的问题：“我们见面的时候可以谈一下人事安排。”他们同意第二天接着谈。我有点担心戈登可能吐露得太多了，他一直在告诉尼克他是怎么想的，也没问一下尼克那边是怎么想的。我跟他说了这一点，但他根本没时间注意，而是兴奋地把所有精力都集中在安排要去跟自民党进行细节磋商的谈判团队上。他说这个团队将由我负责，然后安德鲁·阿多尼斯、阿拉斯泰尔·达林和埃德·米利班德将成为我的搭档。

当我星期六早上醒来的时候，我的手机收到了一堆戈登和安德鲁发给我让我联系丹尼·亚历山大的短信。我们在8点半之前通了电话。他非常友善，而且绝对坦率。他说自民党现在非常担心被外界看成故意让我们与保守党之间互相竞争，把这场政治合作搞得和竞标会一样。没人会在这样的结果中获益，但在他看来，事实是虽然自民党在政治理念上更像是工党天然的联盟，但这次保守党却对这个协议的框架持非常开放的态度。虽然我同意我们双方团队将在当天晚些时候先进行一场非正式的前期会谈，但是我能感觉出来丹尼其实并不相信最终能与我们达成任何切实可行的协议。

星期六下午，我们在下院对面的保得利大厦举行了第一次非正式会谈。在开场白中我说为了任何能够有希望获得政治合法性的协议，我们必须组建一个真正的新政府，而绝不能是那种仅仅附带了自民党但大体上还是毫无改变的工党政府。它必须是，也必须被看做一个真正的起点。在政策方面，我们都应该认识到妥协的必要性，即没有任何一方能得到所有它想要的。我们的出发点也必须是要明确地意识到什么才是对这个国家最有利的，以及什么才是选民们对一个新政府所最期待的。

当我们开始涉及细节的时候，丹尼说他们有一些最优先考虑的事项：为最低收入者减税、解决财政赤字问题、为贫困学生的教育补贴、停止支持大型银行和选举体制改革。他们说的任何一项都不太可能达成政策妥协。其实我认为那些细节并不是真正的问题。这个协议的可行性最终一定是取决于自民党是否会被看起来像是在给一个落选的工党撑腰，以及他们怎么才能跟自己的选民解释清楚。

在星期日晚上，戈登、尼克、丹尼还有我在戈登那间位于下院议长席位后面的办公室见了面。为了避免被人发现，戈登和我特意走了从唐宁街10号到国防部的那条地下通道，然后直接进了一辆等候在外面的车。尼克要比想象中直接得多，他一点也不掩饰自民党的团队仍在和保守党谈判这一事实。当我们谈论主要政策的相关问题时，很明显工党与自民党之间还是有达成一致的空间的，但随后会谈就进入了"人事安排"这方面。尼克首先将这个问题提了出来。"请大家一定明白无论任何时候我都没对任何人有过什么私人恩怨。"他告诉戈登，"但是如果您不能以一个得体的方式离开首相这个位置的话，恐怕不论是为了确保联盟的合法性还是赢得之后的全民公决都不会有太大可能性。您也说过您不打算成为双方合作的障碍。不可否认您曾经是重塑政治体制的一个非常了不起的推动者，但如果现在您不能及时离任的话，恐怕我们很难让公众们相信我们革新的举措。"

戈登并没有反对，但他提出他在离任之前首先要确保双方预期的那个关于选举制度改革的全民公决准备工作都进展顺利，而且为促进经济复苏的各项工作也都安排妥当。尼克问是否他设想过只留任到秋天全民公决举行的时候，戈登回答说为了确保能在工党内部争取到对选举改革的足够支持，他那时候还必须是在位的。他们之后又交涉了几个回合，尼克一直在解释自民党可能会被外界看成在当前选举结果已经明朗的情况下仍支持戈登继续留任首相职位而承受巨大的"政治风险"，戈登回答说他会在之后宣布离任，但是他觉得在当前这些“手头上的工作”还没有得到妥善处理之前他还不能就这么离开。我发现他们之间的交流令人印象十分深刻，双方既立场坚定但又都有各自的敏感之处。我一直试图用其他话题引开尼克让他别在这次会谈中提出太多强烈的要求，我指出在实现这么一个规模宏大的前期政治联盟计划的时候，搞一场关于工党领导权的投票这是双方谁都不想看到的结果。丹尼说如果戈登坚持在全民公决之后继续留任的话，那真的是任何协议都达成不了。后来尼克和戈登作了最后的“无结论性的”总结：尼克表示如果我们想向外界展示我们已经了解了公众对于变革的“最根本的期望”，戈登的早日离任是至关重要的；而戈登只承认双方应该在将来就此问题再进行更深入的讨论。

事实上在戈登控制之外的压力正在让达成协议的前景变得越来越不明朗。在征求了内阁成员的意见之后，休·奈估计大约只有以哈里特和埃德·米利班德为首的 6 人支持这个政党同盟。差不多同样多的成员，包括戴维·米利班德和阿拉斯泰尔则表示反对。其他人包括埃德·鲍尔斯在内要么对此持怀疑态度要么还犹豫不决。埃德·鲍尔斯后来告诉我在议会工党里差不多也有相似的分歧。一部分人支持这个同盟，另一部分人则认为去跟别人达成这么一项协议会让我们看起来跟蠢货一样，而其他人觉得这个同盟可能是可行的，但也必须以戈登继续留任首相为前提。这个观点现在得到埃德本人的支持，他认为只要这个政党同盟是有良好组织的，并在将来能让戈登自己去宣布“过渡期”的时间表就可以。

托尼也持相似的观点。既然双方的谈判已经开始了，他认为从大体上看组建一个新型的中左翼政治联盟这个想法是非常不错的，但是戈登确实不能继续留任。“之前我曾跟他说过，现在的情况跟我们在 1997 年和自民党谈政治同盟时的最大区别就是那时候我们赢了大选，而现在我们输了。”托尼对戈登和我都说了当前的政治环境决定了公众根本不会接受戈登继续担任首相，民众们会把这看成是一种对宪法的践踏。他还认为现在这个问题直接关系着将来选民们会怎样看待工党，但即使是在这个时候他也没丢掉他那种顽皮的幽默。当我给他发短信说我现在有空想和他聊聊，因为“戈登现在去教堂了”。他回复我的短信说：“他会在那里碰上一场更艰难的谈判。”

丹尼在星期一一大早就给我打了电话。“人事安排”现在很明显已经成了要达成任何形式协议的最关键部分。丹尼说尼克现在觉得关于戈登离任这个条件双方并没能达成一致。戈登无论如何也要最迟在10月中旬以前卸任。帕迪·阿什当紧接着也打来了电话，我猜他肯定是要简短地再强调一下这条信息。他说在当前这种谈判中个人性格是很重要的，现在尼克觉得他与卡梅伦之间的沟通更加顺畅，而他认为戈登有点“说教、强横、不够友好”。因为当时我也在场，所以我自己的观点是虽然戈登的立场比较坚定，但总体上他都在很认真地聆听对方的意见。我告诉帕迪这对于戈登来说是很艰难的，这对于任何人来说都不容易，所以我希望自民党能够理解这一点。帕迪向我保证他们绝对没有任何要“羞辱戈登或对工党发号施令的意思”。他承认，戈登应该很有尊严地离开，甚至应该得到赞扬，但如果他还继续留任的话，那么不论是自民党还是整个国家都不可能接受任何形式的协议。

当我向戈登详细地转达了这个意思以后，他说他会私下里同意10月离任，但现在唯一的问题就是我们怎么去公开宣布这个决定。他打算对外宣称他不会继续把持着权力不放，而是在适当的时候离开。那天下午他就在唐宁街10号的门前作了一个正式的声明。他说虽然他了解自民党将继续与保守党进行对话，但是他和尼克都允诺自民党与工党之间正式谈判的大门随时都敞开着。他还表示如果协议能够达成的话，他会组建一个新的工党与自民党联合政府，但他同时也意识到大选的结果其实在某种程度上也是对他个人的一种裁决，所以他会要求工党启动党内的竞选程序并在秋天之前选举出一位新的领袖。戈登在宣布他将要离去时不仅非常有尊严，而且我感觉还很优雅，并且很有政治家风范。我和休——她和我一样一同经历了新工党的起起落落——一起站在唐宁街，突然我和托尼还有戈登经历的岁月一下子都涌上了心头，一时情不自禁。当戈登结束了演说走进来向我一直以来对他的支持表示感谢时，我根本无法开口回答他，因为我知道泪水一定会跟着流出来。在这时候掉眼泪只会让当前这个艰难的时刻更加尴尬，而且这种感情的宣泄最好还是留到我俩独自面对的时候才更合适。

即使是在他离去的时候，戈登依然左右着整个的政治气候。他的声明改变了尼克与两个主要政党进行谈判的大背景。虽说可能性依然不是很大，但对我来说工党与自民党之间的同盟至少第一次变得有点希望了。当尼克下午给我打电话的时候，他告诉我他们的议员已经明确表示自民党不会对保守党的那种打了折扣的协议感兴趣，他们想要的是一个全面的政治同盟，而现在的问题仅仅是到底与戴维·卡梅伦缔约还是和我们工党合作。那天晚上，我和我们的团队在准备与自民党进行进一步的谈判时，至少从表面上看来我们双方在政策细节方面并没有什么无法逾越的障碍。

但是从星期二上午以后整个气氛就变得不一样了。有些报纸报道自民党认为我们的谈判团队十分消极而且甚至有些心不在焉。我绝不同意这种观点，但当我们双方的代表在上午10点见面以后，双方在一系列问题上的分歧似乎变得更大了。最让我吃惊的还是自民党展现出来的那种从没有过的敏感甚至尖刻的态度。在谈判进行到一半的时候，我给丹尼发短信说如果这种气氛持续下去我们双方都不会达成任何进展。事实上也的确如此，我觉得整个大势已逐渐离我们而去了。卡梅伦的团队出人意料地对自民党的一系列政策重点都非常慷慨大方。我的感觉是尽管戈登在之前作了那次英雄主义般的演讲，但自民党现在已经不再认真考虑要和我们达成任何共识了。

戈登虽然一直期待着双方之间达成协议，但我想到了现在这个阶段，即使是他也可能开始担心这场游戏已经结束，他需要抓紧考虑一下如果体面地离去了。当天下午晚些时候女王的私人秘书克里斯托弗·盖特（Christopher Geidt）来到唐宁街10号与我们讨论当前的事态将如何发展。本来我要在下午5点半的时候去白金汉宫参加一场枢密院的会议，所以我问克里斯托弗那场会议是否还会如期召开，他向我肯定了会议会照常举办。当我跟他谈到现在这段等待的时间对于戈登来说已经变得越来越难以忍受时，他说他完全理解，但是所有事情肯定会在戈登离职之前变得更加明朗的。

当我从枢密院回来的时候，我们还在做着最后的努力。戈登后来又跟尼克通了几次电话，而且事实上戈登在唐宁街的这段时间里协助过他的所有团队几乎都集中在了他的办公室里。但是很明显，现在我们只能在这儿等待着克莱格已和卡梅伦达成协议这个无法避免的结果。最终尼克打来电话说他非常不情愿地作出了决定，工党现在已无法和他们达成政治同盟的共识了。即使是到了这个时候戈登还依然不愿承认整个游戏已经结束。戈登告诉尼克如果他当年选择与保守党合作，那么托尼和帕迪·阿什当在

1997年大选之后所期望的那种渐进的改组计划可能早就没戏了。尼克说现在问题的关键不是他们与工党之间的政治同盟这个设想是否可行，而是选民们到底会不会买账。“现实是，”他终于直截了当地向戈登说了出来，“所有人都觉得你们工党在这个位子上待了13年已经彻底没劲了。”

在这之后还有最后一次挣扎。尼克和戈登在45分钟之后又通了电话。尼克说他现在仍然在考虑他能让保守党在欧洲问题方面作出多大让步，这也暗示着我们两党之间的协议仍然是有戏的，但这次戈登倒变得坚定起来了。他告诉尼克他已经决定这个谈判进程不该再进行下去了，我认为他这样做是非常明智并值得赞扬的。我相信他这么做的部分原因是因为自尊受到了伤害，他知道我们被自民党当成了他们与保守党进行谈判的筹码。但更主要的原因是他觉得这种场面如果还继续下去就会损害国家的利益，会有损整个政界及政治家们的形象，也会对他个人的前程不利。我在他与尼克展开最后一系列对话之前就曾劝他赶快叫停这个谈判的进程，不仅因为自民党很明显最终会和卡梅伦达成共识，还因为我多年混在老沃尔沃思路媒体圈子里的那种直觉。我害怕如果大结局被拖得太久了，戈登可能会落得一个暗淡地离开唐宁街的下场。那绝对不是我所期望他在做离职演说时的形象，而且更不是他在政界和公共服务领域奉献了毕生精力之后应得的结局。

戈登告诉尼克，现在任何进一步的谈判都已经为时太晚了。一切都结束了，他马上就卸任。“你不能这样。”尼克回答说他现在还不能保证与保守党的联盟肯定能实现。戈登的辞职或许会导致一个只有少数席位的卡梅伦政府。戈登的回答相当平静，“公众现在已经失去耐心了，我也一样。”他说，“我这些年已经尽我所能地为这个国家服务了，我了解人民的情绪，他们绝不能容忍我再拖一个晚上。我现在没有别的选择。你是个好人，你现在也必须赶快作个决定。我已经作出我的决定了，而且这是最终的。我现在就去见女王陛下，再见了。”

他与唐宁街10号他的团队做了最后的道别。我陪着他到了前门，随后他走出去做了他在位期间最后一次非常有政治家风范的演说。然后，在萨拉和孩子们的陪伴下他们起身去了皇宫，去辞去那个曾经令他期待了许久、在开始时激动万分但到最后却倍感艰辛的首相职位。我不禁在想，或许没有任何事能比他在离任时的举止更能令他倍感尊严，更能概括他人格中所有最宝贵、最坚强的品质的了。

在英国政治体系中另一个十分无情但却又很有同情心的特点就是当你离开了，你就永远离开了。我回到内阁办公室去收拾我自己的东西，然后和我的团队作了深情的道别。我在和他们一一拥抱之后就独自离开了。我去了工党总部，戈登在那里向所有的工作人员致谢。他挑出了一些人进行单独感谢，还把我形容成“工党稳稳矗立了这么多年一直依赖的一块坚硬的基石”。那真是一个令人激动的时刻，不仅是因为我们告别了戈登时代的唐宁街 10 号，还因为我们告别了新工党在这 13 年中执政的历程。在之后我又接受了一些电视采访。我说，在我们执政的这些年中有很多值得骄傲的地方，在我们的任期内这个国家变得更加美好、更加友善和更加强大。

我们在唐宁街的最后一天。从左至右依次是：
道格拉斯、阿拉斯泰尔、戈登、我和埃德。

第二天，新联盟中属于自由民主党的商务大臣文斯·凯布尔（Vince Cable）就搬进了我之前的那间办公室，而现在作为副首相的尼克也用上了那间我曾在里面花了好几个月来筹划选举但最终却为工党在位执政最长的一个时期画上了句号的内阁办公室。对于我而言，一个卡梅伦—克莱格政府的到来也标志着一项长达数十年的政治改革和现代化进程的结束，或至少也为其加上了一个标点符号。我对于我们的执政期在这时结束既不感到悲伤也没觉得如释重负。如果仅仅是因为我们经历了记忆中最严重的一次经济危机，我可以理解为什么这么多选民认为我们这届政府已经到了应该自然终结的时候，或者开始把我们看做只善于维持现状而不是去改变现状的一任内阁，但民众对于戈登的裁决确实太过残酷了，他使英国安然渡过了经济危机，但却没有为其付出的巨大努力而得到应有的嘉奖。

在个人层面上我当然也有遗憾。我本想作为内阁大臣为我的国家服务更长的时间，而我第三次回到政府里也确实帮我克服了一些长久以来的深深的失望，这比我在布鲁塞尔那段快活时光所认识到的程度要深得多。在改善一个为了工业刺激与增长战略而新成立的部门时我一直都觉得精力充沛，因为我相信这对于国民经济再平衡来说非常重要，而且直到选民们叫停了新工党的任期时，这项计划还都是按着我们的步调平稳进展着的。这确实属于政府制度的问题。当你刚制定好了详细的政策，指挥着每个人朝着正确的方向开始行动时，突然就轮到别人的任期了。尽管如此，为公众服务对于我来说一直是最高的目标。将这项工作上升到帮助英国渡过一场史无前例的经济和金融危机亦成了我整个政治生涯中最具挑战也是最能实现个人抱负的时期。这段时期同时也给了我一个修复与戈登之间裂痕的机会，还让我可以跟这个我已经奉献了一辈子的工党重新建立起一段崭新的关系。所有的一切都是我会一直珍视的财富。

离别时唯一的遗憾是，虽然有着种种巨大的阻碍，但我所作出的努力还不足够为我们带来第四次的选举胜利。除此之外，我至少是带着我们一起赢得的一种巨大的自豪感离开这个舞台的。在我们的这份政治清单上积极的部分看起来要远多于消极的部分。除了一些政策没能得到充分实施，一些机会被错失了，甚至是在新工党内部偶尔出现的那种令人担忧的三角关系，我毫不怀疑我们在任期间所取得的成就要远远多于失望。我们带来了长达十年的稳定增长，随之而来的则是就业率及商业领域的成功。我们重建了国家的医疗服务、学校教育和其他公共服务。整个英国减少了内部的分歧，变得更加和谐，而国家本身以及整个社会的多样化发展比我们最初当选的时候也更加进步了。我们拥有了更具竞争力的大学、资源丰富的科研基地以及对中部和北部地区更多的投资，等等。如果我需要找到一个这个国家变得强大的佐证，那就是在大选之前我去了一趟哈特尔普尔，去接受一枚由该自治市颁发的自由人勋章，那座城市就是在工党政府的带领下经历了翻天覆地的变化。

能在 20 多年的时间里一直处在工党乃至整个英国政治变革的中心的确是一种莫大的荣幸。作为陪伴在戈登和托尼身边的第三人有时会遭遇一些挫折，但是那种最终令我们的友谊得以存续的方式，以及在我为了自己最后一段在政府里的岁月而作出了不大可能的回归的决定之后，这些都已经帮我能以正确的态度去对待那些艰难的时刻了。它还让我明白了，不论个性在政治中多么重要，最终那些政策、充满活力的愿景、领导力和所作出的重要决定才是最关键的因素。我们从来没有回避过任何一项。

我知道我们三个人都有一个共同的遗憾：如果我们能在 1994 年之后携手共同努力，就像我们当初实现了新工党理念的那个最初的改革运动时一样，我们本可以取得更多的成就。但是许多年前，当我第一次辞职之后，我那时对朋友的评论确实有些过于戒备，不过我作为一个政治家或作为一个人的所有力量都是我自己那些“亮点”与那些不怎么光彩的片断所组成的不可分割的结果。随着时间的推移，我已经让自己那些不光彩的片断慢慢变少了，但我始终相信它们都是确实存在的。我同时也相信在托尼和戈登身上也都同时存在这组对立的片断，但我们三个人，在最强大的时候，都有一种能力把对方身上最好的部分发掘出来。在我们相互的激励下，我们成功地把工党转变成了一个有天赋且坚韧的执政党。虽然在这一路上我可能把许多事都做得不够完美，但至少有一件事是我从来没后悔过的，那就是对于我政治生涯中的所有这些起起落落，我作为新工党“第三人”的这一生是值得的。

第12章 来自中国的挑战

在动身前往布鲁塞尔就任欧盟委员会贸易专员一职前，我曾就影响国际经济政策的一些事宜，向一些最杰出、最具洞察力的经济学家和英国外交官询问他们的看法。他们一致认为，世界的经济格局正在被中国改变，但是其方式和结果至今仍无法被我们正确理解。对此，世界上绝大多数的全球治理机构还完全没有做好准备，绝大多数的国内政治家们并不了解这一变化背后所隐含的意义。作为哈特尔普尔市议会的一员，我曾对英国工业所面临的竞争压力再熟悉不过。尽管我曾在早年间数次访问中国，但是我依然无法完全理解这一系列发生在地球的另一端并且给英国工业带来巨大压力的变化。在我担任欧盟委员会贸易专员期间，这些压力主导了布鲁塞尔所作出的种种政治决策，因为这渐渐成为全球化自身的象征，也成为许多身处欧洲的人必须直面的不安。

在我抵达布鲁塞尔之后，一位外交界的朋友送给了我一段话。这段话摘录自《中国问题》（*The Problem of China*）这本书，该书是英国哲学家伯特兰·拉塞尔（Bertrand Russell）在其1920年的中国巡回演讲之旅结束后撰写的。这段话是这样说的：

> 中国的种种问题，即便没有影响到中国以外的任何一个人，也是极具重要性的，毕竟中国人占据了全人类1/4的比重。然而，事实上，几乎全世界都将受到发生在中国的各种事件的深刻影响。这对于欧洲的重要性，与亚洲所感受到的几乎完全一样。我们对于中国所带来的各种疑问应当深思熟虑，尽管时至今日，我们仍然难以给出确切

的答案。

令我们两个人都非常惊讶的是，这段80多年前的话，听起来就像是上个星期才刚刚写出来的。在20世纪中叶的那段曲折经历之后，中国回归了其自身曾经扮演过的历史角色，再次成为世界经济的重要支柱之一。我们在20世纪20年代得以避而不答的那些问题又一次摆在了我们的面前。1978年，中国的改革开放政策在事实上结束了中国的自我封闭局面。这一改变的主要动机是，假如中国能发展必要的市场经济以生产出足够的产品盈余用于出口，那么中国便可以利用这笔收入来实现自身的现代化。这个原本十分简单的经济学理念，在与数以十亿计的中国人的智慧相结合并运用于他们自身之后，带动了全世界有史以来速度最快的经济腾飞。当我于2004年抵达布鲁塞尔就职的时候，中国的经济已经连续20年保持着每年9%的增长速度，而中国在全球国内生产总值中的比重提高了整整10倍。中国的风貌以及它的众多城市正在发生极速的变化，其速度之快，如上海这样的大都会，若非亲眼所见实在令人难以置信。像绝大多数的欧洲人一样，我完全无法想象，在这样一个日新月异的社会里的生活究竟是怎样的，更何况人们经历的是这样一些根本性的变迁。欧洲自身所经历过的工业革命对于今日的人们来说不仅相距甚远，而且其发展历程相较于绝大多数中国人曾经和正在经历的变迁而言，是相当缓慢的。

当时，布鲁塞尔对于这种巨大变迁的关注，似乎有些散漫。就历史而言，欧盟与非洲、拉丁美洲以及加勒比海地区素有往来，与美国的贸易关系则尤为密切，但在亚洲和中国问题上，欧盟曾有着根深蒂固的盲点。在考虑中国问题时，欧盟曾经总是倾向于将注意力集中到社会和政治的变化上，总是询问中国能否更快地实现多元化政治生态以及参照西方模式推行公民权利。即使在我们思考中国的经济问题时，我们所关注的主要还是市场经济将会如何促进中国的政治变迁和深化民主改革。当时，欧洲的政治家们相对较少地去思考中国的经济模式是如何重构全球经济的，尽管工商业界，尤其是制造业人士已经对此有了深刻的了解，而且他们当中的许多人已经着手建立与中国的投资及贸易往来，完全无视政治家们的种种成见。

很明显，欧盟深度介入了中国申请加入WTO的进程，但是这漫长而充满技巧的15年入世谈判也意味着欧盟贸易委员会至少有两代领导人亲历其中。欧盟贸易谈判代表们也切实地履行了自身的职责——和中国进行一番艰难的谈判，并确保中国在加入 WTO 时会将其关税降至新兴经济体当中的最低值，并且其经济开放程度——至少在对外贸易方面——要高于印度和巴西。当我们在 2008 年 WTO 多哈回合谈判上致力于达成最终决议时，上述事实让我们备受折磨，以至于无法说服印度或巴西接受关税削减，因为这不仅会对它们两国造成影响，更会对中国已经很低的关税带来更进一步的实际冲击。

但是，在中国最初的入世申请过程中缺失的是对于中国融入全球经济时所内生的一种关系的合理的政治理解——而这种关系很快就会演变为一种对等的关系。欧盟既有能力进行艰苦卓绝的谈判，也有毅力与美国一道针对中国出口的敏感产品设置一系列的特别保护屏障。这两点都表明了一个信念，那就是这种关系将会始终成为欧洲以及美国所提出的入世条款中的本质要求。欧洲相信，如果能够在更大程度上进入中国市场，能够更加自由地进行投资，对自己将会大有裨益，但是欧洲依然会继续为限制中国出口增长留有余地，只要这种增长会给欧洲的经济体中具有较大政治敏感的那些部分带来压力的话。这尤其体现在那些工资收入水平相对较低的制造业部门，例如纺织业以及皮革制造业。因为在这些行业中，中国更廉价的劳动力以及更低廉的制造成本，使得未经变革的、处于价值链低端的欧洲企业完全无法与其竞争。在经过数十年的关税保护之后，当时这些行业中的许多欧洲企业的境况是，如若失去欧盟关税体系的政治保护，它们将完全无法存活下去。而同行业中的其他许多企业已经实现了自我革新，并且将自身提升到了价值链的高端，得以同中国企业进行有效的竞争，但是那些受到来自中国压力挤压的企业，以及它们敏感脆弱的员工们，难免会声嘶力竭地反对。

2001 年，中国在一种相对弱势的状态下接受了上述条款。中国要想加入 WTO，当然最终还是不得不接受那些已经身在其中的贸易组织成员们所提出的各种条款。在北京看来，这些为加入 WTO 所付出的代价似乎是值得的。邓小平、朱镕基、温家宝以及其他的中国领导人都正确地预计到：一方面，加入 WTO 是中国经济发展的一个重要标志；另一方面，当受到保护的企业在国际竞争的压力下进行革新时，这也能为中国内部的改革带来强大的压力。而这些预计都在接下来的十余年里得到了证实。但是，还有一种烦躁不安的情绪正在与日俱增，那就是，许多中国政治家认为欧洲——还有美国——总是傲慢自大而且不切实际。中国正确地预料到了自身的比较优势将会得到贸易伙伴的尊重和认可——这毕竟是贸易开放的前提条件。

在中国于 2001 年加入 WTO 之后的几年间，有两件事加剧了欧洲在入世条款上对中国的抗拒与排斥。第一件事是中国对欧盟的出口开始出现净增长，以出口为导向的中国经济增长模式迅速扩张了产能，并进一步带动了价格的急剧下降。在我于布鲁塞尔任职的最初几年间，企业界人士已经开始用“中国价格”（the China price）来表示欧洲企业能够保持竞争力的盈亏底线一直以来是如何被压得一低再低的。尽管人们在谈论到这些急剧的变化和爆炸性的增长时，用的是一种惊叹的口吻——其中也包含了不少恐惧——但中国并没有改写或是违背经济规律。30 多年前，韩国和中国台湾地区也是以出口导向型的经济增长模式和巨额资本投入的方式取得了类似的成就，而今日的马来西亚和越南也正在复制着同样的成功。但中国与这些国家不同的是它的绝对规模和速度。经历了数十年纷纷扰扰之后的 2005 年，欧盟与中国的纺织品与成衣贸易实现了完全自由化，在其后短短的几个月内，欧盟从中国进口的某些种类的纺织品与成衣暴涨了 130%。这种增长速度所带来的巨大影响给了欧盟生产商们一个强有力的口实，他们争辩说，自己既没有时间适应不断变化的竞争方式，也没有时间雇用足够的工人；既没有时间重新调整生产线，也没有时间优化生产或是进行改革。

第二个导致欧洲迟迟不肯接受中国的原因是人们持续不断地抱怨，中国没有在公平的条款下进行市场竞争。欧洲的制造商们表示，中国政府拥有、干涉或是补贴中国企业的行为，使得他们根本无法与中国企业进行公平的竞争。确实有许多证据都表明这一现象的存在，但同时，这也成为人们不愿承认中国所具有的富有竞争力的外部挑战的常用借口。位于布鲁塞尔的欧盟委员会和它的成员们之间有一个秘而不宣的协定，那就是欧盟虽然会在 WTO 协议的框架下实现对中国的贸易开放，但它会利用 WTO 贸易保护措施中复杂而不透明的系统针对中国重新设立贸易壁垒，尤其是在一些敏感的、中国貌似采取了贸易补贴措施的行业。在纺织业的案例中，欧洲便利用了中国入世条款中专门增订的特殊保护条款，以延长对该行业的保护时限。

但是最终，这种处理方式的一个关键隐患还是在纺织业中暴露了，这给当时仅仅就任欧盟委员会贸易专员数周的我带来了巨大的危机。当时我们正致力于逐步取消乃至最终废除《多种纤维协定》（MFA）所规定的种种限制贸易的条款。在这种情况下，我的状况要远比“措手不及”来得糟糕得多。甫一上任，我就面临了一项针对中国纺织品出口的名为“交通信号灯”的计划。根据该计划，只要中国出口到欧洲市场的纺织品数量——这一数量是由布鲁塞尔规定的——触及了事先确定的额度级别，欧洲市场将单方面关闭。在快速扩张的市场面前，这些额度级别之低，以至于其必然会被触及。在我看来，这项计划不过是为了弥补《多种纤维协定》失效而采取的伎俩而已，其目的依然是为了保护在不到半数的欧盟成员国中具有高度政治敏感的欧洲工业部门。

在欧盟的其他成员国中，根本不存在所谓的政治协议认为纺织业应该得到不惜一切代价的保护。由来自中国的竞争所带来的欧盟服装与纺织品价格的快速下降受到了零售商与消费者团体的欢迎，他们认为，在这一领域重新设置贸易壁垒或是贸易份额，只不过是为了少数人的利益，却侵害了广大欧洲消费者的权益。他们明确表态，在这一领域中限制竞争，也就限制了贸易自由化，从而损害了普罗大众最宝贵的力量。

但这同时也反映出了贸易自身不断变化的天性中某些更加本质性的内容。由贸易原则与贸易保护措施所构成的体系原本是为了这样的一个世界而设计的，那就是各家企业在自己的市场中制造出某些产品，然后跨越边境出口给其他企业。用于出口的是“国内的”，进口而来的是“国外的”，而中国融入全球经济这一事实却给这种体系带来了挑战，由于通信与运输领域的极速变化，也由于中国数量庞大的年轻而富有活力的工人，欧洲的企业能够把生产部门迁移到中国或是将生产过程的各个环节以全球供应链的方式布局于世界的各个角落。它们将制造部门迁移到生产成本最低廉的地区，而将高附加值的研发部门、市场营销部门或是管理部门保留在欧盟内部，这是因为，在这里更高的劳动力成本是与高超的专业技能相匹配的。在很多情况下，正是这种解聚分布（disaggregation）战略使得这些企业能够在国际制造业中生存下来，而如果它们将生产流程完全保留在欧盟内部，它们将必死无疑。

但这直接挑战了我们对于贸易的理解，以及我们对保护欧洲经济利益所应采取的方式的认知。在很多情况下，政治家们被催促着为其筑起贸易壁垒以进行保护的那些产品中，有一部分甚或完全是由在中国的欧洲企业生产的。当然，这些产品的销售对象是欧洲的商店和消费者。曾经有一种观点认为，我们生活在一个简单的世界里，在这个世界里，出口的就是国外的，就是代表着国外经济利益的，即使这种观点真的成立，如今它也已经不再有任何意义了。“世界制造”才是更加确切的描述。欧盟对从中国进口的产品征收惩罚性关税的大部分行为，都会涉及一些中间产品，比如工业组件或是化工产品，而这一事实让限制中国对欧洲出口的行为变得异常敏感。有鉴于此，我们提议应该针对消费品，尤其是中高档品牌的消费品，进行限制。

在力排众议之后，尽管为此甚至造成了一些永远无法修复的裂痕，我依然决定拒绝执行前述计划，拒绝采取单边行动，相反，我提出了一个更加克制的折中方案。我搁置了“交通信号灯”计划，取而代之的是我认为我们有义务为中国提供一个清晰的时间表以帮助其实现完全的贸易自由化。在我看来，这是对中国所表达出的经济期许所应作出的起码的必要让步。尽管欧洲制造商们需要经过很多年才能够适应来自中国的竞争——有许多企业已经成功地适应了——我们仍然肩负着这样一种社会责任，那就是确保来自中国的全面竞争所造成的影响能够给这些欧洲制造商们留有改革重组或是改良提升的空间。在提出这一建议时，我曾对中方贸易谈判总代表提及，我希望能够避免引起欧洲方面对于自由贸易以及对华贸易的反弹。

我建议中方也进行一定的让步，那就是确立一个进口配额体系，而这个配额体系是建立在双边协商基础上的，是选择性的、限时的、仅针对某些经过双方同意的特定纺织品类别的。这个配额体系的配额限制在三个年度中逐年递减，直至最后一年实现全面的贸易自由化。之后，欧洲市场将无限制地向中国的纺织品开放。起初，中国商务部部长对我的提议并不满意。在我与他所进行的一系列漫长的会谈和电话沟通中，他多次拒绝了我主动提出的妥协方案，这让我不得不再次面对那些奉行对华强硬路线的官员和欧盟成员国的非难。这使我开始真正感受到了政治的艰难，并开始怀疑，在我致力于协调双方促成一致的时候，我是否已经在不经意间被包夹在了互有敌意、固执己见的两个阵营之间进退维谷、自顾不暇。但出人意料的是，在又一次的马拉松式的电话磋商中，中方贸易谈判总代表释放出让步的信号，与事实上恢复了进口配额限制或是进口关税的那个单边贸易保护体系相比，他更愿意接受我提出的克制的、经过双方同意的解决方案。

于是我前往上海，并预留了两天的行程，想试试看能否与他研讨出一个一致意见。这时候，我发现，自己收获了一个足够我在欧盟委员会贸易专员剩余任期中受用的经验——同时也是我不得不费尽心力去面对的——那就是，魔鬼真的隐藏于细节之中。中方贸易谈判代表团从一开始就非常明确地表示他们是不会轻易妥协的。数十名中国官员一字排开坐在谈判桌的远端，而坐在他们对面的，是由我和其他六名成员组成的阵容较小的欧洲贸易谈判代表团。我们的会谈持续了不知多少个小时，伴随着频繁发生的充满怒气的休会，以及休会后在瓢泼大雨中行走在毛泽东曾经下榻过的美轮美奂的上海虹桥迎宾馆前。

最终，在经历了无数次的无果而终和谈判中止、重启之后，我们达成了一致。在第二天一大早的那几个小时里，我们召开了一个新闻发布会，宣布我们所达成的自愿性协议。在热烈的掌声和欢欣的笑语中，中方贸易谈判总代表送给了我一件 T 恤衫——当然，是中国制造的——为了让摄影师和摄像团队满意，他高高举起了这件 T 恤衫。

但是就在几个星期后，麻烦来了。这个自我约束性质的配额体系出现了一些严重的、实操性的初始困难（teething problem）。从事后诸葛亮的角度而言，我们本该预计到这些困难。纺织品出口的增长率以及大批欧洲经销商争先恐后力图尽早确保自己的进口配额，加之缺乏与中方出口许可证管理当局的良好沟通，上述种种，导致早在 2005 年夏季，第一个全年的出口配额便已消耗殆尽。货物源源不断地运抵荷兰各大港口，被限制进口的服装开始堆积成山。欧洲的媒体迅速地开始搜寻价值不菲的货物被扣留的消息，并猜测一船船正如潮水般涌向欧洲的中国纺织品将会被禁止入境。

真实情况并没有那么严重。的确有货物被扣留，但是那些被扣留的货物仅限于未取得许可证，或者虽已取得许可证，但超过了规定额度的部分。进口配额被迅速耗尽，反映了欧洲进口商们是如何匆忙地提前了至少

6个月来确保自己的货物进口量，也反映出配额体系管理者的误判。但是这对于欧盟委员会而言，仅仅是一个小小的公共关系危机。当时正值夏季休会期，我的大多数官员同僚正在度假，而媒体也正好没有其他什么事情可以关注。于是记者们有充裕的时间在欧盟海关体系的网站上实时关注由配额体系管理的十个纺织品类别的配额消耗情况，也有足够的精力打电话给欧洲各大港口了解是否有集装箱的儿童服装和其他服装运抵，询问这些货物是否堆积如山。我属下那个小规模的媒体关系团队很快便成了欧洲进口许可制度那套复杂操作程序方面的专家。当事实表明被扣留的货物是女性内衣时，一家英国街头小报就此发表了一篇题为《曼德尔森的胸罩大战》的头条新闻。新闻一经报道，其他媒体便一哄而上地对此进行大肆渲染。

显然，我们不可能在媒体的瞩目之下销毁被扣留的货物，既然如此，唯一的选择便是再次前往北京，就整个配额体系进行再次的磋商。然而这次的压力要远大于上一次，因为就在我到达北京的第二天，一年一度的中欧峰会（EU-China Summit）恰巧是欧方为轮值主席，也就是在我的祖国英国首相托尼·布莱尔的主持下进行。在我出发前往北京之前，布莱尔和欧盟委员会主席巴罗佐就很明确地告诉我，他们不希望

在北京人民大会堂举行的中欧峰会上。身后的布莱尔在鼓掌。

整个峰会由于我的“胸罩大战”而偏离正确的轨道。当会谈持续到深夜的时候，也就是距离预定于第二天在人民大会堂召开的峰会仅有几个小时的时候，整个中国贸易谈判代表团成员都走出了会议室，只留下欧洲谈判代表团在场内犹疑不定，连他们是否还会重返会议室都无法确定。第二天早上 8 点，他们回来了，而我们也最终在峰会开幕式前几分钟就纺织品配额的修订达成了一致。欧洲进口商们虽然对此多有抱怨，但还是相应地调整了自己的购买策略。事实表明，在接下来的两年中，修订后的配额体系很顺利地得到了执行，没有再遇到严重的挫折。

处理中国纺织品问题的过程教会了我三件事。第一件事是更加印证了一个普遍看法的正确性，那就是，在经济全球化的背景下，在一个于其他领域都相当开放与一体化的市场中，对货物的流通加以数量上的限制，既谈不上理性，也不切实际。第二件事是虽然在自己的纺织业不得不面对痛苦的转变时，欧洲试图对其进行保护这一行为从很多角度来看都是可以理解的，但是其效果却是适得其反。尽管有在特别敏感的情况下采取某些保护行为的案例，但欧洲纺织业确实是一个无法适应全球化竞争的幼稚产业(infant industry)。在经济全球化如火如荼的这些年，《多种纤维协定》已经保护了它数十年。当这种巨大的扭曲最终消失的时候，带来的冲击必将是本质性的，同时可能要付出更加巨大的代价。在这个意义上，欧洲和美国可以说是作茧自缚。欧美各国政府纵容自己国内的公司，使它们觉得在贸易保护主义的高墙坚垒后面可以永远立于不败之地，但是这种纵容只会伤害这些国家自身以及它们国内的公司。同样地，有许多公司纵容它们的员工，使他们觉得这才是正确的解决之道。其实，与此相反，那些公司应该帮助自己的员工们适应新的形势，教授他们新的技能，使他们能够在自身所处的产业中不断适应已经改变了的经济环境并参与其中，与时俱进。对于在那四年间不断到访我的办公室的纺织业以及制鞋业的行业代表们，我深表同情。他们发现这些已经存在了几个世纪的产业正处于极度的困扰之中。由于他们在一些城镇和地区聚众陈情，这种困扰也影响到了普罗大众。尽管如此，我从不认为贸易保护主义会是长久之计。

随后，在我的任期内我们又一次面临与纺织业极其类似的情况。欧洲制鞋业对中国进口商品提起了正式投诉，他们声称，中国鞋类产品的价格被人为地压低了，因为中国对此采取了各种各样的贸易补贴行为，并将这些商品“倾销”到欧洲市场。贸易委员会立即着手进行调查，发现确实存在着某些形式的补贴行为。我们面临着与此前处理纺织业案例时完全一样的问题。只不过，在纺织业的案例中，是贸易量急速增长的问题，而在制鞋业的案例中，是确凿无疑的不公平竞争问题。但是，与此前的案例一样，欧洲制造业者的利益与欧洲零售业以及欧洲消费者的利益之间出现了直接的矛盾。带来问题的那类鞋品是欧洲市场上最为廉价的鞋品，这类鞋品的购买者绝大多数来自欧洲较为贫困的家庭，而欧盟的法律却几乎没有任何变通的余地。欧盟法律在制定时就是以制造业者的利益为优先考虑的，而且有非常明确的证据表明中国的贸易被人为地扭曲了。在极不情愿的状况下，我不得不决定对中国鞋品征收相对于最初方案已经经过削减的惩罚性关税，征收期为五年（两年半后将对此类关税进行一次审核），旨在抵消中方贸易补贴行为的影响。然而，在这个案例中，我们并没有对进口鞋品进行任何的数量限制。

然后在当时，我依然同时招致了中国方面以及欧洲零售商们的批评。英国媒体大肆抱怨着欧洲的贸易保护主义本能，但我的决定是正确的。在试图阻止中国对欧洲纺织品出口数量大幅上升的问题上，欧洲显然是做错了：因为在中国加入 WTO 时，我们已经向中国承诺了一个服装与纺织品自由贸易的路线图，我们有义务兑现自己的承诺。在制鞋业案例中，却是一个完全不同的情形。鞋品问题无关自由贸易，却关乎贸易公平。WTO 反倾销体系的种种缺陷曾经存在，如今也依然没有完全消失。欧洲之所以始终拒绝承认中国的“市场经济地位”（market economy status），原因在于在部分贸易防卫的案例中，来自中国的数据有时候被证明是完全不值得信任的，这些数据不过是从诸如巴西那种已经获得市场经济地位的国家的“类似”数据中借用而来的。这总是使得中国更加难以捍卫自己的立场。但是在制鞋业案例中，有清晰的证据表明确实存在不公平的竞争行为，除了采取纠正手段以外，别无选择。对此，我的解释非常简单。如果我们希望欧洲能够接受来自开放与公平贸易的竞争压力，那么我们就必须坚持一个原则，那就是贸易必须在平等与基本公平的情形下进行。在已经从自身的低工资水平以及低生产成本中获得了巨大竞争优势的情况下，中国方面没有必要对自己的制鞋业进行补贴，仅仅依靠自身具有的明显的比较优势，中国就已经拥有强大的竞争力了。尽管欧洲制造业者中的低成本制造商们在中国的竞争面前很可能会败下阵来，但是他们应当面对公平的竞争。假使我们不坚守公平贸易的原则，我们将会输掉争取自由贸易的战争。

我所学到的第三件也是最重要的一件事就是，撇开具体的纷纷扰扰不谈，我感觉欧洲正处在以错误的方式对待中国的危险之中。我们对待中国的方式是基于某种贸易观的，而这种贸易观却无法反映出全球化的现实图景以及中国在全球化经济中所扮演的角色。我们还是更多地把中国视为外部竞争者，但是，全球化已经使中国的生产制造成为欧洲供应链中不可或缺的一环。给众多欧洲制造业者施加了巨大竞争压力的并不是中国本身，而是这种全球化的生产模式。此外，出于某种我无法理解的原因，我们至今仍然没有意识到，我们与之打交道的这个中国即将成为一个不论是在经济上还是在政治上都与我们处于同一级别的对手，至少，在中国巨大的经济体量面前，欧盟的任何一个成员国都显得那么的微不足道。中国自身正在不断增长中的中产阶层将在未来十年中构成欧洲商品的关键销售市场。欧盟要想达成任何目标，不论这个目标是仅局限于亚洲，还是处于 WTO 的多边层面，又或是涉及重要的国际议题，例如应对全球气候变化，中国都将是一个重要的战略伙伴。可是，我们不但没有着手建立与中国的长期战略伙伴关系，反而让中欧之间的关系被诸如纺织品与鞋品问题这样的纷纷扰扰所左右、所定义，而这些问题所涉及的不过是双方巨大贸易往来中极小的一部分。更糟糕的是，欧洲自身的观点往往更多地视中国为一种威胁，可是，如果从更广大的视角来看，中国同样可以成为欧洲的合作伙伴，中国也同样意味着极大的机遇。

诚然，中国是一种“威胁”，但对于欧洲而言却绝非如此，尽管欧洲是以这样一种方式来观察与融入世界的。中国重返全球经济中心地位直接挑战了美国与欧洲之间的议程，即数十年前的全球议程（global agenda）所定义的世界。这也给战后全球治理（global governance）模式带来了挑战，而在这种模式中，欧洲付出了巨大的人力与物力。有一点，欧洲做得十分正确，那就是极其重视这样一种观点，即国际关系能够也应该成为全球治理规则以及多边治理的主题。当然，欧盟自身就是对这种超国家治理（supranational governance）模式的一次极具野心的试验。中国的疆域之广大、经济之强盛，意味着没有哪一种国际治理体系能够在没有中国参与的情况下正常运转。但是，对于将自身束缚于并非完全或是主要由自己制定的国际规则中，中国过去，甚至直至今日也依旧对此充满疑虑。

2006年，我和欧盟贸易委员会中的同僚们决定将注意力集中于转变欧盟对待中国的方式，以期使之更具建设性。为此，我们从零开始，重新制定了欧盟对华贸易战略。在我看来，我们需要回溯到我们的政策基础：评估我们手头已有的关于中国经济增长对于欧洲经济产生影响的证据；将对华贸易关系放在一个更加广阔的战略语境中。欧盟应当继续与中国进行友好、直接的讨论，这是十分重要的，不论这种讨论是否关于尊重贸易规则或是政治自由，这都不可能构成双边关系的全部。我们也感觉到，我们需要勇敢地面对中国给欧洲的内部关系所带来的变化。欧洲必须将中国放在一个更加广阔的、关于欧洲经济竞争力以及欧洲经济变迁的讨论语境中。到了2005年，中国经济所带来的挑战在欧洲已经成为全球化的同义词。来自中国的竞争对于欧洲的影响，正如一直以来市场竞争以及技术变革所造成的影响，它使得各行各业纷扰不断，使得就业市场风云突变、革故鼎新。它带来了不安，但是同时也带来了机遇。中国影响欧洲的速度要比以往任何一次都要快上百倍。使中国融入全球经济就好比用力踩下了经济竞争的加速器，这既摧毁了很多业务，也创造了不少生意。这对于欧洲而言是一个严峻的挑战，但却并非新鲜事物。在长达20年的时间里，欧洲一直在致力于经济转型，以满足日益老龄化的人口以及竞争更趋激烈的全球经济的种种需求。欧洲人在过去的60年间建立起了一个强有力的社会福利保障体系，他们在认识到了这个体系的价值的同时，也认为这一体系必须要与时俱进，使劳动力市场更加灵活，使之有能力在下述方面进行革新，例如工作时间、工作方式以及退休年龄。欧洲依旧是一个极具创新能力的地方，也拥有着全世界技能、创造力俱高的员工，但是它缺乏一种灵活性，一种21世纪的经济所要求的灵活性。其实，中国充当的是一个鞭策者的角色，不断刺激着欧洲进行相应的改变。但是，对一些经济改革的批评者而言，中国却成为他们偷换概念的借口，他们将讨论的主题从欧洲自身的经济未来，转换成了中国给欧洲的安全与稳定所带来的外部"威胁"。事实上，中国仅仅是一个鞭策者，不断提醒着欧洲：若是放慢改革的步伐，后果将会无法承受。来自中国的竞争正在给欧洲带来变化，但是，欧洲自身必须作出改变。

2006年秋天，我们在北京推出了新的“竞争与伙伴关系”（competition and partnership）战略，我们将之视为欧盟与中国之间关于经济政策的新一轮大规模磋商的框架性战略。其实质是，欧洲将明确认可中国拥有在贸易往来中发挥其强大的比较优势的权利，同时，欧盟委员会将尽全力抵制来自欧洲内部的任何希冀于使用贸易保护主义或是经济民族主义（economic nationalism）手段应对中国崛起的企图。由于欧盟委员会是以全体欧盟成员国的名义进行贸易政策磋商的，因此，这是一个真实有效的承诺。这种承诺意味着，将不会再出现任何希冀于使用贸易保护条款限制中国商品进口的企图。在更具政治性的层面上，这种承诺意味着，在面对欧洲选民时，谈论中国的方式将会与以往不同。谈论中国崛起的方式，不再是突出中国所带来的挑战，而是强调中国所带来的机遇。欧洲将会接受下述事实，那就是，中国融入全球经济使得欧洲经济的一部分，就目前的构成而言，无法继续独立生存，但是当务之急并非阻止这种改变的发生，而是帮助欧洲人适应这一变化，帮助他们意识到中国的经济增长所带来的补偿收益（counterbalancing benefits），而这种补偿收益是以新兴市场、廉价商品以及竞争激励的形式实现的。与此相对应的是，中国也应当接受下述事实，那就是，这种战略在欧洲是不具有政治可行性的，除非中国认识到自己必须遵守贸易规则并通过自身的贸易开放对欧洲投桃报李。对于捍卫与中国的开放性伙伴关系的政治家们而言，来自欧洲内部的最严厉的批判就是“幼稚”（naïveté）——我本人就曾多次被冠以“幼稚”之名，这其中就包括法国总统萨科齐在一次新闻发布会上的评价。这种批判引起了许多人的莞尔一笑，因为不论我犯下过何种政治过失，此前还从未有人认为我很“幼稚”。中国批判者们继续声讨道，没有任何兴趣遵守贸易规则，中国只会遵循自己的处事原则，中国正在利用我们攸关生死的制造业者的利益与我们对于廉价商品的渴求之间的分裂以侥幸实现其不公平贸易的行为。针对这种批判，中国唯一的反击之道就是证明这种指控是没有事实依据的，否则，要想维持欧洲与中国之间的开放性伙伴关系，在政治上将是绝无可能的。

在接下来的短短几年中，这一“竞争与伙伴关系”战略将会经受最大程度的考验，尤其是中国对欧洲的贸易顺差在2007年之后经历了爆炸性的增长，已经突破了每天100万欧元，而美国政府与国会更是强硬地表示要重估中国货币价值。在许多人看来，欧洲陷入了与中国的单边贸易关系之中。当我2007年访问深圳的时候，我惊讶地发现，从中国发往欧洲的每四个集装箱中，就有三个是以空箱的形式返航的。据统计数据表明，事实上的贸易顺差要少于许多人所估计的数额。贸易顺差可能会在不同的时代，由于不同的原因而产生，而作为一个发展中国家的中国，贸易顺差将会随着其经济的发展而较早出现。贸易顺差中的一部分代表的是对亚洲其他制造业者的贸易替代，还有一部分代表的只不过是国际供应链中通过中国完成的加工贸易（processing trade）而已。这种贸易顺差与中国的货币政策之间的关联相当微弱，证据就是，即使中国政府于2007年允许其货币部分浮动之后，中国的贸易顺差依旧不断扩大。

当然，出于其他种种原因，贸易顺差确实是一个问题。贸易顺差带来了不少难题，例如中国不断增长的外汇储备又被循环投资于美国的债券市场，从而助推了2007—2008年银行业危机的爆发。贸易顺差同时也是经济运转不良的病征，正如中国官方所承认的那样，中国经济过于注重出口，而缺乏强有力的内部需求。但是，观念性的错误也同样严重。中国与欧洲之间巨大的出口差额为强加给持所谓“亲华”贸易立场的人们的幼稚罪提供了最好的理由，而这也在一定程度上反映了这样一个事实：在中国，欧洲的出口与投资依旧面临着众多的阻碍。部分欧洲国家的政府要求采取更加强硬路线的压力与日俱增。欧洲，按照这些政府的说法，应当要求贸易互惠，并且，假如中国不对欧洲开放贸易的话，欧洲就应当取消对中国的贸易准入许可。我驳斥了这些说法，我坚持认为，即使中国不对欧洲开放贸易，欧洲也应当放开对华贸易准入，因为这才是符合欧洲自身的经济利益的。不知变通地一再要求完全的贸易互惠只会陷入贸易报复的恶性循环之中——以牙还牙地关闭市场——甚或还可能引发全面的贸易战争。

尽管如此，我还是决定以更加稳重的方式推进对华贸易关系。欧洲向WTO发起了第一宗针对中国的贸易纠纷诉讼，该诉讼主要针对中国制定的关于欧洲合资企业投资中国汽车行业的管制条款。此后又陆续发起了针对造纸业和金属制造业的诉讼。即便是像英国这样拥有悠久的自由市场传统的国家，也开始忧心忡忡，认为对于欧洲企业过于封闭的现状而言，中国市场将导致欧洲难以继续坚守对华贸易开放政策。2007年，欧盟—中国商会（EU-China Chamber of Commerce），一个我非常尊敬的具有很高专业素养的机构，发布了一份关于欧洲企业在中国的市场准入状况的调查报告。在这一份有史以来最为负面的欧企在华市场准入报告中，欧盟—中国商会表示，中国市场的开放程度出现了明显的倒退，并特别指出了中国市场对于知识产权保护不力的问题。

不论是在欧洲的对华关系中，还是在我和我的中方贸易谈判对手之间，想要完全避免这种紧张的局面都是相当困难的。尽管我总是尝试着尽可能地以更富外交策略、更具建设性的方式推动我的中方贸易谈判对手们对盗版行为采取更加强硬的立场，或是履行中国在入世时所承诺的义务，但是种种不可避免的冲突依旧时常上演。

但我始终认为，从中国的迅速崛起中，欧洲之所得要远大于所失。欧盟中那些久经世故、充满创新精神的企业正在打入中国市场，尤其是像德国这样的世界级工业强国，它们正在不断满足中国日益膨胀的对于资本货物（capital goods）的需求。法国与意大利的奢侈品制造商们，为中国日益增长的富裕阶层提供高品质的名牌产品。在北京，有时候我会直言不讳，例如我也曾口头谴责存在于欧洲的充满民粹主义色彩的攻击中国的言论。2008 年，当一系列产品安全问题严重冲击中国企业的时候，我依旧强烈地表态反对西方部分国家的政府以及投资者的过度反应，并且批评那些借题发挥的政客。他们发现人们对于与复杂的现代化供应链相配套的安全控制标准能否有效充满顾虑，就以此为托词，宣扬针对中国的贸易保护政策。我相信，不论是在提升产品安全体系的透明度方面，还是在完备性方面，特别是在将自身的高安全标准传导至中国方面，身处中国的那些西方制造业者都能够切实地扮演起重要的角色。有一次，正当中国奶制品危机引起巨大的恐慌之际，我访问了北京，并在新闻发布会现场饮用了一杯我个人特别喜爱的酸奶，以表示我对中国官方危机处理能力的信心。为此，我成为传媒的焦点，在中国的电视屏幕上高度曝光。第二天，我获得了时任中国国务院总理温家宝的当众致谢，他形容我是“中国人民的好朋友”（毫无疑问，回到国内我又要被那些诋毁我的人非议了）。

从那时候起，我也与当时负责中国国际经济事务的国务院副总理王岐山先生建立了深厚的私人友谊。我与王先生初识是在他即将卸任北京市市长的时候。除了坚韧与智慧之外，王先生也有着非同寻常的幽默感。在我们的初次会面中，我们的议题主要是关于中国制造的仿造欧洲奢侈品的假冒产品。王先生认为此事无关宏旨，但我步步紧逼，我表示，中国的仿造技术之高超，以至于真伪难辨。我话音未落，王先生便做出了一件令他和我的随行官员们莞尔却又略为震惊的事，他开始仔细观察、检查，然后又系紧自己的皮鞋，以确认它们究竟是正品还是仿造品。后来，作为国务院副总理，王先生和我共同发起了一个新的欧盟—中国经贸高层对话机制（EU-China High Level Mechanism），以讨论并帮助解决双方之间的差异与分歧。我们都对这一全新的对话机制寄予厚望。在第一次对话结束之后，我的职责发生了变动，我离开了作为欧盟委员会贸易专员的岗位，也彻底远离了布鲁塞尔的政治生活，当时，为了应对全球金融危机，我不得不重返英国政府任职。

从那以后，欧洲银行业危机以及此后的欧洲主权债务危机（sovereign debt crisis）使得欧洲与中国的关系进入了一个全然不同的领域。北大西洋各经济体在金融监管方面犯下的错误严重损害了西方经济体的权威，使它不再倾向于对中国说教，教导中国何种方式才是经济运转的最佳模式。欧洲主权债务危机已经使得众多欧洲国家更倾向于热情地邀请中国对其投资，而不是像之前那样批评来自中国的投资；这些欧洲国家也不再视主权财富基金（sovereign wealth funds），例如中国主权财富基金（CIC）为洪水猛兽，而是视之为救世主。但是，随着全球经济重回增长轨道，贸易摩擦几乎一定会再次上演，即便贸易顺差有所下降。正在挣扎求生的欧洲以及美国经济体将会成为贸易保护主义的沃土，也尤其会成为怨恨中国的种子生长的温室。在许多西方经济体中都有这样一种观念，那就是，糟糕的出口业绩是它们的经济体失衡的部分原因。这一观念将会给各国政府以及欧盟带来巨大的压力，迫使它们改善对中国的出口现状。而我的观念是，这些难题中的很大一部分将会随着时间的流逝而自行得到解决。中国最终将会允许其人民币升值并自由浮动。不断攀升的国内消费（domestic consumption），再辅以不断加强的中国社会保障体系，这都将有助于中国扩大其进口量。中国的民营企业将会在改善针对知识产权的法律保护方面起到很大的推动作用，因为在反盗版方面，它们的根本利益是与国际私营企业完全一致的。尽管中国在从以大型国有企业为主导的国有经济体制转型为以勤勉的企业家精神为基础的更具活力的多样性经济体制方面还任重道远，但我坚信其终有一日会实现。当这一转型得以实现的时候，家庭收入（household incomes）的盈余将有助于带动内需。但是与此同时，我们将不得不在政治上小心应对，因为在欧盟与中国的关系上，认知与事实同样重要。正因为如此，中欧双方都需要继续保持我们建立的经贸高层对话机制，这一机制应该是对话性的，而非对抗性的。王岐山先生和我发起这一机制的初衷，便是以一种举重若轻的方式来降低双方探讨议程中极其严肃的各项议题的难度。

从欧洲已经根深蒂固的关于全球经济应当如何治理的角度而言，中国的确是一种挑战。全球经济治理的架构与规则都需要进行修正，以反映出世界各大经济体之间的新平衡，这些大型经济体不仅包括中国，也包括其他那些重要的新兴的发展中经济体。这也在警醒着欧洲必须要进行经济改革，以确保自身在21世纪，尤其是在经历了主权债务危机之后仍然能够繁荣。这场主权债务危机恰恰揭示了在部分欧洲国家竞争力低下的问题已经严重到了何种程度，这同时也在提醒着欧洲必须将自身融入全球经济，这意味着如何应对中国的崛起并不是一个容易回答的问题。我们不可能排斥中国，或是摆脱中国，因为中国的利益与我们自身的利益是休戚与共、紧密相连的。对于许多欧洲人而言，中国与全球化毫无二致。两者的主流都是负面的，给既有的稳定生活方式带来了改变，而这种改变速度之快、变化之巨使得人们前所未有地感到焦虑与不安。此外，欧洲人有时候会以零和博弈来看待全球化，尤其是当他们既面临着就业方面的不安全感，又看到自己的收入停滞不前，而身边的少数人却拥有巨额收入的时候，这些都使得他们的心情更加难以平复。如果像中国和印度这样的经济体正在崛起，他们会下结论说，这种崛起是以牺牲西方的就业与繁荣为代价的。如果用我们偏爱的一句老话来形容，那就是，东方正在兴盛，那么西方一定正在衰败。而这一点，正是印度贸易谈判代表卡马尔·纳斯经常用来取笑我的。从中欧关系中选取的大多数经济证据表明，这句老话实际上并不成立。在21世纪的前五年，欧盟的就业数量依旧处于净增长状态，而这段时间，正是中国给欧洲工业所带来的竞争压力最剧烈的时候，这种就业净增长至少要部分地归功于中国，而不能反过来归罪于中国。对于欧洲而言，中国是一个巨大的市场，而且这个市场只会变得更加巨大，来自中国的竞争已经成为革故鼎新的主要激励来源。

因此，并无理由认为一个全球层面的政治与经济新秩序绝无可能，而在这个新秩序中，中国将是其中主要的、富有建设性的参与者之一。但是，在建立这一新秩序的过程中，如何处理各种紧张的局面将具有非常重要的意义。这就要求中国必须认识到，在面对一个拥有巨大经济能量的国家时，西方的焦虑是一种合理的反应，更何况，这个国家往往无法清晰明确地表达自己在面对西方经济体耗费了半个世纪建立起来的规则体系时究竟意欲何为。中国的决策者们应该耐心倾听西方关于中国应该肩负起与自身不断增长的实力与体量相匹配的“责任”这一建议。忠言虽然逆耳，却是切中肯綮。中国已经不可能再次闭关锁国或是假装事不关己。中国作出的完全加入一个国际贸易与集体安全体系的决策将会决定这个体系究竟具有多大效力，甚或，这个体系究竟能否继续存在下去。

中国的决策者们经常指出，巨大的内部变动以及丧失稳定的风险才是他们最优先的也是最主要的忧心之事。但是，在这个过程中，我们其他人也并非无聊的看客，正如伯特兰·拉塞尔在近一个世纪前所认识到的那样，这对于我们的生活、我们的经济以及我们共同生活的这个环境，都将带来意义深远的影响。中国经济是否还将继续保持连续的增长，这个问题对于所有人来说，都具有经济上的以及环境上的深远影响。在社会与政治结构经历巨大转型的过程中，中国能否维持其社会与政治稳定，这个问题是我们每一个人都非常关心的。一方面是对中国经济增长的信心与骄傲，另一方面是对巨大的社会与环境变迁的清醒认识。中国的决策者们将这两者紧密地结合在一起是十分正确的。中国就像是一艘巨型油轮，然而它正在驶过的却是一条条狭窄的海峡，而我们，全都生活在这些狭窄海峡的岸边。

The Third Man

By Peter Mandelson